Seçme Yazılar 1 ■ Entelektüelin Siyasi İşlevi
Seçme Yazılar 2 ■ Özne ve İktidar
Seçme Yazılar 3 ☐ Büyük Kapatılma
Seçme Yazılar 4 ☐ İktidarın Gözü
Seçme Yazılar 5 ☐ Felsefe Sahnesi
Seçme Yazılar 6 ☐ Sonsuza Giden Dil
———
Michel Foucault

Ayrıntı: 307
Seçme Yazılar: 2

Özne ve İktidar
Michel Foucault

Kitabın Özgün Adı
Dits et écrits (1954-1988)

Çevirenler
Işık Ergüden-Osman Akınhay

Yayıma Hazırlayan
Ferda Keskin

Katkıda Bulunan
Hülya Tufan

Işık Ergüden ve Tuncay Birkan'ın derlemiş olduğu Seçme Yazılar,
orijinal metnin editörleri ve Foucault'nun asistanları olan
Daniel Defert ve François Ewald tarafından onaylanmıştır.

Gallimard/1994
basımından çevrilmiştir.

© Éditions Gallimard

Bu kitabın Türkçe yayım hakları
Ayrıntı Yayınları'na aittir.

Kapak
Çağla Turgul

Düzelti
Mehmet Celep

Cet ouvrage, publié dans le cadre du programme d' aide à la publication, bénéficie du
soutien du Ministère des Affaires Étrangères, de l'Ambassade de France
en Turquie et du Centre Culturel et de Coopération Linguistique d' Istanbul.

Çeviriye destek programı çerçevesinde yayımlanan bu yapıt,
Fransa Dışişleri Bakanlığı'nın, Türkiye'deki Fransa Büyükelçiliği'nin ve
İstanbul Fransız Kültür Merkezi'nin desteğiyle gerçekleştirilmiştir.

Baskı
Kayhan Matbaacılık San. ve Tic. Ltd. Şti.
Davutpaşa Cad. Güven San. Sit. C Blok No.:244 Topkapı/İstanbul
Tel.: (0212) 612 31 85
Sertifi No.: 12156

Birinci Basım 2000
Dördüncü Basım 2014

Baskı Adedi 2000

ISBN 978-975-539-284-4
Sertifika No. 10704

AYRINTI YAYINLARI
Basım Dağıtım Tic. San. ve Ltd. Şti.
Hobyar Mah. Cemal Nadir Sok. No.: 3 Cağaloğlu - İstanbul
Tel.: (0212) 512 15 00 Faks: (0212) 512 15 11
www.ayrintiyayinlari.com.tr & info@ayrintiyayinlari.com.tr

Michel Foucault
Özne ve İktidar

İçindekiler

– Michel Foucault 7
– Sunuş: Özne ve İktidar
  Ferda Keskin 11

I. "OMNES ET SINGULATİM:
   SİYASİ AKLIN BİR ELEŞTİRİSİNE DOĞRU 25
II. ÖZNE VE İKTİDAR 57
III. HAKİKAT KAYGISI 83
IV. HAKİKAT, İKTİDAR VE KENDİLİK 98

V. BİREYLERİN SİYASİ TEKNOLOJİSİ 106
VI. STEPHEN RIGGINS'LE SÖYLEŞİ 123
VII. İKTİDARIN HALKALARI 140
VIII. AYDINLANMA NEDİR? 162
IX. AYDINLANMA NEDİR? 173
X. ETİĞİN SOYBİLİMİ ÜZERİNE:
SÜRMEKTE OLAN ÇALIŞMAYA İLİŞKİN
BİR DEĞERLENDİRME 193
XI. BİR ÖZGÜRLÜK PRATİĞİ OLARAK
KENDİLİK KAYGISI ETİĞİ 221
XII. AHLÂKIN DÖNÜŞÜ 248
XIII. BİR VAROLUŞ ESTETİĞİ 262
XIV. SİYASET VE ETİK 269
XV. POLEMİK, SİYASET VE SORUNSALLAŞTIRMALAR 278
XVI. HÜKÜMETLERE KARŞI, İNSAN HAKLARI (müdahale) 288
XVII. BAŞKA MEKÂNLARA DAİR (konferans) 291

— Dizin 303

Michel Foucault

Michel Foucault 1926'da Poitiers'de doğdu. 1946'da Fransa'nın en önemli eğitim kurumlarından *École normale supérieure*'e kabul edildi. Felsefe ve psikoloji okudu. 1948'de felsefe, 1949'da psikoloji dallarında lisans derecesi aldı. Bu yıllarda birçok ünlü ismin yanı sıra Louis Althusser'in ve Hegel uzmanı Jean Hyppolite'in öğrencisi oldu. 1950'de girdiği Fransız Komünist Partisi'nden 1952'de ayrıldı. Bir süre hastanelerde psikolog olarak çalıştı. 1953'te Althusser'in yerine *École normale*'de felsefe asistanı oldu ve psikoloji eğitimine devam etti. Paris Psikoloji Enstitüsü'nden psikopatoloji ve deneysel psikoloji diplomaları aldı. Marksist bir bakış açısıyla yazdığı ilk kitabı *Maladie mentale et personnalité*'den (1954, *Akıl Hastalığı ve Kişilik*) sonra Georges Dumézil'in tavsiyesiyle İsveç Uppsala'daki Maison de France'a direktör oldu. Burada *Histoire de la folie à l'âge classique* (*Klasik Çağda Deliliğin Tarihi*) üzerine çalışmaya başladı. 1958'de İsveç'ten ayrılıp önce Varşova'ya, ardından 1959'da Hamburg'a gitti. *Deliliğin Tarihi*'ni tamamlayıp Clermont-Ferrand Üniversitesi'nde psikoloji dersleri vermeye başladı. 1961'de *Deliliğin Tarihi*'ni doktora tezi olarak savundu. Ardından Clermont-Ferrand'da felsefe bölümünün başına geçti. Aynı yıl Gilles Deleuze'le tanıştı. Bir yıl sonra Georges Bataille'ın kurmuş olduğu *Critique* dergisinin yayın kuruluna girdi ve *Naissance de la clinique* (*Kliniğin Doğuşu*) adlı kitabını yayımladı. 1966'da ilk baskısı bir ayda tükenen ve büyük tartışmalara neden olan *Les mots et les choses* (*Kelimeler ve Şeyler*) çıktı. "İnsan"ın ölümünü ilan eden ve felsefe ile insan bilimlerindeki tüm hümanist geleneği karşısına alarak özellikle Jean-Paul Sartre'ın ve Komünist Parti'ye yakın entelektüellerin saldırısına uğrayan kitap çevresinde o dönemin moda akımı yapısalcılıkla ilgili sert bir polemik yaşandı. Bu tartışmalardan ve Fransa'nın boğucu geleneksel ahlâkından rahatsız olan Foucault, Tunus Üniversitesi'nde felsefe profesörü olarak çalışmak üzere Fransa'dan ayrıldı. 1960'lı yıllar aynı zamanda Foucault'nun edebiyat üzerine çeşitli türden önemli yapıtlar yayımladığı ve Tel Quel grubuyla yakın bir işbirliğine girdiği dönemdir. Tunus'ta anti-emperyalist gösteriler yapan öğrencilerle işbirliği yapan ve Mayıs 1968 olaylarından sonra Tunus polisinin sürekli tacizi üzerine Paris'e dönen Foucault yeni kurulan deneysel Vincennes Üniversitesi'nde felsefe bölümünün başına geçti ve burada bir yıl ders verdi. 1969'da Tunus'ta tamamladığı ve *Kelimeler ve Şeyler*'de kullandığı yöntemi açıklama denemesi olan *L'Archéologie du savoir* (*Bilginin Arkeolojisi*) yayımlandı. 1970'te Fransa'nın en prestijli kurumlarından Collège de France'da kendisi için kurulan "Düşünce Sistemleri Tarihi" kürsüsüne seçildi. Bunun ardından *Groupe d'Information sur les Prisons* (G.I.P - *Hapishaneler Üzerine Enformasyon Grubu*) adlı oluşumun kurucularından biri oldu. Gerek bu grup gerekse de adalet, tıp, psikiyatri ve cinsellikle ilgili bir dizi mücadele çevresinde yeni bir politik etkinlik biçiminin öncülüğünü yaptı. Geleneksel parti politikalarının dışına çıkan bu etkinlik biçimi yeni bir eylem anlayışı ile yeni bir entelektüel anlayışını da beraberinde getiriyordu. 1973'te Sartre ve Maurice Clavel'le birlikte *Libération* gazetesinin kuruluşuna katıldı. 1975'te *Surveiller et punir: Naissance de la prison* (*Gözetleme ve Cezalandırma: Hapishanenin Doğuşu*) yayımlandı. İktidar ilişkileri, teknikleri, stratejileri ve taktiklerinin; yani modern Batı toplumlarında öznelliği kurma biçimlerinin analizini yaptığı bu kitap olağanüstü bir ilgi gördü. 1976'da *Histoire de la sexualité* (*Cinselliğin Tarihi*) başlıklı ve altı cilt olmasını planladığı dizinin ilk kitabı *La volonté de savoir* (*Bilme İstenci*) çıktı. Cinselliğin bastırılmadığını, tam tersine modern biyo-iktidar tarafından üretilip bedene nüfuz etmek için bireylere dayatıldığını söylediği bu kitap Sigmund Freud'dan Herbert Marcuse'ye kadar uzanan ve insanın hakikatini ve özgürlüğünü arzuların özgürleşmesinde bulan kuramın ağır bir eleştirisiydi. Özgürleşmenin yerine alternatif olarak kendini yaratmayı ve arzunun özgürleşmesi yerine zevki yoğunlaştırmayı öne çıkaran bakış açısını bu son kitabının ardından geliştirdi. Altı yıl sonra yayımlanan *Cinselliğin Tarihi*'nin ikinci ve üçüncü ciltlerine kadar geçen süre içinde önde gelen Fransız entelektüelleriyle birlikte İspanya'dan Polonya'ya çeşitli baskıcı rejimlere karşı yürütülen uluslararası kampanyalara katıldı. Bütün bu süreç içinde irili ufaklı birçok kitap, makale ve söyleşisi yayımlandı. Söz konusu makale ve söyleşilerinin yanı sıra dünyanın çeşitli ülkelerinde verdiği dersler 1994'te dört cilt olarak ve *Dits et écrits* (*Söylenmiş ve Yazılmışlar*) başlığı altında bir araya getirilip kitaplaştırıldı. Collège de France'da vermiş olduğu dersler halen kitaplaştırılmakta olan Foucault, gerek teorik çalışmaları gerekse de etkin politik yaşamıyla yirminci yüzyılın en etkili düşünürlerinden biri olmuştur. Bu çalışmalar edebiyattan felsefeye, insan bilimlerinden siyasete birçok alanda sayısız yapıt için çıkış noktası olmuştur ve olmaya devam etmektedir.

Yirminci yüzyılın entelektüel coğrafyasında Foucault'nun yaptığı bu belirleyici etkinin nedeni kuşkusuz, Batı'da çok güçlü bir biçimde kök salmış düşünce geleneklerinin hâkimiyetini sarsan yeni bir düşünme biçiminin en önemli temsilcilerinden biri, belki de en önemlisi olmasıdır. 1960'lı yıllardan itibaren özellikle Nietzsche ve Heidegger'in etkisiyle ortaya çıkan bu yeni düşünce biçimi, Foucault'nun "antropolojizm" olarak adlandırdığı ve öncelikle insanı ve insan doğasını felsefi düşünce için çıkış noktası olarak alan, özelde ise bir özne ve bilinç felsefesinde yoğunlaşan geleneği hedef alıyordu. Zaman zaman anti-hümanizm olarak adlandırılan bu yeni eleştirel tutumda, doğrudan doğruya özne ve öznel deneyim sorununu hedef alan Foucault'nun tuttuğu yer çok önemlidir. Öznel deneyimi açıklamak için öznenin değil, o deneyimi kuran söylem ile söylemin karşılıklı ve kaçınılmaz bir ilişki içinde olduğu iktidar sistemlerinin analizini yapmak gerektiğini gösteren Foucault, bir yandan iktidar ile özne arasındaki ayrılmaz ilişkinin altını çizmiş, bir yandan da öznel deneyimin kurulmasında insan bilimlerinin oynadığı rolü ortaya çıkararak çok güçlü bir bilim eleştirisi getirmiştir. Foucault'nun bu analizlerde geliştirdiği ve kullandığı iktidar modeli gerek klasik politik felsefenin gerekse de Marksizmin kullandığı modelden radikal anlamda farklıdır. Bu yüzden çok ince iktidar ilişkileri ve tekniklerinin, delilikten suça, cinsellikten etiğe kadar en umulmadık noktalarda ne kadar etkili olduğunu göstermiş ve siyasi düşüncede yeni bir çığır açmıştır. Öte yandan, Foucault'nun bu çalışmalarda kullandığı yöntemler ile tarih anlayışı, felsefe ve insan bilimlerinde kullanılan klasik yöntemler ile tarih anlayışının çok dışına çıkmış ve oluşturduğu örnekle yepyeni araştırma alanları ve biçimlerine öncülük etmiştir. El attığı her alanda öncelikle yerleşik bakış açılarını ve yöntemleri sorgulayan Foucault, bu tutumuyla öncelikle düşüncenin kendisi üzerinde düşünmesi ve kendini dönüştürmesinin önemini hatırlatmış ve bu anlamda düşünce tarihine radikal anlamda yön veren dönüm noktalarından biri olmuştur.

F.K.

Özne ve İktidar[*]

Ferda Keskin[**]

Michel Foucault ısrarla özne ve öznel deneyim sorunlarının kendi düşüncesi için temel sorun olduğunu vurguluyor. Özne sorununun yapıtında taşıdığı bu merkezi konumun, Foucault'nun içinde yetiştiği entelektüel ve akademik gelenekle olan ilişkisini de yansıttığını söyleyebiliriz. Tarihsel olarak konumlandırıldığında Foucault'nun kariyeri, Fransız felsefe dünyasının aynı sorulara çok farklı biçimlerde cevap arayan karşıt iki gelenek tarafından kuşatıldığı bir döneme rastlıyor: Bir yanda fenomenoloji ve yorumbilgisi (hermeneutik), öbür yanda tarihsel maddecilikten hareket

---

[*] Bu yazı *Toplum ve Bilim* dergisinin 73 no.'lu sayısında (Yaz 1997) yayımlanmış olan "Foucault'da Öznellik ve Özgürlük" (s. 30-44) başlıklı makalenin bazı değişiklikler yapılarak kısaltılmış biçimidir.
[**] İstanbul Bilgi Üniversitesi.

eden pro-marksist gelenek. Fransız üniversiteleri ile diğer yüksekeğitim kurumlarında çok güçlü temsilcileri olan bu iki geleneğin, eğitimini bu kurumlarda almış olan Foucault'yu da bir dönem için etkilediği açık. Bu etkinin örnekleri özellikle 1954 yılında yaptığı ilk iki yayında kendini gösteriyor: fenomenoloji ve Heidegger'de temellenen *Daseinanalyse* ("varoluşsal analiz") ya da "fenomenolojik psikiyatri"nin kurucusu Ludwig Binswanger'in *Traum und Existenz*[1] (Düş ve Varoluş) adlı kitabının Fransızca çevirisine yazdığı önsöz ile Marksizmden açık izler taşıyan ilk kitabı *Maladie mentale et personnalité*[2] (*Akıl Hastalığı ve Kişilik*). Ama Foucault'nun çok geçmeden bu iki geleneğin etkisinden de sıyrıldığını görüyoruz. Kabaca tarif edilirse Foucault'nun fenomenolojik yaklaşımı reddetmesinin nedeni, öznel deneyimin kaynağını ve nasıl biçimlendiğini açıklamak için öncelikle öznede yoğunlaşan ve öznenin deneyimi nasıl *yaşadığına* bakan yaklaşımları reddetmesinde yatıyor. Ama Foucault'nun fenomenolojiye karşı olan tavrı daha temel bir felsefi seçimle bütünleşiyor. Öznenin deneyimini niçin şu ya da bu biçimde yaşadığını insan doğasına gönderme yaparak açıklayan, kısacası bir tür felsefi antropolojiye dayanan tüm teorik yaklaşımlara, Foucault'nun terimiyle "antropolojizm"e duyduğu tepki. Foucault öznel deneyim biçimlerinin verili bir insan doğasının teorik olarak belirlenmiş evrensel yapılarından yola çıkarak açıklanamayacağını; çünkü bu deneyim biçimlerinin tarih içinde belli ihtiyaçlara cevap vermek üzere kurulduğunu ve bu anlamda *tekil* olduğunu savunuyor. Yine bu yüzden öznel deneyim biçimlerinin kendi tekil tarihleri içinde spesifik olarak incelenmesi gerekiyor. Ancak Foucault, bu tarihsel analizi sadece ekonomik ve toplumsal bağlama gönderme yaparak ve bu bağlamı da altyapı-üstyapı modelinin sağladığı terimlerle belirleyerek gerçekleştiren, dolayısıyla öznel deneyimi nihai olarak ekonomik altyapının belirlediği ideolojik içeriklere indirgeyen pro-marksist geleneği de reddediyor.

Fenomenolojiye ve pro-marksist geleneğe alternatif olarak

---

1. Le rêve et l'existence, çev.: J. Verdeaux. Paris: Desclée de Brouwer, 1954.
2. Maladie mentale et personnalité. Paris: Presses Universitaires de France, 1954.

Foucault, öznel deneyim biçimlerinin *sorunsallaştırmalar* yoluyla oluşturulduklarını, geliştirildiklerini ve dönüştürüldüklerini öne sürüyor. Böylece Foucault kendi yapıtlarını, insanların Batı kültüründe özneye dönüştürülmesinde özel bir yer tuttuğunu düşündüğü delilik, hastalık, yaşam, dil, emek, suç, cinsellik gibi deneyimleri kurmuş olan sorunsallaştırma süreçlerinin bir tarihi olarak yorumluyor. Sorunsallaştırmayı ise "herhangi bir şeyi doğru ve yanlış oyununa sokan ve onu bir düşünce nesnesi (ister ahlâki düşünce, ister bilimsel bilgi, isterse siyasi analiz, vb. biçiminde olsun) olarak kuran söylemsel ve söylemsel olmayan pratikler bütünü" olarak tanımlıyor.[3]

Cinselliğin Tarihi'nin ikinci cildine yazdığı önsözün daha sonra kitaba alırken değiştirdiği bir versiyonunda Foucault, söz konusu deneyim biçimlerinin oluşması, gelişmesi ve dönüşmesinin, yani sorunsallaştırmanın tarihini, "düşüncenin tarihi" olarak; "düşünce" ile de çeşitli biçimlerde "doğru ve yanlış oyunu"nu belirleyen ve dolayısıyla deneyimi ve onun öznesini kuran şey olarak tanımlıyor. Bu anlamda Foucault'ya göre "düşünce" yalnızca felsefe veya bilime özgü teorik ifadelerde değil; bireyin özne olarak ortaya çıktığı tüm konuşma, yapma ya da davranış biçimlerinde aranması gereken bir şey.[4] Öte yandan Foucault'nun doğru ve yanlış oyunu ya da genelde hakikat oyunu (*jeux de vérité*) ile kastettiği, insanın varlığını tarihsel bir biçimde *deneyim* olarak, yani düşünülebilecek ve düşünülmesi gereken bir şey olarak kuran; başka bir deyişle sorunsallaştırılan şey hakkında belli hakikatlerin üretilmesi için kullanılan bir kurallar bütünü. Foucault'ya göre Batı düşüncesinin bir özelliği, bu oyunların hiçbir zaman bazılarına izin verecek bazılarını da dışlayacak biçimde kapalı ve kesin bir tanımının verilmemiş olması. Dolayısıyla hakikat oyunlarında her zaman yeni bulgularla karşılaşmak, şu ya da bu kuralı hatta bir hakikat oyununun tümünü, dolayısıyla bu yolla kurulan deneyimleri değiştirmek mümkün. Ama bu, sorunsallaştırma öncesi hiçbir şeyin var olmadığı ve söz

---

3. "Hakikat Kaygısı", bu cilt, s. 87.
4. M. Foucault, "Preface to the History of Sexuality", yay.: P. Rabinow. New York: Pantheon, 1984, s. 334.

konusu deneyimlerin "birilerinin kafasından çıktığı" anlamına gelmiyor. Yani analizin amacı örneğin sorunsallaştırma öncesi delilik diye bir şeyin var olmadığını kanıtlamak değil; yukarıda verdiğimiz tanım uyarınca deliliğin hangi söylemler, hangi hakikat oyunları, hangi tanımlar yoluyla sorunsallaştırılarak "akıl hastalığı" olarak değerlendirilmesine neden olacak kurumsal bir alana dahil edildiğini görmek.[5] Bu anlamda sorunsallaştırılan şey delilik, "kurulmuş" olan deneyimse "akıl hastalığı" olarak ortaya çıkıyor.

Foucault sorunsallaştırmanın üç ana eksen üzerinden gerçekleştiğini söylüyor: bilgi, iktidar, etik. Bu tanım çerçevesinde her deneyim, belli kavramlar ve kuramlar içeren ve ürettiği hakikatlerle ifade bulan bir bilgi alanı, belli normlar ve kurallar içeren bir iktidar alanı ve bu bilgi ve iktidar alanları bağlamında bireyin kendisiyle kurduğu belli bir ilişki biçimini bir araya getirir. Bu yüzden kendimizin tarihsel bir ontolojisini yapmak; bilgi öznesi, iktidar ilişkilerinin öznesi ve kendi eylemlerimizin etik[6] öznesi olarak nasıl kurulduğumuz sorularını sormayı gerektirir. Birinci sorunun cevabı, öznesi olarak göründüğümüz bir deneyime (örneğin delilik, hastalık, yaşam, dil, emek, suç ya da cinsellik gibi bir deneyime) gönderme yapan bilgi alanının oluşumunun, bu oluşuma özgü söylemsel pratiklerin ve hakikat oyunlarının analizini; ikinci sorunun cevabı iktidar ilişkileri ve teknolojilerinin, yani tarihsel olarak kurulmuş bir deneyimin pratiğini düzenleyen normatif bir sistemin (örneğin delilerin, hastaların ve suçluların kurumsallaştırılması ve "normal" insanlardan ayrılıp tecrit edilmesini düzenleyen bir sistemin) örgütlenmesinin ve bu sistemde söz konusu olan hakikat oyunlarının analizini; üçüncü sorunun cevabı ise insanın kendisiyle olan ilişkisinin, bireylerin kendilerini tarihsel bir deneyimin özneleri olarak (örneğin deli, hasta, suçlu, eşcinsel ya da normal olarak) kurma, tanıma ve kabullenme ya da reddetme pratiklerinin ve bunu yaparken geçerli olan hakikat oyunlarının analizini gerektirir. Foucault bu üç eksenin birbirine

---
5. "Bir Özgürlük Pratiği Olarak Kendilik Kaygısı Etiği", bu kitap, s. 234.
6. Foucault burada "etik" terimini davranışlarımıza rehberlik eden bir kurallar bütünü ya da bu tür kuralların temelini oluşturan bir düşünce anlamında değil; daha çok Helenistik felsefeye özgü olan "insanın kendisiyle kurduğu ilişki" anlamında kullanıyor.

yakından bağlı olduğunu ve her birinin varolma koşullarının diğer ikisiyle karmaşık ilişkiler içerdiğini söylüyor. Bu yüzden sözünü ettiğimiz deneyimler aynı anda hem bir bilgi ve hakikatler alanı, hem bir normlar ve bu normlara bağlı kurallar sistemi, hem de bir kendiyle ilişki modeli içeren karmaşık odaklar olarak görülmeli ve eleştirilmelidir.

Foucault'ya göre bu deneyimlerin ve özneleri hakkında oluşturdukları hakikatlerin sorunsallaştırma yoluyla tarihsel olarak kurulmuş olduklarını görebilmenin, yani kendimizin tarihsel bir ontolojisini yapabilmenin çok önemli bir sonucu var: bu hakikatlerin olumsal olduğunu, çizdikleri sınırların aşılamaz olmadığını ve bu sınırların dayattığı bireysellik ve kimliğin dönüştürülebilir olduğunu göstermesi. Dolayısıyla Foucault, yeni öznellikler geliştirmenin gerektirdiği eleştirinin tam da söylediklerimiz, düşündüklerimiz ve yaptıklarımızı belirleyen bu sınırlar üzerinde düşünmek olduğunu söylüyor. Bu eleştiri hem içinde bulunduğumuz şimdiki zamana hem de tarihin bu belirli kesitinde ne olduğumuzu sorarak kendimize karşı takındığımız bir tutum; bir felsefi *ethos*, yani çağdaşı olduğumuz gerçeklikle bir ilişki kurma tarzı, bir düşünme ve duyma; ama aynı zamanda da bir davranış biçimi.[7] "Aydınlanma Nedir?" adlı yazısıyla ilk olarak Kant tarafından sergilenen bu eleştirel tutumu Foucault sınır-tutum olarak tanımlıyor. *Sınır-tutum*, tarihin içinde bulunduğumuz anında "gerçek" olarak verilmiş olanla, yani kimliğimizin koyduğu sınırlarla bu sınırları değiştirmek için verilen çaba arasındaki zorlu etkileşim ve Foucault'ya göre bu aslında modernliğin tutumu. Ama burada Kant ile Foucault'nun yaklaşımları arasındaki çok temel bir farkı vurgulamak gerekiyor. Kant'a göre eleştirel soru, aklın (tüm kullanım biçimlerinde) aşmaması gereken zorunlu sınırları arayan negatif bir sorudur. Oysa Foucault'ya göre eleştirel soru artık pozitif bir biçim taşıyor. Öznesi olarak görüldüğümüz deneyimler ve bu öznelliklerin dayattığı bireyselliklerin evrensel ve zorunlu olarak gösterilen yanlarında (koydukları sınırlarda) aslında tarihsel, olumsal ve keyfi zorlamaların ürünü olan etkenlerin tuttuğu yer ve oynadığı rol

---

7. "Aydınlanma Nedir?", bu kitap, s. 182.

nedir, sorusu bu. Dolayısıyla, kendimizin tarihsel bir ontolojisini yapmaktaki amaç, Kant tarafından zorunlu ve aşılmaması gereken sınırlamaları aramak biçiminde anlaşılmış olan eleştiriyi, bu sınırlamaları aşabilmeyi hedefleyen bir pratik eleştiriye dönüştürmek. Öznelliğin eleştirisi artık bilgi ve eylemin evrensel ve biçimsel yapılarını arayan aşkın (*transcendental*) bir eleştiri[8] değil; kendimizi yaptığımız, düşündüğümüz, söylediğimiz şeylerin öznesi olarak kurmamıza neden olan olayların *tarihsel* bir eleştirisi. Yani bilgi, iktidar ve etik eksenlerinin, bu eksenlerin bir araya gelerek öznesi olduğumuz deneyimleri kurma biçimlerinin ve kendimizi bu çizgide özne olarak tanıma ve kabullenme pratiklerimizin bir eleştirisi.

Foucault'ya göre öznesi olarak tanıtıldığımız deneyimlerin kurulmasını gerçekleştiren söylemsel ve söylemsel olmayan pratiklerin merkezinde bir iktidar alanı var. Örneğin deliliğin bir hakikat oyununa sokulmasının nedeni on yedinci yüzyılın başından itibaren ortaya çıkan ve iktidar kurumlarıyla yakın ilişki içinde olan "kapatma" pratiklerinde ve bu pratiklerin nüfus ve üretim süreçleriyle ilişkisinde aranmalı. Ama bu analiz sonucunda ortaya çıkan iktidar anlayışı geleneksel siyaset teorilerinde rastladığımız negatif iktidar anlayışlarından çok farklı. Foucault'nun "hukuki-söylemsel" (*juridico-discursive*) model olarak tanımladığı geleneksel model iktidarı bir hükümranlık (*souveraineté*), yasa, yasaklama ve itaat sistemi içinde tasarımlar. Oysa Foucault on yedinci yüzyılın sonundan itibaren Batı toplumlarına hukuksal-söylemsel modelin iktidar göremediği yeni bir iktidar biçiminin hâkim olduğunu söylüyor. Negatif ve sınırlayıcı olan ve hükümranın yaşama hakkı üzerinde söz sahibi olmasıyla tanımlanan hukuksal-söylemsel modelin iktidar anlayışının tersine, bu yeni iktidar biçimi üretken, yaşamı desteklemeye, yaşamın sağladığı güçleri sınırlamaya değil arttırmaya yönelik, yani pozitif. Bu yüzden Foucault bu yeni iktidarı *biyo-iktidar* olarak adlandırıyor. Foucault'ya göre biyo-iktidar yaşama iki ana biçimde müdahale eder: insan bedenine bir makine olarak yaklaşan birinci biçimi "disiplinci" bir iktidardır. Foucault'nun 'bedenin

---

8. Örneğin Kant'ın *Saf Aklın Eleştirisi* ve *Pratik Aklın Eleştirisi*'nde örneklendirdiği türden bir eleştiri.

anatomo-politiği" olarak adlandırdığı bu biçimin amacı, insan bedenini disipline etmek, yeteneklerini geliştirmek, daha verimli ve uysal kılmak ve ekonomik denetim sistemleriyle bütünleştirmektir. "Nüfusun biyo-politiği" olarak adlandırdığı ikinci biçimi ise bedene bir doğal tür olarak yaklaşır ve nüfusu düzenleyici bir denetim getirir. Foucault'ya göre biyo-iktidar burjuva toplumunun büyük buluşlarından biridir ve kapitalizmin gelişmesinde vazgeçilmez bir unsur olmuştur; çünkü kapitalizm bedenin üretim sürecine denetimli bir şekilde girmesini ve nüfusun ekonomik süreçlere uygun kılınmasını gerektirir.[9] Kapitalist üretim biçimi gereği bedenin sahip olduğu güçlerin emek gücüne dönüştürülmesi ve üretim gücü olarak kullanılması; ama aynı zamanda itaatkâr ve uysal kılınması, tabi kılınması (*assujetissement*) gerekir. Bu yüzden biyo-iktidar tahakküm ve hegemonya ilişkileri getiren ayrımcılık ve toplumsal hiyerarşi etmenleri olarak da etkili olmuştur. Ama bu etkiyi yaparken kullandığı teknikler negatif ve sınırlandırıcı değildir ve bedensel şiddeti dışlar; çünkü bireyin biyolojik yaşamı ve onun sahip olduğu güçleri sınırlamak ve en uç noktada yok etmek yerine daha da güçlendirmek, en iyi şekilde kullanmak, örgütlemek ve denetlemek zorundadır. Böylece on sekizinci yüzyıldan itibaren kapitalizmin gelişmesine çok yakından bağlı olarak yalın anlamda insan yaşamı tarih sahnesine, siyasi tekniklerin alanına girmiştir. Yaşamın ta kendisinin siyasi stratejilerde ortaya sürülmesi Foucault'ya göre bir toplumun "modernliğe girme eşiği"dir. "İnsan, binlerce yıl boyunca Aristoteles için neyse o olmuştur, yani yaşayan ve buna ek olarak siyasal bir varlık olma yeteneğine sahip olan bir hayvan; modern insan, bir canlı varlık olarak yaşamını kendi siyaseti dahilinde söz konusu eden bir hayvandır."[10]

Biyo-iktidarın gelişiminin başka ve önemli bir sonucu da hukuksal yasa sisteminin yerine giderek normların önem kazanmasıdır. Yasa sınırlandırıcıdır ve en uç noktada silahı ölümdür. Oysa nesnesi yaşam olan bir iktidarın düzenleyici ve denetleyici meka-

---

9. M. Foucault, "Cinselliğin Tarihi", çev.: Hülya Uğur Tanrıöver, Ayrıntı Yay., 2003, s. 105.
10. A.g.e., s. 147.

nizmalara ihtiyacı vardır ve bu düzenleme ve denetlemeyi oluşturduğu normlar yoluyla yapar. Ama bu, yasanın ortadan kalktığı anlamına gelmez. Yalnızca yasa artık norm gibi işlemeye başlamış ve hukuk sistemi, amacı yaşamın güçlerini düzenlemek olan bir aygıtlar bütününe dahil olmuştur. Kısacası yaşam üzerinde odaklanan biyo-iktidar bir *normalizasyon* toplumu oluşturur, yani insanları normlara uymaya zorlayan, onları normalleştiren bir toplum.[11]

Şiddetin dışlanmasıyla birlikte bedenin iktidar tarafından kuşatılmasında tüm toplumsal bütüne yayılan yeni ve ince teknikler gerekmiş, bu teknikler Foucault'nun "dispositif" olarak adlandırdığı somut düzenlemeler biçimini almıştır. Dispositif'ler Foucault'ya göre söylemler, kurumlar, mimari biçimler, düzenleyici kararlar, yasalar, idari tasarruflar; bilimsel, felsefi, ahlâki önermelerden oluşan heterojen bütünler; bu söylemsel ve söylemsel olmayan öğeler arasındaki ilişkilerin oluşturduğu sistemlerdir. Dispositif'lerin işlevi temelde stratejiktir: yani güç ilişkilerini güdümlemek, belli bir yönde geliştirmek ya da önlerine geçmek, dengelemek, kullanmak işlevine sahiptirler. Dolayısıyla dispositif'ler her zaman bir iktidar oyunu içinde yer alırlar; ama aynı zamanda bu iktidardan doğmakla birlikte iktidarın kendisini koşullandıran bir bilginin sınırlarına da bağlıdırlar.[12] Çünkü iktidar ve bilgi karşılıklı olarak birbirlerini içerimler; karşılığında bir bilgi alanı oluşturmayan iktidar ilişkisi olmadığı gibi iktidar ilişkileri varsaymayan ve oluşturmayan bilgi de yoktur. Bu bilgi alanının ve hakikatlerinin oluşturduğu söylemin "üretimi, birikimi, dolaşımı ve işleyişi olmadan iktidar ilişkileri ne yerleştirilebilir ne güçlendirilebilir ne de yürütülebilir." Bu noktada geriye dönerek dispositif'lerin bu yazının başında tanımını verdiğimiz sorunsallaştırma odakları, bilgi ve iktidar eksenlerinin bir araya geldiği söylemsel ve söylemsel olmayan pratik yumakları olduğunu söyleyebiliriz. Bu pratikler yoluyla dispositif'ler birtakım deneyimler kurup insanları bu deneyimlerin öznesi olarak tanıta-

---
11. A.g.e., s. 147-48.
12. Dispositif kavramının ayrıntılı bir tartışması için bkz., M. Foucault, "Michel Foucault'nun Oyunu", *Entelektüelin Siyasi İşlevi* içinde. İstanbul: Ayrıntı Yayınları, 2000, s. 115-122.

rak, onlara kendileriyle ilgili hakikatler dayatır, iktidarın şiddet kullanmadan bedeni kuşatmasını sağlar, onu itaatkâr ve uysal hale getirir.

"İnsan", "ruh", "birey", "insan bilimleri" (insanın bilimsel bilgisi) gibi modern kavramlar da aslında iktidarın insan bedenini kuşatmak için geliştirdiği söylemin, yani bilgi-iktidarın bir ürünü, bilgi ve iktidar ilişkilerinin eklemlendiği bir öğe, iktidarın bilgiyi ortaya çıkardığı, bilginin de bu iktidarı genişletip güçlendirdiği bir çarktır. Öznellik, kişilik, bilinç gibi kavramlar ve analiz alanları bu öğeden çıkarılmıştır.

> Dolayısıyla bireyi temel bir çekirdek, ilkel bir atom, iktidarın etki altına aldığı ya da cezalandırdığı çoğul ve atıl bir şey olarak; iktidarı da bireyleri böylece bastıran ya da parçalayan bir şey olarak düşünmemek gerekir. Aslında bir bedenin, hareketlerin, söylemlerin, arzuların bireyler olarak tanımlanması ve kurulması tam olarak iktidarın birincil etkilerinden biridir. Yani birey, iktidarın dışında ve karşısındaki şey değil, ... iktidarın birincil bir... etkisi ve aynı zamanda bir etkisi olduğu ölçüsünde de bir aracıdır: iktidar kurduğu, oluşturduğu birey üzerinden işler.[13]

Şimdi Foucault'nun ilk başta alıntıladığımız yazısına geri dönersek, bu iktidar biçimi:

> Bireyi kategorize ederek, bireyselliğiyle belirleyerek, kimliğine bağlayarak, ona hem kendisinin hem de başkalarının onda tanımak zorunda olduğu bir hakikat yasası dayatarak doğrudan gündelik yaşama müdahale eder. Bu, bireyleri özne yapan bir iktidar biçimidir. *Özne* sözcüğünün iki anlamı vardır: denetim ve bağımlılık yoluyla başkasına tabi olan özne ve vicdan ya da özbilgi yoluyla kendi kimliğine bağlanmış olan özne. Sözcüğün her iki anlamı da boyun eğdiren ve tabi kılan bir iktidar biçimi telkin ediyor.[14]

Temelde dispositif'ler yoluyla işleyen biyo-iktidarın strateji terim-

---
13. M. Foucault, "İki Ders", *Entelektüelin Siyasi İşlevi* içinde. İstanbul: Ayrıntı Yayınları, 2000, s. 107.
14. "Özne ve İktidar", bu kitap, s. 64.

leriyle düşünülmesi gerektiğini, bu stratejilerin de belli hegemonya biçimlerinde kristalleştiğini söylemiştik. Foucault'ya göre iktidar ilişkilerinin kristalleşerek aldığı bu biçimlerden en çok öne çıkanı on altıncı yüzyıldan bu yana sürekli olarak gelişen devlettir. Bu yüzden devlet genel kanının tersine yalnızca bütünleştirme teknikleriyle işleyen, bireyleri görmezden gelen ve bütünün ya da bir sınıf ya da grubun çıkarlarını gözeten değil; aynı zamanda bireyselleştiren, insanları kurulmuş deneyimlerin özneleri haline getiren, yani "bilinç ya da özbilgi yoluyla kendi dayattığı kimliğe bağlayan" ve bu yolla denetim altına alan bir iktidardır. Bu yüzden Foucault, günümüzde bireyin dayatılmış bu kimliğe bağlanmasına, yani öznelliğin boyun eğdirilip tabi kılınmasına karşı verilen mücadelenin etnik, toplumsal ve dinsel tahakküme karşı verilen mücadele ile ekonomik sömürüye karşı verilen mücadeleye göre daha öne çıktığını söylüyor. Günümüzün sorunu artık ne olduğumuzu keşfetmek değil, olduğumuz şeyi reddetmektir.[15]

Ama yukarıda belirttiğimiz gibi öznesi olduğumuz deneyimler, bu deneyimleri kuran hakikat oyunları, bu hakikatlerin kurduğu kimlik ve bu kimliğin dayattığı sınırlar, yani bireyselliğimiz hep biyo-iktidarın yaşamı denetleme ve güdümleme tekniklerinin bir ürünüyse ve iktidar tüm toplumsal yapıya yayılmışsa, olduğumuz şeyi reddetmek nasıl mümkün olacaktır? Foucault'ya en sık getirilen eleştiri de bu noktayla ilgili. Oysa Foucault'nun iktidar tanımını biraz daha dikkatli okumak bu sorunu çözüyor. İktidarın bir güç ilişkileri çokluğu olduğunu, dolayısıyla evrensel, kendiliğinden var olan, sahip olunabilen ve uygulanmayı bekleyen bir iktidar olmadığını söylemiştik. İktidar bir ilişki, bir eylem biçimidir. Ama bu, doğrudan doğruya başkaları üzerinde değil, başkalarının şimdiki ya da gelecekteki eylemleri üzerindeki bir eylemdir. Bir ilişkinin iktidar ilişkisi olabilmesi için her iki tarafın da sonuna kadar eylemde bulunabilecek durumda olması ve bu ilişkide tüm bir tepki, cevap alanının var olması gerekir. Dolayısıyla iktidar bir eylemler kümesinin başka bir eylemler kümesi üstünde etkili olduğu bir bütünsel

---

15. A.g.e., s. 69.

yapıdır. İktidar, davranışları ve davranışların mümkün sonuçlarını yönlendirmektir. Bu yüzden Foucault iktidarı, bireylerin ya da grupların (delilerin, hastaların, suçluların, çocukların, vb.) davranışlarının yönlendirilme biçimi, yani bir "yönetim" (*gouvernement*) sorunu olarak tanımlıyor. Ama yönetim burada çok geniş anlamda, on altıncı yüzyılda kullanıldığı biçimiyle, başkalarının önünde açık olan mümkün eylem alanını yapılandırmak olarak anlaşılmalıdır. İktidarın işleyişini bu şekilde, yani başkalarının eylemi üzerine bir eylem olarak ve bu eylemi de yönetmek olarak tanımlamak çok önemli bir öğeyi, özgürlüğü, iktidar ilişkilerine katmak demektir. İktidar yalnızca özgür özneler üzerinde ve yalnızca özgür oldukları sürece işleyebilir. Bu anlamda özgür olmak demek farklı ve çeşitli davranış biçimleri ve tepkilerin gerçekleştirilebileceği bir imkânlar alanıyla karşı karşıya olmak demektir. Bir iktidar alanı tıkandığında, yönetim ve yapılandırma ilişkisi tek yönlü, sabit ve tersine çevrilemez hale geldiğinde artık iktidar ilişkilerinden söz edilemez. Böyle bir durumda artık yalnızca tahakküm (*domination*) vardır ve tahakkümün olduğu yerde iktidar ilişkisi olamaz. Dolayısıyla, iktidar ve özgürlük birbirini dışlayan bir çatışma ilişkisi içinde değil; çok daha karmaşık bir ilişki içinde yer alırlar. Bu ilişkide özgürlük iktidarın işlemesinin koşulu, hatta önkoşuludur. İktidar ile özgürlüğün direnişi birbirinden ayrılamaz. İktidarın olduğu her yerde bir direniş ya da direniş imkânı vardır.[16] Bu yüzden Foucault modern toplumu disiplinci bir toplum, bir normalizasyon toplumu olarak tanımlamış olmasından kaynaklanan yanlış anlamalardan yakınır. Her ne kadar akıl hastanesi, hapishane gibi kurumların ve onlara tekabül eden iktidar dispositif'lerinin tarihini incelerken iktidarı bir tür tahakküm gibi gösterdiğini kabul etse de disiplinci toplumun "disipline olmuş" toplum anlamına gelmediğini, disiplin yöntemlerinin yayılmasının insanların tümüyle itaatkâr hale gelmesi olmadığını söylüyor. Normalizasyon süreçlerinde kullanılan tekniklerin analizinde, kitlesel ve direnilemez bir normalizasyon olduğu iddiası yoktur. İktidar ilişkilerinin her yerde olması, bütün

---

16. A.g.e., s. 76-77.

gücü ellerinde bulundurdukları anlamına gelmez. İktidar ilişkilerinin çokluğu, kesişmeleri, kırılganlıkları ve tersine çevrilebilirlikleri tüm davranış alanlarını tıkayan ve tek yanlı olarak yönlendiren bir iktidarın var olmadığı anlamına gelir. Bu noktada Foucault'nun pozitif bir özgürlük anlayışı olduğunu görüyoruz. Özgürlük, davranış ve eylem biçimlerimiz önünde engel oluşturan ya da oluşturabilecek etmenlerin yokluğu (yani negatif bir özgürlük) değil; bu engelleri aşmak için sahip olduğumuz güçlerin kullanımıdır. Buradaki sorun artık özgürlüğün var olup olmadığı değil, etik olarak nasıl kullanılacağıdır; çünkü Foucault'ya göre etik, özgürlüğün düşünülerek yapılan bir pratiği, özgürlükse etiğin ontolojik koşuludur.[17]

Özgürlük ile etik arasındaki bu bağ bizi, sorunsallaştırmanın tanımını verirken sözünü ettiğimiz üçüncü eksene, etik eksenine geri götürüyor. Foucault'nun kullandığı anlamda etiğin insanın kendisiyle kurduğu bir ilişki olduğunu söylemiştik. Bu ilişki kuşkusuz doğrudan doğruya bilgi ve iktidar eksenlerinin bir araya gelerek kurdukları deneyimler, ürettikleri hakikatler ve dayattıkları sınırlar yoluyla kurulabilir. Ama bu sınırların aşılamaz olmadıklarını, iktidar tarafından dayatıldıklarını, iktidarın da özgürlüğü içerimlediğini söyledik. Ayrıca bu sınırları aşmak için kendimizin tarihsel bir ontolojisini yapmak gerektiğini, bu ontolojinin de sınırları dayatan deneyimler ve hakikat oyunlarının eleştirisinden geçtiğini söylemiştik. Ama bu ontolojide uygulanması gereken tarihsel yöntem geleneksel tarih yöntemi olamaz. Çünkü Foucault'ya göre geleneksel tarih geleneksel metafiziğe bağımlıdır; tarihini yazdığı şeyin kökenini arar, tarihi çizgisel bir gelişme olarak betimler ve tarihi yazılan şeyin bu gelişme sürecinde anlamını koruduğunu, tek bir yönde hareket ettiğini varsayar. Geleneksel tarihin bu köken arayışının Foucault'ya göre üç ana niteliği vardır. Şeylerin sabit bir özü ve kimliği olduğunu varsayar ve bu öz ile kimliği yakalamaya çalışır. Geleneksel tarihe göre bir şeyin kökeni onun en mükemmel anıdır. Ve son olarak bir şeyin hakikatinin onun kökeninde yattı-

---

17. "Bir Özgürlük Pratiği Olarak Kendilik Kaygısı Etiği", bu kitap, s. 236.

ğına inanır. Buna karşılık Foucault tarih yöntemi olarak soybilimi önerir. Bir karşı-hafıza (*contre-mémoire*) olarak soybilim sabit özleri reddeder ve farklı kimlikler olabileceğini varsayar; verili bir kimliğin kökenini bulmak yerine bu kimliği çözmeyi, ayrıştırmayı hedefler. Soybilim tarihini yazdığı şeyin değişmez bir doğruluğu olduğunu reddeder. Her şeyden önemlisi, soybilim tarihini yazdığı şeyin ortaya çıkışından sonra anlamı muhafaza eden bir süreklilik izlemediğini; tersine, bu süreçte dışarıdan birçok müdahale, sapma, hata ve ilineğin (*accident*) etken olduğunu; sürecin farklı güçler arasında mücadeleler içerdiğini, varılan noktanın bu etkenler ve mücadelelerin bir sonucu olduğunu gösterir. Yani köken tek ve mükemmel, varılmış olan nokta da zorunlu değildir.[18] Bu yüzden tarihin içinde bulunduğumuz anında bize dayatılmış olan kimlik ve sınırların zorunlu olmadığı ve aşılabileceğini göstermek için yapılacak ontoloji, geleneksel tarih yöntemini değil; soybilimi izlemelidir. Soybilim bize verilmiş olan kimliklerin reddedilmesinin yöntembilimsel aracıdır.

Soybilimsel eleştirinin sağladığı arka planda özgürlük pratiği Foucault'ya göre bir sanat, bir varoluş estetiği biçimini almalıdır. Özgürlüğün pratiği, yani etik, bir *ethos*, bir davranış biçimi, bir kendimizi yönetme, kendi davranış alanlarımızı yapılandırma, yaşamımıza ne tür bir biçim ya da yapı vereceğimize karar verme sanatıdır. Bu, özgürlüğü kullanarak kendimizi kendi davranışlarımızın öznesi olarak yeniden kurmak, yani bir ahlâki özneleşmedir (*subjectivation morale*). Foucault'nun bu pratiği bir sanat olarak tanımlamasının nedeni ise herhangi bir hakikat kavramına gönderme yapmaktan kaçınması ve bu süreçteki yaratıcılığı vurgulamak istemesidir. Yazımızın başında Foucault'nun antropolojizmi, antropolojizmin tüm bilgi ve eylemin evrensel yapıları olduğu iddiasını ve bu yapıları verili bir insan doğasında arayan özcü ontolojisini reddettiğini söylemiştik. Bu yüzden özgürlüğün pratiği insan doğasının gizlenmiş ya da bastırılmış doğruluğunu keşfetmek değil; kendimizin bir soybilimini yapmak, kendi tarihimizin

---

18. M. Foucault, "Nietzsche, la généalogie, l'histoire", *Dits et écrits*, Cilt II, s. 136-156.

ve sınırlarımızın zorunlu değil olumsal olduğunu görebilmek, bu sınırlar üzerinde çalışmak ve kendimizi *yaratıcı* bir biçimde yeniden kurmaktır. Bu tutumsa yukarıda söylediğimiz gibi Foucault için modernliğin, varoluşunu karmaşık ve güç bir geliştirme çabasının nesnesi yapan modern insanın tutumudur. Dolayısıyla bu etik anlayışı geleneksel etiğin tersine evrensel bir nitelik taşımaz, çünkü farklı kendiyle ilişki biçimleri vardır ve kendiyle kurulabilecek her ilişki herkes için eşit ölçüde ideal olamaz.

I
"Omnes et Singulatim":
Siyasi Aklın Bir Eleştirisine Doğru*

1

Başlık iddialı görünüyor, bunu biliyorum. Ancak böyle bir başlık koymamın özrü, tam da bu başlığı koyma nedenimle örtüşüyor. On dokuzuncu yüzyıldan beri, Batı düşüncesi siyasi yapılarda aklın rolünü –ya da aklın yokluğunu– eleştirme görevini yerine getirmeye çalışmaktan asla vazgeçmemiştir. Bu yüzden böylesi bir

---

* "'Omnes et Singulatim': Towards a Criticism of Political Reason"; 10 ve 16 Kasım 1979'da Stanford University'de İngilizce olarak yapılan konuşmalar.
S. McMurrin (yay.), *The Tanner Lectures on Human Values*, c. II, Salt Lake City, University of Utah Press, 1981 içinde s. 223-254. *Dits et écrits*, C. IV, s. 134-161

projeye bir kere daha girişmenin hiçbir gereği yok. Bununla birlikte, bu doğrultuda daha önce bir sürü denemenin yapılmış olması, her yeni girişimin en az öncekiler kadar başarıyla sonuçlanacağının –ve herhalde onlar kadar yararlı olacağının– bir teminatıdır. Dolayısıyla, önerecek sadece birtakım şemaları ve tamamlanamamış taslakları bulunan birinin mahcubiyetini taşımaktayım.

Felsefe, bilimsel aklın yetersizliğini gidermeye çalışmaktan vazgeçeli çok oldu; felsefe artık bilimsel yapının eksikliklerini tamamlamaya çalışmıyor.

Aydınlanma'nın görevlerinden birisi, aklın siyasi güçlerini çoğaltmaktı. Ancak on dokuzuncu yüzyılın insanları, çok geçmeden, akıl bizim toplumlarımızda çok mu fazla güçlendi, diye sormaya başladılar. Rasyonelleşme-eğilimli bir toplum ile bireye ve bireyin özgürlüklerine, bütün canlı türlerine ve onların hayatta kalmalarına yönelik birtakım tehditler arasında var olduğundan kuşkulandıkları bir ilişkiden kaygı duymaya başladılar.

Başka bir deyişle, Kant'tan beri felsefenin rolü, deneyimde verilmiş olanın sınırlarını aklın aşmasını önlemek olmuştur; ancak, gene aynı dönemden –yani, modern devletlerin ve toplumun siyasi olarak yönetilmesinin gelişmesinden– itibaren, felsefenin rolü siyasi rasyonalitenin aşırı güçlerini gözlem altında tutmak olmuştur, bu da gelecek vaat eden bir yaşam beklentisidir.

Bu tür sıradan olguların herkes farkındadır. Ancak bu olguların sıradan olması var olmadıkları anlamına gelmez. Bizim sıradan olgularla ilgili olarak yapmamız gereken şey, bunlarla hangi spesifik ve belki de özgün sorunların bağıntılı olduğunu keşfetmek ya da keşfetmeye çalışmaktır.

Rasyonelleşme ile siyasi iktidarın aşırılıkları arasındaki ilişki apaçıktır. Kaldı ki bu tür ilişkilerin varlığının farkına varmak için bürokrasinin ya da toplama kamplarının ortaya çıkışını beklememize gerek yoktur. Gene de sorun şudur: bu kadar apaçık bir olgu karşısında ne yapmalıyız?

Aklı "yargılayacak mıyız"? Bana kalırsa, hiçbir şey bundan daha kısır bir sonuç vermeyecektir. Birincisi, bu alanın suçla ya da masumiyetle hiçbir ilgisi olmadığı için; ikincisi, "akıl"a "akıl-olmayan"ın zıddı bir şey olarak başvurmak anlamsız olduğu için; son olarak da, böyle bir yargılama bizi ya rasyonalist ya da irrasyonalist olmanın yapay ve can sıkıcı rolünü yüklenme tuzağına düşüreceği için.

Modern kültüre özgü görünen ve kökeni Aydınlanma'da bulunan rasyonalizm türünü mü sorgulayacağız? Bence Frankfurt Okulu'nun bazı üyelerinin yaklaşımları bu doğrultudaydı. Benim amacım onların çalışmaları hakkında bir tartışma başlatmak değil; zaten onların çalışmalarını çok önemli ve değerli buluyorum. Ben, rasyonelleşme ile iktidar arasındaki bağları araştırmanın başka bir yolunu önereceğim:

1) Toplumun ya da kültürün rasyonelleşmesini bir bütün olarak almak yerine, bu süreci, her biri temel bir deneyim (delilik, hastalık, ölüm, suç, cinsellik, vb.) üzerinde yükselen çeşitli alanlar çerçevesinde analiz etmek daha akıllıca olabilir.

2) Bence "rasyonelleşme" sözcüğü tehlikeli bir sözcüktür. İnsanlar bir şeyi rasyonelleştirmeye çalıştığı zaman ortaya çıkan temel sorun, ele aldıkları konunun rasyonalite ilkelerine uygun olup olmadığını araştırmakta değil; hangi tür rasyonalitenin kullanıldığını keşfetmekte yatar.

3) Aydınlanma bizim tarihimizde ve siyasi teknolojinin gelişmesinde çok önemli bir aşamayı oluştursa bile, kendi tarihimizde nasıl kapana kısıldığımızı anlamak istiyorsak çok daha uzaktaki süreçlere gönderme yapmak gerektiği kanısındayım.

Benim önceki çalışmalarımda izlediğim çizgi şuydu: Delilik, ölüm, suç, cinsellik gibi deneyimler ile çeşitli iktidar teknolojileri arasındaki ilişkileri analiz etmek. Şimdi üzerinde çalıştığım konu ise bireysellik; daha doğrusu, "bireyselleştirici iktidar" sorununa bağlı olarak özkimlik sorunudur.

Avrupa toplumlarında siyasi iktidarın gün geçtikçe daha merkezi biçimler doğrultusunda bir evrim sergilediğini herkes bilir. Tarihçiler uzun yıllardan beri, yönetim aygıtı ve bürokrasisi ile birlikte bu devlet örgütlenmesi üzerinde çalışmaktalar.

Ben bu iki derste, bu tür iktidar ilişkilerindeki başka bir dönüşümü analiz etme imkânından söz etmek istiyorum. Bu dönüşüm

devlet
pastoral iktidar → bireyselleştirici

belki daha az bilinmektedir. Gelgelelim bence, esasen modern toplumlar açısından da büyük önem taşımaktadır. Görünüşe bakılırsa, bu evrim merkezî bir devlet doğrultusundaki evrimin tamamen zıddı bir yöndedir. Demek istediğim, iktidar tekniklerinin gelişmesinin giderek bireylere yöneldiği ve bireyleri sürekli ve kalıcı bir biçimde yönetmeyi amaçladığıdır. Eğer merkezileşmiş ve merkezileştirici olan bir iktidarın siyasi biçimi devletse, bireyselleştirici iktidara da pastorallik* diyelim.

Benim buradaki amacım, bu pastoral iktidar kipliğinin kökenini, en azından eski tarihinin bazı boyutlarını ana hatlarıyla ortaya koymaktır. Bir sonraki derste ise bu pastoral iktidarın kendisinin tam zıddıyla, yani devletle nasıl olup da birleştiğini göstermeye çalışacağım.

Peşinden koyun sürüsünün geldiği çoban olarak ilahi varlık, kral ya da lider fikri, Yunanlılar ile Romalıların bilmedikleri bir şeydi. Biliyorum, gene de birtakım istisnalar vardı; ilk başta Homeros yazınında, daha sonra Erken Dönem İmparatorluğu'nun bazı metinlerinde görülüyordu bu. Bunlara ileride tekrar döneceğim. Kabaca toparlamaya çalışırsam, sürü metaforuna büyük Yunan ya da Roma siyasi literatüründe rastlanmadığını söyleyebiliriz.

Antik Doğu toplumlarında (Mısır, Asur, Filistin) durum böyle değildir. Firavun Mısırlı bir çobandı. Aslında, taç giyme gününde ritüel olarak çobanın değneğini alırdı; "insanların çobanı" terimi Babil monarkının unvanlarından da birisiydi. Ancak Tanrı da, insanları otlayacakları çayıra götürme ve onlara yiyecek sağlama bakımından bir çobandı. Bir Mısır ilahisinde Tanrı Ra'ya şöyle denir: "Herkes uyuduğu zaman gözünü onların üzerinden ayırmayan, sürün için en iyi olanı isteyen Ulu Ra." Her ikisi de aynı rolü üstlendiğinden Tanrı ile Kral arasındaki çağrışım kolayca yapılır: Gözettikleri sürü aynıdır; çoban-krala ilahi çobanın yarattıkları

---

* Burada Foucault'nun kullandığı "pastorship" (fr. "pastorat") kelimesi, "pastor" kelimesinden geliyor; "pastor" ise çoban, papaz, yönlendirici, yol gösterici anlamlarını taşıyor. (y.h.n.)

emanet edilmiştir. Asurluların krala hitaben söyledikleri bir dua da şöyleydi: "Çayırların çalışkan yoldaşı, topraklarına bakan ve onu besleyen sen, bolluğun çobanı."

Ama, bildiğimiz gibi, pastoral temayı geliştirip genişletenler İbranilerdi. Gene de onların inanışlarında oldukça özel bir nitelik vardı: Halkının çobanı Tanrı ve yalnızca Tanrı'dır. Bunun tek bir olumlu istisnası vardır: Monarşinin kurucusu olan Davud, çoban olarak gönderme yapılan tek kişidir. Tanrı Davud'a sürü toplama görevini vermişti.

Tabii olumsuz istisnalar da vardır: Kötü krallar hep kötü çobanlarla karşılaştırılır; bu tür insanlar sürüyü dağıtırlar, susuzluktan ölmelerine neden olurlar, onları yalnızca kâr elde etmek uğruna keserler. Yahwe bir ve tek gerçek çobandır. Yalnızca peygamberlerinin yardımıyla halkına bizzat kılavuzluk eder. Mezmurlarda söylendiği gibi: "Musa ve Harun'un eliyle / Kavmini sürü gibi güttün." Kuşkusuz, burada ne bu karşılaştırmanın kökeniyle ilgili tarihsel sorunları ele alabilir, ne de bunun Yahudi düşüncesindeki evrimini inceleyebilirim. Sadece pastoral iktidarın tipik özelliğini yansıtan birkaç temayı göstermek istiyorum. Nitekim burada söz konusu yaklaşımın Yunan siyasi düşüncesiyle zıtlığına işaret etmek ve bu temaların daha ileride Hıristiyan düşüncesinde ve kurumlarında ne kadar önemli hale geldiğini sergilemek istiyorum.

1) Çoban, bir toprak parçası üzerinde değil, daha ziyade, bir sürü üzerinde iktidar kullanır. Herhalde bundan daha karmaşıktır; ancak, genel kapsamda konuştuğumuzda, ilahi varlık, toprak ve insanlar arasındaki ilişki Yunanlılarda görülenden daha farklıdır. Yunanlıların Tanrıları toprağın da sahibiydi ve insanlar ile Tanrılar arasındaki ilişkiyi esasen bu temel mülkiyet belirliyordu. Oysa burada esas ve temel olan özellik, Çoban-Tanrı'nın kendi sürüsüyle kurduğu ilişkidir. Tanrı, sürüsüne bir toprak parçası bahşeder ya da vaat eder.

2) Çoban, sürüsünü bir araya toplar, onlara yol gösterir ve önderlik eder. Siyasi önderin site sınırları içerisindeki her türlü düşmanlığı ortadan kaldıracağı ve çatışmaların üzerinde bir birlik sağlayacağı fikrine kuşkusuz Yunan düşüncesinde de rastlanır. Ancak çobanın

bir araya topladığı dağınık durumdaki bireylerdir. Dağınık durumdaki bireyler çobanın sesini duyunca bir araya gelirler: "Bir ıslık çalar, hepsini bir araya toplarım." Buna karşılık, sürünün dağılması için çobanın ortadan kaybolması yeterlidir. Başka bir deyişle, çobanın doğrudan varlığı ve hemen harekete geçebilmesi sürünün varlık nedenidir. Solon gibi iyi bir Yunanlı yasa yapıcı bütün çatışmaları çözünce, geride bıraktığı, kendisi olmadığı zaman da ayakta kalmasını sağlayacak yasaları olan kuvvetli bir sitedir.

3) Çobanın rolü kendi sürüsünün selametini sağlamaktır. Yunanlılar da siteyi ilahi varlığın kurtardığını söylüyor ve becerikli bir liderin gemisini kayalara çarpmaktan kurtaran bir dümenci olduğunu belirtmekten asla vazgeçmiyorlardı, ne var ki çobanın sürüsünü kurtarma biçimi oldukça değişiktir. Mesele yalnızca, bir tehlikenin eşiğine gelindiğinde onların hepsini, hep birlikte kurtarma olayı değildir; mesele devamlı, bireyselleştirilmiş ve erekli bir şefkat gösterme olayıdır. Sürekli iyilik; çünkü çoban kendi sürüsünün yiyeceğini sağlar; her gün onların açlık ve susuzluklarını giderir. Yunan tanrısından bereketli bir toprak ve bol ürün sağlaması isteniyor, ama sürüyü günü güne doyurması beklenmiyordu. Ayrıca bireysel şefkat; çünkü çoban, her bir koyunun beslenip korunmasını gözetir. Özellikle daha sonraki dönemlerin İbrani literatüründe, bireysel olarak müşfik iktidara vurgu yapılıyordu: Bir hahamın Çıkış kitabı* üzerine yorumu, Yahwe'nin halkına çobanlık etmesi için niçin Musa'yı seçtiğine açıklık getirir: Çünkü Musa sürüsünü bırakıp, kayıp tek bir koyunu aramaya çıkmıştı.

Nihayet, erekli bir iyilik söz konusudur. Çoban, sürüsü için bir hedef koyar. Sürü ya iyi bir otlağa götürülmeli ya da tekrar ağıla döndürülmelidir.

4) Başka bir farklılık noktası da, iktidar kullanımının bir "görev" olması fikrinde yatar. Yunanlı önder doğal olarak herkesin çıkarına olan kararlar almak zorundaydı; kendi kişisel çıkarını öne almayı tercih ederse kötü bir lider örneği olurdu. Ancak şanlı bir görevi vardı: Savaşta canını feda etmek zorunda olsa bile, böyle bir

---

* Eski Ahit'te Musa Peygamber'in zamanında Musevilerin Mısır'dan çıkışlarını anlatır. (ç.n.)

Çoban → pozetler → kontrol

fedakârlık son derece değerli olan başka bir şeyle, ölümsüzlükle telafi edilirdi. Yani asla kaybetmezdi. Buna karşılık, çobanın şefkati "kendini adamaya" çok daha yakındır. Çobanın attığı her adım sürüsünün iyiliği göz önünde tutularak ayarlanmıştır. Bu onun sürekli kaygısıdır. Herkes uyuduğu zaman *çoban* onların başında bekler.

Nöbet bekleme teması önemli bir noktadır. Çobanın kendini adamışlığının iki boyutunu gözler önüne sermeye yarar. Birincisi, beslediği ve uyumakta olan kişiler için hareket eder, çalışır, koşuşturur. İkincisi, onları gözetler. Onlara bakar ve her biriyle ayrı ayrı ilgilenir. Kendi sürüsünü hem topluca hem de en ayrıntılı davranışlarına kadar tanıması gerekir. Sadece iyi otlakların nerede bulunduğunu, mevsimlerin yasalarını ve şeylerin düzenini bilmesi yetmez; bunun yanında, hepsinin özel ihtiyaçlarını da bilmesi gerekir. Gene bir hahamın Çıkış kitabı üzerine yorumunda, Musa'nın çoban olma özellikleri şöyle anlatılır: Musa her koyunu sırayla otlamaya gönderir; ilk önce, en yumuşak otları yesinler diye en genç olanları; sonra, daha yaşlı olanları; en son olarak da, en sert otları yiyebilecek güçteki en yaşlıları. Çobanın iktidarı, sürünün her üyesine ayrı bir özen gösterilmesini içerimler.

Bunlar yalnızca İbrani metinlerinin Çoban-Tanrı ve onun sürüsüne dair metaforları bir araya getiren temalar. Ben hiçbir şekilde, bunun Kudüs'ün düşüşünden önce İbrani toplumunda siyasi iktidarın fiilen nasıl kullanıldığını gösterdiğini iddia ediyor değilim. Hatta, böyle bir siyasi iktidar anlayışının herhangi bir şekilde tutarlı olduğunu iddia ediyor da değilim.

Bunlar sadece temalar. Paradoksal, hatta çelişkili temalar. Hıristiyanlık bu temalara gerek ortaçağda gerekse modern çağda böyük önem verecektir. Tarihte görülen bütün toplumlar içinde bizimkiler –bununla, Avrupa kıtasının Batı yakasında antikçağın son dönemlerinde ortaya çıkan toplumları kastediyorum– herhalde en saldırgan ve en fetihçi yapıda olan toplumlardır; hem kendilerine karşı hem de başkalarına karşı en koyu şiddeti uygulayabilecek

Nomos ←→ nomeus

niteliktedirler. Farklı farklı birçok siyasi biçim icat etmişlerdir. Kendi hukuksal yapılarını çeşitli defalar baştan sona değiştirmişlerdir. Yalnızca bu toplumların, insanların ezici çoğunluğunu birkaç çobanı olan bir sürü gibi gören tuhaf bir iktidar teknolojisi geliştirmiş oldukları da akıldan çıkarılmamalıdır. Böylece onlar arasında bir dizi karmaşık, devamlı ve paradoksal ilişki kurulmuştur.

Kuşkusuz tarihin akışı içerisinde tekil olan bir şeyi yansıtır bu. Açıkçası, insanların yönetilmesinde "pastoral teknoloji"nin gelişmesi antik toplumun yapılarını yerle bir etmiştir.

* * *

Eski yapıların yıkılışının önemini daha iyi anlayabilelim diye, Yunanlılar hakkındaki sözlerime kısaca geri dönmek istiyorum. Bu sözlerime ne tür itirazlar gelebileceğinin de çok iyi farkındayım.

Muhtemel itiraz noktalarından birisi, Homeros'un şiirlerinde çoban metaforunun krallara gönderme yapmak için kullanılıyor oluşudur. *İlyada* ve *Odysseia*'da *poimên laôn* ifadesiyle çeşitli kereler karşılaşılır. Bu ifade liderleri güçlerinin görkemliliğine dikkat çekerek anlatır. Dahası bu, geç Hint-Avrupa literatüründe bile sık görülen bir ritüel başlığıdır. *Beowulf*'ta krala hâlâ bir çoban gözüyle bakılmaktadır. Oysa, aynı başlığın, Asur metinlerinde olduğu gibi, arkaik epik şiirlerde de görülmesinde gerçekten şaşırtıcı olan hiçbir yan yoktur.

Sorun daha ziyade Yunan düşüncesiyle ilgili olarak ortaya çıkmaktadır: Çoban modellerine gönderme yapılan en azından bir metin kategorisi vardır: Pythagorasçı metinler. Çoban metaforu, Stobeus tarafından aktarılan Archytas'ın *Fragmanlar*'ında da görünür. *Nomos* (yasa) sözcüğü *nomeus* (çoban) sözcüğüyle bağıntılıdır: Çoban dağıtıcı, yasa paylaştırıcıdır. Bu durumda Zeus'a da koyunlarına yiyecek dağıttığı için *Nomios* ve *Nemeios* adı verilir. Nihayet yargıç da *philantrôpos*, yani bencillikten sıyrılmış olmalıdır. Yargıç, bir çoban gibi, hamiyet ve ilgiyle dolup taşmalıdır.

Archytas'ın *Fragmanlar*'ının Alman editörü Grube, bunun Yunan literatüründeki yegâne İbrani etkisi olduğunu ifade eder.

Siyasi Çobanlık!

Delatte gibi diğer yorumcular da, Yunan'da tanrılar, yargıçlar ve çobanlar arasında karşılaştırmalar yapmanın yaygın bir alışkanlık olduğunu belirtir. Dolayısıyla bu konunun üzerine daha fazla gitmeye gerek yok.

Burada kendimi siyasi literatürle sınırlayacağım. Araştırmanın sonuçları açıkça ortadadır: Siyasi "çoban" metaforu ne Isokrates'te ne Demosthenes'te ne de Aristoteles'te görülmektedir. Isokrates'in *Aeropagiticus*'unda yargıçların ödevleri üzerinde ısrar ettiği göz önüne alındığında oldukça şaşırtıcı bir olgudur bu; Isokrates yargıçların kendilerini adamaları ve genç insanlara ilgi göstermeleri gerektiğini vurgular. Ama tek bir yerde bile çoban sözcüğüne rastlanmaz.

Buna karşılık, Platon sık sık çoban-yargıçtan söz açar. Platon bu fikre *Kritias*'ta, *Devlet*'te ve *Yasalar*'da değinirken, *Devlet Adamı*'nda enine boyuna irdeler. İlk üç diyalogda çoban teması oldukça tali bir yere sahiptir. Bazen insanlığın doğrudan tanrılar tarafından yönetilip bereketli otlaklardan yararlandıkları mutlu günlere duyulan özlem dile getirilir (*Kritias*). Bazen, –Thrasymakhos'un kötülüğüne karşı– yargıçların taşımaları zorunlu olan erdemden söz edilir (*Devlet*). Bazen de sorun, ast konumundaki yargıçların rollerini tanımlamakta yatar: Aslında bu insanlar, tıpkı bekçi köpekleri gibi, "merdivenin üst basamaklarında duranlar"a itaat etmek zorundadırlar (*Yasalar*).

Ne var ki *Devlet Adamı*'nda temel sorun olarak pastoral iktidar gösterilir ve bu sorun uzun uzadıya irdelenir. Sitenin karar vericisi, komutan, bir tür çoban diye tanımlanabilir mi?

Platon'un analizi iyi bilinmektedir. Platon bu soruna çözüm getirmek amacıyla ayırma yönteminden yararlanır. Cansız şeylere emir veren insan (örneğin mimar) ile hayvanlara emir veren insan arasında; ayrı ayrı yaşayan hayvanlara (bir çift öküz) emir veren insan ile sürülere emir veren insan arasında; nihayet, hayvan sürülerine emir veren insan ile insan sürülerine komuta eden insan arasında bir ayrıma gidilir. İşte bu noktada karşımıza <u>siyasi önder çıkar: İnsanların çobanı.</u>

Ama bu ilk ayrım tatmin edici değildir. Bu ayrımın daha da

derinleştirilmesi gerekir. *İnsanları* diğer bütün hayvanlarla karşı karşıya getiren yöntem iyi bir yöntem değildir. Bunun için diyalog yeniden başlar. Buna paralel bir dizi ayrım ortaya konur: vahşi hayvanlar ile evcil hayvanlar arasında; suda yaşayan hayvanlar ile karada yaşayan hayvanlar arasında; boynuzlu hayvanlar ile boynuzsuz hayvanlar arasında; çift toynaklı hayvanlar ile düz toynaklı hayvanlar arasında; birbiriyle çiftleşebilecek hayvanlar ile çiftleşemeyecek hayvanlar arasında. Böylece diyalog asla sonu gelmeyen bu tür alt-bölünmelerle sonsuza kadar sürer gider.

Peki öyleyse, diyaloğun baştaki gelişimi ile daha sonraki başarısızlığı neyi gösterir? Ayırma yönteminin, doğru biçimde uygulanmadığı zaman hiçbir şeyi kanıtlayamadığını. Bu ayrıca, siyasi iktidarı, bir çoban ile onun hayvanları arasındaki ilişki ekseninde çözümleme fikrinin o sıralarda herhalde oldukça tartışmalı bir düşünce olduğunu göstermektedir. Gerçekten de, siyasetçinin özünü keşfetmek üzere yola çıktıklarında diyalogdaki konuşmacıların akıllarına gelen ilk varsayım budur. Bu o günlerde yaygın bir bakış açısı mıydı? Yoksa Platon, Pythagorasçı temalardan birisini mi tartışıyordu? O çağın diğer siyasi metinlerinde çoban metaforuna rastlanmaması ağırlığı ikinci hipoteze doğru kaydırıyor gibidir. Gene de biz bu tartışmayı tamamlanmamış sayabiliriz herhalde.

Benim kişisel araştırmam, Platon'un diyaloğun kalan bölümünde bu temaya nasıl karşı çıktığıyla ilgili. Platon bunu ilkin yöntembilimsel argümanlardan yararlanarak, daha sonra da dünyanın kendi ekseni etrafında dönmesiyle ilgili ünlü mite dayanarak yapar.

Yöntembilimsel argümanlar son derecede ilginçtir. Kralın bir tür çoban olup olmadığı sorusu, hangi farklı türlerin bir sürü oluşturabileceğine karar vererek değil; çobanın ne yaptığını analiz ederek cevaplanabilir.

Çobanın görevinin ayırt edici özelliği nedir? Birincisi, çoban sürüsünün başında tek başınadır. İkincisi, çobanın işi baktığı hayvanlara yiyecek sağlamak, hastalandıkları zaman onları iyileştirmeye gayret etmek, bir araya toplansınlar diye onlara ezgiler çalmak ve rehberlik etmek, en güzel yavruların doğması amacıyla çiftleşmelerini düzenlemektir. Dolayısıyla Doğu metinlerinin tipik çoban-metaforu temalarını buluruz.

Bütün bunlar göz önünde bulundurulduğunda kralın görevi ne olmaktadır? Çoban gibi kral da sitenin başında tek başına durur. Peki, görevlere gelince, insanlara yiyeceğini kim temin eder? Kral mı? Hayır. Çiftçi sağlar, fırıncı sağlar. Hastalandıkları zaman insanlara kim bakar? Kral mı? Hayır. Hekim bakar. Peki, onları müzik çalarak kim yönlendirir? Kral değil, beden eğitimi öğretmeni. Dolayısıyla birçok yurttaş meşru olarak "insanların çobanı" etiketini talep edebilir. Nasıl insan sürüsünün çobanının birçok rakibi varsa, aynı şekilde siyasetçinin de rakipleri vardır. Sonuç olarak, siyasetçinin gerçekte ve özünde ne olduğunu öğrenmek istiyorsak, onu "etrafındaki kalabalık"tan çekip çıkarmamız ve böylece hangi bakımlardan bir çoban *olmadığını* göstermemiz gerekir.

Dolayısıyla Platon da, birbirinin takipçisi ve zıddı olan iki hareketle kendi ekseni etrafında dönen dünya mitine başvurur.

İlk aşamada, her hayvan türü, bir Cin-Çoban'ın önderlik ettiği bir sürüye aitti. İnsan sürüsüne ise bizzat Tanrı'nın kendisi önderlik etmekteydi. O zaman yeryüzünün nimetlerinden bol bol yararlanılabilirdi ve hep belli bir yerde durmak gerekmiyordu. Ölümden sonra insanlar tekrar yaşama dönüyorlardı. Buna çok önemli bir cümle daha eklenmektedir: "Çobanları Tanrı olunca, insanlar siyasi bir anayasaya ihtiyaç duymuyorlardı."

İkinci aşamada dünya bunun tam tersi yönde döndü. Tanrılar artık insanların çobanları değildi; insanların artık kendilerine yetmeleri gerekiyordu. Çünkü onlara ateş verilmişti. Bu durumda siyasetçilerin rolü ne olurdu? *Siyasetçi*, çoban rolünü tanrılardan devralır mıydı? Kesinlikle hayır. Siyasetçinin işi site için sağlam bir kumaş dokumaktı. Siyasetçi olmak insanları beslemek, onlara bakmak, nesli sürdürmek değil; bağlamak, değişik erdemleri bağlamak, kamuoyu "mekiğinden" yararlanarak birbirine zıt olan huyları (ya aceleci ya ölçülü) birbirine bağlamak anlamına geliyordu. Kralların yönetme sanatı, canlıları "uyum ve dostluk üzerinde temellenen bir cemaat" şeklinde bir arada tutmakta düğümleniyor, böylece kralın "kumaşların en güzelini" dokuması mümkün oluyordu. Bütün nüfus, "hem köleler hem özgür insanlar, bu kumaşın kıvrımları arasında korunuyordu".

Dolayısıyla *Devlet Adamı*, daha sonra Hıristiyan Batı'da çok büyük önem kazanacak olan pastorallik teması üzerine klasik antikçağın en sistemli düşüncelerinin toplandığı metin gibi görünüyor. Bu konuyu tartışıyor olmamız, belki ilk başta Doğu'ya özgü olan bir temanın Platon'un zamanında da araştırılmayı hak edecek kadar önemli görüldüğünü kanıtlar gibi olsa bile, biz gene de bu temaya Platon tarafından karşı çıkılmış olduğunu vurgulayacağız.

Gerçi bütünüyle karşı çıkılmış olduğu da söylenemez. Platon, hekimin, çiftçinin, beden hocasının ve pedagogun çoban gibi davrandıklarını kabul ediyordu. Onun reddettiği, bu insanların hizmetlerinin siyasetçinin faaliyetlerine karışmasıydı. Çok açık biçimde şunu söylüyordu: Siyasetçi her insanın yanına gelip oturacak, onu besleyecek, ona birlik beraberlik sunacak, hastalandığı zaman ona bakacak zamanı nereden bulacak? Ancak Altın Çağ'daki bir Tanrı bu şekilde hareket edebilirdi; gene, ancak bir hekim ya da pedagog gibi, az sayıda kişinin yaşamının ve gelişmesinin sorumluluğunu üstlenebilirdi. Oysa, ikisinin –tanrılar ile köylüler– arasında bir konumda bulunan, siyasi güce sahip olan insanların çoban olmaları gerekmez. Siyasetçilerin görevi bir grup bireyin yaşamına destek olmak değil; sitenin birliğini oluşturmak ve bunu güvence altına almaktır. Kısacası, siyasi sorun, site ile sitenin yurttaşları çerçevesinde bir kişi ile pek çok kişi arasındaki ilişkide odaklanır. Pastoral sorun, bireylerin yaşamlarıyla ilgilidir.

Bütün bunlar bize çok uzak gözüküyor belki. Benim bu antikçağa ait metinlerde ısrar etmemin nedeni, bu sorunun –daha doğrusu, bu sorunlar dizisinin– ilk olarak ne zaman ortaya çıktığını göstermeleridir. Bu sorunlar Batı tarihini bütünüyle kaplar. Üstelik günümüz toplumu açısından da hâlâ oldukça önemli bir yerleri vardır. Bu sorunlar, devlet içinde hukuksal bir birlik çerçevesi olarak işleyen siyasi iktidar ile "pastoral" diye adlandırabileceğimiz, rolü istisnasız herkesin yaşamını güvence altına almak, devamlılığını ve düzeyinin yükselmesini sağlamak olan bir iktidar arasındaki ilişkileri kapsamaktadır.

Yaygın olarak bilinen "refah devleti sorunu", yalnızca günümüz dünyasının ihtiyaçlarını ya da yeni yönetim tekniklerini gün ışığına çıkarmakla kalmaz. Bu sorun ayrıca olduğu gibi de kavranmak zorundadır: Yani, hukuksal özneler üzerinde kullanılan siyasi iktidar ile yaşayan bireyler üzerinde kullanılan pastoral iktidar arasındaki yapay uyumun çok sayıdaki görünümünden biri.

Açıkçası, pastoral iktidarın bütün Hıristiyanlık dönemi boyunca gözlenen evrimini nakletmek gibi bir niyetim kesinlikle yok. Böyle bir şey yapmaya çalışmanın ortaya çıkaracağı devasa sorunlar kolayca hayal edilebilir: Bunlar, İsa'nın "iyi çoban" olarak adlandırılması gibi doktriner sorunlardan tutun, kilise cemaatinin örgütlenmesi ya da pastoral sorumlulukların papazlar ile piskoposlar arasında paylaşılması gibi kurumsal sorunlara kadar uzanır.

Benim bütün yapmak istediğim, pastoralliğin, yani iktidar teknolojisinin evrimi açısından önemli saydığım iki-üç yanını gözler önüne sermek.

İlk önce, bu temanın antik Hıristiyan literatüründe kuramsal olarak geliştirilişini irdeleyelim: Chrysostom, Cyprian, Ambrose, Jerome ve manastır yaşamı için Cassien ya da Benedict. İbrani temaları en azından dört şekilde kayda değer biçimde değişmiştir:

1) Birincisi, sorumlulukla ilgili olarak. Çobanın bütün sürünün ve tek tek her koyunun kaderinin sorumluluğunu üstlenmek durumunda olduğunu daha önce görmüştük. Hıristiyan anlayışına göre, çoban –hem tek tek her koyuna hem de onların bütün eylemlerine ilişkin, onların atabilecekleri bütün iyi ya da kötü adımlar, başlarına gelen her şey hakkında– hesap vermek zorundadır.

Dahası Hıristiyanlık, tek tek her koyun ile koyunların çobanı arasında karmaşık bir günah ve sevap değişimi ve dolaşımı olduğunu düşünür. Koyunların günahı çobana da yüklenebilir. Çobanın Kıyamet gününde bu konuda hesap vermesi gerekecektir. Buna karşılık çoban, sürüsünün Selameti bulmasına yardım ederek kendi selametini de bulacaktır. Ancak çoban, koyunlarını kurtararak kendi kaybolma riskiyle yüz yüze gelir; bunun için, kendisini kurtarmak istiyorsa, başkaları adına kendisi kaybolma riskine girmek zorundadır. Eğer çoban kaybolursa, en ciddi tehlikelerle yüz yüze gelecek olan sürüdür. Ancak şimdi bütün bu paradoksları bir kenara bırakalım. Benim amacım, çobanı kendi sürüsünün tek tek her üyesine bağlayan ahlâki bağların kuvvetliliğinin ve karmaşıklığının altını çizmekten ibaretti. Bilhassa altını çizmek istediğim nokta da, bu bağların yalnızca bireylerin yaşamlarıyla değil, aynı zamanda bireylerin eylemlerinin ayrıntılarıyla da ilgili olmasıydı.

2) İkinci önemli değişiklik, itaat sorunuyla ilgilidir. İbrani anlayışına göre, Tanrı çoban olunca, onun peşinden giden sürü de Tanrı'nın iradesine, Tanrı'nın yasasına uyar.

Öbür yandan Hıristiyanlık, çoban-koyun ilişkisini bir bireysel ve tam bağımlılık ilişkisi olarak düşünüyordu. Kuşku yok ki, Hıristiyan pastoralliğinin Yunan düşüncesinden ciddi derecede ayrıldığı noktalardan birisi de budur. Eğer bir Yunanlının mutlaka itaat etmesi gerekiyorsa, bunu yasa ya da sitenin iradesi olduğu için yapıyordu. Özel olarak birinin (bir hekimin, bir hatibin, bir pedagogun) iradesine uymuşsa, o kişi kendisini rasyonel temelde ikna etmiş demekti. Ve ona uymasının kesinlikle belirlenmiş bir amacının olması gerekiyordu: Ya tedavi olmak ya belli bir hüneri öğrenmek ya da mümkün olan en iyi tercihi yapmak, vb.

Hıristiyanlıkta çobanla bağıntı bireysel bir olaydır. Çobana kişisel olarak boyun eğmedir. Bu durumda çobanın iradesine, yasayla tutarlılık gösterdiği için ve tutarlı olduğu ölçüde değil; esas olarak bizzat çobanın *iradesi* olduğu için uyulur. Cassien'in *Manastır Kurumları*'nda, keşişin selameti kendi üstünün en saçma emirlerini yerine getirmekte bulduğunu anlatan birçok öğretici anekdota rastlanır. İtaat etmek bir erdemdir. Bu demektir ki itaat etmek, Yunanlılarda olduğu gibi bir amaca ulaşmak için başvurulan bir aracı değil, tersine, başlı başına bir amacı gösterir. İtaat etmek sürekli bir durumdur; koyun sürekli olarak çobanın dediklerine uymak zorundadır: *subditi*. Aziz Benedict'in söylediği gibi, keşişler yaşantılarını kendi özgür iradelerine göre sürdürmezler; keşişlerin dileği başkeşişin emri altında olmaktır: *ambulantes alieno judicio et imperio*. Yunan Hıristiyanlığı bu itaat etme durumunu *apatheia* diye adlandırıyordu. Bu sözcüğün anlamının geçirdiği evrim önemlidir. Yunan felsefesinde *apatheia*, bireyin, aklını kullanması sayesinde, kendi tutkularına gem vurabilmesini gösterir. Hıristiyan düşüncesinde *pathos* sözcüğü insanın kendi için kendisi üzerinde uyguladığı irade gücünü gösterir. *Apatheia* ise bizi bu tür iradesellikten kurtarır.

3) Hıristiyan pastoralliği, papaz ile koyunlarının her biri arasında özel bir bilgi içerimler.

Bu bilgi özel bir bilgidir. Bireyselleştiricidir. Sürünün durumu hakkında bilgi sahibi olmak yetmez. Bunun yanında, ayrı ayrı her koyunun durumu hakkında bilginin de edinilmesi gerekir. Bu tema, Hıristiyan pastoralliğinin ortaya çıkışından çok önceleri bile etkiliydi, ancak üç değişik biçimde gelişmiştir: Çoban sürünün her üyesinin maddi ihtiyaçları konusunda bilgi sahibi olmalı ve gerektiği zaman bu ihtiyaçlarını karşılayabilmelidir. Çoban sürüde neler olup bittiğini, her birinin neler yaptığını, her birinin işlediği aleni günahları bilmelidir. Nihayet, her birinin ruhunda neler dolaştığını, yani onların gizli günahlarını, aziz olma yolunda ne kadar ilerlediklerini bilmelidir.

Hıristiyanlık, bu bireysel bilgileri edinebilmek amacıyla, Helenistik dünyada etkili olan şu iki temel aracı sahiplenmiştir: Vicdan muhasebesi ve vicdanın yönlendirilmesi. Hıristiyanlık bu iki aracı devralmış, ancak önemli ölçüde değiştirmeden de edememiştir.

Vicdan muhasebesinin, Pythagorasçılar, Stoacılar ve Epiküryenler arasında insanın görevlerini yerine getirirken aldığı iyi ya da kötü puanların her gün gözden geçirilmesinin bir aracı olarak yaygın bir eğilim olduğu iyi bilinmektedir. Mükemmelliğe erişme, yani kendine hâkim olma ve tutkuları üzerinde hâkimiyet kurma yolunda ne kadar ilerlendiği bu şekilde ölçülebilir. Vicdanın yönlendirilmesi yöntemi de bazı kültürlü çevrelerde öncelikli bir yere sahipti, yalnız bunun kapsamı, özellikle zor koşullarda –bazen belli bir bedel karşılığında– öğüt vermekten öteye gitmiyordu: Örneğin, matem tutarken ya da bir terslikle karşılaşıldığında.

Hıristiyan pastoralliği bu iki pratiği birbiriyle yakından ilişkilendirdi. Vicdanın yönlendirilmesi kalıcı bir bağ oluşturuyordu:

Söz konusu olan koyunların sadece geçilmesi güç olan geçitlerden başarıyla geçmelerini sağlamak değildi; yönlendirme her an geçerliydi. Yönlendirilme bir durumu yansıtıyordu ve eğer bundan kurtulmaya çalışırsanız yok olur giderdiniz. Bu konuda devamlı aktarılagelen söz şöyledir: Öğüde katlanamayan biri, dalından kopmuş bir yaprak gibi uçar gider. Vicdan muhasebesinde ise amaç, insanın kendisine dair bilincini kendi içine kapatmak değil, bu bilinci yönlendiricisine tamamen açabilmesini, yani ona ruhunun derinliklerini sunabilmesini sağlamaktı.

Vicdan muhasebesi ile yönlendirmesi arasındaki bağ üzerine birinci yüzyılda çok sayıda asetik, manastır metni vardır; bunlar, bu tekniklerin Hıristiyanlık açısından ne kadar can alıcı bir öneme sahip olduğunu ve bu tekniklerin ne kadar karmaşık bir hale geldiğini gösterir. Benim burada vurgulamak istediğim nokta, bu tekniklerin, Yunan-Roma uygarlığında çok tuhaf bir fenomenin ortaya çıkışını, yani tam itaat, kendine dair bilgi ve başka birine itiraf arasında bir bağın düzenlenmesini belirlemeleridir.

4) Bir dönüşüm daha var, belki de en önemlisi. Vicdan muhasebesini, itirafı, vicdan yönetimini ve itaat etmeyi içeren bütün Hıristiyan tekniklerinin bir amacı vardır: Bireylerin bu dünyada "kendi nefislerini köreltmeleri" için çalışmalarını sağlamak. Nefsin körelmesi kuşkusuz ölüm demek değildir; ama, bu dünyadan ve kendinden vazgeçmek anlamına gelir: Bir nevi her gün ölmek yani. Başka bir dünyada yaşam vereceği düşünülen bir ölüm. Çoban temasının ölümle iç içe geçtiğini gördüğümüz ilk örnek bu değildir; yalnız burada, Yunan siyasi iktidar düşüncesinden farklı anlamdadır. Bu kendini site uğruna feda etmekle aynı şey değildir. Hıristiyanlardaki nefsi köreltme, insanın kendi kendisiyle kurduğu bir ilişki türüdür. Bu, Hıristiyan özkimliğinin bir parçası, üstelik kurucu bir parçasıdır.

Hıristiyan pastoralliğinin ne Yunanlıların ne de Musevilerin akıl ettiği bir oyun icat etmiş olduğunu söyleyebiliriz. Unsurları yaşam, ölüm, hakikat, itaat, bireyler ve özkimlik olan tuhaf bir oyun; yurttaşlarının canlarını feda etmeleri sayesinde ayakta kalan site oyunuyla hiç ilgisi olmayan bir oyun. Bizim toplumlarımızın, modern devletler diye adlandırdıkları birimler içinde bu iki oyunu (site-yurttaş oyunu ile çoban-sürü oyunu) birleştirdikleri için gerçekten de şeytansı oldukları ortaya çıkmıştır.

Hemen fark edebileceğiniz gibi, ben burada bir sorunu çözmeye değil; bu soruna yaklaşım tarzını ortaya koymaya çalışıyorum. Bu sorun, delilik ve akıl hastalığı hakkındaki ilk kitabımdan beri devamlı üzerinde çalıştığım sorunlara çok benzemektedir. Daha önce anlattığım gibi, bu sorun, deneyimler (delilik, hastalık, yasaların ihlal edilmesi, cinsellik, özkimlik gibi), bilgi (tıp, kriminoloji, seksoloji, psikoloji gibi) ve iktidar (psikiyatrik kurumlar ve cezalandırma kurumları, ayrıca bireysel denetimi ilgilendiren bütün diğer kurumlarda kullanılan iktidar gibi) arasındaki ilişkilerde odaklanmaktadır.

Bizim uygarlığımız en karmaşık bilgi sistemini, en girift iktidar yapılarını geliştirmiştir: Bu tip bilgi [*connaissance*], bu tip iktidar bizi ne yapmıştır? Delilik, acı çekme, ölüm, suç, arzu ve bireysellik gibi temel deneyimleri, farkında olmasak bile, bilgi ve iktidara bağlayan yollar hangileridir? Bu soruyu asla cevaplayamayacağımdan eminim; ama bu, bu soruyu hiç sormamamız gerektiği anlamına gelmiyor.

II

Yukarıdaki bölümde, erken Hıristiyanlığın, bireyler üzerinde, onların özel hakikatlerinin ortaya serilmesi yoluyla aralıksız biçimde uygulanan bir pastoral etki fikrini nasıl biçimlendirdiğini göstermeye çalıştım. Bunun yanında, bu pastoral iktidar fikrinin pratik vicdan muhasebesi ve vicdanın yönlendirilmesi gibi Yunan düşüncesinden ödünç aldığı birçok özelliğe rağmen bu düşünceye yabancı kaldığını anlatmaya çaba gösterdim.

Şu anda ise birden yüzyıllarca ileriye atlayarak, bireylerin kendi hakikatleri tarafından yönetilmesinin tarihinde başlı başına önemli bir yere sahip olan başka bir episodu anlatmak istiyorum.

Bu örnek, sözcüğün modern anlamıyla devletin oluşumuyla ilgilidir. Böyle bir tarihsel bağlantı kuruyorsam, bununla amaçladığım, pastoral iktidar boyutunun Katolik olsun Romalı olsun Hıristiyan Avrupa'nın on büyük yüzyılı sırasında kaybolduğunu iddia etmek değildir; ancak bence bu dönem, beklenenin aksine, pastorallik açısından parlak bir dönem olmamıştır. Bu birçok nedenle doğrudur: bu nedenlerden bazıları ekonomiktir; ruhların çobanlığı özellikle şehirlere özgü olan ve yoksullarla, ortaçağın başlangıcındaki yaygın kırsal ekonomiyle bağdaştırılması zor bir deneyimdir. Kültürel nitelikli olan nedenler vardır: pastorallik, sadece çobandan değil, sürüsünden de belli bir kültür düzeyi talep eden karmaşık bir tekniktir. Ayrıca sosyal-siyasi yapıyla ilgili olan başka nedenler bulunmaktadır. Feodalite, bireyler arasında, pastorallikten tamamen farklı tipte bir kişisel bağlar dokusu örmüştür.

Burada, insanların pastoral olarak yönetilmesi fikrinin ortaçağ kilisesinde tamamen kaybolduğunu ileri sürmek istemem. Aslında bu fikir ortaçağ boyunca varlığını korumuştur; hatta bu dönemde büyük bir canlılık gösterdiği bile söylenebilir. İki dizi olgu bunu kanıtlama eğilimindedir. Birincisi, bizzat Kilise bünyesinde, bilhassa manastır düzenlerinde gerçekleştirilmiş olan reformlarla (var olan manastırlar içinde başarıyla uygulamaya konan farklı nitelikteki reformlar) keşişler arasında katı pastoral düzeni tekrar oturtmak gibi bir amaç güdülmekteydi. Yeni yaratılan tarikatlara (Dominiken ve Fransisken) gelince, bunlar özünde katı pastoral düzenin sadece inananlar arasında sürdürülmesini önermekteydi. Kilise karşılaştığı bir dizi krizde aralıksız olarak kendi pastoral işlevlerini tekrar kazanmaya çaba harcıyordu. Tabii hepsi bu kadarla kalmıyordu. Bizzat nüfus içerisinde de bütün ortaçağ boyunca amacı pastoral iktidar olan uzun mücadelelere rastlanır. Yükümlülüklerini yerine getiremeyen Kilise'yi eleştirenler Kilise'nin hiyerarşik yapısını reddetmekte; sürünün ihtiyaç duyduğu çobanını bulabileceği, az çok kendiliğinden denebilecek yeni cemaat biçimleri aramaktadır. Bu pastoral ifade arayışı çeşitli biçimler altında görünmekteydi; zaman zaman, Vaudois'larda[*] olduğu gibi aşırı şiddetli mücade-

---

[*] 1170 yıllarında P. Valdo adlı zengin bir tüccarın vaazlarıyla Fransa'nın güney kesiminde ortaya çıkan, 1184'te yasaklandıktan sonra yeniden toparlanarak ayrı bir kilise olmayı başaran dinsel bir mezhep. (ç.n.)

leler, bazen de Frères de la Vie cemaatinde olduğu gibi barışçıl arayışlar. Bu arayış bazen Huss'çular* gibi çok yaygın hareketler ortaya çıkarırken, bazen *Amis de Dieu de l'Oberland* gibi sınırlı gruplara maya sağlıyordu. Üstelik bu hareketler, Beghar'lar arasında görüldüğü gibi, Kilise'nin kendi bünyesinde faaliyet gösteren ortodoks hareketleri (on beşinci yüzyıldaki İtalyan Oratorian'ları gibi) zaman zaman kışkırtan sapkınlığa da yakındılar.

Bütün bunları, pastoralliğin, ortaçağda insanları yönetmenin etkili, pratik bir yolu olarak kurumlaşmamış olsa bile aralıksız mücadelelerin sürekli üzerinde durduğu bir unsur olduğunu vurgulamak amacıyla çok üstü kapalı biçimde geçiyorum. Bütün ortaçağ boyunca, insanların kendi aralarındaki pastoral ilişkileri düzenlemeye yönelik bir özlem vardı ve bu özlem hem mistik dalgayı hem de binyıl düşlerini etkiliyordu.

* * *

Elbette benim buradaki niyetim, devletlerin nasıl oluştuğu sorununu konu almak değil. Ayrıca, devletlerin kaynağını oluşturan farklı ekonomik, toplumsal ve siyasi süreçlere girmek gibi bir niyetim de yok. Devletlerin kendi varlıklarını sürdürmek için donandıkları farklı kurum ya da mekanizmaları analiz etmeyi de istemiyorum. Sadece siyasi tipte bir örgütlenme olarak devlet ile devletin mekanizmaları arasındaki bir şey hakkında, yani devlet iktidarının uygulanmasında başvurulan rasyonalite tipi hakkında bölük pörçük açıklamalarda bulunacağım.

Bu konuya ilk dersimde değinmiştim. Sapkın devlet iktidarının aşırı rasyonalizmden mi yoksa irrasyonalizmden mi kaynaklandığını araştırmaktansa, devletin doğurduğu spesifik siyasi rasyonalite tipini belirlemenin daha uygun olacağı kanısını taşıyorum.

Her şey bir yana, en azından bu konuda, siyasi pratikler bilimsel pratiklere benzemektedir; fiilen uygulanan şey "genel olarak akıl"

---
* Egemen dinsel inançlara aykırı düşüncelerinden ötürü mahkûm edilip diri diri yakılan Bohemyalı din reformcusu John Huss'ın (1373-1415) önderliğindeki dinsel hareket. (ç.n.)

değil, daima çok spesifik tipte bir rasyonalite biçimi olur.

Burada çarpıcı olan nokta, devlet iktidarının rasyonalitesinin dönüşlü ve kendi spesifikliğinin tamamen farkında olmasıydı. Devlet iktidarının rasyonalitesi kendiliğinden, kör pratiklerde hapsolmamıştı. Geçmişe dönük bir analizle gün ışığına çıkması da söz konusu değildi. Devlet iktidarının rasyonalitesi özellikle iki doktrinle formüle edilmişti: *Devlet Aklı** ve *polis teorisi*. Biliyorum, bu iki ifade çok geçmeden daralmış ve kötü anlamlar yüklenmiştir. Gelgelelim, modern devletlerin oluştuğu yüz elli ya da iki yüz yıl boyunca, bu ifadelerin anlamı şimdikinden kesinlikle çok daha geniş kapsamlı olmuştur.

"Devlet aklı" doktrini, devlet yönetiminin ilke ve yöntemlerinin, diyelim Tanrı'nın dünyayı, babanın ailesini ya da bir amirin kendi topluluğunu yönetiş biçiminden nasıl farklı olduğunu tanımlamayı amaçlamaktaydı.

Polis doktrini ise devletin rasyonel faaliyetlerinin nesnesi olan şeylerin doğasını, peşinde olduğu amaçları ve söz konusu araçların genel biçimini tanımlar.

Demek ki, benim bugün üzerinde durmak istediğim konu rasyonalite sistemidir. Ama ilkin, hazırlık niteliğindeki iki noktaya değineyim: (1) Meinecke devlet aklı üzerine çok önemli bir kitap yayımlamış olduğu için ben esas olarak polis teorisinden söz edeceğim. (2) Almanya ve İtalya devlet olarak ortaya çıkmakta çok büyük sıkıntılarla karşılaşmışlar ve devlet aklı ile polis üzerine en çok kafa yoran ülkeler olmuşlardır. Dolayısıyla, ben genellikle İtalyan ve Alman metinlerini referans alacağım.

* * *

Devlet aklı ile başlayalım. İşte birkaç tanım:

Botero: "Devletlerin oluşmalarını, güçlerini sağlamlaştırmalarını, ayakta kalmalarını ve gelişmelerini sağlayan araçların eksiksiz bilgisi."

---

* Bu metindeki bağlam gereği "devlet aklı" olarak çevirisi yapılan "reason of state" (fr. "raison d'État") deyimi dilimizde "hikmeti hükümet" olarak da bilinmektedir. (y.h.n.)

Palazzo: (*Yönetim ve Doğru Devlet Aklı Üzerine Söylev,* 1606): "Cumhuriyet içinde huzurun ve düzenin nasıl korunacağını anlamamızı sağlayan bir kural ya da sanat."

Chemnitz: (*De Ratione Status,* 1647): "Biricik amacı devletin korunması, genişletilmesi ve refahı olan ve bu amaca ulaşmak için en kolay ve en hızlı araçların kullanılmasını sağlayan her türlü kamusal konu, şûra ve proje açısından gerekli görülen bir siyasi değerlendirme."

Şimdi bu tanımlarda ortak olarak bulunan bazı özellikler üzerinde durayım:

1) Devlet aklı bir "sanat", yani belli kurallara uyan bir teknik sayılmaktadır. Bu kurallar âdetler ya da geleneklerle değil; bilgiyle –rasyonel bilgiyle– ilgilidir. Şimdilerde ise *devlet aklı* ifadesi "keyfiliği" ya da "şiddeti" çağrıştırmaktadır. Ancak eskiden, insanların kafasındaki devletleri yönetme sanatına özgü olan bir rasyonaliteydi.

2) Bu spesifik yönetim sanatı varlık nedenini nereden almaktadır? Bu soruya verilecek olan cevap doğuş halindeki siyasi düşünceyle ilgili skandala yol açar. Gene de çok basit bir cevaptır: Düşünme (*reflexion*) yönetilen şeyin –burada, *devlet*– doğasını gözlemlemeyi sağlıyorsa, yönetme sanatı rasyoneldir.

Şimdi, bu kadar sıradan bir şey söylemek, hem Hıristiyan hem hukuksal olan bir gelenekten, yönetimin özünde adil olduğunu iddia eden bir gelenekten kopmak demektir. Çünkü yönetim tüm bir yasa sistemine (insanların koyduğu yasalar, doğa yasası, ilahi yasa) saygı göstermekteydi.

Aziz Thomas'ın bu noktalar üzerine, oldukça önemli bir metni vardır. Aziz Thomas, "sanatın, kendi alanında, doğanın kendi başına gerçekleştirdiği şeyleri taklit etmesi gerektiği"ni anlatır; sanat ancak bu koşulda akla uygun bir uğraş olabilir. Kralın kendi krallığını yönetmesi Tanrı'nın doğayı yönetmesini ya da ruhun bedeni yönetmesini taklit etmelidir. Nasıl Tanrı dünyayı yaratmışsa, nasıl ruh bedene biçim veriyorsa, kral da siteler kurmalıdır. Tıpkı Tanrı'nın doğal varlıklar için ya da ruhun bedeni yönetirken yaptığı gibi, kral da insanları nihai ereğine yöneltmelidir. Peki, insanın ereği nedir? Beden için yararlı olan mı? Hayır; bedenin bir krala değil, sadece bir hekime ihtiyacı vardır. Servet mi? Hayır; sadece bir mali müşavir yeter. Hakikat mi? O bile değil; bunun için yalnızca bir öğretmene ihtiyaç duyulur. İnsan, bizzat yeryüzünde, *honestum* olana uymasıyla ilahi kutsamanın yolunu açabilecek birine ihtiyaç duyar.

Kolayca fark edebileceğimiz gibi, yönetim sanatının modeli, Tanrı'nın yaratıklarına kendi yasalarını kabul ettirmesinin modelidir. Aziz Thomas'ın öngördüğü rasyonel yönetim modeli siyasi bir model değildir, oysa on altıncı ve on yedinci yüzyılların "devlet aklı" sıfatıyla açıklamaya çalıştığı şey fiili bir yönetime yol gösterebilecek ilkelerden ibarettir. Bu ilkelerin doğayla ve genelde doğanın yasalarıyla ilgisi yoktur. Bunlar devletin kendisiyle, devletin gerektirdikleriyle ilgilidir.

Aynı şekilde, bu tipte bir araştırmanın yol açtığı dinsel skandalı da anlayabiliriz. Devlet aklının ateizmle bir tutulması bununla açıklanabilir. Bilhassa Fransa'da, siyasi bir bağlamda üretilen deyim yaygın biçimde "ateist"le ilişkilendiriliyordu.

3) Devlet aklı başka bir geleneğe de aykırı düşmektedir. *Prens*'te Machiavelli'nin sorunu, miras ya da fetih yoluyla kazanılan bir bölge ya da toprak parçasının iç ve dış düşmanlara karşı nasıl elde tutulabileceğini saptamaktır. Machiavelli'nin tüm analizi, prens ile devlet arasındaki bağı neyin sürdürdüğünü ya da pekiştirdiğini tanımlamaya yönelikken, devlet aklının gündeme getirdiği sorun bizzat devletin varlığı ve doğası sorunudur. Bu yüzden devlet aklı teorisyenleri Machiavelli'den uzak durmaya özen göstermişlerdi; Machiavelli'nin kötü bir ünü vardı ve devlet aklı teorisyenleri kendi uğraştıkları sorunu onda bulamıyordu. Buna karşılık, devlet aklına karşı çıkanlar, bunun Machiavelli'nin mirası olduğunu ileri sürerek bu yeni yönetme sanatını yıkmaya çalışmaktaydı. Bununla birlikte, *Prens* yazıldıktan bir yüzyıl sonraki bu karışık tartışmalara rağmen, *devlet aklı*, Machiavelli'ninkinden –kısmi de olsa– son derece farklı bir rasyonalitenin ortaya çıkışını belirtir.

Böyle bir yönetme sanatının amacı tam da bir prensin belli bir alanda kullandığı iktidarı pekiştirmekten farklıdır. Bu, on altıncı ve on yedinci yüzyılların getirdiği tüm tanımların en karakteristik özelliklerinden biridir. Rasyonel yönetim tabir caizse şudur: doğası gereği devlet; düşmanlarını belirsiz bir zaman süresince bastırabilir. Bunu ancak gücünü çoğaltırsa yapabilir. Düşmanları da aynısını yapar. Tek derdi ayakta kalabilmek olan, mutlaka felakete sürüklenecektir. Bu çok önemli bir fikirdir ve yeni bir tarihsel bakışla ilintilidir. Gerçekten de bu yaklaşıma göre, devletler, çok uzun bir tarihsel süre boyunca –ve tartışmalı bir coğrafik bölgede– dayanması gereken gerçeklikler oluştururlar.

4) Son olarak, devletin kuvvetini kendisine uygun olarak arttırabilecek bir rasyonel yönetim olarak anlaşılan devlet aklının, belirli tipte bir bilginin oluşmasını öngördüğü görülebilir. Yönetim ancak devletin ne kadar güçlü olduğu bilinirse mümkündür; yönetimin kalıcılığı ancak böyle sağlanabilir. Devletin kapasitesi ve bu kapasiteyi genişletmenin araçları mutlaka bilinmelidir. Tabii başka devletlerin güçleri ve kapasiteleri hakkında da bilgi sahibi olmak gerekir. Aslında, yönetilen bir devlet diğer devletler karşısında ayakta kalmalıdır. Bu yüzden yönetim, salt akıl, bilgelik ve sağduyu gibi genel ilkelerin hayata geçirilmesinden daha fazla şeye gerek duyar. Bilgi zorunludur; devletin kuvvetine ilişkin somut, kesin ve dengeli bilgilere gerek vardır. Devlet aklının karakteristik bir özelliği olan yönetme sanatı, ya siyasi *istatistik* ya da *aritmetik* diye adlandırılan disiplinin gelişmesiyle iç içe geçmiş durumdadır; yani, burada söz konusu olan, farklı devletlerin güçlerinin bilinmesidir. Bu bilgilerin doğru yönetim açısından vazgeçilmez bir önemi vardır.

Özetle toparlamak istersek: Devlet aklı ilahi, doğal ya da insani yasalara göre bir yönetim sanatı değildir. Dünyanın genel düzenine saygı göstermesi gerekmez. Bu, devletin gücüne uygun olarak yönetmektir. Amacı geniş kapsamlı ve rekabetçi bir çerçeve içinde bu gücü arttırmak olan yönetimdir.

* * *

Anlayacağınız, on yedinci ve on sekizinci yüzyıl yazarlarının "polis"ten anladıkları, bizim bu terime yüklediğimiz anlamdan çok farklıdır. Bu yazarların niçin çoğunlukla İtalyan ya da Alman olduklarını incelemeye değerdi, her neyse! Hangi kökenden olurlarsa olsunlar, bu yazarların "polis"ten anladıkları devlet bünyesi içinde işleyen bir kurum ya da mekanizma değil; devlete özgü olan bir yönetim teknolojisi, yani devletin müdahale ettiği alanlar, teknikler ve hedeflerdir.

Açık ve basit bir dille anlatacak olursak, bu söylediklerimi hem ütopyacı nitelikli hem de gerçek bir proje olan bir metinle örneklemek istiyorum. Bu, polisli bir devlet adına öngörülen ilk ütopya-programlardan birisidir. Turquet de Mayerne'in kaleme aldığı bu metin 1611 yılında Hollanda Genel Meclisi'ne sunulmuştur. Nitekim J. King de *XIV. Louis'nin Yönetiminde Bilim ve Rasyonalizm* adlı kitabında bu tuhaf çalışmanın önemine dikkat çekmektedir. Turquet'nin metninin başlığı *Aristo-Demokratik Monarşi*'dir; başlığı yazarının gözünde neyin önemli olduğunu göstermeye yeterlidir: farklı tipte anayasalar arasında bir seçim yapmaktan çok, hayati bir erek, yani devlet için bu anayasaları birbirine uydurmak. Turquet bunu Site, Cumhuriyet ve hatta Polis olarak da adlandırır.

Şimdi Turquet'nin önerdiği örgütlenme biçimini özetleyelim. Kralın yanında dört büyük yetkili bulunmaktadır. Bunlardan birisi Adalet'ten, diğeri Ordu'dan, üçüncüsü Maliye'den, yani kralın vergileriyle gelirlerinden, dördüncüsü ise *polis*'ten sorumludur. Anlaşılan *polis*'ten sorumlu olan görevliye düşen rol esasen ahlâkî bir roldü. Turquet'ye göre, bu görevli halk arasında "alçakgönüllülük, hayırseverlik, sadakat, çalışkanlık, dostça işbirliği ve dürüstlük" duygularını yerleştirecekti. Tebaanın erdemli olmasının krallığın iyi yönetimini sağladığı yönündeki geleneksel fikri görüyoruz burada. Ancak ayrıntılarına indiğimiz zaman, görüntü bir parça farklılaşacaktır.

Turquet, her eyalette yasayı ve düzeni koruyan kurullar bulunması gerektiğini ileri sürer. Bu kurullardan ikisi halkı, ikisi de mülkleri gözetmeliydi. Halkla ilgilenen birinci kurul, yaşamın olumlu, etkin, üretken yanlarını gözetecekti. Başka bir deyişle, eğitimle; herkesin kendi beğenilerini ve yeteneklerini saptamayla; meslek –yararlı meslekler– seçimiyle ilgiliydi: Yirmi beş yaşını geçen herkes yaptığı mesleği bir deftere kaydettirmek zorundaydı. Yararlı bir işte çalışmayanlara toplumun tortusu gözüyle bakılırdı.

İkinci kurul yaşamın olumsuz yanlarını gözetecekti: Yardıma muhtaç olan yoksullarla (dullar, yetimler, yaşlılar), işsizlerle, yaptıkları işler mali yardım gerektirenlerle, kamu sağlığıyla, hastalıklar ve salgınlarla, yangın ve sel gibi afetlerle ilgilenecekti.

Bu kurullardan mülklerle ilgili olanlardan biri, metalarda ve mamul mallarda uzmanlaşacaktı. Hangi malın nasıl üretileceğini gösterecek, ayrıca piyasaları ve ticareti denetleyecekti. Dördüncü kurul ise "emlak"e, yani toprağa, mekâna bakacaktı: Özel mülklerin, mirasların, bağışların ve satışların denetlenmesi, malikâne haklarının gözden geçirilmesi, bunların yanında yolların, nehirlerin, kamu binalarının ve ormanların korunmasıyla ilgilenilmesi gerekiyordu.

Bu metin pek çok bakımdan o sıralarda çokça rastlanan siyasi ütopyalara benzemektedir. Ama aynı zamanda, devlet aklı ve monarşilerin idari örgütlenmesi üzerine yürütülen büyük kuramsal tartışmalarla çağdaştı. O çağda geleneksel yollarla yönetilen devletlerin görevlerinin neler olduğunu büyük ölçüde bu metinde görebilirsiniz.

Bu metin neyi gösterir?

1) "Polis", yargı sistemi, ordu ve maliyeyle birlikte devleti yönlendiren bir idare gibi görünmektedir. Doğru. Oysa onların dışındaki her şeyi de kapsamaktadır. Turquet şöyle der: "'Polis'in kolları insanların bütün durumlarına, yaptıkları ya da giriştikleri her şeye uzanır. 'Polis'in alanı adaleti, maliyeyi ve orduyu kapsar."

2) *Polis* her şeyi kapsar. Ama son derece özel bir açıdan. İnsanlar ve eşya ilişkileri bakımından ele alınır: İnsanların bir toprak parçasında ortaklaşa yaşamaları; mülkle ilişkileri; hangi ürünleri ürettikleri; piyasada mübadeleye giren malları. Ayrıca insanların nasıl bir yaşam sürdürdüklerini, başlarına gelebilecek hastalık ve kaza gibi felaketleri dikkate alır. Polisin ilgilendiği, canlı, etkin, üretken insandır. Turquet bu noktada çarpıcı bir ifade kullanır: "Polisin gerçek nesnesi insandır."

3) İnsanların hareketlerine bu şekilde müdahale edilmesi pekâlâ totaliter diye nitelenebilir. Peşinde koşturulan amaçlar nelerdir? Bu amaçlar iki kategoriye ayrılabilir. Birincisi, polis siteye güzellik, biçim ve görkemlilik kazandıran her şeyle ilgilenmek durumundadır. Görkemlilik sadece kusursuzluğu arayan bir devletin güzelliğini anlatmakla kalmaz, sitenin gücünü, dayanıklılığını da gösterir. Bu yüzden polis devletin dayanıklılığını sağlar ve vurgular. İkincisi, polisin öteki amacı, insanlar arasında yardımlaşma ve karşılıklı dayanışma kadar, çalışma ve alışveriş ilişkileri de yerleştirmektir. Gene burada da Turquet'nin kullandığı sözcük önemlidir: Polis insanlar arasında sözcüğün geniş anlamıyla "iletişim"i sağlamalıdır. Aksi takdirde insanlar yaşamlarını sürdüremezler ya da yaşamları güvensizleşir, sürekli yoksullukla yüz yüze gelirler ve hep tehdit altında olurlar.

İşte bu noktada, kanımca önemli olan bir fikir üzerinde durabiliriz. İnsanlar üzerinde siyasi iktidar kullanan rasyonel bir müdahale biçimi olarak polisin rolü, insanlara biraz daha fazla güzel bir yaşam sunmak ve böylece devleti de biraz daha fazla güçlendirmektir. Bunu yapmanın yolu ise "iletişim"i, yani bireylerin ortak faaliyetlerini (çalışma, üretim, mübadele, yerleşim) denetlemekten geçer.

Hemen itiraz edeceksiniz: Ama bu, pek tanınmamış bir yazarın ütopyası olmaktan öteye gitmez. Bundan kayda değer sonuçlar çıkaramazsınız! Yalnız *bence* şu noktayı belirtmekte yarar var: Turquet'nin kitabı, o zamanın çoğu Avrupa ülkesinde dolaşan muazzam genişlikteki bir literatürün örneklerinden sadece birisidir. Metnin aşırı basit ama gene de oldukça ayrıntılı bir dille kaleme alınmış olması, diğer yerlerde kolayca fark edilebilecek karakteristik özellikleri çok daha iyi gözler önüne seriyor. Her şey bir yana, bence bu tür fikirler baştan ölü doğmuş sayılamazlar. Bu fikirler ya uygulamalı siyaset (kameralizm ya da merkantilizm gibi) ya da öğretilmesi gereken konular (Almanca *Polizeiwissenschaft*; Almanya'da yönetim biliminin bu başlık altında öğretildiğini de unutmamak gerekir) şeklinde on yedinci ve on sekizinci yüzyıl boyunca her tarafa yayılmıştır.

Bunlar, incelemek değilse bile en azından hatırlatmak istediğim iki perspektifi oluşturur. Şimdi ilkin bir Fransız idari raporuna, daha sonra bir Alman ders kitabına değineceğim.

1) De Lamare'in *Compendium*'unu her tarihçi bilir. On sekizinci yüzyılın başlarında bu idareci, tüm krallığın polis düzenlemelerini derlemeye girişmişti. Bu, paha biçilmez nitelikteki sonsuz bir bilgi kaynağıdır. Böylesi bir kurallar ve düzenlemeler kümesinin De Lamare gibi bir idareciye verebileceği genel polis anlayışı ise, benim vurgulamak istediğim şey.

De Lamare, polisin devlet içinde on bir şeyi gözetmesi gerektiğini söyler: (1) din; (2) ahlâk; (3) sağlık; (4) ihtiyaç maddeleri; (5) yollar, caddeler, şehir binaları; (6) kamu güvenliği; (7) serbest meslekler (kaba bir dille ifade edersek, sanat ve bilim); (8) ticaret; (9) fabrikalar; (10) erkek hizmetçiler ve emekçiler; (11) yoksullar.

Aynı sınıflandırmaya polisle ilgili olan her incelemede rastlarız. Turquet'nin ütopyacı programında olduğu gibi polis; ordu, sözcüğün gerçek anlamıyla adalet ve dolaysız vergilerin dışında görünüşte her şeyle ilgilenmektedir. Aynı saptama farklı bir biçimde de ifade edilebilir: Kraliyet iktidarı feodalizm karşısında kendini bir silahlı kuvvet sayesinde ve bir hukuk sistemi geliştirip bir de vergi sistemi kurarak öne sürebilmişti. Bunlar, krallık iktidarının geleneksel uygulanma yollarıydı. Demek ki "polis", merkezi siyasi ve idari aygıtın müdahale edebileceği bütün yeni alanı kapsayan terimdir.

Öyleyse, kültürel ritüellere, küçük ölçekli üretim tekniklerine, entelektüel yaşama ve yol şebekesine yapılan müdahalenin arkasındaki mantık nedir?

De Lamare anlaşılan buna bir parça tereddütlü bir cevap vermektedir. Kâh, "Polis insanın *mutluluğuyla* ilgili olan her şeyi gözetir," der; kâh, "Polis, *toplumu*, (insanlar arasındaki toplumsal ilişkileri) düzenleyen her şeyi gözetir," der; kâh, polisin *yaşamı* gözettiğini söyler. Benim öne çıkaracağım tanım sonuncusudur. En özgün olan, diğer ikisine açıklık getiren, De Lamare'in kendisinin de daha çok üzerinde durduğu tanım budur. De Lamare polisin on bir amacı konusunda aşağıdaki açıklamaları yapmaktadır: Polis dinle ilgilidir; ama, kuşkusuz dogmatik hakikat açısından değil; yaşamın ahlâki niteliği açısından. Sağlıkla ve ihtiyaç maddeleriyle ilgilenirken, yaşamın idamesini sağlamaya çalışır; ticaret, fabrikalar, işçiler, yoksullar ve kamu düzeni konularında yaşamın kolaylaştırılmasını amaçlar. Tiyatro, edebiyat ve eğlenceyle ilgilenmekteki amacı yaşamın zevkli yanlarını arttırmaktır. Kısacası, yaşam polisin amacıdır: Vazgeçilmez olan, yararlı olan ve lüks olan. İnsanların hayatta kalmaları, yaşamaları ve hatta bundan da iyisi polisin sağlaması gereken şeydir.

Böylece De Lamare'in önerdiği diğer tanımlarla da bağ kurabiliriz: "Polisin biricik amacı, insana bu yaşamda tadabileceği azami mutluluğu sağlamaktır," ya da polis ruhun yararına (din ile ahlâk sayesinde), bedenin yararına olan şeylerle (yiyecek, sağlık, giyim, konut) ve servetle (sanayi, ticaret, emek) ilgilenir. Gene, polis sadece toplum içinde yaşamaktan dolayı sağlanabilecek yararları gözetir.

2) Şimdi Alman ders kitaplarına bir göz atalım. Bu kitapların idare bilimini öğretmeye başlamaları biraz daha geç olmuştu. İdare bilimi dersi çeşitli üniversitelerde, özellikle Göttingen'de öğretiliyordu ve Kıta Avrupası açısından son derece büyük bir önemi vardı. Prusyalı, Avusturyalı ve Rus memurlar –II. Joseph'in ve Büyük Katerina'nın reformlarını gerçekleştirenler– bu şekilde yetiştiriliyordu. Bazı Fransızlar, bilhassa Napoléon'un çevresinde bulunanlar *Polizeiwissenschaft* öğretilerini çok iyi biliyorlardı.

Bu ders kitaplarında neler bulunuyordu?

Huhenthal'ın *Liber de Politia*'sında aşağıdaki maddelere rastlanmaktaydı: Yurttaşların sayısı, din ve ahlâk, sağlık, yiyecek, kişi ve mal güvenliği (özellikle yangın ve sel vakaları karşısında), adaletin işleyişi, yurttaşların konfor ve zevkleri (bunların nasıl elde edileceği, nasıl kısıtlanacakları). Bunların arkasından nehirler, ormanlar, madenler, su kuyuları, barınma hakkındaki bölümler, son olarak ya çiftçilik ya tarım ya da ticaret yoluyla malların nasıl temin edileceğini anlatan bölümler gelmektedir.

Willebrand, *Polis Elkitabı* adlı çalışmasında sırayla ahlâk, ticaret ve zanaatlar, sağlık, güvenlik ile son olarak şehir kurma ve planlamasından söz etmektedir. Willebrand'ın en azından konuları ele alışında, De Lamare'in yaklaşımından ciddi bir farklılık görülmemektedir.

Gelgelelim, bu metinlerin en önemlisi Von Justi'nin *Polisin Genel Öğeleri* başlıklı çalışmasıdır. Burada polisin spesifik amacı hâlâ toplum içerisinde yaşayan canlı bireyler şeklinde tanımlanmaktadır. Bununla birlikte, Von Justi'nin kitabını düzenleyişi bir ölçüde değişiktir. İlk olarak "devletin toprak mülkü" dediği konuyu, yani devletin sahip olduğu toprak parçasını inceleyerek başlar. Bu konuyu iki farklı yönüyle ele alır: Bu topraklarda nasıl yerleşilmiş (kırın karşısında kentin durumu) ve kimler yerleşmiştir (insanların sayısı, çoğalmaları, sağlığı, ölümleri, göçleri)? Von Justi ondan sonra "evi barkı", yani metaları, mamul malları ve bunların, maliyet, kredi ve para açısından getirdiği sorunlarla birlikte dolaşımını analiz eder. Nihayet, Von Justi'nin kitabının son bölümü, bireylerin davranışına, ahlâkına, mesleki yetenekleri, dürüstlükleri ve Yasa'ya saygı gösterişlerine ayrılmıştır.

Kanımca Von Justi'nin çalışması, De Lamare'in kendi hazırladığı yönetmeliklere "Giriş" yazısıyla kıyaslandığında, polis sorununun nasıl evrildiğini çok daha gösterir. Bunun için dört neden gösterilebilir.

Birincisi, Von Justi *polisin* temel paradoksunu çok daha açık biçimde tanımlamaktadır. Polis, der Von Justi, devletin iktidarını pekiştirmesini ve gücünü sonuna kadar kullanmasını sağlayan kurumdur. Öbür yandan polis, yurttaşlarını mutlu (burada "mutluluk" derken hayatta kalma, yaşam ve yaşam koşullarının iyileşmesi anlaşılır) kılmak zorundadır. Von Justi, benim modern yönetim sanatının ya da devlet aklının amacı –yani bireylerin yaşamlarındaki öğeleri geliştirmek ve böylece devletin gücünü pekiştirmek– olduğunu düşündüğüm şeyi mükemmel bir biçimde tanımlar.

Von Justi daha sonra, kendisinin –ve tabii çağdaşlarının– *Polizei* diye adlandırdığı bu görev ile *Politik*, *Die Politik* arasında bir ayrım yapar. *Die Politik* esasen negatif bir görevdir. Devletin kendi iç ve dış düşmanlarına karşı savaşmasından oluşur. *Polizei* ise pozitif bir görevdir: Hem yurttaşların yaşamlarını iyileştirmek

53

hem de devletin gücünü arttırmak zorundadır.

İşte önemli olan nokta şudur: Von Justi, on sekizinci yüzyıl sırasında önemi gün geçtikçe artan bir nosyona De Lamare'den çok daha fazla ağırlık verir: nüfus. Nüfus, canlı bireylerin oluşturduğu bir grup olarak anlaşılmaktaydı. Nüfusun karakteristik özellikleri, aynı türe ait olan ve yan yana yaşayan bütün bireylerin özellikleriydi (böylece nüfuslar ölüm ve doğum oranlarıyla niteleniyordu; salgın hastalıklara, aşırı büyümelere maruz kalıyor; belli tipte bir bölgesel dağılım gösteriyorlardı). Gerçi De Lamare polisin ilgi alanını nitelemek üzere "yaşam" terimini kullanmıştı, ancak vurgusu çok fazla belirgin değildi. On sekizinci yüzyılı, bilhassa o yüzyıldaki Almanya'yı incelediğimizde de, polisin nesnesi olarak tanımlanan şeyin nüfus, yani belirli bir bölgede yaşayan bir grup varlık olduğunu görürüz.

Nihayet, bunun ne Turquet'de olduğu gibi yalnızca bir ütopya olduğunu, ne de sistematik biçimde düzenlenmiş kurallar kitabı olduğunu da görmek için Von Justi'yi okumak yeterlidir. Von Justi bir *Polizeiwissenschaft* ortaya koyduğu iddiasındadır. Onun kitabı salt reçeteler sunan bir listeden ibaret değildir. Aynı zamanda, devletin, daha açıkçası belli bir toprak parçasının, kaynakların, nüfusun, şehirlerin, vb. gözlemlenebilmesini de sağlayan bir ağ oluşturur. Von Justi "istatistiği" (devletlerle ilgili bilgileri) yönetim sanatıyla birleştirir. *Polizeiwissenschaft*, aynı zamanda hem bir yönetim sanatı hem de belli bir toprak parçasında yaşayan bir nüfusun analizi için bir yöntemdir.

Bu tür tarihsel düşünceler çok uzakta kalmış, güncel kaygılarımız karşısında oldukça yararsızmış gibi görünseler gerektir. Ben, sadece "durmadan tarihe, geçmişe, antikçağa başvurmanın" verimli bir yol olduğunu söyleyen Hermann Hesse kadar aşırıya gidecek değilim. Ancak yaşanan deneyimler bize öğretmiştir ki, çeşitli rasyonalite biçimlerinin tarihi kesin fikirlerimizi ve dogmatizmimizi yerinden etmekte soyut eleştirilerden bazen daha etkili olmaktadır. Yüzlerce yıl din kendi tarihinin anlatılmasına tahammül edemedi. Bugün de bizim rasyonalite okullarımız kendi tarihlerinin yazılmasına karşı direnmektedir ve bu kuşkusuz kayda değer bir nokta.

Ben sadece araştırma yapmakta kullanılabilecek bir yön göstermek istedim. Bütün bu anlattıklarım, son iki yıldan beri üzerinde çalışmakta olduğum şeylerin ham haldeki özetleridir yalnızca. Bu, eski bir terimi kullanırsam, yönetim sanatı diyebileceğimiz bir olgunun tarihsel analizidir.

Bu inceleme çeşitli temel varsayımlara dayanmaktadır ve bu varsayımları şu şekilde özetleyebilirim:

1) İktidar bir töz değildir. İktidar, kökeni uzun uzadıya araştırılması gereken esrarengiz bir şey de değildir. İktidar yalnızca bireyler arasındaki bir tür ilişkidir. Bu tür ilişkiler spesifik ilişkilerdir, yani mübadeleyle, üretimle, iletişimle hiçbir ilgileri yoktur; ama onlarla birleştirilebilirler. İktidarın karakteristik özelliği, bazı insanların başka insanların davranışlarını az çok bütünüyle (ama asla tamamen ya da zorlamayla değil) belirleyebilmeleridir. Zincire vurulup dövülen bir adam kendisi üzerinde güç uygulanmasına maruz kalmaktadır. Ama bu iktidar değildir. Ne var ki, ölümü tercih ederek ağzını açmamakta ısrar etmek gibi kesin bir tavır koyabileceği bir durumda konuşmaya kışkırtılabilmişse eğer, o takdirde belli bir şekilde davranmaya itilmiş demektir. Bu durumda o insanın özgürlüğü iktidara tabi olmuştur. Yönetime boyun eğmiştir. Eğer bir birey özgür kalabilecek haldeyse, bu özgürlük ne kadar dar kapsamlı olursa olsun, iktidar onu yönetime tabi kılmayı başarabilir. Potansiyel bir reddetme ya da başkaldırma olmadan iktidardan söz edilemez.

2) İnsanlar arasındaki bütün ilişkilere gelince, iktidarı belirleyen bir sürü etken vardır. Ancak rasyonelleşme iktidar üzerinde aralıksız olarak çalışır ve spesifik biçimler alır. Bu, ekonomik sürece ya da üretim ve iletişim tekniklerine özgü olan rasyonelleşmeden farklıdır; bilimsel söylemin rasyonelleşmesinden de farklıdır. İnsanların insanlar tarafından yönetilmesi (bunlar ister büyük ister küçük gruplar olsun; iktidar ister erkekler tarafından kadınlar üzerinde, yetişkinler tarafından çocuklar üzerinde, bir sınıf tarafından başka bir sınıf üzerinde, isterse bürokrasi tarafından bütün bir nüfus üzerinde uygulansın) belli bir rasyonalite türü gerektirir. Ancak araçsal şiddet gerektirmez.

55

3) Sonuç olarak, bir iktidar biçimine karşı çıkan ya da isyan edenler salt şiddeti mahkûm etmek ya da bir kurumu eleştirmekle yetinemezler. Suçu genelde akla yıkmak da yeterli değildir. Asıl sorgulanması gereken, seçilen rasyonalitenin biçimidir. Akıl hastaları ya da deliler üzerinde kullanılan iktidarın eleştirisi psikiyatrik kurumlarla sınırlı tutulamayacağı gibi, cezalandırıcı iktidarı sorgulayanlar da bütünsel kurumlar olarak hapishaneleri mahkûm etmekle yetinemezler. Sorun şudur: Böylesi iktidar ilişkileri nasıl rasyonelleştirilir? Aynı hedefler peşinde koşturup aynı etkilerde bulunan başlıca kurumların onların yerini almasını engellemenin tek yolu bu soruyu sormaktır.

4) Devlet yüzyıllardan beri insanın yönetiminin en çok sözü edilen, en heybetli ama aynı zamanda en kuşkulu biçimlerinden birisi olmuştur.

En önemlisi, siyasi eleştiri, devleti, aynı zamanda hem bireyselleştirici bir etken hem de totaliter bir ilke olmakla suçlamıştır. Salt doğuş halindeki devlet rasyonalitesine, salt devlet rasyonalitesinin ilk polis projesinin ne olduğuna bakmak bile, en başından itibaren, devletin hem bireyselleştirici hem de totaliter bir nitelik taşıdığını açıkça sergilemeye yeter. Bunun karşısına bireyi ve bireylerin çıkarlarını çıkarmak, onu cemaat ve cemaatin ihtiyaçlarıyla karşı karşıya getirmek kadar zararlıdır.

Siyasi rasyonalite Batı toplumlarının bütün tarihi boyunca gelişmiş ve kendisini zorla kabul ettirmiştir. Siyasi rasyonalite ilk dayanağını pastoral iktidar fikrinde bulmuş, daha sonra devlet aklına yaslanmıştır. Siyasi rasyonalitenin kaçınılmaz etkileri hem bireyselleştirme hem de bütünselleştirmedir. Özgürleşme de yalnızca, salt bu iki etkiden birine değil; siyasi rasyonalitenin köklerinin ta kendisine saldırmanın ürünü olabilir.

Çev.: Osman Akınhay

II
Özne ve iktidar[*]

İKTİDARI İNCELEMENİN NEDENİ: ÖZNE SORUNU

Benim burada tartışmak istediğim fikirler ne bir kuramı ne de bir yöntembilimi temsil ediyor.

Her şeyden önce, son yirmi yıldır sürdürdüğüm çalışmalardaki hedefimin ne olduğunu belirtmek istiyorum. Hedefim, iktidar fenomenini analiz etmek olmadığı gibi, böyle bir analizin temellerini atmak da değildi.

---

[*] "The Subject and Power" Dreyfus, H. ve Rabinow, P. *Michel Foucault: Beyond Structuralism and Hermeneutics.* Chicago: The University of Chicago Press, 1982 içinde, s. 208-226. Michel Foucault bu makalenin birinci bölümü olan "İktidarı İncelemenin Nedeni: Özne Sorunu"nu İngilizce olarak, ikinci bölümü olan "İktidar Nasıl Uygulanır"ı ise Fransızca olarak kaleme almıştır. Bu çevirinin tamamı İngilizceden yapılmış, Fransızca olarak yazılmış kısmının redaksiyonu *Dits et écrits*'de yayımlanmış olan Fransızca versiyonundan (cilt 4, s. 222-243) yapılmıştır. (y.h.n.)

Tam tersine amacım insanların, bizim kültürümüzde, özneye dönüştürülme kiplerinin bir tarihini oluşturmaktı. Yapıtlarım, insanları özneye dönüştüren üç ayrı nesneleştirme kipi üzerinde durmuştur.

Bunlardan birincisi, kendilerine bilim statüsü kazandırmaya çalışan araştırma kipleridir; örneğin, *grammaire générale* (genel dilbilgisi), filoloji ve dilbilim alanlarında, konuşan öznenin nesneleştirilmesi. Gene, bu ilk kiple ilgili olarak, refah ve ekonomi analizinde üretken öznenin, emek harcayan öznenin nesneleştirilmesi. Ya da, üçüncü bir örnek olarak, doğa tarihi ya da biyolojide, salt yaşıyor olma olgusunun nesneleştirilmesi.

Çalışmamın ikinci bölümünde, öznenin "bölücü pratikler" diye adlandıracağım pratiklerde nesneleştirilmesini inceledim. Özne, ya kendi içinde bölünmüş ya da başkalarından bölünmüştür. Bu süreç onu nesneleştirir. Bunun örnekleri deli ile akıllı, hasta ile sağlıklı, suçlular ile "iyi çocuklar"dır.

Son olarak, bir insanın kendini özneye dönüştürme biçimini incelemeye –şu anki çalışmalarım buna yöneliktir– çalıştım. Örneğin, cinsellik alanını –insanların kendilerini nasıl "cinsellik" öznesi olarak tanımayı öğrendiklerini– seçtim.

Yani benim araştırmalarımın genel teması iktidar değil, öznedir.

Gerçi iktidar sorunuyla epeyce içli dışlı oldum. İnsan öznenin, bir yandan üretim ve anlamlandırma ilişkilerine girerken, öbür yandan ve aynı derecede, çok karmaşık nitelikte olan iktidar ilişkilerine de girdiğini görmem uzun sürmemişti. Bana kalırsa, ekonomi tarihi ve teorisi üretim ilişkilerini anlamak için iyi bir araçtı. Dilbilim ve göstergebilim ise anlamlandırma ilişkilerini incelemenin araçlarını sunuyordu. Ama iktidar ilişkilerini incelemek için elimizde hiçbir araç yoktu. Bir tek, iktidarı yasal modeller temelinde düşünme yollarına, "İktidarı meşru kılan nedir?" sorusuna başvurabilirdik. Ya da, iktidarı kurumsal modellere dayalı düşünme yollarına, yani "Devlet nedir?" sorusuna başvurabilirdik.

Bu yüzden, öznenin nesneleştirilmesini incelerken bir iktidar tanımından yararlanmak isteniyorsa, bu tanımın boyutlarını genişletmek bir zorunluluktu.

Bir iktidar teorisine ihtiyacımız var mıdır? Bir teori önceden bir nesneleştirmeyi varsaydığından, analitik bir çalışmanın temeli olarak kullanılamaz. Ancak bu analitik çalışmada da süregiden bir kavramsallaştırma olmadan yol alınamaz. Tabii bu kavramsallaştırma, eleştirel düşünceyi –sürekli bir denetlemeyi– içerimler.

Burada denetlenecek ilk şey, "kavramsal ihtiyaçlar" olarak adlandırılması gereken şeydir. Demek istediğim, kavramsallaştırma nesneyle ilgili bir teoride temellenmemelidir; kavramsallaştırılmış nesne iyi bir kavramsallaştırmanın tek kriteri değildir. Bizim kavramsallaştırma çabalarımızı güdüleyen tarihsel koşulları bilmek zorundayız. Şu anki koşullarımıza ilişkin olarak tarihsel bir bilince ihtiyacımız var.

Denetlenecek ikinci şey, hangi türde bir gerçeklikle uğraştığımızdır.

Tanınmış bir Fransız gazetesinde bir yazar bir keresinde şaşkınlığını şu sözlerle ifade etmişti: "Bugün birçok insanın iktidar nosyonundan dem vurmasının nedeni nedir? Bu kadar önemli bir konu mudur bu? Başka sorunları göz önünde bulundurmadan tartışılabilecek kadar bağımsız bir konu mudur?"

Bu yazarın şaşkınlığı bana inanılmaz geliyor. Ben bu sorunun ilk defa yirminci yüzyılda ortaya atıldığı varsayımına kuşkuyla bakıyorum. Kaldı ki, iktidar sorunu bizim açımızdan yalnızca teorik bir sorun değil, aynı zamanda deneyimlerimizin bir parçasıdır. Burada yalnızca iki "patolojik biçim"i (iki "iktidar hastalığı"nı: faşizm ile Stalinizm) anmak isterim. Faşizm ile Stalinizmin bizim için bu kadar şaşırtıcı olmasının çeşitli nedenlerinden birisi, tarihsel bakımdan eşsiz olmalarına rağmen, aslında fazla orijinal bir nitelik taşımamalarıdır. İkisi de diğer toplumlarda zaten var olan mekanizmaları kullanıp genişletmişlerdi. Dahası: ikisi de, kendi içsel çılgınlıklarına rağmen, büyük ölçüde siyasi rasyonalitemizin fikir ve araçlarından yararlanmışlardı.

Yeni bir iktidar ilişkileri ekonomisine –burada ekonomi sözcüğü teorik ve pratik anlamıyla kullanılmaktadır– ihtiyacımız var.

59

Başka bir şekilde ifade edersek: Kant'tan beri felsefenin rolü, aklın, deneyimde verilmiş olanın sınırlarını aşmasını önlemektir; ama aynı dönemden itibaren –yani, modern devletin ve toplumun siyasi düzlemde yönetilmesinin gelişmesinden beri– felsefenin rolü, siyasi rasyonalitenin aşırı güçlerini gözetim altında tutmaktır. Bu oldukça yüksek bir beklentidir.

Bu tür sıradan olguların herkes farkındadır. Ancak bunların sıradan olması, var olmadıkları anlamına gelmez. Bizim sıradan olgularla ilgili olarak yapmamız gereken şey, bunlarla hangi spesifik ve belki de özgün sorunun bağıntılı olduğunu keşfetmek ya da keşfetmeye çalışmaktır.

Rasyonelleşme ile siyasi iktidarın aşırılıkları arasındaki ilişki açıkça ortadadır. Kaldı ki bu tür ilişkilerin varlığının farkına varmak için bürokrasinin ya da toplama kamplarının ortaya çıkmasını beklememize gerek yoktur. Gene de sorun şudur: Bu kadar apaçık bir olgu karşısında ne yapmalıyız?

Aklı yargılayacak mıyız? Bana kalırsa, hiçbir şey bundan daha kısır bir sonuç vermeyecektir. Birincisi, bu alanın suçla ya da masumiyetle hiçbir ilgisi olmadığı için; ikincisi, akla, akıl-olmayanın zıddı bir şey olarak başvurmak anlamsız olduğu için; son olarak da, böyle bir yargılama bizi ya rasyonalist ya da irrasyonalist olmanın keyfi ve sıkıcı rolünü oynama tuzağına düşüreceği için.

Modern kültüre özgü görünen ve kökeni *Aufklärung*'da (Aydınlanma) bulunan rasyonalizm türünü mü sorgulayacağız? Bence Frankfurt Okulu'nun bazı üyelerinin yaklaşımı bu yöndeydi. Oysa benim amacım, çok önemli ve değerli çalışmalar olmakla birlikte, onların çalışmaları üzerine bir tartışma başlatmak değildir. Tersine ben, rasyonelleşme ile iktidar arasındaki bağları araştırmanın başka bir yolunu önereceğim.

Toplumun ya da kültürün rasyonelleşmesini bir bütün olarak almak yerine, böyle bir süreci, her biri temel bir deneyime (delilik, hastalık, ölüm, suç, cinsellik, vb.) gönderme yapan çeşitli alanlar çerçevesinde analiz etmek daha akıllıca olabilir.

Bence *rasyonelleşme* sözcüğü tehlikeli bir sözcüktür. Bizim yapmamız gereken, daima rasyonelleşmenin genel ilerlemesine başvurmaktan ziyade, spesifik rasyonaliteleri analiz etmektir.

Aufklärung bizim tarihimizde ve siyasi teknolojinin gelişmesinde çok önemli bir aşamayı oluştursa bile, kendi tarihimizde nasıl kapana kısıldığımızı anlamak istiyorsak, çok daha uzaktaki süreçlere gönderme yapmak gerektiği kanısındayım.

Yeni bir iktidar ilişkileri ekonomisi doğrultusunda ilerlemek üzere başka bir yol, daha empirik, şu anki durumumuzla daha doğrudan ilintili olan ve teori ile pratik arasında daha fazla ilişkiyi barındıran bir yol önermek isterim. Bu yol, farklı iktidar biçimlerine karşı direniş biçimlerini çıkış noktası olarak almaktan oluşur. Başka bir metafor kullanırsak, bu yol iktidar ilişkilerini gün ışığına çıkarmak, onların konumlarını saptamak ve uygulanma noktaları ile kullanılan yöntemleri öğrenmek amacıyla bu direnişten kimyasal bir katalizör olarak yararlanmaktan oluşur. Yani, iktidarı kendi içsel rasyonalitesi açısından analiz etmekten ziyade, iktidar ilişkilerini, stratejilerin uzlaşmazlığı aracılığıyla analiz etmekten oluşur.

Örneğin, toplumumuzun aklı başında olmaktan ne anladığını öğrenmek için belki delilik alanında olup bitenleri araştırmamız gerekmektedir.

Yasallıktan ne kastedildiğini anlamak için yasadışılık alanında olup bitenleri;

Ve, iktidar ilişkilerinin içeriğini anlamak için de, belki direniş biçimleri ile bu ilişkileri ayrıştırmaya yönelik girişimleri araştırmamız gerekmektedir.

Başlangıç noktası olarak, son birkaç yıldır gelişmekte olan bir dizi muhalefet odağını alalım: Erkeklerin kadınlar, ana babaların çocuklar, psikiyatrinin akıl hastaları, tıbbın genelde insanlar, yönetimin insanların yaşama biçimleri üzerindeki iktidarına muhalefet.

Bunların otorite-karşıtı mücadeleler olduğunu söylemek yeterli değildir; onların ortak yanlarını daha net biçimde tanımlamamız gerekmektedir.

1) Bunlar "sınıraşırı" mücadelelerdir; yani, tek bir ülkeyle sınırlı değillerdir. Kuşkusuz bazı ülkelerde daha kolayca ve daha büyük oranda gelişirler, ama tikel bir siyasi ya da ekonomik yönetim biçimiyle sınırlı değillerdir.

2) Bu mücadelelerin amacı, oldukları haliyle iktidar etkileridir. Örneğin, tıp mesleği esas olarak kâr güdüsüyle hareket eden bir alan olduğu için değil; insanların bedenleri, sağlıkları, yaşamları ve ölümleri üzerinde hiçbir şekilde denetlenmeyen bir iktidara sahip olduğu için eleştirilir.

3) Bunlar, iki nedenle "doğrudan" mücadelelerdir. Bu tür mücadelelerde, insanlar kendilerine en yakın olan, eylemleriyle bireyleri etkileyen iktidar mercilerini eleştirirler. "Baş düşman" yerine, doğrudan düşman arayışına girerler. Sorunlarına gelecek bir tarihte çözüm (yani, özgürlük, devrim, sınıf mücadelesinin bitmesi gibi) bulmayı da ummazlar. Tarihçiyi kutuplaştıran kuramsal bir açıklama ölçeği ya da devrimci bir düzenle karşılaştırıldığında, bunlar anarşist mücadelelerdir.

Ancak bu mücadelelerin en özgün yanları bunlar değildir. Aşağıda sıralananlar bence daha spesifik nitelikleri yansıtır:

4) Bunlar bireyin konumunu sorgulayan mücadelelerdir: Bir yandan, farklı olma hakkına sahip çıkar ve bireyleri hakikaten birey yapan her şeyi vurgularken, öbür yandan bireyi parçalayan, başkalarıyla bağlarını koparan, cemaat yaşamını bölen, bireyi kendi üzerine kapanmaya zorlayan ve kısıtlayıcı bir biçimde kendi kimliğine bağlayan her şeye saldırırlar.

Bu mücadeleler tamamen "birey"den yana ya da "birey"e karşı olmayıp; daha çok, "bireyselleşmenin yönetilmesi"ne karşı yürütülen mücadelelerdir.

5) Bunlar, bilgi, beceri ve kalifikasyona bağlı olan iktidar etkilerine karşı bir muhalefet, yani bilginin ayrıcalıklarına karşı yürütülen mücadelelerdir. Ama aynı zamanda, gizliliğe, deformasyona ve insanlara zorla dayatılan gizemselleştirici temsillere karşı yürütülen mücadelelerdir de.

Bunda "bilimci" olan (yani, bilimsel bilginin değerine dogmatik bir inanç doğrultusunda olan) hiçbir yan yoktur, ama doğrulanmış her türlü hakikatin kuşkucu ya da görelilikçi bir açıdan reddedilmesi anlamına da gelmez. Sorgulanan şey, bilginin dolaşma ve işlev görme biçimi, bilginin iktidarla ilişkileridir. Kısacası, bilgi rejimidir (*régime du savoir*).

6) Son olarak, halen varlığını sürdüren bütün bu mücadeleler şu soru ekseninde dururlar: Biz kimiz? Bunlar, bizim bireysel olarak kim olduğumuzu göz ardı eden soyutlamaların, ekonomik ve ideolojik devlet şiddetinin reddedilmesi ve gene, insanların kim olduğunu belirleyen bilimsel ya da idari engizisyonun reddedilmesidir.

Özetle, bu mücadelelerin esas amacı "şu ya da bu" iktidar kurumuna, gruba, elit kesime ya da sınıfa saldırmaktan çok, bir tekniğe, bir iktidar biçimine saldırmaktır.

Bu iktidar biçimi bireyi kategorize ederek, bireyselliğiyle belirleyerek, kimliğine bağlayarak, ona hem kendisinin hem de başkalarının onda tanımak zorunda olduğu bir hakikat yasası dayatarak doğrudan gündelik yaşama müdahale eder. Bu, bireyleri özne yapan bir iktidar biçimidir. *Özne* sözcüğünün iki anlamı vardır: Denetim ve bağımlılık yoluyla başkasına tabi olan özne ve vicdan ya da özbilgi yoluyla kendi kimliğine bağlanmış olan özne. Sözcüğün her iki anlamı da boyun eğdiren ve tabi kılan bir iktidar biçimi telkin ediyor.*

Genel olarak üç tip mücadele olduğu söylenebilir: Ya tahakküm biçimlerine (etnik, toplumsal ve dinsel) karşı yürütülen mücadeleler, ya bireyleri ürettikleri ürünlerden ayıran sömürü biçimlerine karşı yürütülen mücadeleler, ya da bireyi kendisine bağlayan ve bu şekilde diğerlerine tabi kılan duruma karşı yürütülen mücadeleler (tabi kılmaya karşı, öznellik ve boyun eğdirme biçimlerine karşı mücadeleler).

Kanımca, tarihte bu üç tür toplumsal mücadelenin ya birbirinden yalıtılmış biçimde ya da bir arada kaynaşmış olarak birçok örneğini bulabilirsiniz. Yalnız bu mücadeleler iç içe geçtikleri zaman bile, çoğunlukla içlerinden bir tanesinin egemen olduğu görülür. Sözgelimi, feodal toplumlarda isyanların nedenleri arasında ekonomik sömürü çok önemli bir yer tutmuşsa da, etnik ya da toplumsal tahakküm biçimlerine karşı mücadeleler daha baskındı.

---

* Türkçedeki "özne" kelimesi burada Foucault tarafından belirtilen ilk anlamı taşımıyor. Fransızca "sujet" (özne) kelimesi aynı zamanda "tebaa", yani tabi (boyun eğmiş) anlamını taşıyor. Aynı şekilde Fransızca "assujetir" kelimesini de Foucault iki anlamda kullanıyor: özneleştirmek ve tabi kılmak, boyun eğdirmek. (y.h.n.)

On dokuzuncu yüzyılda sömürüye karşı mücadele ön plana çıktı.

Şimdilerde ise tahakküm ve sömürü biçimlerine karşı mücadeleler tamamen yok olmamakla birlikte (hatta tam tersine), tabi kılma biçimlerine –öznelliğin boyun eğdirilmesine– karşı mücadele gün geçtikçe daha fazla önem kazanmaktadır.

Ben toplumumuzun bu tür mücadeleyle ilk defa karşılaşmadığı kanısındayım. On beşinci ve on altıncı yüzyılda meydana gelen hareketler ile asıl ifadesi ve sonucunu Reformasyon'da bulan hareketlerin hepsi, Batı'nın öznellik deneyiminin büyük bir krizi olarak, ortaçağda bu öznelliğe biçim veren dinsel ve ahlâki iktidara karşı bir başkaldırı olarak analiz edilmelidir. Manevi yaşamda, selamete kavuşma çabalarında, Kitap'ta yatan hakikatte doğrudan bir yer bulma ihtiyacı: Bütün bunlar yeni bir öznellik mücadelesiydi.

Buna ne tür itirazlar gelebileceğini biliyorum. Her türden tabi kılmanın türevsel fenomenler olduğunu, diğer ekonomik ve toplumsal süreçlerin sonuçları olarak ortaya çıktığını (üretim güçleri, sınıf mücadelesi ve öznellik biçimini belirleyen ideolojik yapılar) söyleyebiliriz.

Tabi kılma mekanizmalarının sömürü ve tahakküm mekanizmalarıyla ilişkileri dışında incelenemeyeceği besbellidir. Ne var ki bu mekanizmalar yalnızca daha temel mekanizmaların "son halini" oluşturmazlar, diğer biçimlerle karmaşık ve dolaylı ilişkilere de girerler.

Bizim toplumumuzda bu tür bir mücadelenin egemen olma nedeni, on altıncı yüzyıldan beri yeni bir siyasi iktidar biçiminin sürekli gelişmekte olmasıdır. Bu yeni siyasi yapı, herkesin bildiği gibi, devlettir. Ancak çoğu zaman devlet, bireyleri görmezlikten gelen, sadece bütünlüğün ya da yurttaşlar topluluğu içindeki bir sınıfın ya da grubun demeliyim, çıkarlarını gözeten bir siyasi iktidar türü olarak tasarlanır.

Bu oldukça doğrudur. Ancak, devlet iktidarının hem bireyselleştirici hem de bütünselleştirici bir iktidar biçimi olduğunun (ki onun kuvvetini yansıtan nedenlerden birisi budur) altını çizmek isterim. Bence, insan toplumlarının tarihinde –eski Çin toplumunda bile– bireyselleştirme teknikleri ile bütünselleştirme süreçlerinin aynı siyasi yapılarda bu kadar ustaca bir bileşimine asla rastlanmamıştır.

Bu durum, modern Batı devletinin, kökeni Hıristiyan kurumlarında olan eski bir iktidar tekniğini yeni bir siyasi biçim altında benimsemiş olmasından kaynaklanmaktadır. Bu iktidar tekniğini pastoral iktidar şeklinde adlandırabiliriz.

Öncelikle bu pastoral iktidar hakkında birkaç söz söyleyelim.

Hıristiyanlığın antik dünyadan temelde farklı bir etik kodu vücuda getirdiği öteden beri söylenegelen bir sözdür. Hıristiyanlığın antik dünyanın her tarafında yeni iktidar ilişkilerini gündeme getirip yaydığına ise genellikle daha az vurgu yapılır.

Hıristiyanlık, bir Kilise şeklinde örgütlenmiş tek dindir. Ve Hıristiyanlık bu haliyle, ilke olarak bazı bireylerin, dinsel vasıflarıyla, başkalarına prens, yargıç, peygamber, falcı, hayırsever, eğitimci, vb. olarak değil papaz* olarak hizmet edebilmesini önermektedir. Ancak bu sözcük, çok özel bir iktidar biçimine göndermede bulunur.

1) Bu iktidar, nihai amacı bireyin öbür dünyadaki selametini emniyet altına alan bir iktidar biçimidir.

2) Bu iktidar, salt emir veren konumundaki bir iktidar biçimi değildir; bunun yanında, sürünün yaşamı ve selameti uğruna kendini feda etmeye hazır olmak zorundadır. Dolayısıyla, tahtı kurtarmak uğruna tebaasından kendilerini feda etmelerini isteyen krallık iktidarından farklıdır.

3) Sadece bütün topluluğu değil; ayrıca özel olarak toplumdaki her bireyi, ömrünün sonuna kadar gözeten bir iktidar biçimidir.

4) Nihayet, bu iktidar biçimi insanların kafalarının içinde ne olduğunu bilmeden, onların ruhlarına nüfuz etmeden, onları içlerindeki en derin sırları açığa vurmaya yöneltmeden uygulanamaz. Bu da, bir vicdan bilgisini ve buna yön verme becerisini gerektirir.

Bu iktidar biçimi (siyasi iktidara zıt olarak), selamete yöneliktir.

Kendini adayıcıdır (hükümranlık ilkesine zıt olarak); bireyselleştiricidir (hukuksal iktidara zıt olarak); yaşamla eşkaplamlıdır ve yine yaşamla süreklilik taşır; bir hakikat –bireyin kendisi hakkındaki hakikat– üretimiyle bağlantılıdır.

Ama bütün bunlar tarihin bir parçasıdır, diyeceksiniz; pastorallik, silinip gitmemişse bile, en azından asıl etkinliğini kaybetmiştir.

Bu doğrudur, ama bence, pastoral iktidarın iki yönünü birbirinden ayırmamız gerekiyor: on sekizinci yüzyıldan beri ortadan kalkmış, en azından canlılığını yitirmiş olan dinsel kurumsallaşma ile bu kurumsallaşmanın kilise kurumunun ötesine yayılan ve katlanarak çoğalan işlevi.

On sekizinci yüzyılda önemli bir fenomen ortaya çıktı: bu bireyselleştirici iktidarın yeni bir dağılımı, yeni bir örgütlenmesiydi.

"Modern devlet"i bireylerin üstünde, onların ne olduğunu hatta varlıklarını görmezden gelerek gelişmiş bir şey olarak değil; tam tersine bireylerin tek bir koşulla dahil edilebileceği –bu bireyselliğe yeni bir biçim verilmesi ve bir dizi çok spesifik örüntüye tabi kılınması koşuluyla– çok gelişkin bir yapı olarak görmeliyiz.

Bir bakıma, devleti modern bir bireyselleştirme matrisi ya da pastoral iktidarın yeni bir biçimi olarak görebiliriz.

Bu yeni pastoral iktidar hakkında birkaç söz daha söylenebilir.

1) Bu iktidarın amacında bir değişiklik gözlemleyebiliriz. Sorun artık insanları öteki dünyadaki selametlerine götürme değil; daha çok, aynı selameti bu dünyada sağlamaktı. Bu bağlamda selamet sözcüğü farklı anlamlar kazanır. Sağlık, refah (yani, yeterli ölçüde bir servet, yaşam standardı), emniyet, kazalara karşı korunma. Geleneksel pastoralliğin dinsel amaçlarının yerini bir sürü "dünyevi" amaç almıştı. Pastoralliğin çeşitli nedenlerle bu amaçların bazılarını dolaylı bir yoldan güttüğü düşünülürse bu sürecin sancılı olduğu da söylenemezdi; bu doğrultuda, tıbbın rolünü ve onun çoktan beri Katolik ve Protestan kiliselerince güvence altına alınan refah sağlama işlevini aklımıza getirmemiz yeterlidir.

2) Aynı zamanda bu iktidarın görevlilerinde de bir artış oldu.

Bu iktidar biçimi bazen devlet aygıtı tarafından, her koşulda da diyelim, polis gibi bir kamu kurumu tarafından uygulanıyordu. (Unutmamamız gereken bir nokta, on sekizinci yüzyılda polis gücünün, salt yasayı ve düzeni korumak ya da hükümetlerin düşmanlarına karşı yürüttükleri mücadelelerine yardımcı olmak amacıyla değil; kamunun ihtiyaç duyduğu temel araç gereçleri, kamu sağlığını ve zanaatlarla ticaretin sürdürülmesi açısından zorunlu nitelikteki standartları güvence altına almak amacıyla da oluşturulduğudur). Bu iktidar bazen özel şirketler, refah dernekleri, hayırsever kimseler ve genel olarak insanlara iyilik eden herkes tarafından uygulanıyordu. Ama o sıralarda, pastoral işlevleri üstlensin diye eski kurumlar, örneğin aile de seferber edilmişti. Hem piyasa ekonomisi ilkelerine göre hizmet satan özel girişimler hem de hastaneler gibi kamu kuruluşlarını içeren tıp benzeri karmaşık yapılar da bu iktidarı uyguluyordu.

3) Son olarak, pastoral iktidarın amaçları ve faillerinin çoğalması insanın bilgisinin iki rol etrafında gelişmesinde odaklanmaktaydı: Bunlardan birisi, nüfusla ilgili olan globalleştirici ve niceliksel rol; diğeri, bireyle ilgili olan analitik roldü.

Bütün bunlar, yüzyıllar boyunca –bin yıldan fazla bir süre için– tanımlı bir dinsel kuruma bağlı kalmış olan pastoral türden bir iktidarın aniden tüm toplumsal bünyeye yayıldığını ve birçok kurumda destek bulduğunu içerimler. Ve birbirine az çok bağlı ve gene az çok rakip olan bir pastoral iktidar ile bir siyasi iktidar yerine, bir dizi iktidarı (ailenin, tıbbın, psikiyatrinin, eğitimin ve işverenlerin iktidarı) karakterize eden bireyselleştirici bir "taktik" vardı.

On sekizinci yüzyılın sonunda Kant, bir Alman gazetesinde (*Berliner Monatschrift*) kısa bir metin kaleme almıştı. Yazdığı metnin başlığı "*Was heisst Aufklärung?*"du. Bu metnin yazılışının üzerinden çok zaman geçti ve hâlâ pek önem taşımayan bir çalışma olarak değerlendirilmekte.

Oysa ben bu metni çok ilginç ve şaşırtıcı buluyorum; çünkü ilk kez bir filozof bir görev olarak yalnızca metafizik sistem ya da bilimsel bilginin temellerini değil; bir tarihsel olayı –yakın geçmişte meydana gelmiş, hatta güncel bir olayı– araştırmayı öneriyordu.

1784'te Kant *"Was heisst Aufklärung?"* diye sorduğunda, "Şimdi ne oluyor? Bize ne oluyor? Bu dünya, bu çağ, içinde yaşadığımız şu an neyi ifade ediyor?" gibi soruları kastediyordu.

Ya da başka bir biçimde dile getirirsek: *"Aufklärer* olarak, Aydınlanma'nın bir parçası olarak biz neyiz?" sorusunu soruyordu. Bunu şu Kartezyen soruyla karşılaştırın: Ben kimim? Biricik; ama evrensel ve tarihsel-olmayan bir özne olarak ben kimim? Ben, Descartes'a göre herhangi bir anda ve herhangi bir yerdeki herkes demektir.

Oysa Kant, kendi sorusunda bundan başka bir şeyi kastetmektedir: Tarihin çok kesin bir anında biz neyiz? Kant'ın bu sorusu hem bizim hem de yaşadığımız çağın bir analizi olarak ortaya çıkmaktadır.

Bence felsefenin bu yönü gitgide daha fazla önem kazandı. Hegel'i, Nietzsche'yi hatırlayalım.

"Evrensel felsefe"nin öbür yönü ortadan kaybolmadı. Ancak felsefenin dünyamızın eleştirel bir analizi olma görevi, giderek daha fazla önem kazanan bir boyut. Bütün felsefi sorunların belki en kesini, şimdiki zaman sorunu, bizim tam şu anda ne olduğumuz sorunudur.

Bugünkü hedef belki de ne olduğumuzu keşfetmek değil, olduğumuz şeyi reddetmektir. Modern iktidar yapılarının eşzamanlı olarak bireyselleştirmesi ve bütünselleştirmesi olan bu siyasi *"double bind"*dan ("ikili kısıtlama") kurtulmak için ne olabileceğimizi tahayyül etmek ve bunu gerçekleştirmek zorundayız.

Sonuç olarak şu söylenebilir: Günümüzün siyasi, etik, toplumsal ve felsefi sorunu, bireyi devletten ve devletin kurumlarından kurtarmaya çalışmak değil; kendimizi hem devletten hem de devletle ilintili olan bireyselleştirme türünden kurtarmaktır. Yüzyıllardan beri zorla dayatılmakta olan bu tür bireyselliği reddederek yeni öznellik biçimlerine geçerlilik kazandırmak durumundayız.

İKTİDAR NASIL UYGULANIR?

Bazı insanlar açısından, iktidarın "nasıl"ı hakkında sorular sormak, kendini, iktidarın etkilerini tarif etmekle sınırlamak ve bu etkileri ne nedenlerle ne de bir doğayla ilişkilendirmek anlamına gelecektir. Böylece iktidar, kendi içinde sorgulamaktan kaçınılan bir töz haline gelecektir; kuşkusuz bunun nedeni, iktidara karşı çıkmamanın tercih edilmesidir. Hiçbir zaman açıkça meşrulaştıramadıkları bu yolda ilerleyerek bir tür kaderciliğin varlığından kuşkulanırlar. Ancak bu kuşkunun ta kendisi, iktidarın bir yandan kökeniyle, öte yandan kendi doğasıyla ve nihayet görünümleriyle var olan bir şey olduğunu varsaydıklarını göstermez mi?

Eğer şimdilik "nasıl" sorusunu ayrıcalıklı bir yere oturtuyorsam, bunun nedeni "ne" ve "niçin" sorularını ortadan kaldırmak istemem değil; bilakis, bu soruları farklı bir şekilde sormak, daha iyisi, ne, niçin ve nasıl'ı kendinde birleştiren bir iktidar tahayyül etmenin yerinde olup olmayacağını bilmek istememdir. Daha net biçimde dile getirirsek: Analizi "nasıl"la başlatmanın iktidarın kendi başına var olduğundan kuşku duymak anlamına geldiğini söyleyeceğim. Bu, en azından, söz konusu görkemli, globalleştirici ve tözleştirici terim kullanıldığı zaman ne gibi içeriklerin hedeflendiğini sormak, bıkıp usanmadan "iktidar nedir?" ve "iktidar nereden gelir?" çifte sorusu üzerinden gidildiğinde oldukça karmaşık bir gerçeklikler bütününün elden kaçtığından kuşku duymaktır. Tümüyle düz ve empirik olan "nasıl olmaktadır?" şeklindeki basit sorunun, iyice incelendiğinde, gizli bir iktidar "metafiziği" ya da "ontolojisi" getirme işlevi taşımadığı, iktidar tematiğinde eleştirel bir araştırma girişimi olduğu görülecektir.

1. "Kendisini nasıl dışavurur?" anlamında değil de, "Nasıl işler?" ve "Bireyler başkaları üzerinde iktidar uyguladıklarında ne olur?" anlamında "nasıl" sorusu.

Böyle bir iktidar söz konusu olduğunda, ilk önce şeyler üzerinde uygulanan ve şeyleri değiştirme, kullanma, tüketme ya da yok etme kapasitesi kazandıran iktidarı (doğrudan bedende var olan yetilerden gelen ya da araçsal aracılar üzerinden geçen bir iktidar) ayırmak zorundayız. Burada söz konusu olanın bir "kapasite" olduğunu ifade edelim. Öbür yandan, burada analiz etmekte olduğumuz iktidarı karakterize eden özellik, bireyler arasındaki (ya da gruplar arasındaki) ilişkileri ön plana çıkarmasıdır. Kendimizi hiç aldatmayalım, Yasaların, kurumların, ideolojilerin iktidarından söz ediyorsak, iktidar yapıları ya da mekanizmalarından söz ediyorsak, bunu yalnızca belli kişilerin başkaları üzerinde iktidar uyguladığını varsaydığımız ölçüde yaparız. Burada "iktidar" terimi, "taraflar" arasındaki ilişkilere gönderme yapmaktadır (ve bununla bir oyun sistemini değil; basitçe ve en genel terimler çerçevesinde kalarak, birbirlerine yol açan ve birbirine cevap veren bir eylemler bütününü düşünüyorum).

İktidar ilişkilerini, bir dil, bir göstergeler sistemi aracılığıyla ya da başka bir simgesel araçla bilgi aktaran iletişim ilişkilerinden ayırmak da zorunludur. Kuşkusuz, iletişim her zaman için insanların birbirleri üzerine eylemde bulunmalarının belirli bir yoludur. Ancak anlam unsurlarının üretimi ve dolaşımı, bunların amacı ya da sonucu olarak, iktidar alanında belli etkiler doğurabilir; bu etkiler sadece bu üretim ve dolaşımın bir özelliğinden ibaret değildir. İktidar ilişkilerinin, iletişim sistemleriyle iletilsinler veya iletilmesinler, spesifik bir niteliği vardır. Dolayısıyla "iktidar ilişkileri", "iletişim ilişkileri" ve "nesnel kapasiteler" birbiriyle karıştırılmamalıdır. Bu üç ayrı alanın söz konusu olduğu ve bir yanda şeyler, erekli teknik, çalışma ve gerçek olanın dönüştürülmesi alanı; öbür yanda göstergeler, iletişim, karşılıklılık ve anlam üretimi alanı, son olarak da zorlama araçlarının, eşitsizlik araçlarının tahakkümü ve insanların birbirleri üzerinde eylemde bulunma alanı bulunduğu anlamına gelmez.[1] Aslında daima birbirleriyle örtüşen, birbirlerini destekleyen ve birbirlerinden karşılıklı olarak, araçlar olarak yararlanan üç tip ilişki söz konusudur. En temel biçimlerinde nesnel kapasitelerin harekete geçirilmesi iletişim ilişkilerini (ister daha önceden elde edilmiş bilgi, ister ortak çalışma olsun) içerimler;

---

1. Habermas, tahakküm, iletişim ve erekli etkinlik arasında ayrım yaptığında, bence, üç ayrı alan değil, üç "aşkın" görüyor.

aynı zamanda iktidar ilişkilerine de (ister zorunlu görevler olsun, ister bir gelenek ya da acemilik sürecinin dayattığı hareketler, isterse de zorunlu olarak yapılan işbölümü ya da dağılımı olsun) bağlıdır. İletişim ilişkileri, erekli etkinlikleri (sırf anlam veren öğelerin "doğru biçimde" kullanılması olsa da) içerimler ve taraflar arasındaki bilgilendirme alanını değiştirdikleri için iktidar etkileri yaratırlar. İktidar ilişkilerinin kendilerine gelince, çok önemli ölçüde gösterge üretimi ve değiş tokuşu yoluyla işlerler: öte yandan hiçbir zaman erekli etkinliklerden (bu etkinlikler ister terbiye teknikleri, tahakküm süreçleri, itaat elde etme biçimleri gibi bu iktidarın işletilmesini sağlayan etkinlikler; ister işbölümü ve görev hiyerarşisinde olduğu gibi iktidar ilişkilerine başvuran etkinlikler olsun) ayrı değillerdir.

Kuşkusuz, bu üç tip ilişki arasındaki koordinasyon ne tekbiçimli ne de süreğendir. Belli bir toplumda, amaçlı etkinlikler, iletişim sistemleri ile iktidar ilişkileri arasında genel türde bir denge yoktur. Onun yerine, bu karşılıklı ilişkilerin spesifik bir modele göre kurulduğu çeşitli biçimler, çeşitli yerler, çeşitli koşullar ya da durumlar vardır. Ama ayrıca, kapasitelerin ayarlanmasının, iletişim şebekeleri ve iktidar ilişkilerinin düzenli ve uyumlu sistemler oluşturduğu "bloklar" da vardır. Örneğin, bir eğitim kurumuna bakalım: Bu kurumun mekânsal düzeni, kendi içsel yaşamını yönlendiren ayrıntılı düzenlemeleri, orada düzenlenen değişik etkinlikler, tanımlanmış işlevleri, yerleri ve yüzleriyle yaşamını o kurumda geçiren ya da orada birbirleriyle karşılaşan çeşitli bireyler; bütün bunlar, bir kapasite-iletişim-iktidar bloku meydana getirir. Burada, yeteneklerin ya da davranış biçimlerinin öğrenilmesini ve edinilmesini sağlayan faaliyetler, bir dizi düzenlenmiş iletişim (dersler, sorular ve cevaplar, emirler, öğütler, kodlanmış itaat göstergeleri, her kişinin ve bilgi düzeylerinin "değer"ini gösteren farklılık işaretleri) aracılığıyla, ayrıca bir dizi iktidar süreçleri (dışa kapatma, gözetleme, ödüllendirme ve cezalandırma, hiyerarşi piramidi) aracılığıyla geliştirilir.

Teknik kapasitelerin kullanımının, iletişim oyunlarının ve iktidar ilişkilerinin önceden düşünülmüş formüller uyarınca birbirlerine göre ayarlandığı bu bloklar, sözcüğün bir parça genişletilmiş haliyle disiplinler denebilecek şeyi oluştururlar. Tarihsel olarak oluşmuş halleriyle bazı disiplinlerin empirik analizi, tam da bu nedenle belli bir ilgi uyandırır. Her şeyden önce bunun nedeni, disiplinlerin, yapay olarak açık ve arılaştırılmış şemalarla, nesnel ereksellik, iletişim ve iktidar sistemlerinin birbirleriyle eklemleniş biçimini göstermesidir. Bunlar ayrıca, önceliği bazen iktidar ilişkileri ile itaate (manastırda ya da hapishanedekine benzeyen disiplinlerdeki gibi), bazen erekli etkinliklere (atölyelerde ya da hastanelerde uygulanan disiplinlerdeki gibi), bazen iletişim ilişkilerine (çıraklık disiplinlerinde olduğu gibi) bazen de üç tip ilişkinin de doymasına (belki, bir sürü göstergenin birçok teknik etki üretmek üzere sıkı dokunmuş ve dikkatle hesaplanmış iktidar ilişkilerine tekrar tekrar işaret ettiği askeri disiplinde olduğu gibi) vererek değişik eklemlenme modelleri de sergiler.

On sekizinci yüzyıldan bu yana Avrupa'daki toplumların disipline edilmesinden anlaşılması gereken ne bu toplumların parçası olan bireylerin gün geçtikçe daha itaatkâr hale gelmeleri, ne de bu bireylerin kışlalarda, okullarda ya da hapishanelerde toplandıklarıdır kuşkusuz; bundan, tam tersine, üretim etkinlikleri, iletişim şebekeleri ile iktidar ilişkilerinin etkileşimi arasında giderek daha denetimli –gitgide daha rasyonel ve ekonomik– bir ayarlama sürecinin sağlanmaya çalışıldığı anlaşılmalıdır.

Dolayısıyla, iktidar temasına "nasıl"ın analiz edilmesi açısından yaklaşmak, temel bir iktidar varsayımını birçok bakımdan kritik olarak yerinden etmektir. Bu, analiz nesnesi olarak bir iktidarı değil; *iktidar ilişkilerini*, nesnel kapasiteler kadar iletişim ilişkilerinden de ayrı olan *iktidar ilişkilerini*, son olarak bu kapasiteler ve bu iletişim ilişkileriyle olan bağlantılarının zenginliği çerçevesinde kavranabilecek iktidar ilişkilerini almaktır.

2) İktidar ilişkilerinin spesifik niteliğini oluşturan nedir?

İktidarın işleyişi, bireysel ya da kolektif, taraflar arasındaki bir ilişki değildir yalnızca; bazılarının başkaları üzerindeki eylem kipidir. Kuşkusuz bunun anlamı, iktidar diye bir şeyin olmadığı; global olarak yoğunlaşmış ya da dağılmış biçimde var olacak bir iktidar olmadığıdır: yalnızca "birilerinin" "başkalarına" uyguladığı iktidar vardır; iktidar, elbette kalıcı yapılara dayanan bir dağınık imkânlar alanına kaydolmuş olsa bile yalnızca edimde vardır. Bunun başka bir anlamı da, <u>iktidarın rıza göstermeyle bir ilgisi olmadığıdır</u>. İktidar kendi başına özgürlükten vazgeçilmesi, hakların devredilmesi, tek tek herkesin sahip olduğu iktidarı birkaç kişiye emanet etmesi (bu, rızanın iktidarın var oluşu ya da korunmasının bir koşulu olabilmesini engellemez) değildir; iktidar ilişkileri önceden var olan ya da durmadan yinelenen bir rızanın ürünü olabilir; ama, kendi doğası gereği, bir konsensüsün dışavurumu değildir.

Bunu söylemek, iktidarın esas niteliğinin şiddet olduğu; şiddetin iktidarın ilkel biçimi, değişmeyen sırrı ve başvurduğu son şey olduğu; son tahlilde, iktidarın maskesini atıp kendini gerçekte olduğu haliyle gösterdiğinde ortaya çıkacak hakikatinin şiddet olduğu anlamına mı gelir? Gerçek duruma bakıldığında, <u>bir iktidar ilişkisini tanımlayan, doğrudan ve aracısız olarak başkaları üzerinde değil; başkalarının eylemleri üzerinde eylemde bulunan bir eylem kipi olmasıdır</u>: eylem üzerinde potansiyel ya da fiili eylem, gelecekteki ya da şu andaki eylemler üzerindeki bir eylem. Şiddet ilişkisi bir beden üzerinde ya da şeyler üzerinde uygulanır; şiddet ilişkisi zorlar, büker, işkence uygular, tahrip eder ya da bütün imkânlara kapıyı kapatır. Şiddetin tam zıddı ancak pasiflik olabilir ve herhangi bir direnişle karşılaştığında onu en aza indirmekten başka bir seçeneği yoktur. Öbür yandan, bir iktidar ilişkisi, hakikaten bir iktidar ilişkisi olacaksa ikisi de vazgeçilmez önem taşıyan iki unsur temelinde eklemlenebilir ancak: ötekinin (üzerinde iktidar uygulananın) sonuna kadar bir eylem öznesi olarak tanınması ve öyle kalması ile bir iktidar ilişkisine karşı, bütün bir karşılıklar, tepkiler, sonuçlar ve muhtemel buluşlar alanının açılabilmesi.

Açıkçası, iktidar ilişkilerinin etkili olması, şiddet kullanımını, rıza elde edilmesini dışladığından daha fazla dışlamaz; kuşkusuz hiçbir iktidarın uygulaması da asla biri ya da diğeri olmadan, çoğunlukla aynı zamanda her ikisi birden olmadan söz konusu olamaz. Gelgelelim konsensüs ile şiddet iktidarın araçları ya da etkileri olmakla birlikte, ilkesini ya da temel doğasını oluşturmazlar. İktidarın uygulanması istendiği kadar kabullenme üretebilir: İktidarın uygulanması, geride bir yığın ölü bırakabileceği gibi, akla getirilebilecek her türlü tehdidin arkasına da saklanabilir. İktidarın uygulanması kendi içinde bazen kendini saklayabilecek bir şiddet demek değildir; aynı zamanda, üstü kapalı biçimde, yenilenebilecek bir rızayı da göstermez. İktidar, mümkün eylemler üzerinde işleyen bir eylemler kümesidir: eyleyen öznelerin davranışlarının kaydolduğu imkân alanı üzerinde yer alır: kışkırtır, teşvik eder, baştan çıkarır, kolaylaştırır veya zorlaştırır, genişletir ya da sınırlar, aşağı yukarı muhtemel hale getirir; uç noktada kısıtlar ya da mutlak olarak engeller; ancak eylemde bulundukları ya da bulunabilecekleri ölçüde eyleyen özne ya da özneler üzerinde eylemde bulunma biçimidir. Başka eylemler üzerindeki bir eylem kümesi.

Taşıdığı muğlaklık sayesinde "davranış" (*conduite*) terimi belki de iktidar ilişkilerinin spesifik yanını en iyi biçimde kavramamızı sağlayan terimlerden biridir.* "Davranış" aynı zamanda hem (çeşitli derecelerde katılık taşıyan zorlama mekanizmalarına göre) başkalarına "yol gösterme" hem de az çok açık olan bir imkânlar alanı içerisinde davranma biçimidir. İktidarın uygulanması, "davranışları yönlendirmek" (*conduire la conduite*) ve muhtemel sonuçları bir düzene koymaktır. Esasen iktidar, iki rakip arasında bir çatışma ya da biriyle öteki arasında bağ kurulmasından daha ziyade, bir "yönetim" sorunudur. "Yönetim" sözcüğü, on altıncı yüzyılda sahip olduğu çok geniş anlamıyla düşünülmelidir. "Yönetim" sözcüğü, sadece siyasi yapıları ya da devletlerin yönetilmesini anlatmakla kalmıyor, bunun yanı sıra, bireylerin ya da grupların davranışlarına nasıl yön verilebileceğini (çocukların, zihinlerin,

---

* Foucault burada Fransızcadaki *conduire* fiilinin çifte anlamıyla oynuyor. Bu fiil bir yandan yönlendirmek, örneğin araba kullanmak anlamına gelirken, öbür yandan yansımalı hali olan *se conduire*, davranmak, kendini yönlendirmek anlamına geliyor. Dolayısıyla burada kullanılan "conduite" kelimesinin çift anlamı var: hem başkalarını yönlendirme hem de kendi davranışlarını yönlendirme, yani davranma. Türkçede bu çift anlamı karşılayacak kelime olmadığı için yalnızca "davranış" sözcüğünü kullanıyoruz. (y.h.n.)

toplulukların, ailelerin, hastaların yönetilmesi) de gösteriyordu. Yalnızca siyasi ya da ekonomik anlamdaki tabi kılmanın meşru ve kurumsallaşmış biçimlerini kapsamakla kalmıyor, bunun yanı sıra, başkalarının eylem imkânları üzerine eylemde bulunmaya yönelik az çok düşünülmüş ya da hesaplanmış eylem kiplerini içeriyordu. Bu anlamıyla yönetmek, başkalarının mümkün eylem alanını yapılandırmaktır. Dolayısıyla iktidara özgü ilişki kipi ne şiddet ya da mücadele alanında ne de sözleşme ya da gönüllü bağ alanında (bunlar en iyi şartla iktidarın araçları olabilirler) aranmalıdır. Bu ilişki ne savaş ne de hukuk modeline giren özel bir eylem kipinde, yani yönetimde aranmalıdır.

İktidarın uygulanması başkalarının eylemleri üzerinde eylemde bulunmak olarak tanımlandığında, bu eylemler insanların başka insanlar tarafından "yönetilmesiyle" karakterize edildiğinde, bu uygulamaya önemli bir unsur dahil edilmiş olur: özgürlük. İktidar yalnızca "özgür özneler" üzerinde ve yalnızca onlar "özgür" oldukları sürece uygulanır. Bununla kastettiğimiz, çeşitli davranış biçimlerinin, çeşitli tepkilerin ve değişik tavırların benimsenebileceği bir imkânlar alanıyla yüz yüze bulunan bireysel ya da kolektif öznelerdir. Belirleyici etmenlerin tümüyle doyurulduğu yerde iktidar ilişkisinden söz edilemez. Kölelik, insan zincirlenmiş olduğunda değil (bu durumda söz konusu olan maddi bir kısıtlama ilişkisinin dayatılmasıdır) hareket edebileceği ve hatta kaçabileceği zaman bir iktidar ilişkisidir. Sonuç olarak, birbirlerini dışlayıcı bir ilişki bağlamında iktidar ile özgürlüğün yüz yüze karşılaşmalarından (iktidarın uygulandığı her yerde özgürlük yok olur) söz edilemez; aralarında çok daha karmaşık bir etkileşim vardır. Bu oyunda özgürlük, iktidarın uygulanmasının koşulu (hem iktidarın işleyebilmesi için özgürlük olması gerektiğinden iktidarın önkoşulu; hem de özgürlük iktidardan tümüyle arındığında iktidar ortadan kalkacağı ve onun yerini salt ve basit şiddet zorlaması alacağı için iktidarın desteği) olarak görünecektir. Ancak yine de özgürlük iktidarın uygulanmasına yalnızca karşı çıkabilir, çünkü son tahlilde iktidar özgürlüğü tümüyle belirlemek eğilimindedir.

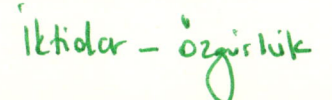

Dolayısıyla, özgürlüğün boyun eğmeyi reddetmesi ile iktidar arasındaki ilişkiyi ayırmak mümkün değildir. İktidarın merkezi sorunu gönüllü kölelik (yani, köle olmayı nasıl arzulayabiliriz sorunu) değildir. İktidar ilişkisinin özünde yatan ve onu devamlı kışkırtan etken, istencin boyun eğmeyişi ile özgürlüğün inadıdır. Özsel bir uzlaşmazlıktan söz etmektense, bir "çekişme"den (*agonisme*)* söz etmek, aynı zamanda hem karşılıklı teşvik etmeyi hem de mücadeleyi içeren bir ilişkiden söz etmek; birbirine karşı her iki tarafı da felce uğratan yüz yüze bir kapışmadan ziyade sürekli bir kışkırtmadan söz etmek daha yerinde olur.

3. İktidar ilişkilerini nasıl analiz etmek gerekir?

Bu tür ilişkiler, sınırları özenle belirlenmiş kurumlarda odaklanarak analiz edilebilir; daha doğrusu bu şekilde analiz etmek tümüyle meşru olur demeliyim. Sınırları özenle belirlenmiş kurumlar iktidar ilişkilerini, çeşitlilik sunan, yoğunlaşmış, düzene konmuş ve etkinliklerinin en üst noktasına erişmiş haliyle kavramak için apayrı bir gözlem noktası meydana getirirler. İlk yaklaşım olarak, iktidar ilişkilerinin temel mekanizmalarının biçim ve mantığının bu kurumlarda görünmesi beklenebilir. Bununla beraber, kapalı kurumsal mekânlardaki iktidar ilişkilerinin analizi birçok sorun çıkarmaktadır. Birinci olarak, bir kurum tarafından işlerliğe konmuş mekanizmaların önemli bir bölümünün bu kurumun varlığını muhafaza etmeye adanmış olması, bilhassa "kurumlar arası" iktidar ilişkilerinde, özünde yeniden üretici bir nitelik taşıyan işlevlerin deşifre edilmesi riskini beraberinde getirmektedir. İkinci olarak, iktidar ilişkilerini kurumlar açısından analiz etmek, iktidar ilişkilerinin açıklamasını ve kökenini kurumlarda aramak, yani sonuç olarak iktidarı iktidarla açıklamak tehlikesini taşır. Son olarak, kurumlar özünde iki unsuru –(açık ya da örtük) kurallar ile bir aygıt– harekete geçirerek işlediği sürece, iktidar ilişkilerinde bu unsurlardan birine ya da diğerine abartılı bir önem atfetme, dolayı-

---

* Burada Foucault'nun kullandığı terim "kavga" anlamına gelen Yunanca "αγωνιτμα"dan geliyor. (ç.n.)

sıyla iktidar ilişkilerinde yalnızca hukukun ve zorlamanın modülasyonlarını görme riski doğar. Söz konusu olan, kurumların iktidar ilişkilerinin kurulmasındaki önemini inkâr etmek değil; kurumların iktidar ilişkileri açısından analiz edilmesi (iktidar ilişkilerinin kurumlar açısından analiz edilmesi yerine) gerektiğini ve bu ilişkilerin temel bağlantı noktasının, bir kurumda somutlaşsa ve kristalleşse bile, kurumun dışında aranması gerektiğini önermektir.

İktidarın uygulanmasının, birileri için başkalarının mümkün eylem alanını biçimlendirmenin bir yolu biçiminde tanımlanmasına tekrar dönelim. Dolayısıyla, bir iktidar ilişkisine uygun düşen şey, eylemler üzerinde eylemde bulunma kipi olması olacaktır. Başka bir deyişle, iktidar ilişkileri, toplumsal ağda derinlemesine kök salmıştır ve "toplum"un üstünde olan ve radikal olarak ortadan kalkacağını hayal edebileceğimiz ek bir yapı oluşturmaz. Gene de toplum içinde yaşamak, başkalarının eylemleri üzerinde eylemde bulunmanın mümkün olduğu –ve fiilen sürüp gideceği– bir şekilde yaşamaktır. İktidar ilişkilerinin bulunmadığı bir toplum ancak soyutlamada var olabilir. Ve bu, geçerken söyleyelim, belirli bir toplumdaki iktidar ilişkilerinin, onların tarihsel olarak oluşmalarının, kuvvet ya da zayıflıklarının kaynağının, bir kısmının dönüştürülüp diğer kısmının kaldırılması açısından gerekli olan koşulların analiz edilmesini siyasi bakımdan daha da zorunlu kılmaktadır. Zira, iktidar ilişkileri dışında bir toplum olamayacağını söylemek, kurulu iktidar ilişkilerinin zorunlu olduğunu ya da iktidarın toplumların yüreğinde bir kader oluşturduğunu, dolayısıyla yıkılamayacağını söylemek değildir. Tersine iktidar ilişkilerinin ve iktidar ilişkileri ile özgürlüğün inadı arasındaki "çekişme"nin analizi, geliştirilmesi ve sorgulanması sürüp giden bir siyasi görev oluşturur ve bu tüm toplumsal varoluş için geçerli olan siyasi görevin ta kendisidir.

Somut olarak bakarsak, iktidar ilişkilerinin analizi birçok noktanın saptanmış olmasını gerektirir:

1) Başkalarının eylemleri üzerinde eylemde bulunmaya olanak tanıyan *farklılaştırma sistemi*: Hukuksal ya da geleneksel statü ve

77

ayrıcalık farklılıkları; zenginliklerin ve malların edinilmesinden meydana gelen ekonomik farklılıklar; üretim süreçlerinde bulunulan yerle ilgili farklılıklar; dilsel ve kültürel farklılıklar; ustalık ve uzmanlık farklılıkları, vb. Her iktidar ilişkisi, kendisi için aynı zamanda hem koşul hem de sonuç olan farklılaşmaları işlerliğe koyar.

2) Başkalarının eylemleri üzerinde eylemde bulunanların peşinde koşturduğu *amaç tipleri*: Ayrıcalıkların muhafaza edilmesi, kâr birikimi, statüye dayalı otoritenin işlemesinin sağlanması, bir memuriyet ya da mesleğin uygulanması.

3) *İktidar ilişkilerini uygulamanın araçları:* İktidarın silah tehdidiyle, sözün etkisiyle, ekonomik eşitsizlikler aracılığıyla, az çok karmaşık denetim araçlarıyla, arşivli ya da arşivsiz gözetim sistemleriyle uygulanmasına göre, belirgin, sabit ya da değişebilir olan ya da olmayan, maddi dispositif'leri olan ya da olmayan kurallara göre, vb.

4) *Kurumsallaşma biçimleri*: Kurumsallaşma biçimleri geleneksel eğilimleri, hukuksal yapıları, gelenekle ya da modayla ilintili fenomenleri (aile kurumunda görüldüğü gibi) birbirine karıştırabilir; ayrıca, kendi spesifik yeri, kendi düzenlemeleri, sınırları titizlikle belirlenmiş, işleyişinde göreli özerkliği olan kendi hiyerarşik yapılarıyla dışa kapalı bir dispositif biçimine bürünebilir (okul kurumlarında ya da askeri kurumlarda olduğu gibi); ya da, devlet örneğindeki gibi, her şeyi kuşatan, global bir gözetim uygulayan, düzenleme ilkesi ile gene belli bir derecede ve belli bir toplumsal bütünde bütün iktidar ilişkilerinin paylaştırılmasını gerçekleştiren çeşitli aygıtlarla donatılmış çok karmaşık sistemler biçimine bürünebilir.

5) *Rasyonalizasyon dereceleri*: İktidar ilişkilerini imkânlar alanında bir eylem olarak devreye sokmak, araçların etkililiği ve sonuçların kesinliği (iktidarın kullanılması sürecinde başvurulan büyük ya da küçük teknolojik incelikler) ya da gene, muhtemel bedelleri (bu, ister devreye sokulan araçların ekonomik "maliyeti", isterse karşı karşıya gelinen direnişin oluşturduğu "tepkisel" bedel olsun) ile bağlantılı olarak az ya da çok gelişmiş olabilir. İktidarın

uygulanması, çıplak bir olgu, kurumsal bir veri olmadığı gibi; ayakta kalan ya da parçalanan bir yapı da değildir; iktidar, kendisini geliştirir, dönüştürür, örgütler, az çok belli bir duruma göre ayarlanmış süreçlerle donatır.

Bir toplum içindeki iktidar ilişkilerinin analizinin neden bir dizi kurumun incelenmesine, hatta "siyasi" sıfatını hak eden bütün kurumların incelenmesine indirgenemeyeceği burada açıkça görülmektedir. İktidar ilişkileri, toplumsal ağlar bütününde kök salmıştır. Ancak bunu derken, topluma, en küçük ayrıntısına kadar hâkim olan asli ve temel bir iktidar ilkesi bulunduğunu anlatmak istiyor değiliz. Tersine, başkalarının eylemleri üzerinde eylemde bulunma imkânından (ki bu, her toplumsal ilişkiyle eşkaplamlıdır) yola çıkarak, çeşitli bireysel ayrılık, amaç, bize ve başkalarına verilmiş araç biçimleri, az çok kısmi ya da bütünsel kurumsallaşma biçimleri, az çok düşünülmüş örgütlenme biçimleri, farklı iktidar biçimleri tanımlarlar. Belli bir toplumda insanların başkaları tarafından yönetilmesinin çok çeşitli biçimlerine ve ortamlarına rastlanabilir; bu çeşitli biçimler bazen örtüşürler, bazen kesişirler, bazen birbirlerini sınırlandırırlar, bazen birbirlerini engellerler, bazen de pekiştirirler. Günümüz toplumlarında devletin yalnızca iktidarın uygulanma biçimi ya da yerlerinden biri —en önemlisi olsa bile— olmadığı, tüm diğer iktidar ilişkisi türlerinin bir biçimde devlete gönderme yaptığı bilinen bir olgudur. Ancak bunun nedeni, bütün iktidar ilişkilerinin devletten türemesi değil; tam tersine, iktidar ilişkilerinin gün geçtikçe daha fazla devletleşmesidir (gene de devletin kurduğu denetim pedagojik, hukuksal, ekonomik ya da aile sistemlerinde her zaman aynı biçime bürünmez). Bu kez "yönetim" sözcüğünün dar anlamına gönderme yaparak, iktidar ilişkilerinin giderek yönetimselleştirildiğini, yani devlet kurumları biçiminde ya da devlet kurumlarının kanatları altında geliştirildiğini, rasyonelleştirildiğini ve merkezileştirildiğini de söyleyebiliriz.

4. İktidar ilişkileri ve strateji ilişkileri

Strateji sözcüğü bugün üç şekilde kullanılmaktadır. Birincisi, belirli bir ereğe varmaya çalışırken başvurulan araçları göstermek için; burada söz konusu olan, bir *amaca* ulaşmak için kullanılan rasyonalitedir. İkincisi, belirli bir oyundaki taraflardan birinin, başkalarının eylemlerinin nasıl olması gerektiği konusundaki düşüncelerine ve gene kendince başkalarının onun davranışlarını nasıl düşüneceğine ilişkin kanılarına göre hareket etme biçimini anlatmak için; bu anlamıyla strateji, başkalarının karşısında avantajlı duruma geçmek için uğraş verme biçimidir. Son olarak, bir çatışma durumunda, rakibi mücadele araçlarından yoksun bırakmak ve onu mücadeleden vazgeçmeye zorlamak için kullanılan yöntemleri anlatmak için; bu anlamıyla da strateji, zafer kazanmaya göre tasarlanmış araçlarla ilgili bir sorundur. Stratejinin bu üç anlamı, amacın düşmanın mücadeleyi sürdürmesini imkânsız kılacak şekilde hareket etmek olduğu karşılıklı bir kapışma –savaş veya oyun– ortamında bir araya kümelenir. O zaman strateji, "kazandıracak" çözümler seçme temelinde tanımlanmaktadır. Ancak, bunun çok özel tipte bir durumu yansıttığını, *strateji* sözcüğünün değişik anlamları arasındaki ayrımların korunmasını gerektiren başka durumların da olduğunu akıldan çıkarmamak gerekmektedir.

Sözünü ettiğim ilk anlama bakacak olursak, "iktidar stratejisi"ni, "iktidar dispositifi"ni etkili biçimde uygulamak ya da korumak amacıyla devreye sokulan araçların toplamı diye niteleyebiliriz. Ayrıca, başkalarının mümkün, potansiyel, öngörülmüş eylemleri üzerine eylem biçimleri oluşturdukları sürece, iktidar ilişkilerine uygun bir stratejiden de söz edilebilir ve dolayısıyla, iktidar ilişkilerinde devreye sokulan mekanizmalar strateji terimleriyle yorumlanabilir. Ama en önemli nokta, belli ki, iktidar ilişkileri ile çatışma stratejileri arasındaki ilişkidir. Zira, iktidar ilişkilerinin özünde, iktidar ilişkilerinin varlığının sürekli bir koşulu olarak bir boyun eğmeme ve özgürlük inadı varsa, bu durumda direnme, kaçma yolunun ya da kurtulma ihtimalinin bulunmadığı bir iktidar ilişkisinden de söz edilemez. Dolayısıyla iktidar ilişkileri, en azından potansiyel olarak, bir mücadele stratejisini içerir; ama bunu yaparken örtüşmez, spesifikliklerini kaybetmez ve sonuçta birbirlerine karışmazlar. Her bir taraf diğeri için bir tür kalıcı sınır, muhtemel bir tersine dönüş noktası oluşturur. Bir çatışma ilişkisi, uzlaşmaz tepki oyununun yerine durağan mekanizmalar geçtiğinde ve taraflardan biri bu mekanizmalar yoluyla diğer tarafın davranışlarını kalıcı ve yeterince kesin bir biçimde yönlendirdiğinde, varabileceği son noktaya, nihai anına (yani, iki düşmandan birinin zafer kazanmasına) ulaşmış demektir. Bir çatışma ilişkisi için, eğer ölümüne bir mücadele değilse, asıl hedef, değişmez bir iktidar ilişkisinin kurulmasıdır. Buna karşılık, mücadele stratejisi de iktidar ilişkisi için bir sınır; başkalarının davranışlarının hesaplanmasının, onların eylemlerine tepki göstermekten öteye gidemediği sınırı oluşturur. Tanım gereği iktidarın elinden kaçan boyun eğmeme noktaları olmadan iktidar ilişkileri olamayacağı için, boyun eğmeyene boyun eğdirmek için iktidar ilişkilerinin her yoğunlaştırılması, her genişletilmesi sonunda gelip iktidarın sınırlarına dayanır. İktidarın son noktası ise, ya diğer tarafı tamamen güçsüz bir duruma sokan bir eylem (bu durumda iktidarın uygulanmasının yerini rakip üzerinde kazanılan "zafer" alır) ya da yönetilen tarafla girilen çatışma ve onun rakip konumuna getirilmesidir. Başka bir ifadeyle, her çatışma stratejisi bir iktidar ilişkisine dönüşmenin rüyasını görür ve her iktidar ilişkisi de, kendi gelişme çizgisine uyduğu kadar doğrudan bir direnişle karşılaştığında da bir kazanma stratejisi olmaya eğilim gösterir.

Aslında, bir iktidar ilişkisi ile bir mücadele stratejisi arasında karşılıklı bir çekim, sürekli bir bağlantı ve sürekli bir tersine dönüş vardır. İktidar ilişkisi her an iki rakip arasındaki bir çatışmaya dönüşebilir ve belli noktalarda dönüşür. Aynı şekilde, toplumdaki rekabet ilişkileri de her an iktidar mekanizmalarının harekete geçirilmesine neden olabilir. Bu istikrarsızlık sonucu, aynı süreçler, aynı olaylar ve aynı dönüşümler, mücadele tarihi içinden olduğu kadar iktidar ilişkileri ve dispositif'leri içinden de deşifre edilebilir. Buradan kaynaklanan yorumlar, aynı tarihsel dokuya gönderme yapsalar ve her bir analiz diğerine başvurmak zorunda olsa da,

81

aynı anlam unsurlarından, aynı bağlardan ya da aynı anlaşılabilirlik türlerinden oluşmayacaktır. Aslında bu, insan toplumlarının çoğunda gözlenen temel "tahakküm" fenomenlerinin çıplak gözle görülebilmesini sağlayan iki okuma biçiminin birbirine müdahale etmesidir. Tahakküm, aslında, anlamına ve sonuçlarına bazen toplumun en ince dokularında bile rastlanabilen global bir iktidar yapısıdır. Ama aynı zamanda tahakküm, rakipler arasında uzun süreli bir çatışmada edinilmiş ve pekiştirilmiş stratejik bir durumu gösterir. Bir tahakküm olgusu, bir çatışma ilişkisi ve sonuçlarının iktidar mekanizmalarından birinin (örneğin, işgalden kaynaklanan bir siyasi yapı) yansıması olabilir; öte yandan iki rakip arasındaki bir mücadele ilişkisi, iktidar ilişkilerinin gelişiminin –beraberinde getirdiği çatışmalar ve yarılmalarla– etkisi de olabilir. Gelgelelim, bir grubun, bir kastın ya da bir sınıfın tahakkümünü, bu tahakkümün karşılaştığı direnişle ya da isyanlarla birlikte, toplumların tarihinde merkezi bir fenomen durumuna getiren etken, bunların bütün toplumsal yapı düzeyinde global ve kütlesel bir biçimde, iktidar ilişkileri ile strateji ilişkilerinin iç içe geçmesini ve karşılıklı etkileşimlerini göstermesidir.

Çev.: Osman Akınhay

III
Hakikat kaygısı[*]

F. E.: Bilme İstenci *yakında tamamlanacak olan cinsellik tarihi çalışmasının ilk cildi olarak yayımlandı.* İkinci cilt ise ondan sekiz yıl sonra ve daha önce ilan edilmiş olandan çok farklı bir plana göre çıkıyor.

Foucault: Arada geçen sürede fikrimi değiştirdim. Bir çalışma, aynı zamanda insanın düşündüklerini, hatta kendisini değiştirmeye yönelik bir girişim olmazsa, fazla eğlendirici bir yanı kalmıyor. Ben asıl planıma uygun olarak iki kitap yazmaya başlamıştım, ama

---

[*] "Le souci de la vérité" (F. Ewald ile söyleşi), *Magazine littéraire*, sayı 207, Mayıs 1984, s. 18-23.
Dits et écrits, c. 4, s. 668-678. İngilizceden yapılan bu çevirinin redaksiyonu Fransızca orijinaliyle karşılaştırılarak yapılmıştır. (y.h.n.)

kısa sürede bundan sıkıldım. Bu, düşüncesizlikti ve alışkanlıklarıma tersti.

F. E.: Öyleyse başlangıçta neden böyle bir işe giriştiniz?

Foucault: Tembellikten. Bir gün gelip söylemek isteyeceklerimin neler olduğunu önceden bileceğimi ve kalan işin onu ifade etmekten başka bir şey olmayacağını düşlüyordum. Bu bir yaşlanma belirtisiydi. Nihayet yapılması gereken her şeyin kafamda bütün berraklığıyla şekillendiği bir yaşa gelmiş olduğumu hayal ediyordum. Bu hem bir tür ukalalıktı hem de artık teslim bayrağını çekmekti. Oysa bana göre, çalışmak, daha önce düşünülmüş olanların dışında bir şey düşünmeye girişmek demektir.

F. E.: Okurlarınız da buna inanıyordu.

Foucault: Okurlarıma karşı vicdani bir sorumluluk duyuyor ve onlara oldukça fazla güven besliyorum. Okur ders dinleyicisine benzer. İnsanın ne zaman dersini çalışıp geldiğini, ne zaman irticalen konuştuğunu çok iyi ayırt edebilir. Okur belki hayal kırıklığına uğrayacak, ama daha önce söylediklerimden başka bir şey söylememiş olduğum için değil.

F. E.: Zevklerin Kullanımı ile Kendilik Kaygısı, *ilk planda, pozitif bir tarihçinin çalışması, antikçağın cinsel ahlâkının sistemleştirilmesi diye sunuluyor. Söz konusu olan bu mu gerçekten?*

Foucault: Bu bir tarihçi çalışması, ama söz konusu kitapların diğerleri gibi bir düşünce tarihi çalışması olduğunu belirtmek kaydıyla. Düşünce tarihi salt fikirlerin ya da temsillerin tarihi anlamına gelmez; aynı zamanda, şu soruyu cevaplamaya dönük bir girişimi gösterir: Bir bilgi nasıl oluşturulabilir? Düşüncenin, hakikatle ilişkisi bağlamında, nasıl bir tarihi de olabilir? İşte sorduğum soru bu. Kesin bir soruya cevap arıyorum: bir ahlâkın, cinsellik, arzu, zevk üzerine düşünme olarak bir ahlâkın doğuşu.

Açıkça anlaşılmalıdır ki, ben bir gelenek ve görenekler tarihi, bir davranış tarihi, cinsel pratiklerin toplumsal bir tarihini değil; zevkin, arzuların ve cinsel davranışın antikçağda belirli bir yaşam sanatıyla ilişkili olarak sorunsallaştırılışının, irdelenişinin ve düşünülüşünün tarihini yazıyorum. Bu yaşam sanatının ancak küçük bir insan topluluğu tarafından uygulanmış olduğu da besbellidir. Seneca'nın, Epiktetos'un ya da Musonius Rufus'un cinsel davranış hakkında söyleyebileceklerinin her koşulda Yunanlıların ve Romalıların genel pratiğini temsil ettiğini düşünmek gülünç olurdu. Gene de ben bu şeylerin cinsellik hakkında söylenmiş olması ile aktarılmış, başkalaşıma uğramış ve tepeden tırnağa değişmiş olarak Hıristiyanlıkta yeniden ortaya çıkan bir gelenek oluşturmuş olmalarının tarihsel bir olgu oluşturduğuna inanıyorum. Düşüncenin de aynı ölçüde bir tarihi vardır; düşünce, tarihsel olanın dışında bir sürü boyuta daha sahip olsa bile, tarihsel bir olgudur. Bu bakımdan yukarıda sözünü ettiğimiz kitaplarım delilik ve cezalandırmanın tarihi üzerine yazdığım kitaplarıma çok benzemektedir. *Gözetleme ve Cezalandırma*'da, bir kurum olarak hapishanenin tarihini yazmak gibi bir niyetim yoktu: Hapishanenin tarihini yazmak gibi bir tasarı bambaşka türde bir araştırma yapmayı ve bambaşka tipte bir analiz üzerinden gitmeyi gerektirirdi. Öbür yandan, cezalandırma düşüncesinin nasıl on sekizinci yüzyılın sonları ile on dokuzuncu yüzyılın başlarında ortaya çıkan bir tarihi olduğu sorusunu kendime yöneltiyordum. Benim yapmaya çalıştığım şey, düşünce ile hakikat arasındaki ilişkilerin tarihini yazmaktır; hakikatin düşüncesi olarak düşüncenin tarihi. Benim için hakikatin var olmadığını söyleyenlerin hepsi, sorunları basitleştirmeye eğilimli kafalardır.

F. E.: Bununla birlikte, Zevklerin Kullanımı*'nda ve* Kendilik Kaygısı*'nda, hakikat, daha önceki çalışmalarda görülen hakikatten; o sancılı boyun eğdirme, nesneleştirme biçiminden bambaşka bir biçim alıyor.*

*Foucault:*Deliliğin Tarihi*'nden bu yana yapmış olduğum bütün çalışmalarıma ortak bir biçim veren nosyon, zamanında yeterince tanımlayamamış olsam da* sorunsallaştırma *nosyonudur. Ancak esas olan hep sonradan belli olur; en genel şeyler hep en son görünenlerdir. Teorik sorunların belli bir empirik alandan yola çıkarak işlendiği bütün çalışmaların diyeti ve ödülü budur.* Deliliğin Tarihi*'nde sorun, deliliğin belirli bir anda nasıl ve niçin belirli bir kurumsal pratik ve belirli bir bilgi (*connaissance*) aygıtı aracılığıyla sorunsallaştırıldığıydı. Aynı şekilde *Gözetleme ve Cezalandırma*'da da, on sekizinci yüzyılın sonları ile on dokuzuncu yüzyılın başlarındaki cezalandırma pratikleri ile cezalandırma kurumları üzerinden giderek suça eğilimlilik ile ceza arasındaki ilişkilerin sorunsallaştırılmasında meydana gelen değişiklikleri analiz etmeye çabalıyordum. Şimdi cinsel etkinlik nasıl sorunsallaştırılmaktadır?

Sorunsallaştırma, ne önceden var olan bir nesnenin temsil edilmesi anlamına gelir ne de söylem yoluyla var olmayan bir nesnenin yaratılması anlamına. Sorunsallaştırma, herhangi bir şeyi doğru ve yanlış oyununa sokan ve onu (ister ahlâki düşünce biçiminde, ister bilimsel bilgi, isterse siyasi analiz, vb. biçiminde olsun) bir düşünce nesnesi olarak kuran söylemsel ya da söylemsel olmayan pratikler bütünüdür.

F. E.: Zevklerin Kullanımı *ile* Kendilik Kaygısı *kuşkusuz aynı sorunsaldan yola çıkıyorlar. Gene de bu çalışmalarınız daha önceki kitaplardan çok değişik gibi görünüyor.*

Foucault: Aslında, ben bir yön değişikliği yaptım. Delilik konusunda, deliliğin belirli bir toplumsal, siyasi ve epistemolojik bağlamda oluşturabileceği "sorun"dan yola çıktım: deliliğin başkaları için getirdiği sorun. Burada ise cinsel davranışın bizzat bireylerin kendisi için getirdiği sorundan (en azından antikçağdaki erkeklerde) hareket ediyorum. Birinci durumda söz konusu olan delilerin nasıl "yönetildiğini" anlamaktı; şimdi ise insanın "kendini" nasıl yönettiğini anlamak. Ama delilik örneğinde, bu noktadan yola çıkarak akıl hastalığı, psikiyatri pratiği ve akıl hastanesi kurumu çerçevesinde insanın kendini deli olarak deneyimlemesinin nasıl kurulduğuna ulaşmaya çalıştım. Bu noktada, kendini yönetmenin başkalarının yönetimi pratiğiyle nasıl bütünleştiğini göstermek isterim. Bunlar kısaca, aynı soruna yaklaşmanın birbirine zıt iki yolunu oluşturur: İnsanın kendisiyle ilişkisi ile başkalarıyla ilişkisinin birbiriyle bağlandığı bir "deneyim" nasıl oluşur?

F. E.: Bana öyle geliyor ki okur burada iki tür yabancılık hissedecektir: Birincisi sizinle; sizden bekledikleriyle ilişkili olarak...

Foucault: Mükemmel. Bu farklılığı tamamen onaylıyorum. Benim oynadığım oyun da zaten bu.

F. E.: İkinci tür yabancılık cinsellikle, sizin cinsellik hakkında anlattıklarınız ile bizim kendi cinsellik deneyimimiz arasındaki ilişkilerle ilgili.

Foucault: Bu yabancılık konusunu yine de abartmamak lazım. Gerçi antikçağ ile çoğunlukla "hoşgörülü", liberal ve güleryüzlü olarak gösterilen antik ahlâk konusunda belli bir *doxa** olduğu doğrudur. Ama bir sürü insan da, antikçağda sıkı, katı bir ahlâk bulunduğunun çok iyi farkındadır. Stoacıların evlilik yanlısı oldukları, evlilik sadakatini savundukları herkesçe bilinen bir gerçektir. Felsefi ahlâkın bu "katı" yönünü vurgulayarak olağanüstü bir şey söylemiş olmuyorum.

F. E.: Bense cinsellik analizinde aşina olduğumuz temalarla, yani hukuk ve yasaklama alanındaki temalarla ilgili olarak yabancılıktan söz ediyordum.

Foucault: Bu da, daha önce *Bilme İstenci*'nde cinsellik hakkında bir bilgi bütünü oluşmasının yalnızca baskı mekanizmalarına dayanarak analiz edilemeyeceğini ifade ederken zaten kuşku duymuş olsam bile, beni de çok şaşırtan bir paradoks. Antikçağda beni şaşırtan, cinsel zevk konusunda düşüncenin en etkin olarak yoğunlaştığı noktaların, kesinlikle geleneksel biçimde kabul gören yasakları temsil eden noktalar olmaması. Tam tersine, antikçağ ahlâkçılarının kendilerini en yoğun biçimde sorguladıkları ve en katı doktrinleri formüle etmeyi başardıkları noktalar cinselliğin en serbest olduğu yerlerdi. Çok basit bir örnek alalım: Evli kadınların statüsü onlara evlilik dışında cinsel ilişki kurmayı yasaklamaktaydı; gene de asla bu "tekel" üzerine felsefi bir düşünce ya da teorik bir ilgi bulunmaz. Öbür yandan, erkeklerse oğlanlara âşık olmakta (belirli sınırlar içerisinde) tamamen özgür-

---
* Görüş (ç.n.)

lerdi ve üstelik bütün bir özdenetim, kendini tutma ve cinsellik dışı ilişki kurma anlayışı böyle bir aşk temelinde gelişiyordu. Dolayısıyla, sorunsallaştırma biçimlerini yasaklamayla açıklamak mümkün değildir.

F. E.: Bence siz bundan da ileri gidiyor; bir yanda "yasa" ve "yasaklama" kategorileri ile öbür yanda "yaşama sanatı", "kendilik teknikleri", "varoluşa bir üslup kazandırılması" kategorileri arasında bir karşıtlık kuruyordunuz.

Foucault: Ben, epeyce yaygın düşünce yöntemleri ve şemalarından yararlanarak, birtakım yasaklamaların yasaklama olarak konduğunu, başka, daha yaygın yasaklama biçimlerinin de ahlâk biçiminde ifade edildiğini söyleyebilirdim. Kanımca, bu ahlâkı tam da çağdaşlarının onu düşündüğü biçim altında, yani bir *varoluş sanatı*, daha doğrusu bir *yaşam tekniği* biçiminde kavramak bizzat üzerinde durduğum alanlara ve elimin altındaki belgelere daha uygun düşmekteydi. Söz konusu olan, mümkün olan en güzel şekli (başkalarının gözünde, kendi gözünde ve onlara bir örnek olarak gösterilebilecek gelecekteki kuşakların gözünde) vermek amacıyla insanın kendi yaşamını nasıl yöneteceğini bilmekti. Zaten benim yeniden oluşturmaya çalıştığım şey budur: İnsanın kendisini, kendi yaşamının güzelliği için uğraş veren bir işçi olarak kurmasını amaçlayan bir kendilik pratiğinin ortaya çıkarılıp geliştirilmesi.

F. E.: "Yaşama sanatı" ve "kendilik teknikleri" kategorilerinin tek geçerlilik alanı Yunanlıların ve Romalıların cinsel deneyimi değil.

Foucault: Belli kendilik pratikleri olmadan bir ahlâk olabileceğini sanmıyorum. Bu kendilik pratiklerinin çeşitli, sistematik ve zorlayıcı kod yapılarıyla bir arada bulundukları durumlar olabilir. Hatta o zaman bir ahlâkın özü gibi görünebilecek bu kurallar bütünü karşısında güçlerini yitirdikleri de olur. Ancak, ahlâkın en önemli ve en etkin odağını oluşturmaları, düşüncenin bu kendilik pratiklerinin etrafında gelişmesi de söz konusu olabilir. Kendilik pratikleri, ahlâkî yasalardan görece bağımsızlık taşıyan bir kendilik sanatı biçimine bürünür. Asetik pratikler büyük bir önem taşımaya devam etmiş olsa bile, Hıristiyanlık, yasa ilkesi ile kod yapısını ahlâki düşünme içinde çok kesin bir biçimde güçlendirmiştir.

F. E.: Demek ki cinsellik konusundaki modern deneyimimiz Hıristiyanlıkla başlıyor.

Foucault: İlk dönemlerindeki Hıristiyanlık antikçağın asetizmine birçok önemli değişiklik getirmiştir: yasaların biçimini kuvvetlendirmiş, ama ayrıca kendilik pratiklerini kendiliğin yorumbilgisine ve insanın kendisini bir arzu öznesi olarak deşifre etmesine yöneltmiştir. Anlayacağınız, yasa ile arzunun eklemlenmesi Hıristiyanlığın oldukça önemli bir karakteristiği olarak görünmektedir.

F. E.: Disiplinlerin Gözetleme ve Cezalandırma'*daki betimlemesi, bizi en ufak emirleri bile dikkate almaya alıştırmıştı. Ancak, antikçağın cinsel ahlâkının emirlerinin bu bakış açısından değerlendirildiğinde hiçbir şekilde disiplinlerden geride kalmaması tuhaf bir olgu.*

Foucault: Ayrıntılara girmek gerek. Antikçağda insanlar davranış unsurlarına fazlasıyla duyarlıydı ve bu tür kurallara herkesin dikkat etmesini istiyordu. Ama söz konusu kurallara bu çağdaki dikkat etme kipleri daha sonra herkesçe bilinmeye başlayan kiplerle aynı değildi. Demek ki cinsel edimin kendisi, cinsel edimin morfolojisi, zevkin aranış ve elde ediliş tarzı, arzunun "nesne"si, antikçağda asla çok önemli bir teorik sorun olmamış gibi durmaktadır. Öbür yandan, asıl zihinleri kurcalayan şey, cinsel etkinliğin yoğunluğu, ritmi, bu iş için seçilen andı; bunun yanında, ilişkide oynanan etkin ya da edilgin rol de zihinlerde önemli bir yer kaplıyordu. Toparlarsam, antikçağda mevsimlerle, gün içindeki saatlerle, dinlenme ve egzersiz yapma anlarıyla bağlantılı olarak cinsel edimler üzerine ya da bir oğlanın iyi bir nam yapmak istiyorsa nasıl davranması gerektiği üzerine yüzlerce ayrıntı bulunabilir, gelgelelim Hıristiyan pastorallikte büyük önem taşıyacak olan, izin verilen ve yasaklanan edim türleri kataloglarındaki hiçbir şey bulunamaz.

F. E.: Sizin bedenle, kadınlarla ve oğlanlarla ilişkili olarak tarif ettiğiniz farklı pratiklerin her biri, kendi başına, katı bir sistemle bağlanmadan tasarlanmış galiba. Bu da daha önceki kitaplarınızla diğer bir farka işaret ediyor.

Foucault: Kendi çalışmalarıma ilişkin bir değerlendirmeyi okurken tüm klasik çağ delilik deneyimini göz hapsi pratiğiyle özetlediğimi öğrendim. Oysa, *Deliliğin Tarihi* en azından iki ayrı delilik deneyimi bulunduğu tezine dayanarak kurgulanmıştır: Bunlardan birisi, göz hapsi deneyimi, diğeri ise kökeni çok eskilerde olan tıbbi bir pratikti. Aslına bakılırsa, aynı şeye ilişkin değişik (hem eşzamanlı olarak hem de birbirinin peşi sıra) deneyimler yaşayabilmenin kendi içinde olağanüstü bir yanı yoktur.

F. E.: Son kitaplarınızın yapısı bana, daha çok, Aristoteles'in Nikomakhos'a Etik'inin içindekiler tablosunu hatırlatıyor. Her pratiği ayrı ayrı, birbirinin peşi sıra irdeliyorsunuz. Peki öyleyse, erkeğin bedeniyle ilişkisi, evi ve karısıyla ilişkisi ile âşık olduğu oğlanla ilişkisi arasındaki bağı oluşturan nedir?

Foucault: İnsanın kendine hâkim olması anlamına gelen belli bir ahlâk tarzı. Cinsel etkinlik şiddet biçiminde algılanmış, temsil edilmiş, dolayısıyla denetlenmesinin güçlüğü açısından sorunsallaştırılmıştır. Burada *hubris* esastır. Bu etikte, insanın kendisine hâkim olmasını sağlayabilecek birtakım davranış kurallarını saptaması gerekmektedir; bu hâkim olmanın kendisi ise üç farklı ilkeye göre düzenlenebilir: 1) Bedenle kurulan ilişki ve sağlık sorunu; 2) kadınlarla, daha doğrusu kadınla ve çiftlerin aynı evi paylaşması söz konusu olduğu sürece, insanın karısıyla kurduğu ilişki; 3) ileride özgür yurttaş olabilecek kişilerle, yani ergenlik çağındakilerle kurulan ilişki. Kendine hâkim olma bu üç alanda üç ayrı biçime bürünmektedir; kaldı ki, ten ve cinsellik nosyonlarında görülebileceği gibi, bunların hepsini birleştirebilecek tek bir alan da yoktur. Hıristiyanlığın getireceği köklü dönüşümlerden birisi de, ten etiğinin erkekler için olduğu kadar kadınlar açısından da geçerlilik taşıyacak olmasıdır. Tersine, antik ahlâkta kendine hâkim olma, başkalarına itaat etmek zorunda olan kişileri değil; sadece kendisine ve başkalarına hâkim olmak zorunluluğuyla yüz yüze bulunan bireyi ilgilendiren bir sorundur. Sözünü ettiğimiz etiğin yalnızca erkeklerle ilgili olması ve insanın kendi bedeniyle, karısıyla ya da oğlanlarla ilişkilerine göre farklı biçimler almasının nedeni budur.

F. E.: Bu kitaplardan sonra, cinsel özgürleşme sorunu artık anlamını yitirmişe benziyor.

Foucault: Antikçağda bir kural istenci, bir biçim istenci ve katı bir sistem arayışıyla karşı karşıya olduğumuz söylenebilir. Bu nasıl oluşmuştur? Katı bir sistem istenci temel önemdeki bir yasaklamanın ifadesinden mi ibarettir? Yoksa bu, tam tersine, daha sonraki dönemlerde belli genel yasaklama biçimlerini doğuran matris değil midir?

F. E.: Böylece, cinselliğin yasaklamayla arasındaki ilişki sorununun geleneksel ele alınış biçimini tamamen tersyüz etmeyi mi önermiş oluyorsunuz?

Foucault: Yunanistan'da bazı temel yasaklar konulmuştu. Ensestin yasaklanması buna bir örnekti. Ne var ki bunlar, kendine hâkimiyetin korunması konusuna gösterilen yoğun ilgiyle karşılaştırıldığında, filozofların ve ahlâkçıların fazla umurunda değildi. Xenophon ensestin yasaklanmasıyla ilgili nedenleri sıralarken, eğer bir insan kendi annesiyle evlenecek olursa, aralarındaki yaş farkının çocuğun güzel ya da sağlıklı olmasını engelleyecek kadar fazla olacağını söyler.

F. E.: Oysa Sofokles tamamen farklı bir şey söylüyor sanki.

Foucault: İlginç olan, bu kadar ciddi ve önemli bir yasaklamanın bir trajedinin odak noktası olabilmesidir. Gelgelelim, bunun ahlâki düşünmenin merkezinde yer alması kesinlikle söz konusu olmuyor.

F. E.: Öyleyse bazılarına göre çok geçmişte kalmış dönemleri sorgulamanızın nedeni nedir?

Foucault: Ben günümüzde ifade edildiği biçimiyle bir sorundan yola çıkıp bunun soybilimini yapmanın çabası içindeyim.

Soybilimin anlamı, analizi şimdiki zamana ait bir sorudan yola çıkarak yürütmemdir.

F. E.: Peki o zaman, şimdiki zamana ait soru sizce nedir?

Foucault: Uzunca bir süreden beri, birçok insan, bildiğimiz biçimiyle cinsel kodlardaki katılığın "kapitalist" diye anılan toplumlar için vazgeçilmez olduğunu düşünüyordu. Ne var ki, kuralların kaldırılması ve yasakların yerle bir edilmesi kuşkusuz sanıldığından daha kolay gerçekleştirilmiştir (ki bu da var oluş nedenlerinin düşünülenden farklı olduğunu gösteriyor gibi). Burada bir kere daha insanın davranışına ve yaşamına verilecek biçim olarak etik sorunuyla karşılaşırız. Özetle, insanlar bütün ahlâkın yasaklarda olduğuna, bir tek bu yasakların kaldırılmasıyla etik sorununun çözüleceğine inandıklarında büyük bir yanılgıya düşüyorlardı.

F. E.: Bu kitapları özgürlük hareketleri adına mı yazdınız?

Foucault: Güncel bir durum için değil, ama o çerçevede yazdım.

F. E.: Gözetleme ve Cezalandırma *ile ilgili olarak "ilk kitabım" demiştiniz. Bu ifade,* Zevklerin Kullanımı *ile* Kendilik Kaygısı'*nın yayımlanması bağlamında kullanılamaz mı?*

Foucault: Bir kitap yazmak bir bakıma önceden yazdığınızı silmek demektir. Yazdığınız kitabı bitirince fark edersiniz ki ortaya koyduklarınız daha önce yazdıklarınıza çok yakınmış: ki bu size bir rahatlama sağlayabilir, ama hayal kırıklığı da yaratabilir.

F. E.: "Kendinizi kendinizden koparmak" tan söz ediyorsunuz. Niçin böylesine ayrıksı bir arzu?

Foucault: Bir entelektüel –şimdilerde bazılarının midesini bulandıran entelektüel teriminde ısrar ediyorum– etiği, insanı durmadan kendini kendinden koparabilecek (cephe değiştirmenin tam zıddıdır bu) duruma getirmek değilse ne olabilir? Salt bir akademisyen olarak kalmak isteseydim, kuşkusuz kendime tek bir alan seçmek ve belirli bir sorunsal seçip onu ya uygulamaya ya da belli noktalarda değiştirmeye çalışarak yalnızca bu alan üzerinde çalışmak kendi payıma daha akıllıca olurdu. Bu durumda, *Bilme İstenci*'nde ne yapmak ve nereye varmak istediğimi baştan bilerek, altı ciltlik bir cinsellik tarihi yazmayı planladığım zaman düşündüğüm kitaplara benzer kitaplar yazabilirdim. Aynı anda hem akademisyen hem de entelektüel olmak, üniversitelerde öğretilen ve alınan bilgi ve analiz çeşidini, yalnızca başkalarının düşüncelerini değil; aynı zamanda kendi düşüncelerini de değiştirecek şekilde kullanmaya çalışmak anlamına gelir. İnsanın kendi düşüncesini ve başkalarının düşüncelerini değiştirme çabası bana göre entelektüelin varlık nedenidir (*raison d'être*).

F. E.: Sözgelimi Sartre daha çok yaşamını temel bir sezgiyi geliştirerek geçiren bir entelektüel imgesi öngörüyordu. "İnsanın kendisini kendisinden koparma" arzusu bence kesinlikle size özgü bir yaklaşım.

Foucault: Bunda kendime özgü bir yan bulunup bulunmadığını bilmiyorum. Yalnız emin olduğum bir nokta var: bu değişiklik, ne "insanın gözlerinin açılması" anlamında ani bir aydınlanma biçimini alır ne de konjonktüre ait tüm hareketlerin etkisine açıktır. Bence bu, kendi kendini geliştirme, gayretli bir dönüşüm, sürekli bir hakikat kaygısının rehberliğinde yavaş, çetin bir değişiklik süreci şeklinde ortaya çıksa daha iyi olur.

F. E.: Daha önceki kitaplarınız size ilişkin olarak, kapatmanın, tabi, kısıtlanmış ve disiplin altına alınmış öznelerin düşünürü olma görüntüsü verdi. Zevklerin Kullanımı *ile* Kendilik Kaygısı *özgür öznelerle ilgili oldukça farklı bir imge sunuyor. Bu konuda sizin düşüncenizde de ciddi bir değişiklik olmuş galiba.*

Foucault: Şimdi tekrar, bilgi ile iktidar arasındaki ilişkiler sorununa dönmemiz gerekiyor. İnsanların gözünde, bilginin iktidarla kaynaştığını, bunun tahakküm yapıları üstüne örtülmüş ince bir maskeden başka bir şey olmadığını, bu tahakküm yapılarının daima baskı, kapatma, vb. biçimlerini aldığını söyleyen kişi olduğumun farkındayım. İlk iddia o kadar saçma ki elimden buna kahkahalarla gülmekten başka şey gelmiyor. Eğer ben bilginin iktidar olduğunu söylemiş ya da kastetmiş olsaydım öyle söylerdim ve öyle söyleyince, artık söyleyecek başka bir şeyim kalmazdı; çünkü onları özdeşleştirince aralarındaki farklı ilişkileri göstermek için bir nedenim olmazdı herhalde. Benim görmeye çalıştığım şey, aynı tipte olan belli iktidar biçimlerinin gerek nesneleri gerekse yapıları bakımından nasıl olup da son derece farklı olan bilgilere yol açtıklarıydı. Bu noktada hastanenin yapısı sorununa bakalım: Hastanenin yapısı, psikiyatrik türde bir gözetim altına almaya yol açmış, buna da epistemolojik yapısı kuşkuya açık bir psikiyatrik bilginin oluşumu tekabül etmiştir. Ancak başka bir kitabımda, *Kliniğin Doğuşu*'nda, aynı hastane yapısında, bilimsel gelişme açısından oldukça farklı bir potansiyel taşıyan bir tıbbın temelini oluşturan, anatomik-patolojik türde bir bilginin nasıl geliştiğini göstermeye çalıştım. Dolayısıyla birbirine oldukça yakın iktidar yapıları, kurumsal yapılar var elimizde: psikiyatrik gözetim, hastaneye yatırma. Bunlar farklı bilgi biçimleriyle bağıntılı ve aralarında koşullama ilişkileri, bağları kurulabilir, ama ne neden-sonuç ne de *a fortiori* özdeşlik ilişkileri kurulamaz. Bana göre, bilginin iktidarın maskesi olduğunu söyleyenler, anlama kapasitesi olmayan insanlardır. Dolayısıyla onlara cevap vermeye de değmez.

F. E.: Yine de, şu anda yapmayı faydalı bulduğunuz şey!

Foucault: Evet, aslında şu anda önemli bulduğum şey.

F. E.: Son iki kitabınız siyasetten etiğe doğru bir kaymaya işaret ediyor. İnsanlar şimdi sizden kesinlikle şu soruya bir cevap vermenizi bekleyecekler: Ne yapmamız gerekiyor? Neyi istememiz gerekiyor?

Foucault: Bir entelektüelin rolü başkalarına ne yapmaları gerektiğini anlatmak değildir. Zaten hangi hakla bu role soyunulabilir ki? Entelektüellerin son iki yüzyıldır geliştirebildikleri bütün kehanetler, vaatler, öğütler ve programlar ile bunların şu anda görebildiğimiz etkilerini getirin gözünüzün önüne. Entelektüelin işi başkalarının siyasi iradesine şekil vermek değildir; entelektüelin işi, kendi alanında yaptığı analizler aracılığıyla, apaçık bir postula olarak kabul edilen önermeleri tekrar tekrar sorgulamak, insanların zihinsel alışkanlıklarını, olayları ele alma ve düşünme biçimlerini tepeden tırnağa sarsmak, alışılmış ve genel geçer şeyleri yıkmak, kurallar ve kurumları yeniden incelemek ve bu sorunsallaştırma (ki burada spesifik entelektüel rolünü oynar) temelinde siyasi bir iradenin oluşum sürecine katılmaktır (ki burada yurttaş olarak rolünü oynar).

F. E.: Entelektüeller son zamanlarda suskun kalmaları nedeniyle bir hayli eleştiriye uğradılar.

Foucault: Çıkış noktası bir yalan olan bu tartışmaya girmek gereksiz. Ne var ki, bu kampanyanın üzerinde durmayı hak etmeyen bir kampanya olduğu da söylenemez. Sosyalistlerin ve hükümetin, kendileri ile bütün sol düşünceler arasında kendi amaçlarına hizmet etmeyecek bir bölünme izlenimi verme riskini göze alarak, niçin böyle bir kampanyaya giriştiğini ya da yeniden gündeme getirdiğini kendimize sormamız gerekir. Yüzeysel olarak bakıldığında, bazıları için kuşkusuz bir emrin farklı bir kılığa sokulması söz konusuydu. "Sizi duymak istemiyoruz, onun için susun," anlamında "susuyorsunuz". Gelgelelim bu yakınmada, daha ciddi olarak, bir ricaya ve şikâyete benzeyen başka bir anlam daha yatıyordu: "Sizden duymayı çok istediğimiz şeylerin bazılarını söyleyin. Komünistlerle seçim ittifakımızı zorlukla sürdürebildiğimiz süre boyunca, onların da kabul edebileceği bir 'sosyalist' ortodoksluğa ait olmayan bir söylem sürdürmemiz elbette söz konusu değildi. Onlarla bizim aramızdaki anlaşmazlık noktaları yeni bir tanesini daha bulmamızı gerektirmeyecek kadar çoktu. Dolayısıyla, o dönemdeki işiniz, ses çıkarmamak ve ittifakımızın çıkarları uğruna size 'ufak sol', 'Amerikan solu' ya da 'Kaliforniya solu' olarak davranmamıza göz yummaktı. Ama biz hükümete geçince, sizin sesinizi yükseltmenize ihtiyaç duyduk. Sizden çifte işleve sahip bir söylem biçimi ortaya koymanızı istiyorduk: bu söylem bizim çevremizde odaklanmış sol bir düşüncenin sağlamlığını gösterecekti (aslına bakarsanız sadakati tercih ederdik, ama daha bağımsız bir tavra da razı olurduk); bunun yanında, esasen kendi söylem alanımızın dışında tutmaya iyice alışmış olduğumuz bir ekonomik ve siyasi gerçeği de söylemesi gerekiyordu. Bizim dışımızda başkalarının da, yönetim rasyonalitesi üzerinde bir söylem ortaya koymalarına ihtiyacımız vardı. Ve bu, ne ittifakımızın yalancı söylemi, ne de sağcı rakiplerimizin çıplak söylemi (bugün bizim kullandığımız söylem) olmalıydı. Sizi tekrar oyuna sokmak istiyorduk, ama siz yolun ortasında bizi terk ettiniz ve kenarda oturmayı tercih ettiniz." Entelektüeller bu suçlamaya şu şekilde cevap verebilirler: "Sizden ısrarla söyleminizi değiştirmenizi istediğimiz zaman, bizi en modası geçmiş sloganlar adına mahkûm etme yolunu seçtiniz. Şimdi de, algılamaktan aciz olduğunuz bir gerçekliğin baskısı altında cephe değiştiriyor ve bizden, size, bu gerçeklikle boy ölçüşmenizi sağlayacak düşünceyi değil; bilakis sizdeki değişmeleri gizlemeye yarayacak bir söylem armağan etmemizi istiyorsunuz. Buradaki sıkıntı söylendiği gibi, komünistler iktidara geçer geçmez entelektüellerin Marksist olmaktan vazgeçmelerinde değil; ittifakınızdaki belirsizliklerin, en gerekli olduğu anda, size yönetme yeteneği verecek düşünce çalışmasını entelektüellerle yapmanıza engel olmasıdır. Yani, eskimiş basmakalıp laflarınız ile başkalarının geçersiz tekniklerini kullanmadan yönetme yeteneği.

F. E.: Siyasi müdahalelerinizde, bilhassa Polonya'yla ilgili olanlarda, ortak bir yan var mı?

Foucault: Doğru ve yanlış terimleriyle birkaç soru sormaya çalışmak. Bizim Dışişleri Bakanımız Jaruzelski darbesinin sadece Polonya'yı ilgilendiren bir konu olduğunu belirttiği zaman, bu açıklamayı doğru sayabilir miydik? Avrupa, kendi bölünmüşlüğünün ve keyfi bir çizginin arkasında uygulanan komünist tahakkümün bizi ilgilendirmeyeceği kadar önemsiz midir? Sosyalist bir ülkede temel sendika özgürlüğünün tanınmamasının sosyalistler ve komünistler tarafından idare edilen bir ülkede hiç dikkate alınmaması doğru bir yaklaşım mıdır? Komünistlerin hükümette bulunmalarının dış siyasetin başlıca kararlarının alınmasında hiçbir etki yapmadığı doğruysa, gerek bu hükümet gerekse onun temelindeki ittifak hakkında nasıl bir düşünceye sahip olmak gerekir? Bu sorular kesinlikle bir siyaset tanımlamazlar; ama, siyasetleri belirleyenlerin kendi kendilerine mutlaka yöneltmeleri gereken sorulardır.

F. E.: Sizin siyasete atfettiğiniz rol, son iki yıldır derslerinizin başlıca teması olarak benimsediğiniz "özgür konuşma" ilkesine tekabül ediyor mu?

Foucault: Bir siyasi rejimin hakikate kayıtsız kalmasından daha tutarsız hiçbir şey gösteremezsiniz bana; ama, hakikati kendi tekelinde bulundurduğunu iddia eden bir siyasi sistemden daha tehlikeli de hiçbir şey yoktur. Nasıl hakikatin iletişimin kendiliğinden oyunlarında doğal olarak bulunacağına inanmanın en ufak bir yararı yoksa, "doğruyu söyleme" işlevi de kesinlikle bir yasaya dönüşmemelidir. Doğruyu söyleme görevi sonu gelmeyen bir çalışmadır: bütün karmaşık yönleriyle bu göreve saygıyla yaklaşmak, hiçbir iktidarın –köle suskunluğunu dayatmak istediği zaman hariç– vazgeçemeyeceği yükümlülüktür.

Çev.: Osman Akınhay

IV
Hakikat, iktidar ve kendilik*

— *Vermont Üniversitesi'ne gelmeye niçin karar verdiniz?*

— Çalışmamın niteliğini bazı insanlara daha açık ifade edebilmek, onların çalışmalarının niteliğini tanımak ve kalıcı ilişkiler oluşturmak amacıyla. Ben ne bir yazarım, ne bir filozof, ne de entelektüel yaşamın önemli bir kişiliği: ben bir öğretmenim. Beni fazlasıyla tedirgin eden toplumsal bir olay var: altmışlı yıllardan bu yana bazı öğretmenler, aynı yükümlülüklerle kamusal bir kimlik kazanmaya başladılar. Ben, peygamberlik taslamak ve "oturun

---

* "Truth, Power, Self" (R. Martin ile söyleşi, Vermont Üniversitesi, 25 Kasım 1982; çev.: F. Durand-Bogaert), Hutton (P.H.), Gutman (H.) ve Martin (L.H.), (yay.), *Technologies of the Self. A seminar with Michel Foucault* içinde. Amherst: The University of Massachusetts Press, 1988, s. 9-15.

lütfen, size çok önemli şeyler söyleyeceğim," demek istemiyorum. Ortak çalışmamızı tartışmak üzere buraya geldim.

— *Size genellikle "filozof" etiketi yapıştırılıyor; ama aynı zamanda "tarihçi", "yapısalcı" ve "Marksist" de deniyor. Collège de France'taki kürsünüzün adı "Düşünce Sistemleri Tarihi". Bunun anlamı nedir?*

— Ne olduğumu tam olarak bilmenin gerekli olmadığını düşünüyorum. Yaşamanın ve çalışmanın temel önemini oluşturan şey, başlangıçtakinden farklı biri haline gelmektir. Bir kitap yazmaya başladığınızda sonunda ne söyleyeceğinizi bilseniz, onu yazmaya cesaret edeceğinize inanıyor musunuz? Yazı ve aşk ilişkisi için geçerli olan yaşam için de geçerlidir. Oyun, ancak nasıl biteceği bilinmiyorsa zahmete değer.

Benim alanım düşünce tarihidir. İnsan, düşünen bir varlıktır. İnsanın düşünüş tarzı topluma, siyasete, ekonomiye ve tarihe bağlıdır; çok genel, hatta evrensel kategorilere ve biçimsel yapılara da bağlıdır. Ama düşünce ve toplumsal ilişkiler oldukça farklı iki şeydir. Evrensel mantık kategorileri, insanların gerçekten düşünüş tarzlarını gerektiği gibi açıklamaya uygun değildir. Toplumsal tarih ile biçimsel düşünce analizleri arasında –belki çok dar– bir yol, bir alan vardır; düşünce tarihçisinin yolu budur.

— *Cinselliğin Tarihi'nde "yasayı altüst eden, gelecekteki özgürlüğü az da olsa önceleyen" kişiye göndermede bulunuyorsunuz. Çalışmanızı böyle mi görüyorsunuz?*

— Hayır. Oldukça uzun süre, insanlar benden olacakları açıklamamı ve onlara gelecek için bir program hazırlamamı istediler. Çok iyi biliyoruz ki, bu programlar, en iyi niyeti taşısalar bile, her zaman baskının aleti, aracı haline gelirler. Fransız Devrimi, özgürlüğü çok seven Rousseau'dan bir toplumsal baskı modeli hazırlamak için yararlandı. Marx görseydi Stalinizm ve Leninizmden ürkerdi. Benim rolüm –ki bu çok şatafatlı bir terim– insanların sandıklarından daha özgür olduklarını, belli bir tarihsel dönemde yaratılmış bazı temaları hakikat ve apaçıklık olarak kabul ettiklerini ve bu sözde apaçıklığın eleştirilebileceğini ve yok edilebileceğini göstermektir. İnsanların düşüncesindeki bir şeyleri değiştirmek; işte entelektüelin rolü budur.

— *Yazılarınızda toplumun dışında var olan kişiliklerden etkilenmiş gözüküyorsunuz: Deliler, cüzzamlılar, suçlular, sapıklar, erdişiler, katiller, karanlık düşünürler. Niçin?*

— Örneklerimi geleneksel tarihin kaynaklarından değil de marjinal düşünürlerden seçtiğim için kimi zaman beni eleştirdiler. Size züppece bir cevap vereceğim: Bopp veya Ricardo gibi kişileri kimse karanlık olarak kabul edemez.

— *Ama toplumun dışladığı kişilere ilgi duyuyorsunuz?*

— Karanlık kişilikleri ve süreçleri iki nedenden ötürü analiz ediyorum: Batı Avrupa toplumlarını düzene koymaya imkân vermiş siyasi ve toplumsal süreçler pek belirgin değildir; ya unutulmuştur ya da alışılmıştır. Bu süreçler bizim en alışık olduğumuz görünümün parçasıdır ve biz artık onları görmeyiz. Oysa, bunların çoğu, zamanında insanları rahatsız etmiştir. Benim amaçlarımdan biri insanların alışık oldukları görünümlerin parçası olan, –evrensel olarak kabul ettikleri– birçok şeyin oldukça belirgin bazı tarihsel değişimlerin ürünü olduğunu onlara göstermektir. Benim bütün analizlerim insan varlığındaki evrensel zorunluluklar düşüncesine karşıdır. Bu analizler kurumların keyfi niteliğinin altını çizer ve hâlâ sahip olduğumuz özgürlük alanlarını ve yapabileceğimiz değişiklikleri bize gösterir.

— *Yazılarınız, üst düzey analizlerde ender olarak rastlanan derin duygusal akımların taşıyıcısı:* Hapishanenin Doğuşu'*nda iç sıkıntısı,* Kelimeler ve Şeyler'*de küçümseme ve umut,* Deliliğin Tarihi'*nde öfke ve hüzün.*

— Her bir kitabım benim kendi yaşamöykümün bir parçasıdır. Şu ya da bu nedenle bu şeyleri hissetmek veya yaşamak durumunda kaldım. Basit bir örnek alırsak, ellili yıllarda bir psikiyatri hastanesinde çalıştım. Felsefe üzerine çalıştıktan sonra deliliğin ne olduğunu görmek istedim: Akıl üzerine çalışacak kadar deli ve delilik üzerine çalışacak kadar da akıllıydım. Bu hastanede, hastadan hastabakıcıya herkesle görüşmekte özgürdüm; çünkü belirgin bir görevim yoktu. Sinir cerrahisinin, psiko-farmakolojinin başladığı, geleneksel kurumun egemen olduğu dönemdi. Başlangıçta bunları zorunlu olarak kabul ettim, ama üç ayın sonunda (kafam yavaş çalışır!) kendime sorular sormaya başladım: "Peki bu şeyler niçin gerekli?" Üç yılın sonunda bu işi terk ettim ve kişisel olarak büyük bir keyifsizlik duyarak İsveç'e gittim; orada bu uygulamaların tarihini yazmaya başladım.

Deliliğin Tarihi çok sayıda cildin birincisi olarak düşünülmüştü. İlk ciltleri yazmayı severim, ama ikincileri yazmaktan nefret ederim. Kitabımda psikiyatriyi ortadan kaldırmaya yönelik bir tavır görüldü, oysa ki bu tarihsel türde bir betimlemeydi. Hakiki bir bilimle sahte bir bilim arasındaki farkı biliyor musunuz? Hakiki bir bilim, kendi tarihini, kendini saldırıya uğramış hissetmeden tanır ve kabul eder. Bir psikiyatriste, psikiyatri kurumunun cüzzam hastanesinden doğduğunu söylediğinizde kızmaya başlıyor.

— Gözetleme ve Cezalandırma *nasıl doğmuştu?*

— *Bir Fransız hapishanesinde psikolog olarak çalışmış olmama rağmen hapishanelerle veya mahkûmlarla doğrudan hiçbir ilişkimin olmadığını itiraf etmeliyim. Tunus'tayken insanların siyasi nedenlerle mahkûm edildiğini gördüm ve bu beni etkiledi.*

— Bütün yazılarınızın ekseni klasik çağ. Bu dönemin berraklığına veya her şeyin birleşmiş ve göz önünde olduğu bir çağ olan Rönesans'ın "görünürlüğü"ne özlem mi duyuyorsunuz?

— Eski çağların tüm bu güzelliği bir nostalji kaynağı olmaktan çok, nostaljinin sonucudur. Bunu kendimizin icat ettiğini çok iyi biliyorum. Ama tıpkı insanın çocukları olduğunda kendi çocukluğuyla iyi bir ilişki kurmasının iyi olması gibi, bu tür bir nostalji hissetmek de iyidir. Bazı dönemlere ilişkin nostalji hissetmek iyidir; yeter ki bu şimdiki zamanla bilinçli ve olumlu bir ilişki kurmanın yolu olsun. Ama eğer nostalji şimdiki zaman karşısında saldırgan ve anlayışsız olmanın bir nedeni haline gelirse, o zaman nostaljiyi yok etmek gerekir.

— *Zevk için ne okursunuz?*

— Beni en çok heyecanlandıran kitap ve yazarlar: Faulkner, Thomas Mann ve Malcolm Lowry'nin romanı *Yanardağın Altında*.

— *Entelektüel açıdan düşüncenizi kim etkiledi?*

— Berkeley'deki dostlarımdan ikisi, kitaplarında, benim Heidegger'den etkilenmiş olduğumu yazdıklarında şaşırdım.* Bu doğruydu elbette, ama Fransa'da kimse bunu belirtmemişti. Ben öğrenciyken, ellili yıllarda, Husserl'i, Sartre'ı, Merleau-Ponty'yi okuyordum. Bir etki kendini çok şiddetli hissettirdiğinde bir pencere açmak ister insan. Heidegger, bir Fransız için –oldukça paradoksaldır bu– anlaşılması çok güç bir yazar değildir. Her kelime bir muamma olduğunda, Heidegger'i anlamak için çok kötü bir konumda değilsinizdir. *Varlık ve Zaman* zor bir kitaptır, ama daha yakın dönem yazıları o kadar gizemli değildir.

Nietzsche benim için bir vahiydi. Bana öğretilenden oldukça farklı bir yazar keşfettiğimi hissettim. Nietzsche'yi çok tutkuyla okudum ve hayatla ilişkimi kestim, psikiyatri hastanesindeki işimi terk ettim, Fransa'yı terk ettim: Tuzağa düştüğüm duygusu içindeydim. Nietzsche dolayımıyla, bütün bu şeylere yabancı hale geldim. Fransız toplumsal ve entelektüel yaşamına hiçbir zaman doğru dürüst dahil olamamışımdır. İlk fırsatta Fransa'yı terk ederim. Eğer daha genç olsaydım Amerika'ya göç ederdim.

— *Niçin?*

— Burada imkânlar görüyorum. Homojen bir entelektüel ve kültürel yaşamınız yok. Bir yabancı olarak bütünleşmem gerekmiyor. Üzerimde hiç baskı yok. Burada, birçok büyük üniversite var ve hepsinin de ilgileri farklı. Ama, elbette, üniversite beni en alçak biçimde kovabilir.

— *Üniversitenin sizi kovabileceğini söylemenize neden ne?*

— Bazı insanların, benim öğrencilerin entelektüel sağlığı için

---

* Dreyfus (H.) ve Rabinow (P.), *Michel Foucault: Beyond Structuralism and Hermeneutics*. Chicago: University of Chicago Press, 1982 (*Michel Foucault, Un Parcours Philosophique*, çev.: F. Durand-Bogaert. Paris: Gallimard, 1984).

bir tehlike temsil ettiğimi düşünmelerinden çok gurur duyuyorum. Entelektüel faaliyetlerde insanlar sağlık terimleriyle düşünmeye başladıklarında bu bazı şeylerin pek iyi gitmediğini gösterir. Onlara göre ben gizli bir Marksist, irrasyonalist ve nihilist olduğum için tehlikeliyim.

— Kelimeler ve Şeyler *okunduğunda, keşiflerde onları yaratanların anlayamayacağı her çeşit anlam ve sonuç olduğu için bireysel reform girişimlerinin imkânsız olduğu sonucu çıkabilir. Örneğin* Gözetleme ve Cezalandırma*'da forsa zincirinden kapalı polis arabasına, cezalandırmanın bir gösteri olmasından disipline edici kurumsal cezaya ani bir geçiş olduğunu gösteriyorsunuz. Ama, o dönemde reform olarak görülen bu değişimin aslında toplumun cezalandırma yeteneğinin normalleştirilmesi olduğunu da vurguluyorsunuz. Bilinçli değişim nasıl mümkün olur?*

— Analiz ettiğim fenomenleri siyasi eyleme her zaman bağladığım halde, değişimin imkânsızlığı düşüncesini nasıl bana yükleyebiliyorsunuz? *Gözetleme ve Cezalandırma* kitabımın tamamı, bu soruya cevap verme ve yeni bir düşünme tarzının nasıl oluşabileceğini gösterme çabasıdır.

Hepimiz yaşayan ve düşünen özneleriz. Benim tepki gösterdiğim şey toplumsal tarih ile düşünce tarihi arasında bir kopukluk olması. Toplum tarihçileri insanların nasıl düşünmeden eylemde bulunduklarını, düşünce tarihçileri ise insanların nasıl eylemde bulunmadan düşündüklerini betimlemekle yükümlüdür. Herkes hem düşünür hem eylemde bulunur. İnsanların eylemde bulunma ve tepki gösterme tarzları bir düşünme tarzına bağlıdır; ve bu düşünme tarzı da doğal olarak geleneğe bağlıdır. Analiz etmeye çalıştığım şey, insanların görece kısa bir dönemde, suç ve suçlu karşısında farklı tepki vermeye başlamalarına yol açan çok karmaşık bir fenomendir.

İki tür kitap yazdım. Birinin, *Kelimeler ve Şeyler*'in konusu özellikle bilimsel düşüncedir; ötekinin, *Gözetleme ve Cezalandırma* adlı kitabımın konusu toplumsal kurum ve ilkelerdir. Bilim tarihinin gelişimi toplumsal duyarlılık tarihinin gelişiminden farklıdır.

Düşünce, bilimsel söylem olarak kabul görmek için bazı ölçütlere cevap vermek zorundadır. *Hapishanenin Doğuşu*'nda metinler, pratikler ve bireyler birbiriyle mücadele halindedir.

Kitaplarımda değişimleri hakikaten analiz etmeye çalışmışsam, maddi nedenlerini bulmak için değil; farklı unsurların etkileşimini ve bireylerin tepki gösterme tarzını göstermek içindir. Bireylerin özgürlüğüne inanıyorum. Aynı duruma insanlar çok farklı biçimlerde tepkiler gösterirler.

— Gözetleme ve Cezalandırma *şu sözlerle noktalanıyor: "Modern toplumdaki normalleştirme iktidarı ve bilginin oluşumu üzerine çeşitli incelemelere tarihsel arka plan olarak hizmet etmesi gereken bu kitaba burada ara veriyorum." İnsanın, bilginin merkezinde olduğu düşüncesi ile normalleştirme arasında ne tür bir bağ görüyorsunuz?*

— Psikolojik, tıbbi, cezaevleriyle ve eğitimle ilgili bu farklı pratikler dolayımıyla belli bir insanlık fikri veya modeli oluştu; ve bu yeni insan fikri günümüzde normatif, apaçık bir hal aldı ve evrensel olarak kabul edildi. Oysa hümanizma, belki de, evrensel değil; özel bir durumla ilgilidir. Bizim hümanizma diye adlandırdığımız şeyi Marksistler, liberaller, Naziler ve Katolikler kullandılar. Bu, "insan hakları" ve "özgürlük" olarak adlandırdığımız şeyi reddetmemiz gerektiği anlamına gelmez; ama, insan hak ve özgürlüklerinin belli sınırlar içine alınması gerektiğinin söylenmesinin imkânsızlığını içerir. Örneğin, seksen yıl önce, kadın erdeminin evrensel hümanizmanın parçası olup olmadığını sorsaydınız herkes evet cevabını verirdi.

Hümanizmada beni ürküten şey, bize ait etiğin bir biçimini her tür özgürlük için evrensel bir model olarak sunmasıdır. Geleceğimizin, siyasi tayfın her yanında –sol, merkez ve sağ– dogmatik olarak temsil edildiği biçimiyle hümanizma içinde hayal edebileceğimizden daha fazla sır ve özgürlük ihtimali içerdiğini düşünüyorum.

— *Peki, "kendilik teknikleri" nin çağrıştırdığı bu mudur?*

— Evet. Benim önceden kestirilemeyen biri olduğumu düşündüğünüzü bir vesileyle söylediniz. Doğru bu. Ama kimi zaman çok sistematik ve çok katı biri olduğumu düşünüyorum.

Benim incelediğim sorunlar üç geleneksel sorundur. 1) Bilimsel bilgi dolayımıyla hakikatle hangi ilişkilere giriyoruz? Uygarlık için çok önemli olan ve hem öznesi hem nesnesi olduğumuz bu "hakikat oyunları"yla ilişkimiz nedir? 2) Garip stratejiler ve iktidar ilişkileri dolayımıyla ötekilerle kurduğumuz ilişkiler nelerdir? Son olarak da, 3) Hakikat, iktidar ve kendilik arasındaki ilişkiler nelerdir?

Söyleşiyi bir soruyla bitirmek istiyorum: Bu sorulardan daha klasik ne olabilir? Birinci sorudan ikinci ve üçüncü soruya geçip sonra tekrar birinci soruya dönmekten daha sistematik ne olabilir? İşte ben tam bu noktadayım.

(Cilt IV, s. 777-783)
Çev.: Işık Ergüden

V
Bireylerin siyasi teknolojisi[*]

"Kendilik teknikleri" diye adlandırdığım şeyin genel çerçevesini belirleyen şey on sekizinci yüzyılda ortaya çıkan bir sorudur. Bu soru modern felsefenin kutuplarından biri haline gelecekti. "Dünya nedir? İnsan nedir? Hakikat nedir? Bilgi nedir? Bilme nasıl mümkün olabilir?" gibi, geleneksel olduğu söylenen felsefi sorulardan çok farklıdır bu soru. Bence, on sekizinci yüzyıl sonunda ortaya çıkan soru şudur: İçinde bulunduğumuz bu güncel zamanda biz kimiz? Bu soruyu Kant'ın bir metninde formüle edilmiş olarak

---

[*] "The Political Technology of Individuals"; Vermont Üniversitesi, Ekim 1982; çeviren P.-E. Dauzat), in Hutton (P.H.), Gutman (H.) ve Martin (L.H.), (editör), *Technologies of the Self. A Seminar with Michel Foucault* içinde. Amherst: The University of Massachusetts, 1988, s. 145-162.

bulursunuz. Hakikate veya bilgiye, vs. ilişkin önceki soruları bir yana bırakmak gerektiğini söylemiyorum. Tersine, bu sorular sağlam olduğu kadar da tutarlı olan bir analiz alanı meydana getirirler, bu alana hakikatin formel ontolojisi adını vereceğim. Ama felsefi faaliyetin yeni bir kutup tasarladığı ve bu kutbun "bugün neyiz biz?" şeklindeki kalıcı ve sürekli olarak değişen soruyla nitelendiği kanısındayım. Ve bu bence, kendimiz üzerine tarihsel olarak düşünme alanıdır. Kant, Fichte, Hegel, Nietzsche, Max Weber, Husserl, Heidegger ve Frankfurt Okulu bu soruyu cevaplamayı denediler. Bu geleneğe bağlı olarak benim de yapmak istediğim bu soruya düşünce tarihi yoluyla, daha doğrusu, Batı toplumunda, düşüncelerimiz ve pratiklerimiz arasındaki ilişkilerin tarihsel bir analizi yoluyla oldukça kısmi ve geçici cevaplar vermek.

Kısaca belirtelim ki, delilik ve psikiyatri, suç ve ceza incelemesi aracılığıyla bazı başkalarını –suçluları, delileri, vs.– dışlayarak kendimizi nasıl dolaylı olarak kurduğumuzu göstermeye çalıştım. Ve mevcut çalışmam bundan böyle şu soruyu ele almaktadır: Antikçağdan günümüze kadar gelişmiş olan bazı etik kendilik teknikleri aracılığıyla kendi kimliğimizi nasıl doğrudan kurduk? Seminerin konusu buydu.

Şimdi incelemek istediğim bir başka soru alanı var: Bireylerle ilgili bir siyasi teknoloji aracılığıyla kendimizi toplum olarak, toplumsal bir şey, bir ulusun veya bir devletin parçası olarak tanımaya varma tarzımız. Şimdi burada, kendilik tekniklerinin değil; bireylerin siyasi teknolojisinin genel bir özetini vermek istiyorum.

Kuşkusuz, ele aldığım malzemenin kamuya açık bir konferans için biraz fazla teknik ve tarihsel olmasından çekiniyorum. Ben bir kamusal konuşmacı değilim ve bu malzemelerin bir seminere daha uygun olduğunu biliyorum. Ama, belki aşırı teknik olmalarına rağmen, bunları size sunmamın iki nedeni var. Birincisi, insanların ne düşünmeleri gerektiğini az ya da çok kâhince göstermenin biraz iddialı bir şey olduğu kanısındayım. Tarihsel ve spesifik malzemelerin analizinden ortaya çıkarmaya çabaladığım sorulardan insanların kendi sonuçlarını çıkarmalarını veya genel düşüncelere varmalarını tercih ederim. Bunun, herkesin özgürlüğüne daha saygılı olduğunu sanıyorum; ve bu benim davranış biçimim. Size oldukça teknik malzemeler sunmamın ikinci nedeni bir kamusal konuşma dinleyicisinin bir ders dinleyicisinden niçin daha az zeki, daha az bilgili veya daha az kültürlü olması gerektiğini kavrayamamamdır. Dolayısıyla, artık bireylerin siyasi teknolojisi sorununa girişelim.

1779 yılında, Alman J.P. Frank'ın *System einer vollständigen Medicinischen Polizei* adlı eserinin ilk cildi yayımlandı; diğer beş cilt ardından gelecekti. Ve son cilt baskıdan çıktığında, 1790 yılında, Fransız Devrimi henüz başlamıştı.[1] Fransız Devrimi kadar önemli bir olayla bu tanınmamış eseri karşılaştırmanın anlamı ne? Nedeni basit. Frank'ın eseri modern devlet için ilk büyük sistematik kamu sağlığı programıdır. Sağlıklı besin maddelerini, uygun konutu, kamu sağlığını sağlamak için, kısacası bireylerin yaşamını korumak için halkın sağlığına gerekli tıbbi kurumları da unutmadan, bir yönetimin yapması gerekenleri bir sürü ayrıntıyla belirtmektedir. Bu kitap dolayımıyla, bireysel yaşam kaygısının o dönemde devlet için bir görev haline geldiğini görebiliriz.

Aynı dönemde, Fransız Devrimi, ulusal orduları işin içine katan ve geniş kolektif kıyımlarla noktalanan veya doruk noktasına ulaşan zamanımızın büyük ulusal savaşlarının işaretini vermektedir. İkinci Dünya Savaşı sırasında da benzer bir fenomenin gözlenebileceğini sanıyorum. Tüm tarihte, İkinci Dünya Savaşı'yla kıyaslanabilir kıyım pek zor bulunur; ve toplumsal refah, kamu sağlığı ve tıbbi yardıma ilişkin büyük programlar da tam bu evrede, bu dönemde hazırlanmıştır. Beveridge planı da bu dönemde tasarlanmamış olmakla birlikte en azından bu dönemde yayımlanmıştır. Bu çakışma bir sloganla özetlenebilir: Siz kendinizi katlettirin, biz size uzun ve hoş bir yaşam vaat ediyoruz. Hayat sigortası ölüm emriyle at başı gitmektedir.

Siyasi yapıların bağrında, dev imha makineleri ile bireysel yaşamın korunmasına adanmış kurumların birlikte varlığı araştırılmayı hak eden şaşırtıcı bir şeydir. Siyasi aklımızın merkezi antinomile-

---

1. Frank (J.P.), *System einer vollständigen Medicinischen Polizei,* Mannheim, C.F. Schwann, 1780-1790, 4 cilt.

rinden biridir bu. Ve üstünde durmak istediğim şey siyasi rasyonalitemizin bu antinomisidir. Kolektif kıyımlar rasyonalitemizin nedeni, sonucu veya mantıksal vargısıdır veya devlet milyonlarca kişiyi öldürme hakkına sahip olduğu için bireylerin bakımını da üstlenmek zorunluluğundadır demek istemiyorum. Kolektif kıyımların veya toplumsal himayenin de iktisadi açıklaması olduğunu veya duygusal olarak güdülendiğini inkâr etme niyetinde de değilim.

Aynı noktaya geri döndüğüm için beni bağışlayın: Biz, düşünen varlıklarız. Başka deyişle, öldürsek de öldürülsek de, savaşsak veya işsizlik yardımı istesek de, sosyal sigorta bütçesini budayan ve askeri harcamaları yükselten bir hükümetten yana veya bu hükümete karşı oy kullansak da, bu durumlarda bile düşünen varlıklarız ve bütün bunları, kuşkusuz, evrensel davranış kurallarına göre; ama aynı zamanda da spesifik bir tarihsel rasyonellik tabanında yaparız. Tarihsel bir perspektif içinde incelemek istediğim şey, bu rasyonellik ve çerçevesi bu rasyonellik tarafından belirlenen ölüm ve yaşam oyunudur. Modern siyasi rasyonelliğin temel çizgilerinden birini oluşturan bu tip rasyonellik, on yedinci ve on sekizinci yüzyıllarda, "devlet aklı" genel düşüncesi yoluyla ve o dönemde, çok özel bir anlamda "polis" diye adlandırılan yönetme tekniklerinin çok özgül bir bütünü yoluyla gelişti.

"Devlet aklı"yla başlayalım. İtalyan ve Alman yazarlardan ödünç alınan az sayıda tanımı kısaca hatırlatacağım. On altıncı yüzyılın sonunda bir İtalyan hukukçu, Botero, devlet aklının şu tanımını yapmaktadır: "Devletlerin oluşmasını, güçlenmesini, sürmesini ve büyümesini sağlayan araçların tam olarak bilinmesi."[2] Bir başka İtalyan, Palazzo, on yedinci yüzyıl başında şöyle yazmaktadır (*Yönetim ve Doğru Devlet Aklı Üzerine Söylev*, 1606):[3] "Bir devlet aklı, cumhuriyetin bağrında düzenin veya huzurun

---

2. Botero (G.), *Della ragione di Stato dieci libri*, Roma, V. Pellagallo, 1590 (*Raison et Gouvernement d'Etat en dix livres*, çeviren G. Chappuys. Paris: Chaudière, 1599).
3. Palazzo (G.A.), *Discorso del governo della ragione vera di Stato*, Venetia, de Franceschi, 1606 (*Discours du gouvernement et de raison vraie d'État*, çeviren A. de Vallières. Douay: B. Bellère, 1611).

nasıl egemen kılındığını anlamamızı sağlayan bir yöntem veya bir sanattır." Ve on yedinci yüzyılın ortasında Alman yazar Chemnitz (*De ratione Status*, 1647)[4] ise şu tanımı vermektedir: "Tek amacı devletin korunması, büyümesi ve mutluluğu olan bütün kamusal işler, danışma ve tasarılar için zorunlu bir siyasi değerlendirme" –şu kelimelere dikkat edin: Devletin korunması, devletin büyümesi ve devletin mutluluğu– "ve bu amaç için en hızlı ve en elverişli araçların kullanılması."

Bu tanımların bazı ortak noktaları üzerinde duralım. Devlet aklı, her şeyden önce, bir "sanat" olarak, yani bazı kurallara uyan bir teknik olarak kabul edilmiştir. Bu kurallar sadece alışkanlık veya geleneklerle ilgili değil, belli bir rasyonel bilgiyle de ilgilidir. Günümüzde, "devlet aklı" deyimi, bildiğiniz gibi, daha ziyade keyfiliği veya şiddeti çağrıştırmaktadır. Ama o dönemde, bu deyimden devletleri yönetme sanatına özgü bir rasyonalite anlaşılıyordu. Bu yönetme sanatı varlık nedenini nereden alır? On yedinci yüzyılın başında sorulan bu sorunun cevabı yeni doğmakta olan siyasi düşüncenin skandalı olmuştur. Halbuki, belirttiğim yazarlara göre, bu cevap çok basittir. Yönetme sanatı, yönetilenin, başka deyişle devletin kendisinin doğasını gözlemlediği koşulda rasyoneldir.

Oysa, böyle bir apaçıklığı, böyle bir yavanlığı formüle etmek aslında iki karşıt gelenekten de aynı anda kopmaktır: Hıristiyan gelenek ve Machiavelli'nin teorisi. Hıristiyan gelenek, özünde adil olmak için yönetimin tüm bir yasalar sistemine; insani, doğal ve kutsal yasalara bağlı olması gerektiğini ileri sürüyordu.

Bu konuda Aziz Thomas'ın, kralın kraliyetini yönetirken doğanın Tanrı tarafından yönetilmesini taklit etmesi gerektiğini açıkladığı anlamlı bir metni vardır. Kral, tıpkı Tanrı'nın dünyayı yaratması gibi siteler kurmalıdır; Tanrı'nın doğal varlıklar için yaptığı gibi kral da insanı kendi ereğine yöneltmelidir. Peki, nedir insanın ereği? Fiziksel sağlık mı? Hayır, cevabını verir Aziz Thomas. Eğer vücudun sağlığı insanın ereği olsaydı insan sadece doktora ihtiyaç duyardı, krala değil. Zenginlik mi? O da değil, çünkü bu durumda

---

4. Chemnitz (B.P. von), *Dissertatio de ratione Status in imperio nostro romanogermanico*. Freistadii: 1647.

bir kral değil bir mali müşavir yeterli olurdu. Hakikat mi? Değil, cevabını verir Aziz Thomas; çünkü hakikati bulmak için kimsenin bir krala ihtiyacı yoktur, tek bir öğretmen işe yarar. İnsanın, bu dünyadaki *honestum*'a uymak yoluyla göksel mutluluk yolunu açacak yetenekte birine ihtiyacı vardır. Bir kral insanı, doğal ve ilahi ereği olarak *honestum*'a doğru götürmelidir.

Aziz Thomas'ın rasyonel yönetim modeli hiç siyasi değildir, oysa ki on altıncı ve on yedinci yüzyıllarda insanlar devlet aklının başka biçimlerini; bir hükümeti somut olarak yönetmeye elverişli ilkeleri arıyordu. İnsanın doğal veya ilahi ereklilikleriyle artık ilgilenilmiyor, devletin ne olduğuyla ilgileniliyordu.

Devlet aklı bir başka tür analizle de karşıttır. *Prens*'te, Machiavelli'nin sorunu miras veya fetih yoluyla elde edilmiş bir eyalet veya bir toprağın, içerideki veya dışarıdaki düşmanlarına karşı nasıl korunabileceğini bilmektir. Machiavelli'nin bütün analizi prens ile devlet arasındaki bağı sağlamlaştıracak olan şeyi tanımlamaya çalışmaktır, oysa ki on yedinci yüzyıl başında devlet aklı kavramıyla ortaya atılan sorun devletin kendisi olan bu yeni şeyin varlığı ve doğasıdır. Bu yüzden devlet aklı teorisyenleri Machiavelli'den mümkün olduğunca uzak kalmaya çabaladılar; çünkü Machiavelli'nin o dönemde çok kötü bir ünü vardı ve bu teorisyenler kendi sorunlarını Machiavelli'nin sorunuyla birlikte düşünemiyorlardı; Machiavelli'nin sorunu devlet sorunu değil, prens –kral– ile toprağı ve halkı arasındaki ilişkiydi. Prens ve Machiavelli'nin eseri etrafındaki bütün tartışmaya rağmen, devlet aklı, Machiavelli'nin düşüncesine özgü olandan son derece farklı tipteki bir rasyonelliğin ortaya çıkışında önemli bir ana noktayı belirtir. Bu yeni yönetme sanatının niyeti özellikle prensin iktidarını güçlendirmemektir. Devletin kendini sağlamlaştırmak söz konusudur.

Özetlersek, devlet aklı ne Tanrı'nın bilgeliğine ne de prensin akıl veya stratejilerine gönderme yapmaktadır. Devletle, devletin doğası ve rasyonelliğiyle ilgilidir. Bu tez –bir hükümetin niyetinin devleti güçlendirmek olduğu tezi– modern siyasi rasyonalitemizin ortaya çıkış ve gelişimini izlemek için önemli ele alınması gerektiğine inandığım çeşitli düşünceler içerimler.

Bu düşüncelerin ilki, pratik olarak siyaset ile bilgi olarak siyaset arasında oluşan yeni ilişkiyle ilgilidir. Spesifik bir siyasi bilgi imkânıyla ilgilidir. Aziz Thomas'a göre, kralın erdemli olması yetiyordu. Platoncu cumhuriyette, sitenin başkanı filozof olmalıydı. İlk kez devletin çerçevesi içinde insanları yönetmesi gereken kişinin bir siyasetçi olması gerekmektedir; spesifik bir siyasi yetenek ve bilgiye ulaşmalıdır.

Devlet, kendi için var olan bir şeydir. Hukukçular devletin meşru biçimde nasıl kurulabileceğini bilmeye çalışsalar da, devlet, bir tür doğal nesnedir. Devlet, kendinde, şeylerin bir düzenidir ve siyasi bilgi onu hukuksal düşünüşlerden ayırır. Siyasi bilgi halkların haklarını veya insani ya da ilahi yasaları değil, yönetilecek olan devletin doğasını ele alır. Yönetim, ancak devletin gücü bilindiğinde mümkündür: Devletin gücü ancak bu bilgiyle sürebilir. Ve devletin kapasitesini ve bu kapasiteyi arttırma imkânlarını, aynı zamanda, diğer devletlerin, benim devletime rakip devletlerin güç ve kapasitesini de bilmek gerekir. Yönetilen devlet diğer devletlere kafa tutabilmelidir. Dolayısıyla, yönetim genel akıl, bilgelik ve temkinlilik ilkelerini yerine getirmekten fazlasını içerir. Spesifik bir bilgi gereklidir: Devletin gücüne dair somut, belirli ve ölçülen bir bilgi. Devlet aklının temel özelliği olan yönetme sanatı, o dönemde siyasi aritmetik diye adlandırılan şeyin –yani, siyasi istidadın kazandırdığı bilginin– gelişimine sıkı sıkıya bağlıdır. Bu siyasi aritmetiğin öteki adı, çok iyi biliyorsunuz, istatistikti; olasılık hesabıyla hiçbir bağı olmayan; ama devletin bilinmesine, farklı devletlerin karşılıklı güçlerinin bilinmesine bağlı istatistik.

Bu devlet aklı düşüncesinden kaynaklanan ikinci önemli nokta siyaset ve tarih arasındaki yeni ilişkilerin ortaya çıkışından başka bir şey değildir. Bu perspektifte, devletin hakiki doğası, sadece iyi bir yasanın bir arada tutabileceği birçok unsur arasında denge olarak düşünülmez artık. Devlet, hükümetler tarafından güdülen siyasete göre arttırılabilecek veya eksiltilebilecek kozlar veya güçler toplamı olarak ortaya çıkmaktadır. Bu güçleri arttırmak önemlidir; çünkü her devlet diğer ülkelerle, diğer uluslarla ve diğer devletlerle ezeli rekabet içindedir, öyle ki her devletin önünde benzer devletlerle mücadeleler veya en azından rekabetlerle dolu belirsiz bir gelecekten başka bir şey yoktur. Bütün ortaçağ boyunca, İsa'nın bu dünyaya geri dönüşünden hemen önce yeryüzündeki bütün krallıkların son bir İmparatorluk içinde bir gün birleşmiş olacakları düşüncesi egemendi. Ortaçağ boyunca siyasi düşüncenin veya tarihsel-siyasi düşüncenin ana çizgilerinden biri olan bu bildik düşünce, on yedinci yüzyılın başından itibaren bir düşten başka bir şey değildir. Bu, Roma İmparatorluğu'nun yeniden inşası projesi ebediyen yok oldu. Bundan böyle siyaset, sınırlı bir tarihin içinde mücadele eden ve rekabet halindeki, ortadan kaldırılamaz çoklukta devletle meşgul olmak zorundadır.

Bu devlet aklı kavramından çıkarabileceğimiz üçüncü düşünce şudur: Madem ki devlet kendi kendisinin ereğidir ve hükümetlerin özel niyeti sadece devlet güçlerinin korunması değil; sürekli olarak güçlendirilmesi ve geliştirilmesidir, o halde, hükümetlerin bireyler için kaygı duymaması gerektiği açıktır; veya hükümet bireylerle, devletin gücünün arttırılmasıyla ilgili oldukları ölçüde ilgilenmelidir: Ne yaptıkları, yaşamları, ölümleri, faaliyetleri, bireysel davranışları, çalışmaları, vb. Birey ile devlet arasındaki ilişkilerin bu tip analizinde birey, sadece devletin güçlülüğü için bir şey yapabildiği ölçüde devleti ilgilendirir. Ama, burada sadece siyasi faydalılık söz konusu olduğu için, bu perspektif içinde, kendi türünde siyasi marjinallik olarak tanımlayabileceğimiz bir unsur vardır. Devletin bakış açısıyla birey, ancak devletin gücüne, asgari düzeyde bile olsa, ister olumlu ister olumsuz yönde olsun, bir değişim getirebilecek durumda ise vardır. Demek ki, birey sadece bu değişimi meydana getirebildiği ölçüde devlet bireyle ilgilenmek zorundadır. Ve devlet kimi kez bireyden yaşamasını, çalışmasını, üretmesini ve tüketmesini ister, kimi kez de ölmesini.

Açık ki bu düşünceler, Yunan felsefesinde bulabileceğimiz birçok düşünceye benzemektedir. Ve doğruyu söylemek gerekirse, on yedinci yüzyıl başındaki bu siyasi literatürde Yunan sitelerine çok sık gönderme yapılır. Ama, birkaç benzer tema altında bu yeni siyasi teoride, uygulamadan oldukça farklı bir şey yattığını sanıyorum. Gerçekten de, modern devlette, bireylerin devletin faydalılığıyla marjinal bütünleşmesi Yunan sitesinin temel özelliği olan etik cemaat biçimini almaz. Bu yeni siyasi rasyonellikle, bu bütünleşme o dönemde "polis" denilen çok özel bir teknik yardımıyla elde edilir.

Burada gelecekteki bazı çalışmalarımda analiz etmek istediğim soruna değiniyoruz. Bu sorun şudur: Bireyi devlet için önemli bir unsur haline getirmek amacıyla devlet aklı çerçevesinde hangi tür siyasi teknikler, hangi yönetme teknolojileri uygulamaya kondu, kullanıldı ve geliştirildi? Genellikle, toplumumuzda devletin rolü analiz edildiğinde ya –ordu, kamu faaliyeti, bürokrasi ve benzeri– kurumlar ve bunları yöneten insan tipi üzerinde durulur ya da devletin varlığını aklamak veya meşrulaştırmak amacıyla hazırlanan teoriler veya ideolojiler analiz edilir.

Benim aradığım şey, tersine, bu yeni siyasi rasyonaliteye ve toplumsal varlıkla birey arasındaki bu yeni tip ilişkiye somut bir biçim veren teknikler ve pratiklerdir. Ve oldukça şaşırtıcı bir biçimde, en azından Almanya ve Fransa gibi çeşitli nedenlerle devlet sorununun önem taşıdığı ülkelerde insanlar, bu yeni iktidar teknolojisini, bireyin toplumsal varlıkla bütünleşmesini sağlayan yeni teknikleri çok açıkça tanımlama, betimleme ve örgütleme zorunluluğunu gördüler. Bu zorunluluğu gördüler ve ona bir isim verdiler: Fransızca *police* ve Almanca *Polizei* (İngilizcede *police*'in çok farklı bir anlamı olduğunu sanıyorum). Bu Fransızca ve Almanca *police* ve *polizei* kelimeleriyle ifade edilen şeye daha iyi tanımlar vermeyi denemek özellikle bizim görevimizdir.

Bu Almanca ve Fransızca kelimelerin anlamları şaşırtıcıdır, çünkü en azından on dokuzuncu yüzyıldan günümüze kadar, çok başka bir şeyi belirtmek için kullanıldılar; en azından Fransa ve Almanya'da –Amerika Birleşik Devletleri'nde durum nedir bilmiyorum– her zaman iyi bir ünü olmayan çok belirgin bir kurumu belirttiler. Ama on altıncı yüzyılın sonundan on sekizinci yüzyılın sonuna kadar, *police* ve *polizei* kavramlarının hem çok geniş ve hem de çok belirgin bir anlamı vardı. O dönemde "polis"ten söz edildiğinde, bir yönetimin insanları dünya için önemli ölçüde faydalı bireyler olarak yönetmesini sağlayan spesifik tekniklerden söz ediliyordu.

Bu yeni yönetim teknolojisini biraz daha açıkça analiz etmek amacıyla, her teknolojinin gelişimi ve tarihi boyunca edinebileceği üç büyük biçim altında ele almanın daha iyi olduğunu sanıyorum: Bir düş veya daha doğrusu bir ütopya; ardından, bir pratik ya da gerçek kurumlar için kurallar; ve nihayet, akademik bir bilim dalı.

On yedinci yüzyıl başında Louis Turquet de Mayerne ütopik veya evrensel yönetim tekniği karşısında dönemin düşüncesinin güzel bir örneğini sunar. *La Monarchie aristo-démocratique* (1611)[5] adlı eseri yürütme gücünün ve "polis" yetkilerinin uzmanlaşmasını önerir; "polisin" görevi yurttaşlığa saygıyı ve kamusal ahlâkı kollamak olarak görülür.

Turquet, her eyalette kamu düzenini sağlamakla görevli dört "polis" meclisinin kurulmasını öneriyordu. İkisi kişilere göz kulak olacaktı; diğer ikisi mülklere. Birinci meclis yaşamın olumlu, faal ve üretken yanlarına göz kulak olacaktı. Başka deyişle, eğitimle ilgilenecek, herkesin zevklerini ve yeteneklerini büyük bir titizlikle belirleyecekti. Çocukların yeteneklerini daha hayatlarının başlangıcında anlayacaktı: Yirmi beş yaşından büyük herkesin yeteneklerini ve mesleğini belirterek bir sicile kayıtlı olması gerekecekti; diğerleri toplumun tortusu olarak kabul ediliyordu.

İkinci meclis yaşamın olumsuz yanlarıyla ilgilenecekti: yardıma muhtaç olan yoksullar, dullar, yetimler, yaşlılar; ayrıca çalışması gerektiği halde çalışmak istemeyenlerin, faaliyetleri parasal yardım gerektirenlerin durumunu düzenlemeli ve muhtaç olanlara bağış veya mali destek bürosunu yönetmelidir. Kamu sağlığı, hastalıklar, salgınlar, yangınlar ve su baskınları gibi kazalarla da ilgilenmeli ve böyle kazalardan korunması gereken kişiler için bir tür sigorta düzenlemelidir.

Üçüncü meclis mallarda ve üreticilerin ürünlerinde uzmanlaşacaktı. Neyin nasıl üretilmesi gerektiğini belirtiyordu, ama aynı zamanda pazarı ve ticareti de denetliyordu; bu, "polis"in çok geleneksel bir göreviydi. Dördüncü meclis mülke, yani toprağa ve

---

5. Turquet de Mayerne (L.), *La Monarchie aristo-démocratique, ou le gouvernement composé des trois formes de légitimes républiques.* Paris: 1611.

mekâna, özel mallara ve miraslara, bağışlara ve satışlara göz kulak olacaktı; derebeylik haklarını, yolları, ırmakları, kamu binalarını, vs.'yi de ihmal etmeyecekti.

Bu metin birçok açıdan o dönemde görülen ve hatta on altıncı yüzyıldan itibaren rastlanan çok sayıda siyasi ütopyaya benzer. Ama, devlet aklı ve monarşilerin yönetsel örgütlenişi üzerine büyük teorik tartışmaların da çağdaşıdır. O dönemde iyi yönetilen devlet olarak görülen şeyi, büyük ölçüde temsil etmektedir.

Bu metin neyi kanıtlamaktadır? Öncelikle "polis"in, adaletle, ordu ve mali kurumlarla birlikte devleti yöneten bir idare olarak ortaya çıktığını kanıtlar. Yine de fiili olarak bu tüm diğer idareleri içerir ve Turquet'nin açıkladığı gibi, faaliyetlerini bütün durumlara, insanların yaptıkları veya yapmaya giriştikleri her şeye yayar. "Polis"in alanı adaleti, maliyeyi ve orduyu kapsar.[6]

Böylece gördüğünüz gibi bu ütopyada "polis" her şeyi içerir, ama son derece özel bir bakış açısından. İnsanlar ve nesneler burada ilişkileri içinde düşünülürler. "Polis"i ilgilendiren şey insanların bir toprak üzerinde birlikte yaşamaları, mülkiyet ilişkileri, ürettikleri, pazarda mübadele ettikleri şeylerdir, vb. İnsanların yaşama tarzıyla, maruz kaldıkları hastalıklar ve kazalarla da ilgilenir. Tek kelimeyle, "polis"in gözetlediği, yaşayan, faal ve üretken insandır. Turquet çok dikkate değer bir ifade kullanır: "Polis"in hakiki nesnesi insandır, der.[7]

Korkarım bu deyimi sırf benim tarzım olduğu söylenen o kışkırtıcı aforizmalardan birini bulmak için uydurduğumu düşünebilirsiniz, ama bal gibi bir alıntıdır bu. İnsanın "polis"in bir yan ürünü olduğunu söylemeye çalıştığımı sanmayın. "Polis"in hakiki nesnesi insandır şeklindeki bu düşüncede önemli olan, iktidar ile bireyler arasındaki ilişkilerin tarihsel değişimidir. Kabaca diyebilirim ki feodal iktidar, doğuştan, toplumsal mevki veya kişisel yükümlülükler yoluyla hukuki ilişkiler içinde yer alan öznelerin bu hukuki ilişkilerinden ibaretti; oysa ki, bu yeni "polis" devletiyle birlikte yönetim bireylerle, kuşkusuz hukuksal statülerine göre; ama aynı

---
6. A.g.e., kitap I, s. 19.
7. A.g.e.

zamanda da insan olarak, çalışan ve ticaret yapan canlı varlıklar olarak ilgilenmeye başlar.

Şimdi düşten gerçeğe ve idari uygulamalara geçelim. Fransa Krallığı'nın büyük polis düzenlemelerini sistematik bir sıra içerisinde bize sunan on sekizinci yüzyıl başına ait Fransızca bir özet vardır. Devletin küçük memurlarının kullanımına sunulan bir tür elkitabı veya sistematik ansiklopedidir bu. Yazarı N. de Lamare bu "polis" ansiklopedisini (*Traité de la police*, 1705) on bir bölüm olarak hazırlamıştır.[8] Birinci bölüm dini ele alır; ikinci bölüm ahlâk anlayışını; üçüncü bölüm sağlığı; dördüncü bölüm mühimmat tedarikini; beşinci bölüm yolları, köprü, şose ve kamu binalarını; altıncı bölüm, kamu güvenliğini; yedinci bölüm serbest mesleği (kabaca sanat ve bilimi); sekizinci bölüm ticareti; dokuzuncu bölüm fabrikaları; onuncu bölüm erkek hizmetçileri ve fabrika işçilerini; ve on birinci bölüm yoksulları ele alır. Lamare'a ve bütün ardıllarına göre Fransa'nın idari uygulaması böyleydi. Ahlâk anlayışı, sağlık ve serbest meslekler de dahil, dinden yoksullara kadar uzanan "polis"in alanı demek ki buydu. Polise ilişkin kitapların veya özetlerin çoğunda aynı sınıflandırmayı bulacaksınız. Turquet'nin ütopyasında olduğu gibi, açıkça söylemek gerekirse ordu, adalet ve dolaysız vergiler gibi istisnalar hariç, polis görünüşte her şeye göz kulak olur.

Ama, bu bakış açısıyla, fiili olarak Fransız idari uygulaması neydi? Dinsel ibadetlere, küçük ölçekli üretim tekniklerine, entelektüel yaşama ve yol şebekesine müdahalenin ardında yatan mantık nedir? De Lamare'ın cevabı birazcık ikircikli gibidir. Kâh, "polis insanların mutluluğunu ilgilendiren her şeyin bekçisidir,"[9] der, kâh "polis, toplumu düzenleyen her şeyin bekçisidir,"[10] diye belirtir –ve De Lamare'ın toplumdan anladığı "insanlar arasında süregiden" toplumsal ilişkilerdir.[11] Ve kimi zaman da "polis"in yaşama bekçilik ettiğini ileri sürer. Bu tanım üzerinde durmak

---
8. Cilt I, kitap I, bölüm I, s. 4.
9. A.g.e., önsöz, s. II.
10. A.g.e., kitap I, bölüm I, s. 2.
11. A.g.e., s. 4.

istiyorum, çünkü en orijinali bu ve diğer iki tanımı da aydınlattığını sanıyorum. Zaten, De Lamare'ın üzerinde durduğu da bu tanımdır. İşte "polis"in on bir hedefi üzerine yaptığı saptamalar. "Polis" dinle, elbette, dogmatik hakikat açısından değil, yaşamın ahlâki niteliği açısından ilgilenir. Sağlığa ve mühimmat tedarikine göz kulak olurken yaşamı korumaya çalışır; ticaret, fabrikalar, işçiler, yoksullar ve kamu düzeni söz konusu olduğunda yaşamın rahatlığıyla ilgilenmektedir. Tiyatroya, edebiyata, gösterilere göz kulak olurken hedefi yaşamın zevklerinden başka bir şey değildir. Kısacası, yaşam "polis"in hedefidir. Elzem, yararlı ve lüks: İhtiyacımız olan veya yaşamımızda kullanabileceğimiz üç tür şey bunlardır. İnsanlar hayatta kalsınlar, yaşasınlar, sadece hayatta kalmaktan veya yaşamaktan daha iyisini yapsınlar: "Polis"in görevi tam olarak budur.

Fransız idari pratiğinin bu sistemleştirilmesi çeşitli nedenlerden bana önemli gelmektedir. İlk olarak, görebileceğiniz gibi, ihtiyaçları sınıflandırmaya çabalamaktadır, bu çaba, elbette eski bir felsefi gelenektir; ama bireyler için faydalılık ölçeği ile devlet için faydalılık ölçeği arasındaki ilişkiyi belirleyen teknik projeyle birliktedir. De Lamare'ın eserinin tezi, aslında, bireyler için lüks olan şeyin devlet için vazgeçilmez olabileceği ve tersinin de doğru olduğudur. İkinci önemli nokta, De Lamare'ın insan mutluluğunu siyasi bir nesne yapmasıdır. Çok iyi biliyorum ki, Batı ülkelerinde siyaset felsefesinin başlangıcından itibaren herkes, yönetimlerin değişmez hedefinin insanların mutluluğu olması gerektiğini bildi ve söyledi; ama bu durumda söz konusu mutluluk gerçekten iyi bir yönetimin sonucu veya etkisi olarak ortaya çıkıyordu. Bundan böyle, mutluluk sadece basit bir etki değildir. Bireylerin mutluluğu devletin ayakta kalması ve gelişmesi için bir gerekliliktir. Bir koşul, bir araçtır, yoksa sadece bir sonuç değil. İnsanların mutluluğu devlet gücünün bir unsuru haline gelir. Ve üçüncü olarak, De Lamare devletin sadece insanlarla veya bir arada yaşayan insanlar kitlesiyle değil, toplumla ilgilenmesi gerektiğini öne sürer. Toplum ve toplumsal varlık olarak insanlar, bütün toplumsal ilişkileriyle bireyler: "Polis"in hakiki nesnesi artık budur.

Böylelikle, *last but not least*, "polis" bir bilim dalı haline gelir. Sadece somut bir idari uygulama veya bir düş söz konusu değildir, söz konusu olan terimin akademik anlamında bir bilim dalıdır. Çeşitli Alman üniversitelerinde, özellikle Göttingen'de *Polizeiwissenchaft* adı altında öğretilir. Prusyalı, Avusturyalı ve Rus devlet memurları –II. Joseph'in veya Büyük Katerina'nın reformlarını tamamlayacak olanlar– burada yetiştiğinden Göttingen Üniversitesi Avrupa'nın siyasi tarihi için temel önemde olmalıdır. Ve birçok Fransız, özellikle Napoléon'un çevresindekiler, *Polizeiwissenchaft* doktrinlerini biliyorlardı.

"Polis"in öğretilmesine ilişkin sahip olduğumuz en önemli belge *Polizeiwissenchaft* öğrencileri için bir tür elkitabıdır. Bu, Justi'nin *Eléments de police* adlı eseridir.[12] Bu eserde, öğrenciler için düşünülmüş bu elkitabında "polis"in görevi De Lamare'da olduğu gibi tanımlanmıştır; toplum içinde yaşayan bireylere göz kulak olmak. Yine de Justi eserini çok farklı tarzda düzenler. "Devletin taşınmaz mülkleri" diye adlandırdığı şeyi, yani toprağı incelemekle işe başlar. Toprağı iki yanıyla ele alır: İnsanlar nasıl yerleşmiştir (şehirler ve köyler), kimler oturmaktadır (insanların sayı, demografik büyüme, sağlık, ölüm oranı, göç, vs.). Ardından Von Justi "malları ve eşyaları" analiz eder, yani ticari eşyalar, malların üretimi ve malların maliyetleriyle, kredi ve parayla ilgili sorunlar yaratan dolaşımları analiz eder. Nihayet, incelemesinin son bölümü bireylerin davranışlarına ayrılmıştır: Ahlâkî düşünceleri, mesleki yetenekleri, dürüstlükleri ve yasaya saygıları.

Bence Justi'nin eseri, "polis" sorununun evriminin, De Lamare'ın özetine girişten çok daha ayrıntılarına inilmiş bir uygulamalı dersidir. Bunun çeşitli nedenleri vardır. İlk olarak, Von Justi "polis" (*die Polizei*) diye adlandırdığı şeyle siyaset (*die Politik*) dediği şey arasında önemli bir ayrım yapar. *Die Politik*, onun gözünde, devletin olumsuz görevidir. Devletin iç düşmanlarına karşı yasaları, dış düşmanlarına karşı orduyu kullanarak savaşmasını gerektirir. Buna karşılık *Polizei*'nin olumlu bir görevi vardır ve

---

12. Justi (J.H. von), *Grundsätze der Polizei-Wissenchaft*, Göttingen, Van den Hoecks, 1756.

araçları ne silahlar ne yasalar ne de savunma veya yasaklamadır. "Polis"in hedefi, yurttaşların yaşamını ve devletin gücünü sağlamlaştırdığı kabul edilen yeni bir şeyin üretimini sürekli olarak arttırmaktır. "Polis", yasa aracılığıyla değil; bireylerin davranışına spesifik, sürekli ve olumlu tarzda müdahale ederek yönetir. Olumsuz görevleri üstlenen *Politik* ile olumlu görevleri yerine getiren *Polizei* arasındaki anlambilimsel farklılık siyasi söylem ve söz dağarından erken çekilmiş olsa da, devletin toplumsal yaşama sürekli müdahalesi sorunu, yasa biçimini almasa da, modern siyasetimizin ve siyasi sorunsalımızın temel özelliğidir. On sekizinci yüzyıl sonundan beri, liberalizm, *Polizeistaat, Rechtsstaat*, hukuk devleti, vb. etrafında sürmekte olan tartışma, kaynağını devletin olumlu ve olumsuz görevleri sorununda, devletin, bütün olumlu görevler hariç, sadece insanların davranışına müdahale gücü olmayan olumsuz görevleri üstlenmesinin mümkün olmasında bulur.

Von Justi'nin bu düşüncesinde, on sekizinci yüzyıl sonu ve on dokuzuncu yüzyıl başı Avrupa ülkelerinin bütün siyasi ve idari kadrolarını derinden etkilemiş olan önemli bir nokta daha var. Von Justi'nin eserinin önemli kavramlarından biri nüfus kavramıdır ve bu kavramı polis üzerine diğer kitaplarda aramanın boş yere olduğunu sanıyorum. Von Justi'nin ne nüfus kavramını ne de bu kelimeyi keşfettiğini çok iyi biliyorum, ama aynı dönemde nüfusbilimcilerin keşfetmek üzere oldukları şeyi Von Justi'nin nüfus kelimesi altında dikkate aldığını belirtmek de zahmete değer. Von Justi'nin düşüncesinde, bütünlükleri içinde ele alınan devletin fiziksel ve iktisadi unsurları nüfusun bağlı olduğu ve karşılıklı olarak da nüfusa bağımlı olan bir ortam oluşturur. Kuşkusuz, Turquet ve onun tarzındaki ütopistler de ırmaklardan, ormanlardan ve tarlalardan, vs. söz ediyorlardı; ama bunları esas olarak vergi ve gelir üretebilecek unsurlar olarak görüyorlardı. Von Justi'ye göre ise, tersine, nüfus ve ortam sürekli olarak karşılıklı ve canlı bir ilişki içindedir ve bu iki tür canlı varlık arasındaki karşılıklı ve canlı ilişkileri yönetmek devletin görevidir. Bundan böyle, on sekizinci yüzyılın sonunda polisin hakiki nesnesinin nüfus haline geldiğini söyleyebiliriz; veya, başka deyişle, devlet her şeyden önce insanlara nüfus olarak göz kulak olmalıdır. Canlı varlıklar üzerindeki iktidarını onların canlı varlık olduklarını kabul ederek uygular ve siyaseti, sonuç olarak, ister istemez bir biyo-siyasettir. Nüfus, devletin kendi çıkarı için göz kulak olduğu şeyden öte olmadığından, devlet, gerek duyduğunda nüfusu katledebilir. Böylece biyo-siyasetin tersi thanato-siyaset'tir (ölüm siyaseti).

Bunların sadece kaba hatlarıyla belirtilmiş projeler ve yön gösteren çizgiler olduğunu çok iyi biliyorum. Botero'dan Von Justi'ye, on altıncı yüzyıl sonundan on sekizinci yüzyıl sonuna, en azından, bir siyasi teknolojiye bağlı bir siyasi rasyonelliğin gelişimini tahmin edebiliriz. Devletin kendi doğasına ve kendi erekliliğine sahip olduğu düşüncesinden, canlı birey veya bir ortamla ilişki içindeki bir nüfus olarak kavranan insan düşüncesine geçilirken, devletin bireylerin yaşamına artan müdahalesini, siyasi iktidar için yaşam sorunlarının artan önemini ve nüfusun içindeki bireysel davranış sorunlarını ve canlı bir nüfus ile ortamı arasındaki ilişkileri dikkate aldıkları ölçüde toplum ve insan bilimleri için mümkün alanların gelişimini izleyebiliriz.

İzin verirseniz şimdi konuşmamı çok kısaca özetleyeyim. Her şeyden önce, herhangi bir bilimsel rasyonelliği analiz edebileceğimiz gibi, siyasi rasyonelliği analiz etmek de mümkündür. Kuşkusuz, bu siyasi rasyonellik başka rasyonellik biçimlerine bağlıdır. Gelişimi büyük ölçüde ekonomik, toplumsal, kültürel ve teknik süreçlere bağlıdır. Her zaman kurumlarda ve stratejilerde cisimleşir ve kendi spesifikliği vardır. Siyasi rasyonellik veri olarak kabullendiğimiz çok sayıda postulatın, her çeşit gerçekliğin, kurumların ve düşüncelerin kökü olduğundan, teorik ve pratik bir bakış açısından, siyasi teorileri ve siyasi tercih farklılıklarını içeren tartışmalardan biraz farklı olan siyasi rasyonelliğimizin bu tarihsel analizini, bu tarihsel eleştiriyi sürdürmek iki misli önemlidir. Büyük siyasi teorilerin yenilgisi, sonunda günümüzde siyasi olmayan bir düşünce tarzına değil; bu yüzyıl boyunca bizim siyasi düşünme tarzımızın ne olduğuna ilişkin bir soruşturmaya varmalıdır.

Gündelik siyasi rasyonelliğimizde siyasi teorilerin başarısızlığının muhtemelen siyasete ve teorilere değil, bu siyasi teorilerin kaynaklandıkları rasyonellik türüne bağlı olduğunu söyleyebilirim. Bu perspektifte, modern rasyonelliğimizin temel özelliği ne sevimsiz canavarların en sevimsizi olan devletin inşasıdır, ne de burjuva bireyciliğinin ortaya çıkışıdır. Bunun, bireyleri siyasi bütünlüğe dahil etmek için sürekli bir çaba olduğunu bile söyleyemem. Siyasi rasyonelliğimizin temel özelliği bence şu olgudadır: Bireylerin bir cemaate veya bir bütünlüğe dahil olması giderek daha güçlenen bir bireyselleşme ile bu bütünlüğün sağlamlaşması arasındaki sürekli bir karşılıklı bağlantının sonucudur. Bu bakış açısıyla, hukuk/düzen çatışkısının niçin modern siyasi rasyonelliğe imkân tanıdığını anlayabiliriz.

Hukuk, tanım olarak, her zaman hukuksal bir sisteme gönderme yapar, oysa ki düzen idari bir sistemle, devletin çok belirgin bir düzeniyle ilgilidir; on yedinci yüzyılın başlangıcındaki bütün ütopyacıların ve on sekizinci yüzyılda gerçekten idarecilik yapmış olanların düşüncesi tam olarak buydu. İnsanların hukuk ile düzeni uzlaştırma konusundaki düşü, sanıyorum, düş olarak kalacaktır. Hukuk ile düzeni uzlaştırmak imkânsızdır; çünkü eğer denenirse, bu sadece hukukun devlet düzeniyle bütünleşmesi biçiminde mümkündür.

Son gözlemim şu olacaktır: Gördüğünüz gibi, toplumbilimin ortaya çıkışı ne bu yeni siyasi rasyonelliğin ortaya çıkışından ne de bu yeni siyasi teknolojiden soyutlanabilir. Etnolojinin sömürgecilikten doğduğunu herkes bilmektedir (ama bu emperyalist bir bilim olduğu anlamına gelmez); aynı şekilde, eğer insan –yaşayan, konuşan ve emek üreten varlıklar olarak biz– diğer çeşitli bilimler için bir nesne haline geldiyse, bence, bunun nedenini bir ideolojide değil, toplumlarımızın bağrında yarattığımız bu siyasi teknolojinin varlığında aramak gerekir.

(Cilt IV, s. 813-828)
Çev.: Işık Ergüden

VI
Stephen Riggins'le söyleşi*

S.R.: Okurun hiç öyle bir beklentisi olmadığı halde sizin yapıtlarınızdan öğrenebileceği şeylerden birisi, suskunluğun değerini bilmek. Yazılarınızda suskun kalmanın sağladığı özgürlüğü, suskunluğun çok çeşitli nedenleri ve anlamlarını işliyorsunuz. Sözgelimi, son kitabınızda bir değil pek çok suskunluk biçimi bulunduğunu söylüyorsunuz. Peki, bütün bunlardan sonra, anlattıklarınızda kuvvetli bir otobiyografik yan bulunduğu sonucunu çıkarmak doğru olur mu sizce?

Foucault: İkinci Dünya Savaşı'ndan hemen önce ya da savaş

---

* "Michel Foucault. An Interview with Stephen Riggins", 22 Haziran 1982'de, Toronto'da İngilizce olarak gerçekleştirilmiştir. Ethos, C. 1, s. 2, Güz 1983, s. 4-9. *Dits et écrits*, C. IV, s. 525-538.

sırasında Katolik bir çevrede yetişmiş olan her çocuk, konuşmanın da suskunluğun da pek çok yolu olduğunu sanırım bizzat kendi deneyimleriyle öğrenmiştir. Nitekim, çok koyu bir düşmanlığı yansıtan suskunluk türlerine rastlandığı gibi, köklü bir dostluğu, yoğun bir duygusal hayranlığı, hatta aşkı ifade eden suskunluk türleri de vardı. Beni ziyarete gelen –bunu hangi amaçla yaptığını bilmiyorum– yönetmen Daniel Schmidt'le karşılaştığımızda, henüz birkaç dakika geçer geçmez ikimizin de birbirimize hakikaten söyleyecek hiçbir şeyimiz olmadığını anladığımızı çok iyi hatırlıyorum. Onunla galiba öğleden sonra saat 3'ten gece yarısına kadar beraberdik. Birlikte içki içtik, esrar çektik ve yemek yedik. Ama sanmıyorum ki bu on saat boyunca yirmi dakikadan daha fazla süreyi konuşarak geçirmiş olalım. Ve o görüşmemizden beri ikimizin arasında epeyce uzun sürecek bir dostluk doğdu. Dostluğun tamamen suskun davranışlarla başlaması benim başıma ilk defa geliyordu.

Suskunluğun değerini bilmenin belki başka bir boyutu, konuşma yükümlülüğüyle ilintilidir. Çocukken Fransa'da küçük burjuva bir taşra çevresinde yaşadım. Yaşadığım ortamdaki konuşma zorunluluğu, misafirlerle sohbet etme zorunluluğu, benim için hem çok garip hem de çok sıkıcı bir şeydi. Kendimi bildim bileli insanların neden konuşmak zorunda olduklarını merak etmişimdir. Oysa suskun kalmak, pekâlâ insanlarla ilişki kurmanın çok daha ilginç bir yolu olabilir.

S.R.: Kuzey Amerika'daki Kızılderili kültüründe suskun kalmanın değeri İngilizce ve sanırım Fransızca konuşan toplumlardakinden çok daha fazla biliniyor.

Foucault: Evet, anlıyorsunuz ya, suskunluğun ne yazık ki kültürümüzden atılmış şeylerden biri olduğunu düşünüyorum ben. Bir suskunluk kültürümüz yok; bir intihar kültürümüz de yok. Ama bence Japonların var. Genç Romalılara ya da genç Yunanlılara, ilişki kurdukları insana göre suskun kalmanın çok farklı biçimlerinden birini seçmeleri öğretilirmiş. O zamanlar suskunluk, başkalarıyla ilişki kurmanın spesifik bir biçimini oluşturuyormuş. Bunun geliştirilmesi gereken bir şey olduğuna inanıyorum. Ben suskunluğun kültürel bir *ethos* olarak geliştirilmesinden yanayım.

S.R.: Başka kültürler, üstelik sadece geçmişe ait olanlar da değil, sizi büyülüyor galiba; kariyerinizin ilk on yılını İsveç, Batı Almanya ve Polonya'da geçirdiniz. Bir Fransız akademisyeni için hiç de tipik bir kariyer değil bu. Fransa'yı terk etmenizin ve 1961'de geri döndüğünüz zaman, kulaktan duyduğum kadarıyla, "Keşke Japonya'da yaşıyor olsaydım" demenizin nedenini açıklayabilir misiniz?

Foucault: Şimdi Fransa'da anti-şovenizmle ilgili züppece tutumlar yaygın. Umarım benim söyleyeceklerimle bu tür insanlar arasında bir bağ kurulmaz. Amerikalı ya da Kanadalı olsaydım, Kuzey Amerika kültürünün bazı özelliklerinden belki rahatsız olurdum. Her neyse, yaşadığım süre boyunca Fransız toplumsal ve kültürel yaşamının parçası olan pek çok şeyin zararını gördüm, hâlâ da görüyorum. 1955'te Fransa'dan ayrılmamın nedeni buydu. Bu arada, 1966'da ve 1968'de sırf kişisel nedenlerle Tunus'ta da iki yıl kadar kaldığımı da belirteyim.

S.R.: Fransız toplumunun zararını gördüğünüz yönlerinden bazı örnekler verebilir misiniz?

Foucault: Evet, sanırım, Fransa'dan ayrıldığım zaman kişisel yaşama tanınan özgürlük çok ciddi biçimde kısıtlanmıştı. O günlerde İsveç'in çok daha özgür bir ülke olduğu düşünülüyordu. Ve orada, belli türde bir özgürlüğün, doğrudan kısıtlayıcı bir toplumla tamamen aynı etkileri olmasa bile, gene de kısıtlayıcı etkileri olabileceğini öğrendim. Benim açımdan önemli bir deneyimdi bu. Ardından, komünist partisinin kısıtlamaları ile baskı gücünün hakikaten bambaşka bir niteliğe sahip olduğu Polonya'da bir yıl geçirme fırsatını buldum. Oldukça kısa bir zaman diliminde, 1940'ların sonu ile 1950'lerin başının Fransası gibi eski bir geleneksel toplumda ve İsveç gibi yeni, özgür bir toplumda yaşamıştım. Her türlü siyasi imkânla ilgili eksiksiz bir deneyim edindiğimi söyleyemem tabii, ama o sırada Batı toplumlarında hangi imkânların söz konusu olduğunu bizzat yaşayarak öğrenmiştim. Bu da iyi bir deneyimdi.

S.R.: 1920'li ve 1930'lu yıllarda yüzlerce Amerikalı tam da sizin 1950'lerde oradan ayrılmanıza yol açan nedenlerle Paris'in yolunu tutmuştu.

Foucault: Evet. Ama şimdi onların Paris'e artık özgürlük özlemiyle yanıp tutuştukları için geldiklerini düşünmüyorum. Amerikalılar eski bir geleneksel kültürden tat almak için geliyorlar. On yedinci yüzyıldaki ressamlar İtalya'ya nasıl ölen bir uygarlığı yerinde görmek amacıyla koşuşturmuşlarsa, Amerikalılar da Fransa'ya bu amaçla akın ediyor. Her neyse, gördüğünüz gibi, yabancı ülkelerde genellikle kendi ülkemizdekine göre çok daha fazla özgürlük buluyoruz. Yabancı konumunda olmamızdan dolayı, geldiğimiz yerde yasal biçimde olmasa da genel davranış biçimlerine sinmiş olan bütün üstü kapalı yükümlülükleri görmezlikten gelebiliyoruz. İkincisi, yükümlülüklerimizin başka ülkeye geldiğiniz için değişmiş olması bile bir tür özgürlük duygusu hissettirebiliyor ya da öyle yaşanabiliyor.

S.R.: İzin verirseniz, bir an için Paris'teki ilk yıllarınıza dönelim. Bildiğim kadarıyla bir süre Paris'teki Ste. Anne Hastanesi'nde psikolog olarak çalışmıştınız.

Foucault: Evet, o hastanede iki yılı biraz aşkın bir süre çalıştım sanırım.

S.R.: Ve hastanedeyken personelden ziyade hastalarla özdeşleştiğinizi söylüyorsunuz. Kuşkusuz, bir psikolog ya da psikiyatriste göre hiç tipik olmayan bir deneyim bu. Bu deneyiminizde, başka insanlar yaygın biçimde kullanılmakta olan kavramları daha da geliştirmeye çalışmakla yetinirken, size psikiyatriyi radikal biçimde sorgulama zorunluluğunu hissettiren neydi?

Foucault: Aslına bakarsanız ben oraya resmi görevli olarak atanmış değildim; Ste. Anne Hastanesi'nde sadece psikoloji öğrenimimi sürdürüyordum. 1950'lerin başıydı. Akıl hastanelerinde psikologlara belli bir mesleki statü tanınmazdı. Bir psikoloji öğrencisi olarak (ilkin felsefe, daha sonra psikoloji öğrenimi gördüm) oradaki statüm çok tuhaftı. "Servis şefi" bana karşı çok nazikti, dilediğim her şeyi yapmama izin verdi. Zaten kimse ne yapmam gerektiği konusunda en ufak bir kaygı taşımıyordu; her şeyi yapmakta özgürdüm. İşin doğrusu, personel ile hastalar arasında duran bir konumdaydım. Beni personelden uzaklaştıran etken, kendi üstünlüğüm ya da herhangi bir özel tutumum değil; statümdeki bu belirsizlikti. Kişisel bir üstünlüğüm olmadığına eminim, çünkü o sıralar bütün bunları bir tür rahatsızlık olarak yaşadım. Ancak birkaç yıl sonra psikiyatri tarihi üzerine bir kitap yazmaya başladığımda bu rahatsızlık, bu kişisel deneyim bir tarihsel eleştiri ya da yapısal analiz biçimini aldı.

S.R.: Ste. Anne Hastanesi'nde alışılmadık birtakım şeyler var mıydı? Orada çalışan biri üzerinde psikiyatriyle ilgili özellikle olumsuz izlenim bırakacak bir yer miydi?

Foucault: Yoo, hayır. Büyük bir hastane olarak gözünüzde canlandırabileceğiniz kadar tipik bir yerdi. Daha sonra gördüğüm taşra kasabalarındaki büyük hastanelerin çoğundan daha iyi olduğunu da belirtmeliyim. Paris'in en iyi hastanelerinden biriydi. Hayır, korkunç değildi. Zaten asıl önemlisi de korkunç olmamasıydı. Belki bu işi küçük bir taşra hastanesinde yapmış olsaydım, eminim aksaklıkların o yerin özelliğinden ya da özel birtakım yetersizliklerden kaynaklandığına inanırdım.

S.R.: Başta, doğduğunuz yer olan Fransız taşrasından aşağılayıcı bir dille söz ettiniz. Buna rağmen, 1930'lar ve 1940'larda Poitiers'de büyümüş olmanın bıraktığı güzel anılarınız var mı?

Foucault: Aaa, evet. Anılarım tam da garip değil. Ama bu izlenimlerimi hatırlamaya çalıştığım zaman beni etkileyen yan, önemli duygusal anılarımın hemen hepsinin siyasi durumla ilgili olması. Çok iyi hatırlıyorum, Bakan Dollfuss sanırım 1934'te Naziler tarafından öldürüldüğü zaman ilk kez iliklerime kadar işleyen dehşet duygularımdan birini yaşamıştım. Şimdi çok geçmişte kalmış bir olay bu. Nitekim Dollfuss cinayetini çok az insan hatırlar. Bu olayın beni hakikaten nasıl yılgınlığa düşürdüğü hâlâ aklımdan çıkmıyor. Ölümün dehşetini herhalde ilk kez o zaman güçlü biçimde hissettim. İspanya'dan kaçıp Poitiers'e sığınan mültecileri, Etiyopya Savaşı konusunda okulda sınıf arkadaşlarımla yaptığım kavgaları da unutamam. Bana sorarsanız, bu kuşağın çocuklarının yaşamları büyük tarihsel olaylarla şekillenmiştir. Yetişme ortamımızda, varoluşumuzun çerçevesinde hep savaş tehdidinin izleri vardı. Derken savaş patladı. O döneme ilişkin asıl hatıralarımız, aile yaşamının ayrıntılarından çok, bütün dünyayı etkileyen bu sarsıcı olaylarla ilgiliydi. Fransa'da o günlerin kız-erkek çocuklarının da benimle aynı şeyleri yaşadıklarından adım gibi eminim. Özel yaşamımız hakikaten ciddi tehdit altındaydı. Tarihin beni büyüleyişinin, kendimizin de bir parçasını oluşturduğumuz bu olaylar ile kişisel yaşam arasındaki ilişkiden etkilenişimin nedeni belki budur. Bence kendi teorik arayışlarımın özünde de bu yatar. [*Kahkaha*]

S.R.: Yazılarınızda pek değinmeseniz bile hep bu dönemden etkilenmiş olarak kaldınız.

Foucault: Evet, tabii.

S.R.: Felsefeci olma kararınızın kökeninde ne yatıyordu?

Foucault: Bana sorarsanız, felsefeci olmak gibi bir projem hiç olmadı. Yaşamımı nasıl sürdüreceğim konusunda en ufak bir fikrim yoktu. Ve bu durum, benim kuşağımın insanları açısından galiba oldukça tipik bir şey. On ya da on bir yaşlarımızdayken, artık bundan böyle Alman mı olacağımızı, yoksa Fransız olarak mı kalacağımızı dahi bilmiyorduk. Bir bombardımanda ölüp ölmeyeceğimizi, vb. bilmiyorduk. On altı-on yedi yaşlarıma geldiğimde bildiğim tek bir şey vardı: Okul yaşamı dış tehditlerden, siyasetten korunan bir ortamdı. Kaldı ki bir okul ortamının, entelektüel bir çevrenin kanatları altında yaşamak beni daima büyülemiştir. Bilgi, bence, bireysel varoluşun bir kalkanı ile dış dünyanın kavranması işlevini görmelidir. Hepsi bundan ibarettir: Anlayarak hayatta kalmanın bir aracı olarak bilgi.

S.R.: Biraz Paris'teki çalışmalarınızdan söz edebilir misiniz? Bugünkü çalışmalarınızı özellikle etkileyen bir kişi ya da kişisel nedenlerle minnettarlık duyduğunuz hocalarınız var mı?

Foucault: Hayır. Ben Althusser'in öğrencisiydim. O sıralarda Fransa'daki temel felsefi akımlar Marksizm, Hegelcilik ve fenomenolojiydi. Bu akımları incelediğimi söylemeliyim; ama bende kişisel bir çalışma yapma arzusunu ilk uyandıran, Nietzsche'yi okumak oldu.

S.R.: Fransız olmayan okurlar herhalde Mayıs '68 isyanının muhasebesini çok iyi anlayamazlar. Siz zaman zaman, '68'in insanları sizin çalışmalarınıza daha duyarlı hale getirmek gibi bir sonuç doğurduğunu ifade ettiniz. Bunun nedenini açıklayabilir misiniz?

Foucault: Bence '68'den önce, en azından Fransa'da, felsefeci olarak ya Marksist ya fenomenolojist ya da yapısalcı olmak zorundaydınız. Ben bu dogmaların hiçbirine bağlı değildim. İkinci konu, o sıralarda Fransa'da psikiyatri ya da tıp tarihi öğrenimi yapmanın siyasi alanda reel bir statüsü yoktu. '68'den sonra ilk yaşanan, dogmatik bir çerçeve olarak Marksizmin gözden düşüp, kişisel yaşama ağırlık veren yeni siyasi ve kültürel ilgilerin boy göstermesi oldu. Benim çalışmalarımın, çok küçük bir çevreyi istisna tutarsak, '68'den önce hemen hemen hiç yankı bulmamasının nedeni sanırım bununla açıklanabilir.

S.R.: Cinselliğin Tarihi'*nin ilk cildinde değindiğiniz bazı çalışmalar –örneğin, Viktorya döneminin bir kitabı olan* My Secret Life (Gizli Yaşamım)– *cinsel fantezilerle doluydu. Olgu ile fantezi arasında bir ayrım yapmak çoğu zaman imkânsız. Özellikle cinsel fanteziler üzerinde yoğunlaşmanın ve bir cinsellik arkeolojisinden ziyade cinsel fanteziler arkeolojisi yaratmanızın ne gibi bir değeri olur?*

Foucault: [Kahkaha] Hayır. Ben bir cinsel fanteziler arkeolojisi yazmaya çalışmıyorum. Aslında yaptığımız, yapmakla yükümlü olduğumuz, yapmamıza izin verilen şeyler, cinsellik alanında yapmamız yasaklanmış olan şeyler ile cinsel davranışlarımız üzerine söylememize izin verilen, söylememiz yasaklanmış ya da söylemek zorunda olduğumuz şeyler arasındaki ilişkiyi oluşturan cinsellik üzerine söylemin arkeolojisini yapmaya çalışıyorum. Mesele budur. Bu bir fantezi sorunu değil, söze dökme sorunudur.

S.R.: On sekizinci ve on dokuzuncu yüzyıllarda Avrupa ile Kuzey Amerika'nın durumunu karakterize eden ve tarihsel bakımdan çok iyi belgelenmiş olarak gözüken cinsel baskının, aslında bir sürü belirsizlikle yüklü olduğu ve bunun arkasında tam zıt yönde etkili olan birtakım güçler yattığı fikrine nasıl vardığınızı anlatabilir misiniz?

Foucault: Doğrusunu isterseniz, söz konusu olan, baskının var olduğunu yadsımak değil, baskının cinsellik konusunda daima çok daha karmaşık bir siyasi stratejinin parçası olduğunu göstermektir. Şeyler yalnızca baskı altına alınmaz. Cinsellik konusunda, engellemenin negatif etkilerinin tahrik etmenin pozitif etkileriyle dengelendiği birtakım eksik düzenlemeler vardır. On dokuzuncu yüzyılda cinselliğin hem bastırılmış hem de psikoloji ve psikiyatri gibi teknikler aracılığıyla açığa çıkarılmış, önemle vurgulanmış ve analiz edilmiş olması, bunun basitçe baskıyla açıklanamayacak bir sorun olduğunu bütün çıplaklığıyla gözler önüne serer. Sorun daha çok, bizim toplumumuzda cinsel davranış ekonomisindeki bir değişiklikle ilgiliydi.

S.R.: Sizce bu hipotezinizi destekleyen en çarpıcı örnekler nelerdir?

Foucault: Bir tanesi çocukların mastürbasyonudur. Başka bir örnek, histeri ve histerik kadınlar konusunda koparılan gürültülerdir. Bu iki örnek kuşkusuz baskıyı, engellemeyi ve yasaklamayı da yansıtır. Ama çocukların cinselliğinin ana babalar için gerçek bir soruna, bir meseleye, bir endişe kaynağına dönüşmesi, çocuklarla ana babalarını bir hayli etkiledi. Çocuklarının cinselliğiyle ilgilenmek ana babaların gözünde yalnızca bir ahlâk sorunu değil, aynı zamanda bir zevk sorunu halini aldı.

S.R.: Hangi anlamıyla zevk?

Foucault: Cinsel heyecan ve cinsel tatmin.

S.R.: Ana babaların kendileri açısından mı?

Foucault: Evet. İsterseniz buna tecavüz diyebilirsiniz. Tecavüzün sistemleştirilmesine çok yaklaşan metinler vardır. Ana babaların çocuklarının cinsel hareketlerine tecavüz etmeleri. Mastürbasyonda somutlanan bu kişisel, gizli faaliyete müdahale etmek ana babalar açısından tarafsız bir hareket biçimi değildir. Yalnızca bir güç, otorite ya da etik meselesi değil, aynı zamanda bir zevktir. Söylediklerime katılmaz mısınız? Evet, burada müdahale etmekten hoşlanma durumu söz konusudur. Mastürbasyonun çocuklara çok katı bir şekilde yasaklanmış olması doğallıkla endişe kaynağıydı. Ayrıca, bu faaliyetin yoğunlaşmasının, karşılıklı mastürbasyonun ve bu konuda çocuklar arasında kurulan gizli iletişimden zevk duymanın da bir nedeniydi. Bütün bunlar, aile yaşamını, çocuklar ile ana babalar arasındaki ilişkiyi ve çocuklar arasındaki ilişkiyi belli bir doğrultuda şekillendirmekteydi. Yani sonuçta söz konusu olan salt baskı değil, bunun yanında hem endişelerin hem zevklerin yoğunlaşmasıdır. Ana babaların aldığı zevkin çocukların aldığı zevkle aynı olduğunu ya da hiç baskı bulunmadığını söylemeyi istemem tabii. Ben sadece bu saçma yasağın köklerini bulmaya çalıştım.

Mastürbasyonun böyle aptalca engellenmesinin çok uzun bir süre devam etmesinin nedenlerinden birisi, bu zevk ve endişe ile bunun etrafında şekillenen duygusal şebekeydi. Çocukların mastürbasyon yapmalarını engellemenin olanaksız olduğunu herkes bal gibi bilir. Mastürbasyonun zararlı olduğu konusunda hiçbir bilimsel kanıt yoktur. Mastürbasyonun en azından kimseye gerçekten zarar vermeyecek biricik zevk olduğu [*kahkaha*] da doğru olabilir. Öyleyse, neden bu kadar uzun süre yasaklandı? Bilebildiğim kadarıyla, bütün Yunan-Latin literatüründe mastürbasyona iki-üç göndermeden fazlasını bulamazsınız. Hiç kimse bununla ilgilenmiyordu. Yunan ve Latin uygarlığında mastürbasyonun ya kölelere ya da şehvet kurbanlarına yakışan bir hareket olduğu düşünülüyordu. [*Kahkaha*] Mastürbasyondan konuşmak özgür yurttaşlara yakışmazdı.

S.R.: Gelecekten hiç emin olamadığımız bir devirde yaşıyoruz. Geleceğe ilişkin vahyi andıran görüşlerin popüler kültürde çok yaygın olduğu görülüyor. Örneğin, Louis Malle'in My Dinner with André'*sini (*André'yle Akşam Yemeği*) alın. Böyle bir ortamda cinsiyetin ve üremenin insanların zihnini işgal etmeye başlaması, dolayısıyla cinselliğin tarihini yazmanın dönemi yansıtan bir belirti olması tipik bir durum değil midir?*

Foucault: Hayır, bu görüşü benimseyeceğimi sanmıyorum. Her şeyden önce, cinsellik ve üreme arasındaki ilişkiye duyulan ilginin, örneğin Yunan ve Roma toplumları ile on sekizinci ve on dokuzuncu yüzyılların burjuva toplumunda daha güçlü olduğu görülmektedir. Hayır. Beni etkileyen, cinselliğin artık üremeyle doğrudan ilgisi olmayan bir sorun olarak görünmesi. Sorun, kişisel davranışınız olarak cinselliğiniz.

Örneğin, eşcinselliğe bakalım. Bence, eşcinsel davranışın on sekizinci yüzyılda önemli bir sorun olmamasının nedenlerinden birisi, bir insanın çocuğu varsa, bunun dışındaki davranışlarının pek önem taşımadığı görüşüne bağlıydı. On dokuzuncu yüzyılda ise cinsel davranışın bireysel kendiliğin tanımlanması açısından önem taşıdığını gözlemeye başlarsınız. Ve bu yeni bir durumdur. On dokuzuncu yüzyıldan önce yasaklanmış davranışların, çok ağır biçimde cezalandırılsalar bile, daima bir aşırılık olarak, bir "libertinaj", çizmeyi aşmak olarak değerlendirildiğini görmek çok ilginçtir. Eşcinsel davranış, yalnızca doğal davranışta bir aşırılık türü olarak, belli sınırlar içinde tutulması çok güç bir güdü olarak değerlendiriliyordu. On dokuzuncu yüzyıldan itibaren, eşcinsellik gibi davranışların anormallik sayılmaya başlandığını görürsünüz. Bunun libertinaj olduğunu söylediğimde, hoşgörüyle yaklaşıldığını söylüyor değilim tabii.

Bana kalırsa, bireyleri cinsel davranış ya da arzularıyla karakterize etme fikrine on dokuzuncu yüzyıldan önce ya hiç rastlanmaz ya da çok ender hallerde rastlanır. "Bana arzularını söyle, sana kim olduğunu söyleyeyim." Bu sorun, on dokuzuncu yüzyıl açısından tipik bir durumu yansıtır.

S.R.: Cinsiyet "yaşamın gizi" değil artık sanki. Bu açıdan onun yerini alan bir şey var mıdır?

Foucault: Elbette cinsiyet artık yaşamın gizi değildir, çünkü insanlar eziyet çekmeden ya da mahkûm edilmeden cinsel tercihlerinin en azından belli genel biçimlerini sergileyebiliyorlar. Ama sanırım insanlar, gene de, cinsel arzunun, en derinlerindeki kimliklerinin ne olduğunu açığa çıkarabileceğini düşünüyorlar ya da düşünmeleri isteniyor. Cinsellik sır değil; ama hâlâ bir belirti, bireyselliğimizin en gizli yanının bir dışavurumu.

S.R.: Sormak istediğim bundan sonraki soru ilk başta tuhaf gelebilir ve siz de tuhaf olduğunu düşünürseniz neden bu soruyu sormaya gerek duyduğumu açıklarım. Evet, güzelliğin sizin gözünüzde özel bir anlamı var mı?

Foucault: Herhalde herkes için vardır. [*Kahkaha*] Ben miyobum, ama güzellikten hiçbir şey anlamayacak kadar da kör değilim. Niçin bu soruyu soruyorsunuz? Korkarım güzelliğe duyarsız kalmadığıma dair kanıt verdim size.

S.R.: Sizin en etkileyici yanlarınızdan birisi, içinde yaşadığınız sıkı manastır havası. Paris'te kaldığınız dairenin hemen her tarafı beyaz; ayrıca birçok Fransız evini süsleyen "sanat eserleri"nden bucak bucak kaçıyorsunuz. Geçen ay Toronto'dayken defalarca beyaz pantolonlar, beyaz bir tişört ve siyah bir deri ceket gibi basit giysiler giydiniz. Beyazdan bu kadar hoşlanmanızın nedeninin herhalde, Poitiers'de 1930'lu ve 1940'lı yıllarda evlerin dış cephelerinin beyaza boyanmasının fiilen olanaksız olmasına dayandığını ileri sürdünüz. Burada beyaz duvarları siyah cut-out heykellerle süslenmiş bir evde kalıyorsunuz. Düz beyaz ile düz siyahın sadeliği ve güçlü etkisinden çok hoşlandığınızı ifade ettiniz. Cinselliğin Tarihi'nde anılmaya değer bir söz var: "cinsiyetin katı monarşisi". Hayatı bir sanat icra ediyormuş gibi yaşayan sofistike bir Fransız imajına uygun değilsiniz. Ayrıca, bana Amerikan yiyeceklerini sevdiğini, tercih ettiğini söyleyen, tanıdığım tek Fransız da sizsiniz.

Foucault: Evet, doğru. [*Kahkaha*] İyi bir karışık sandviç, yanında da kola. Benim zevkim bu. Tamam, dondurmalı. Böyle işte. Aslında, zevki yaşarken çok zorlandığımı düşünüyorum. Bence zevk almak çok güç bir davranış. İnsanın keyif alması o [*kahkaha*] kadar basit değil. Bunun benim düşüm olduğunu belirtmeliyim. Herhangi bir zevki aşırı dozda alarak [*kahkaha*] ölmek isterim ve umarım böyle öleceğim. Bunun gerçekten güç olduğunu düşündüğümden ve her zaman zevk, eksiksiz zevk duymadığım duygusunu taşıdığımdan ve bence bu ölümle ilintili bir durum.

S.R.: Bunu niçin söylüyorsunuz?

Foucault: Çünkü benim gerçek zevk olarak gördüm şey öylesine derin, öylesine yoğun, öylesine baskın olurdu ki, buna dayanamazdım. Ölürüm. Size daha açık ve daha basit bir örnek vereyim. Bir keresinde sokakta bir otomobil çarpmıştı. Yolda yürüyordum. Bir iki saniye ölmekte olduğum izlenimine kapıldım ve hakikaten çok, çok yoğun bir zevk duydum. Hava harikaydı. Yaz akşamı, saat 7 sularıydı. Güneş batmak üzereydi. Gökyüzü olağanüstü güzel ve maviydi. Bu benim en güzel hatıralarımdan biriydi ve halen de öyledir. [*Kahkaha*]

Ayrıca, özlemini duyduğum ve kendi kendime yaşayamadığım inanılmaz derecede yoğun zevklere aracılık ettikleri için bazı uyuşturucuları çok önemli buluyorum. Gerçi bir bardak şarap, iyi şarap, eski şarap, vs. içmek zevk verir; ama yetmez. Zevk duymak, akıl almaz derecede yoğun bir şey de olmalı. Üstelik sanırım böyle düşünen tek kişi ben değilim.

Kendime ve başkalarına, gündelik yaşamı oluşturan ortalama zevkleri tattıramıyorum. Ortalama zevkler bana hiçbir şey ifade etmez ve yaşamımı bunlara göre düzenleyemem. Benim toplumsal bir varlık olmamamın, hakikaten kültürel bir varlık olmamamın, gündelik yaşamımda çok sıkıcı olmamın nedeni budur. [*Kahkaha*] Benimle yaşamak insana sıkıntı verir. [*Kahkaha*]

S.R.: Romain Rolland'dan sık sık aktarılan bir söz, Fransız romantik yazarlarının müziği yalnızca bir gürültü olarak algılayan "görseller" olduklarıdır. Bu söz açıkça abartı olduğu halde, en yeni araştırmalar bu saptamayı doğrular nitelikte. Sizin kitaplarınızda resimlere bir sürü referans yapılırken, müziğe ancak tek tük yerde değiniliyor. Siz Fransız kültürünün, Rolland'ın üzerinde durduğu bu özelliğinin de temsilcisi sayılabilir misiniz?

Foucault: Evet, tabii. Fransız kültürünün müziğe hiç yer vermediğine ya da çok az yer verdiğine kuşku yoktur. Ne var ki kendi kişisel yaşamımda müziğin önemli bir rol oynadığı da gerçektir. Yirmi yaşındayken edindiğim ilk arkadaşım bir müzisyendi. Ondan sonra gene besteci olan ve şimdi ölmüş bulunan bir arkadaşım daha oldu. Onun sayesinde bütün Boulez kuşağını tanıdım. Benim açımdan çok önemli bir deneyimdi bu. Bir kere, benim gözümde gerçekten muamma olan bir sanat türüyle ilişki kurmuş olduğum için. Müzik alanında asla yetkin bir düzeye gelmedim; bugün de aynı durumdayım. Ama benim açımdan oldukça muamma olan bir şeydeki güzelliği hissettim. Bach'ta ve Webern'de hoşuma giden bazı parçalar vardır. Ama, benim için gerçek güzellik, anlayamadığım, hakkında hiçbir şey söyleyemeyeceğim bir "*phrase musicale, un morceau de musique*"tir*. Bunu ister kibirlilik ister küstahlık sayın, dünyanın en harika resimlerinin hepsi hakkında söyleyebilecek bir sözüm olduğunu düşünüyorum. Bu yüzden o resimler mutlak anlamda güzel değil. Boulez hakkında bir şeyler yazmıştım. Bu, aylarca bir müzisyenle beraber yaşamanın etkisiydi. Dolayısıyla entelektüel yaşamımda bile önemli bir yeri oldu.

S.R.: Eğer doğru anladıysam, sanatçılar ile yazarlar sizin çalışmalarınıza ilk başta felsefeciler, sosyologlar ya da diğer akademisyenlerden daha olumlu tepki gösterdiler.

Foucault: Evet, bu doğru.

S.R.: Sizin felsefe türünüz ile genelde sanatlar arasında özel bir yakınlık var mıdır?

Foucault: Bakın, sanırım bunu cevaplayacak durumda değilim. Söylemekten nefret ederim ama, gerçekten iyi bir akademisyen

---
* "Müzikal cümle, bir müzik parçası." (ç.n.)

olmadığım doğrudur. Bana göre, entelektüel çalışma kendini dönüştürmek anlamında estetizm diyebileceğiniz şeyle ilintili bir şeydir. Kendi sorunumun bilgi, araştırma, teori ve reel tarih arasındaki bu tuhaf ilişki olduğuna inanıyorum. Çok iyi biliyorum ve çocukluktan beri bildiğimi düşünüyorum ki, dünyayı dönüştürme çabalarında bilginin elinden hiçbir şey gelmez. Belki yanılıyorum. Ve bilginin dünyayı tepeden tırnağa değiştirmiş olduğunu da çok iyi bildiğimden teorik bir bakış açısıyla yanıldığıma eminim.

Ne var ki, kişisel deneyimimden söz ettiğimde, bilginin bizim için hiçbir şey yapamayacağını, siyasi iktidarın bizi mahvedebileceğini hissediyorum. Dünyanın bütün bilgilerini bir araya toplasanız da buna karşı bir şey yapamazsınız. Bunlar, teorik açıdan düşündüklerimle (bunun yanlış olduğunu biliyorum) değil; kişisel deneyimim sayesinde konuştuklarımla ilintilidir. Bilginin bizi dönüştürebileceğini, hakikatin yalnızca dünyayı deşifre etmenin bir yolu olmadığını (belki de hakikat dediğimiz şey hiçbir şeyi deşifre etmez); ama hakikati bilirsem kendimin değişeceğini de biliyorum. O zaman belki de kurtulacağım. Belki de öleceğim, ama bence zaten hepsi aynı şey. [*Kahkaha*]

Görüyorsunuz, bunun için tam bir köpek gibi çalışıyorum ve bütün ömrüm boyunca bir köpek gibi çalıştım. Yaptıklarımın akademik statüsüyle ilgilenmiyorum, çünkü sorunum kendimi dönüştürmek. Ayrıca insanlar, "Evet, birkaç yıl önce şöyle düşünüyordunuz, şimdi böyle söylüyorsunuz," dediği zaman, cevabımın, [*kahkaha*] "Yoksa benim yıllarca aynı şeyi söyleyip hiç değişmemek için mi böyle çalıştığımı sanıyorsunuz?" şeklinde olmasının nedeni de bu. İnsanın bilgisiyle kendi kendisini dönüştürmesi, bence estetik deneyime çok yakın bir şey. Bir ressam kendi resmiyle dönüşüme uğramıyorsa niçin çalışsın ki?

S.R.: Cinselliğin Tarihi'*nde tarihsel boyutun ötesinde, örtük biçimde etik bir kaygı var mı? Siz bazı açılardan nasıl davranmamız gerektiğini söylemiyor musunuz?*

Foucault: Hayır. "Etik" sözcüğüyle bize nasıl davranılacağını bildirecek bir kodu kastediyorsanız, o zaman *Cinselliğin Tarihi* elbette bir etik değildir. Ama "etik" derken hareketlerinizde kendinizle kurduğunuz ilişkiyi kastediyorsanız, o zaman bu kitabın bir etik olma niyeti taşıdığını, en azından bir cinsel davranış etiğinin ne olabileceğini göstermeyi amaçladığını söyleyeceğim. Bu, cinsel yaşamımızın gerçekliğinin altındaki derin hakikat sorununun baskın çıkacağı bir etik olmayacak. Seviştiğimiz zaman kendimizle kurmaya ihtiyaç duyduğumuz ilişki bir zevk etiği, zevkin yoğunlaşmasıdır.

S.R.: Çok sayıda insan sizi kendilerine dünya ve kendileri hakkındaki derin hakikati söyleyebilen biri olarak görüyor. Bu sorumluluğa nasıl dayanıyorsunuz? Bir entelektüel olarak, bu kâhin misyonuna, zihniyetlere şekil veren kişi rolüne karşı sorumluluk duyuyor musunuz?

Foucault: Bu insanlara bekledikleri sunamadığıma eminim. [*Kahkaha*] Hiçbir zaman bir peygamber gibi davranmam. Kitaplarım insanlara ne yapacaklarını söylemez. Kaldı ki insanlar benden genellikle böyle yapmadığım için yakınıyorlar (belki de haklılar), aynı zamanda bir peygamber gibi davrandığım için de yakınıyorlar. Ben on yedinci yüzyıldan on dokuzuncu yüzyılın başlangıcına kadar psikiyatrinin tarihi üzerine bir kitap yazdım. Bu kitapta günümüzdeki durum hakkında hemen hiçbir şey söylemediğim halde, insanlar gene de bu kitabı bir anti-psikiyatri tavrı olarak okudular. Bir keresinde, psikiyatri konulu bir sempozyuma katılmak üzere Montreal'e davet edilmiştim. İlk önce psikiyatrist olmadığımdan –her ne kadar bu konuda, size başta söylediğim gibi çok kısa süren bin deneyimim olmuşsa da– oraya gitmeyi reddettim. Gelgelelim, beni yalnızca açış konuşmasını yapacak bir psikiyatri tarihçisi konumumla davet ettikleri yolunda bir sürü teminat verdiler. Quebec sevdiğim bir yer olduğundan ben de gittim. Ve tam anlamıyla tuzağa düştüm. Zira sempozyum başkanı beni Fransa'da anti-psikiyatrinin temsilcisi olarak tanıttı. Elbette orada, yazdıklarımdan tek bir satır dahi okumamış olup benim bir anti-psikiyatrist olduğuma yürekten inanan hoş insanlar vardı.

Ben, on dokuzuncu yüzyılın başlangıcına kadar psikiyatrinin

tarihini yazmaktan öte bir şey yapmış değilim. Öyleyse niçin bir sürü insan –psikiyatristler dahil olmak üzere– benim bir antipsikiyatrist olduğuma inansın? Çünkü onlar kendi kurumlarının gerçek tarihini bir türlü kabullenemiyorlar, ki bu da psikiyatrinin bir sözde-bilim olduğunun göstergesi. Gerçek bir bilim kendinin ortaya çıkışına dair en utanç verici, çirkin hikâyeleri dahi içine sindirebilir. [*Kahkaha*]

Görüyorsunuz ya, hakikaten peygamberliğe bir çağrı var ortada. Bence bundan kurtulmak zorundayız. İnsanlar, tarihsel analizi, sosyolojik analizi, vb. bir çıkış noktası kabul ederek kendi etiklerini inşa etmek zorundalar. Hakikati ortaya çıkarmaya çabalayan insanların, aynı anda, aynı kitapta ve aynı analizde birtakım etik ilkeler ya da pratik öğütler de sunmak zorunda olduklarını sanmıyorum. Bütün bu reçete ağı, insanların bizzat kendileri tarafından geliştirilip derinleştirilmelidir.

S.R.: Sizin Kasım 1981'de yaptığınız gibi, bir filozofun Time *dergisinin sayfalarını kaplamış olması belirli bir popüler statü kazanmanın bir göstergesidir. Bu konuda neler hissediyorsunuz?*

Foucault: Gazeteciler benden çalışmalarım hakkında bilgi istedikleri zaman, bunu kabullenmek zorunda olduğumu düşünürüm. Bakın, toplum, vergi mükellefleri [*kahkaha*] bize çalışmamız için para ödüyor. Gerçekten de çoğumuzun elinden geldiği kadar çok çalıştığını zannediyorum. Bence bu çalışmanın mümkün olduğu kadar herkese sunulması ve ulaştırılması çok normal. Doğallıkla, çalışmalarımızın bir kısmı anlaşılması çok zor olduğundan kimseye ulaşamaz. Benim Fransa'da ait olduğum kurum (üniversiteye değil, Collège de France'a mensubum), üyelerini, çalışmalarımızı sunmak zorunda olduğumuz ve katılmak isteyen herkese açık olan konferanslar vermekle yükümlü kılıyor. Biz hem araştırmacı hem de araştırmalarımızı herkese açıklamak zorunda olan kişiler konumundayız. Bana sorarsanız, bu çok eski kurumda –geçmişi on altıncı yüzyıla dayanmaktadır– çok ilginç bir yan var. Derin anlam eminim çok önemli. Bir gazeteci gelip benden çalışmalarım hakkında bilgi istediğinde, ona dilimin döndüğünce en net cevapları vermeye çalışırım.

Her neyse, benim kişisel yaşamımın ilginç hiçbir yanı yok. Biri çıkar da benim çalışmalarımın yaşamımın falan falan kısmına başvurmadan anlaşılamayacağını düşünecek olursa, bu uyarıyı dikkate alırım. [*Kahkaha*] Kabul edersem cevap vermeye hazırım. Kişisel yaşamımın ilginç bir yanı olmadığından, bunu saklamaya değmez. [*Kahkaha*] Aynı nedenle herkesin bilmesine de değmez herhalde.

Çev.: Osman Akınhay

VII
İktidarın halkaları*

İktidar kavramının analizine girişmeyi deneyeceğiz. İçgüdünün karşısına baskıyı çıkaran, içgüdü ve kültürü karşı karşıya getiren Freudçu şemanın sınırlarını çizmeye çalışan ilk ben değilim; tam tersine. On yıllardan beri bütün bir psikanalistler okulu, "kültüre karşı içgüdü ve baskıya *karşı* içgüdü" biçimindeki bu Freudçu şemayı değiştirmeye, geliştirmeye çalıştılar; Melanie Klein, Winnicot ve Lacan gibi baskının, doğası gereği verili bir içgüdü-

---

* (Konferans) "As malhas do poder"; (birinci bölüm, çeviren P. W. Prado Jr.; Bahia Üniversitesi Felsefe Fakültesi'nde verilen konferans, 1976), *Barbârie*, no. 4, Yaz 1981, s. 23-27. Bu konferans iki bölüm olarak yayımlanmıştır. Birinci bölüm *Barbârie* sayı 4'te, ikinci bölüm *Barbârie* sayı 5'te, 1982'de. Konferans burada bütünüyle yayımlanmaktadır.

sel oyunu denetlemeye girişen ikincil, sonradan gelen, gecikmiş bir mekanizma olmak bir yana, içgüdü mekanizmasının veya en azından cinsel içgüdünün geliştiği, canlandığı, itki haline geldiği sürecin parçası olduğunu göstermeye çalışmış hem İngilizce hem de Fransızca yazan psikanalistlere gönderme yapıyorum.

Freudçu *Trieb* kavramı basit bir doğal veri, baskının gelip kendi yasaklama yasasını dayatabileceği doğal bir biyolojik mekanizma olarak değil; psikanalistlere göre, baskı tarafından zaten derinlemesine nüfuz edilmiş bir şey olarak yorumlanmalıdır. İhtiyaç, iğdiş etme, yoksunluk, yasaklama ve yasa arzunun kendini cinsel arzu olarak kurmasını sağlayan unsurlardır; bu da, on dokuzuncu yüzyıl sonunda Freud'un tasarlamış olduğu biçimiyle cinsel içgüdüye ilişkin temel bilginin dönüşümünü içerimler. Dolayısıyla, içgüdüyü doğal bir veri olarak değil, beden ile yasa arasındaki, beden ile nüfusu denetlemeyi sağlayan kültürel mekanizmalar arasındaki bütün bir karmaşık oyun, bütün bir şekillendirme olarak düşünmek gerekir.

Dolayısıyla psikanalistlerin, yeni bir içgüdü kavramı, her halükârda yeni bir içgüdü, itki ve arzu kavrayışı ortaya çıkararak, sorunu ciddi biçimde başka yöne kaydırdıkları düşüncesindeyim. Yine de, kafamı karıştıran veya en azından bana yetersiz gelen şey, psikanalistlerin önerdikleri bu şekillendirmede arzu anlayışını belki değiştirmiş olsalar da iktidar anlayışını kesinlikle değiştirmemiş olmalarıdır.

Psikanalistler, iktidarın gösterileninin, merkezi noktasının, iktidarı oluşturan şeyin hâlâ yasaklama, yasa, hayır deme olgusu, bir kez daha, "yapmamalısın!" deme biçimi ve formülü olduğunu kabul etmeye devam ediyorlar. İktidar, özünde, "yapmamalısın!" diyen kimsedir. Bence bu –birazdan bundan söz edeceğim– iktidara ilişkin tamamen yetersiz bir anlayış olan, hukuksal ve biçimsel bir iktidar anlayışıdır ve Batı toplumlarında iktidar ile cinsellik arasında oluşmuş ilişkileri hiç kuşkusuz daha iyi anlamayı sağlayacak bir başka iktidar kavramı oluşturmak gerekir.

Sadece hukuksal ve olumsuz bir iktidar anlayışını değil, bir iktidar teknolojisi anlayışını da içeren bir analizin hangi yönde geliştirilebileceğini açmaya, dahası, göstermeye çalışacağım.

İktidarın esas olarak kural, yasa, yasaklama olduğu, izin verilen ile yasaklanan arasındaki sınırları belirlediği şeklindeki anlayış psikanalistlerde, psikologlarda ve sosyologlarda sık karşılaşılan bir düşüncedir. Bu iktidar anlayışının, on dokuzuncu yüzyılın sonunda, derinlemesine formüle edildiği ve etnoloji tarafından fazlasıyla geliştirildiği kanısındayım. Etnoloji her zaman bizimkinden farklı toplumlardaki iktidar sistemlerini kuralcı sistemler olarak bulup ortaya çıkarmayı denedi. Ve biz de, kendi toplumumuz üzerine, iktidarın burada uygulanış tarzı üzerine düşünmeye çalıştığımızda, esas olarak hukuksal bir anlayıştan yola çıkarak düşünürüz: İktidar nerededir, iktidarı elinde tutan kimdir, iktidarı yöneten kurallar hangileridir, iktidar toplumsal gövde üzerinde hangi yasalar sistemini inşa eder.

Dolayısıyla, kendi toplumumuz için her zaman hukuksal bir iktidar sosyolojisi inşa ederiz ve bizimkilerden farklı toplumları incelediğimizde de, özünde bir kural etnolojisi, yasaklama etnolojisi şeklindeki bir etnoloji inşa ederiz. Örneğin, Durkheim'dan Lévi-Strauss'a etnolojik araştırmalarda, daima yeniden ortaya çıkan, sürekli olarak yeniden tasarlanan sorunun ne olduğuna bakınız: Bu bir yasaklama sorunu, esas olarak, ensestin yasaklanması sorunudur. Ve, bu matristen, ensestin yasaklanmasına ilişkin bu çekirdekten yola çıkarak, sistemin genel işleyişi kavranmaya çalışıldı. İster katı anlamda Marksist olsun ister klasik Marksizmden daha uzak bir bakış açısı olsun, iktidar üzerine yeni bakış açılarının ortaya çıktığını görmek için daha yakın yılları beklemek gerekti. Her halükârda, bu noktadan itibaren örneğin Clastres'ın[1] çalışmalarıyla, Durkheim'den Lévi-Strauss'a kadar etnoloji üzerinde egemenlik kurmuş olan, kuralın ve yasaklamanın önceliğinden, bu ayrıcalığından kurtulmayı deneyen, teknoloji olarak iktidar biçiminde tüm bir yeni anlayışın ortaya çıktığını görüyoruz.

---

[1] Pierre Clastres'ın *La Société contre l'Etat. Recherches d'anthropologie politique*, Paris, Minuit, "Critique" dizisi, 1974 (*Devlete Karşı Toplum*, Çev.: Mehmet Sert-Nedim Demirtaş, Ayrıntı Yay., 1991) adlı eserinde bir araya getirilen çalışmalarına gönderme.

Her halükârda, ortaya atmak istediğim soru şudur: Nasıl olur da toplumumuz, genel olarak Batı toplumu, iktidarı bu kadar sınırlayıcı, bu kadar yoksul, bu kadar olumsuz bir biçimde tasarladı? İktidarı niçin her zaman yasa olarak ve yasaklama olarak tasarlıyoruz, bu ayrıcalık niye? Elbette bunun, Kant'ın etkisinden dolayı böyle olduğunu söyleyebiliriz, son kertede, ahlâki yasanın, "yapmamalısın!"ın, "yapmalısın/yapmamalısın" karşıtlığının aslında insan davranışına ilişkin tüm düzenlemenin matrisi olduğu düşüncesinden kaynaklandığını söyleyebiliriz. Ama, doğruyu söylemek gerekirse, Kant'ın etkisinden yola çıkan bu açıklama açıkça tamamen yetersizdir. Sorun, Kant'ın böyle bir etkisinin olup olmadığını ve olduysa niçin bu kadar güçlü olduğunu bilmektir. III. Cumhuriyet dönemi Fransa'sının ilk yıllarının belli belirsiz sosyalist eğilimli filozofu Durkheim, bir toplumdaki iktidar mekanizmalarını analiz etmek gerektiğinde niçin Kant'a bu şekilde yaslanabildi?

Bunun nedenlerini kabaca şu terimlerle analiz edebileceğimizi sanıyorum: Aslında, Batı'da, ortaçağdan bu yana yerleşmiş büyük sistemler, feodal iktidarın, daha doğrusu iktidarların zararına, monarşik iktidarın büyümesi aracılığıyla gelişti. Oysa, feodal iktidarlarla monarşik iktidar arasındaki bu mücadelede hukuk, her zaman, feodal toplumun özelliği olan kurumlara, ahlâka, kurallara, bağ ve aidiyet biçimlerine karşı monarşik iktidarın aracıydı. Size sadece iki örnek vereceğim. Bir yandan, monarşik iktidar Batı'da büyük ölçüde hukuksal kurumlara dayanarak ve bu kurumları geliştirerek ortaya çıktı; iç savaş sırasında, kişisel uyuşmazlıkların eski çözümünün yerine, bireyler arasındaki münakaşaları çözümleme imkânını fiili olarak monarşik iktidara veren yasaları olan bir mahkemeler sistemini geçirmeyi başardı. Aynı şekilde, on üçüncü ve on dördüncü yüzyılda Batı'da yeniden ortaya çıkan Roma hukuku, monarşinin elinde, kendi öz iktidar biçimlerini ve mekanizmalarını, feodal iktidarların aleyhine tanımlamanın müthiş bir aleti oldu. Başka bir ifadeyle, Avrupa'da devletin büyümesi kısmen sağlanmıştı veya her halükârda hukuksal bir düşüncenin gelişimini araç olarak kullandı. Monarşik iktidar, devlet iktidarı özünde hukukta temsil edilir.

Oysa, kraliyet iktidarının gelişiminden ve feodal sistemlerin küçülmesinden, gerilemesinden geniş ölçüde yararlanan burjuvazinin, diğer yandan, ekonomik mübadelelere biçim vermesini sağlayan, kendi toplumsal gelişimini güvence altına alan bu hukuk sistemini geliştirmekte büyük çıkarı vardı. Öyle ki, hukukun söz dağarcığı ve biçimi burjuvaziyle monarşinin ortak iktidarının temsil edildiği sistemdi. Burjuvazi ve monarşi, ortaçağın sonundan on sekizinci yüzyıla kadar, kendine söylem olarak, dil olarak hukukun söz dağarını veren ve kendini bu söz dağarıyla temsil eden bir iktidar biçimini oluşturmayı yavaş yavaş başardılar. Ve burjuvazi sonunda monarşik iktidardan tam da bizzat monarşiye karşı çevirdiği –oysa monarşiye de ait olan– bu hukuksal söylemi kullanarak kurtuldu.

Yalnızca bir örnek verelim. Rousseau, devlet teorisini geliştirdiğinde, her birey hükümranın üyesi, bizzat hükümranın kendisi olduğu ölçüde yasa koyucu da olduğundan, bireysel hakların devredilmesi, başkasına temliki ve her bireyin tanıması gereken yasaklama yasalarının formüle edilmesinden hareket ederek bir hükümranın; ama kolektif bir hükümranın, toplumsal gövde olarak hükümranın veya daha doğrusu hükümran olarak bir toplumsal gövdenin nasıl meydana geldiğini göstermeye çalıştı. Sonuç olarak, monarşik kurumun eleştirisinin yapıldığı teorik mekanizma, bu teorik araç, monarşinin kendisi tarafından yerleştirilmiş hukuksal bir araçtı. Başka deyişle, Batı'nın hukuktan, yasa sisteminden başka bir iktidar temsiliyeti, formülasyonu ve analiz sistemi olmadı. Ve sonuç olarak şunu diyebiliriz ki, yasa, kural, hükümran, iktidara vekil tayin etme gibi temel, asıl, vs. kavramları kullanmak dışında iktidarı analiz etmenin başka imkânlarına yakın zamana kadar sahip olamamamızın nedeninin bu olduğunu sanıyorum. İktidarın temsil edilişinin analizine değil, iktidarın gerçek işleyişinin analizine girişmek istiyorsak, sanırım bu hukuksal iktidar anlayışından, yasa ve hükümrandan yola çıkan, kuraldan ve yasaklamadan yola çıkan bu iktidar anlayışından artık kurtulmak zorundayız.

İktidarı pozitif mekanizmaları içinde analiz etmeyi nasıl deneyebiliriz? Belli başlı bazı metinlerde bu tip bir analiz için temel unsurları bulabileceğimizi sanıyorum. On sekizinci yüzyıl sonu ve on dokuzuncu yüzyıl başı İngiliz filozofu ve aslında burjuva iktidarının büyük teorisyeni olan Bentham'da bunları belki bulabiliriz, tabii Marx'ta, özellikle *Kapital*'in II. cildinde de buluruz. Pozitif mekanizmalarıyla iktidar analizi için yararlandığım bazı unsurları buralarda bulabileceğimizi sanıyorum.

Öz olarak, *Kapital*'in II. cildinde bulabileceğimiz şey, ilk olarak, bir iktidarın değil; birçok iktidarın var olduğudur. İktidarlar; yani örneğin atölyede, orduda, köleci tipteki bir mülkiyette veya serflik ilişkilerinin var olduğu bir mülkiyette yerel olarak işleyen tahakküm biçimleri, bağımlılık biçimleri. Tüm bunlar, iktidarın yerel, bölgesel biçimleridir ve kendi işleyiş kipleri, yöntemleri ve teknikleri vardır. Bütün bu iktidar biçimleri heterojendir. Bu durumda, eğer bir iktidar analizi yapmak istiyorsak iktidardan değil, iktidarlardan söz etmemiz ve iktidarların yerini kendi tarihsel ve coğrafi spesifiklerinde belirlememiz gerekir.

Bir toplum, bir iktidarın, sadece tek bir iktidarın uygulandığı üniter bir gövde değildir; bir toplum, gerçekte, farklı ama yine de spesifiklerini muhafaza eden iktidarların yan yana gelmesi, ilişkisi, koordinasyonu ve hiyerarşisidir. Marx, örneğin, toplumun geri kalanında var olan hukuksal tipteki iktidara kıyasla bir atölyede patronun uyguladığı fiili iktidarın hem spesifik hem de özerk ve bir anlamda geçirgen olmayan niteliği üzerinde fazlasıyla durur. Dolayısıyla, iktidar bölgeleri vardır. Toplum, farklı iktidarlardan bir takımadadır.

İkinci olarak, bu iktidarlar, sadece, temel olan bir tür merkezi iktidarın türevi, sonucu olarak anlaşılmamalıdır ve böyle anlaşılamazlar. Grotius olsun, Pufendorf veya Rousseau olsun, hukukçular şemalarında şöyle demektedirler: "Başlangıçta toplum yoktu, ardından toplumsal gövdeyi inşa etmiş ve sonra da yerel ve bölgesel bir dizi iktidara imkân tanımış merkezi bir hükümranlık noktası ortaya çıktığı andan itibaren toplum ortaya çıktı." Marx, zımni olarak, bu şemayı kabul etmez. Tersine, mülkiyet, kölelik, atölye ve de ordu gibi bu küçük iktidar bölgelerinin temel ve başlangıçtaki varlığından yola çıkarak büyük devlet aygıtlarının nasıl yavaş yavaş oluşabildiğini gösterir. Devlet birliği, aslında, ilk başta gelen bu bölgesel ve özgül iktidarlara oranla ikincildir.

Üçüncü olarak, bu spesifik ve bölgesel iktidarların ilk işlevi kesinlikle yasaklamak, engellemek, "yapmamalısın!" demek değildir. Bu yerel ve bölgesel iktidarların ilk, asıl ve sürekli işlevi, gerçekte, bir verimliliğin, bir yeteneğin üreticileri, bir ürünün üreticileri olmaktır. Marx, örneğin orduda ve atölyelerde disiplin sorununun muhteşem analizlerini yapar. Ordudaki disipline ilişkin benim yapacağım analiz Marx'ta yoktur, ama önemli değil. On altıncı yüzyılın sonundan ve on yedinci yüzyılın başından aşağı yukarı on sekizinci yüzyılın sonuna kadar orduda neler olup bitti? O zamana kadar esas olarak birbirlerinin görevlerini nispeten üstlenebilen ve bir şefin etrafında örgütlenmiş bireylerin küçük birliğinden oluşan orduda, bu küçük birliklerin yerine, bir dizi aracı şef, astsubay ve de teknisyenle birlikte, piramit biçimindeki büyük bir birliğin geçtiği dev bir dönüşüm meydana geldi ve bu dönüşümün esas nedeni teknik bir keşfin yapılmış olmasıdır: görece çabuk ateş alan ve nişan alınabilen tüfek.

Bu dönemden itibaren, ordu artık birbirlerinin görevlerini üstlenebilen elemanlardan oluşan tecrit edilmiş küçük birlikler –bu şekilde faaliyet göstermesi tehlikeliydi– biçiminde ele alınamazdı. Ordunun etkili olması için, tüfeklerin mümkün olan en iyi biçimde kullanılabilmesi için, her bireyin geniş bir cephede belirli bir konum işgal etmek, kopmaması gereken bir hatla uyum içinde, eşzamanlı olarak mevzilenmek, vs. için iyi yetiştirilmiş olması gerekiyordu. Bu, astsubaylarla, bütün bir astsubaylar hiyerarşisiyle, ast ve üst subaylarla birlikte yeni bir iktidar tekniği içeren başlı başına bir disiplin sorunuydu. Bu şekilde ordu, her bireyin, konumunun spesifikliğine ve rolüne göre yer aldığı bütünün birliğiyle birlikte, azami başarısı garanti edilerek, çok karmaşık ve hiyerarşik bir birlik olarak ele alınabildi.

İşlevi kesinlikle bir şeyi yasaklamak olmayan yeni bir iktidar yöntemi sayesinde çok yüksek bir askeri başarı elde edildi. Elbette bu yöntem de şunu veya bunu yasaklama durumunda kalıyordu, yine de kesinlikle hedef "yapmamalısın!" demek değildi, esas olarak hedef daha iyi bir başarı, daha iyi bir üretim, daha iyi bir üretkenlik elde etmekti. Ölüler üretimi olarak ordu; bu yeni iktidar tekniği tarafından mükemmelleştirilen veya daha doğrusu sağlanan budur. Yasaklama hiç değildir. On yedinci ve on sekizinci yüzyıllarda oluşmaya başlayan atölyelerdeki disiplin konusunda da aynı şeyi söyleyebiliriz; korporatif nitelikteki küçük atölyelerin yerine bir dizi işçisiyle –yüzlerce işçiyle– birlikte büyük atölyeler geçtiğinde hem birilerinin diğerlerinin davranışını gözetlemesi ve denetlemesi hem de işbölümü gerekli olmuştu. Bu yeni atölye disiplinini keşfetme zorunluluğunun nedeni de işbölümüydü; ama, tersine, atölye disiplininin işbölümünü sağlamanın koşulu olduğunu da söyleyebiliriz. Bu atölye disiplini olmadan, hiyerarşi, gözetleme, ustabaşıların ortaya çıkışı, hareketlerin kronometreyle denetlenmesi olmadan işbölümünü elde etmek mümkün olmazdı.

Nihayet, dördüncü önemli düşünce: Bu iktidar mekanizmalarını, bu iktidar yöntemlerini teknikler olarak, yani keşfedilmiş, yetkinleştirilmiş ve durmadan geliştirilen yöntemler olarak kabul etmek gerekir. Hakiki bir iktidar veya daha doğrusu her biri kendi özgül tarihine sahip bir iktidarlar teknolojisi vardır. Bu noktada, bir kez daha, *Kapital*'in II. cildinin satır aralarında, iktidar teknolojisinin atölyelerde ve fabrikalarda uygulanan halinin tarihi olan bir analize veya en azından bir analizin ana hatlarına kolaylıkla rastlanabilir. Dolayısıyla bu temel bilgileri izleyeceğim ve cinselliğe ilişkin olarak, iktidarı hukuksal açıdan değil, teknolojik açıdan düşünmeye çalışacağım.

Bence, gerçekte, iktidarı devlet aygıtına öncelik vererek analiz edersek, iktidarı bir muhafaza etme mekanizması olarak kabul ederek analiz edersek, iktidarı hukuksal bir üstyapı olarak kabul edersek, aslında, iktidarı esas olarak hukuksal bir olgu diye tasarlayan burjuva düşüncesinin klasik temasını yeniden ele almaktan başka bir şey yapmayız. Devlet aygıtına, muhafaza etme işlevine ve hukuksal üstyapıya öncelik vermek, aslında, Marx'ı "Rousseau'laştırmak"tır. Marx'ı burjuva ve hukuksal iktidar teorisine yeniden dahil etmektir. İktidarı devlet aygıtı olarak, muhafaza etme mercii olarak, hukuksal üstyapı olarak gören sözde Marksist bu düşüncenin esas olarak on dokuzuncu yüzyıl sonu Avrupa sosyal-demokrasisinde bulunması şaşırtıcı değildir; o dönemde sorun tam da Marx'ın bir burjuva hukuk sistemi içinde nasıl işler hale getirileceğini bilmekti. Dolayısıyla, benim *Kapital*'in II. cildinde bulunan şeyi ele alarak ve devlet aygıtının, iktidarın yeniden üretim işlevinin, hukuksal üstyapının karakterinin ayrıcalıkları üzerine eklenen ve yeniden yazılan her şeyden uzaklaşarak yapmak istediğim şey, Batı'da iktidarların ve özellikle cinselliğe yüklenmiş olan iktidarların tarihini yapmanın nasıl mümkün olduğunu görmeyi denemek olacaktır.[2]

Böylece, bu yöntembilimsel ilkeden yola çıkarak, cinsellik konusundaki iktidar mekanizmalarının tarihini nasıl yazabiliriz? Sanırım, çok şematik bir biçimde, şunu söyleyebiliriz: Ortaçağ sonundan itibaren monarşinin örgütlemeyi başardığı iktidar sistemi kapitalizmin gelişimi için iki temel sakınca sergiliyordu. İlki, toplumsal gövdede uygulandığı haliyle siyasi iktidar oldukça süreksiz bir iktidardı. Ağın gözleri çok büyüktü, neredeyse sonsuz sayıda nesne, eleman, davranış ve süreç iktidarın denetiminden kaçıyordu. Örneğin belirgin bir noktayı, on sekizinci yüzyıl sonuna kadar bütün Avrupa'da kaçakçılığın önemini ele alırsak, çok önemli ekonomik bir akış saptarız; neredeyse diğeri kadar önemli olan ve iktidarın denetiminin tamamen dışında bir akış saptarız. Ayrıca, kaçakçılık insanların varlık koşullarından biriydi; deniz korsanlığı olmasaydı ticaret işlemezdi ve insanlar yaşayamazdı. Başka deyişle, yasadışılık yaşam koşullarından biriydi, ama aynı zamanda iktidara yakalanmayan ve iktidarın denetiminde olmayan bir şeylerin varlığına da işaret ediyordu. Sonuç olarak, bir biçimde denetim dışında kalan ekonomik süreçler ve çeşitli mekanizmalar sürekli, belirli, atomik türde bir iktidarın yerleşmesini gerektiriyordu; boşlukları olan, global bir iktidardan, global ve kitlesel denetimler yerine herkesin, her bireyin kendi başına, gövde içinde, davranışları içinde denetlenebileceği sürekli, atomik ve bireyleştirici bir iktidara geçmeyi gerektiriyordu.

---
2. 1981 yılında yayımlanan bölümün sonu.

Monarşide faaliyet gösterdikleri biçimiyle iktidar mekanizmalarının ikinci büyük sakıncası aşırı ölçüde masraflı olmalarıydı. Gerçekten de masraflıydılar; çünkü iktidarın işleyişi –iktidarı oluşturan şey– esas olarak el koyma iktidarıydı, yetiştirilen ürünlerden bir şey –ruhban sınıfı söz konusu olduğunda bir vergi, bir aşar– tahsil etme hakkına ve gücüne sahip olma iktidarıydı: falan yüzde efendi için, falan yüzde kraliyet iktidarı için, falan yüzde ruhbanlar için zorunlu olarak tahsil ediliyordu. O dönemde iktidar esas olarak tahsildar ve yağmacıydı. Bu durumda, her zaman iktisadi bir kaçak meydana geliyordu ve sonuç olarak iktidar iktisadi akışı desteklemekten ve teşvik etmekten çok, iktisadi akışın sürekli engeli ve freniydi. Şu ikinci kaygı, şu ikinci gereklilik buradan kaynaklanır: Şeyleri ve kişileri en ufak ayrıntısına kadar denetlerken toplum için masraflı olmayan veya esas olarak tahsildarlık yapmayan, ekonomik süreç yönünde faaliyet gösteren bir iktidar mekanizması bulmak.

Bu iki hedefle birlikte, iktidarın Batı'daki büyük teknolojik dönüşümünü kabaca anlayabileceğimizi sanıyorum. Pek ilkel olmayan bir Marksizmin ruhuna bir kez daha uygun olarak, büyük keşfin, herkesin bildiği gibi, buhar makinesi olduğunu veya bu tip keşifler olduğunu söylemeye alışkınız. Doğru, bu çok önemliydi; ama onun kadar önemli ve son kertede ötekilerin işleyişinin koşulu olan bir dizi başka teknolojik keşif de oldu. Siyasi teknolojinin durumu budur; on yedinci ve on sekizinci yüzyıllar boyunca iktidar biçimleri düzeyinde birçok şey icat edildi. Sonuç olarak, sadece sanayi tekniklerinin tarihini değil; siyasi tekniklerin tarihini de yapmak gerekir ve özellikle on yedinci ve on sekizinci yüzyılların hanesine yazılacak siyasi teknoloji keşiflerini iki büyük başlık altında toplayabileceğimizi sanıyorum. Ben bunları iki başlık altında toplayacağım, çünkü iki farklı yönde geliştiklerini sanıyorum. Bir yanda, "disiplin" adını verdiğim bu teknoloji var. Disiplin, aslında, toplumsal gövdedeki en ufak unsurlara varıncaya kadar denetleyebilmemizi sağlayan, bizzat toplumsal atomlara, yani bireylere ulaşmamızı sağlayan iktidar mekanizmasıdır. İktidarın bireyselleştirme teknikleridir. Birini nasıl gözetlemeli, davranışını, tavrını, becerilerini nasıl denetlemeli, performansını nasıl pekiştirmeli, yeteneklerini nasıl çoğaltmalı, en yararlı olacağı yere onu nasıl yerleştirmeli: Benim anladığım disiplin işte budur.

Biraz önce size ordudaki disiplinden söz ettim. Bu önemli bir örnektir, çünkü hakikaten disiplinin büyük keşfinin yapıldığı ve hemen hemen ilk önce geliştiği yer orduydu. Bu keşif dolayısıyla, görece hızlı ateş eden tüfeğin keşfedildiği teknik-sınai düzeydeki diğer keşfe bağlıdır. Bu dönemden itibaren, aslında, şunu söyleyebiliriz: Asker yeri başkası tarafından doldurulabilir olmaktan, düpedüz topun ağzındaki asker ve vurma yeteneğine sahip birey olmaktan çıktı. İyi bir asker olmak için ateş etmeyi bilmek gerekiyordu, dolayısıyla bir acemi eğitimi sürecinden geçmiş olmak gerekiyordu. Askerin yer değiştirmeyi, hareketlerini diğer askerlerle uyumlu kılmayı bilmesi de gerekiyordu, kısacası: Asker becerikli bir şey haline geliyordu. Dolayısıyla, değerli bir şey oluyordu. Ve askerin değeri arttıkça onu koruma gereği de artıyordu; koruma gereği arttıkça muharebede yaşamını kurtarmasını sağlayacak teknikleri ona öğretmek de o kadar gerekli hale geliyordu ve ne kadar çok teknik öğretilirse acemi eğitimi o kadar uzuyor, o ölçüde değerli oluyordu. Ve aniden, zamanın büyük bölümünü eğitim yapmakla geçiren II. Frédéric'in ünlü Prusya ordusunda doruk noktasına ulaşan bu askeri talim tekniklerinde bir tür atılımla karşılaşılır. Prusya ordusu, Prusya disiplini modeli, belli bir noktaya kadar diğer disiplinlere model olan tam da bu bedensel asker disiplininin azami yoğunluğu ve yetkinliğidir.

Bu disipline edici teknolojinin ortaya çıktığını gördüğümüz bir diğer nokta eğitimdir. Bireyleri çoğulluk içinde bireyselleştiren bu disipline edici yöntemlerin önce kolejlerde, ardından ilkokullarda ortaya çıktığını görürüz. Ortaokul onlarca, yüzlerce ve kimi zaman binlerce kolejliyi, ortaokul öğrencisini bir araya getirir ve böylece ancak öğrenci ile hocası arasında var olabilecek özel öğretmen iktidarından kesinlikle çok daha az pahalı olan bir iktidarı onlar üzerinde uygulamak söz konusu olur. Burada onlarca öğrenci için bir öğretmen vardır; yine de, bu öğrenci çokluğuna rağmen, iktidarın bireyselleşmesini, sürekli bir denetimi, her anın gözetlenmesini elde etmek gerekir. Gözetmen denen ve piramitte, ordudaki astsubaya denk düşen, ortaokullarda eğitim yapmış herkesin çok iyi tanıdığı bu kişilik buradan çıkar; sayısal olarak not vermenin ortaya çıkışı, imtihanların ortaya çıkışı, giriş imtihanının ortaya çıkışı, sonuç olarak bireyleri, her birinin tam olarak yerinde, öğretmenin gözü önünde veya dahası her birine ilişkin yaptığımız niteleme ve yargılama dahilinde sınıflandırma imkânı da böyle doğar.

Örneğin, benim önümde sırayla oturduğunuzu görüyorsunuz. Bu belki size doğal gelen bir konumdur, ama yine de bu şekilde oturmanın uygarlık tarihinde görece olarak yakın döneme denk düştüğünü ve daha on dokuzuncu yüzyıl başında öğrencilerin kendilerine ders veren bir öğretmenin etrafında grup halinde ayakta durdukları okullar görmenin mümkün olduğunu hatırlamakta yarar var. Ve bu elbette öğretmenin öğrencileri gerçekten ve tek tek olarak gözetleyememesi anlamına gelir: Öğrenciler grubu ve öğretmen vardır. Günümüzde siz sırada oturuyorsunuz, öğretmenin bakışı her kişiyi tek tek saptayabilir, okula gelip gelmediklerini, ne yaptıklarını, hayale dalıp dalmadıklarını, esneyip esnemediklerini öğrenmek için onlara seslenebilir... Bunlar küçük şeylerdir, ama yine de çok önemli küçük şeylerdir; çünkü sonuçta, bir dizi iktidar uygulaması düzeyinde, bu yeni mekanizmalar tam da bu küçük tekniklerin içine girebilmiş, içine işleyebilmişlerdir. Orduda ve ortaokullarda olan şey on dokuzuncu yüzyıl boyunca atölyelerde de görülebilir. Aslında bireylerin bedenlerini, davranışlarını bile hedefleyen bir teknoloji olan ve iktidarın bireyleştirici teknolojisi diye adlandırdığım şey budur; bu, *genel hatlarıyla,* bir tür siyasi anatomidir, anatomo-siyasettir, bireyleri anatomikleştirmeyi hedefleyen bir anatomidir.

İşte on yedinci ve on sekizinci yüzyıllarda ortaya çıkmış iktidar teknolojileri familyası; biraz daha geç, on sekizinci yüzyılın ikinci yarısında ortaya çıkan ve özellikle İngiltere'de gelişen (birinci familyanın, Fransa'nın yüzkarası olarak, özellikle Fransa'da ve Almanya'da geliştirildiğini söylemek gerekir) bir başka iktidar teknolojileri familyası daha var: Bireylerle birey olarak ilgilenmeyen, ama tersine nüfusla ilgilenen teknolojiler. Başka deyişle, on sekizinci yüzyıl şu temel şeyi keşfetti: İktidar sadece tebaa üzerinde uygulanmaz; hükümran ile tebaanın var olduğunu söyleyen monarşinin temel tezi buydu. İktidarın nüfus üzerinde uygulandığı keşfedilir. Peki nüfus ne demektir? Bu sadece kalabalık bir grup insan demek değil; biyolojik süreçlerin ve yasaların nüfuz ettiği, emrettiği, yönettiği canlı varlıklar demektir. Bir nüfusun doğum oranı, ölüm oranı vardır, bir nüfusun yaş eğrisi, yaş piramidi, hastalanma hali, sağlık durumu vardır, bir nüfus yok olabilir veya tersine, gelişebilir.

Oysa tüm bunlar on sekizinci yüzyılda keşfedilmeye başlandı. Sonuç olarak, iktidarın tebaayla veya dahası bireyle ilişkisi, iktidarın bireylerin mallarını, zenginliklerini ve gerektiğinde vücutlarını ve kanlarını almasını sağlayan bu bağımlılık biçimi olmamalıdır sadece; bu nüfusu özellikle üretme makinesi olarak, zenginlikler, mallar, başka bireyler üretmek için kullanmak istiyorsak, iktidar bireyler üzerinde, dikkate alınması gereken bir tür biyolojik bütün oluşturduğu ölçüde uygulanmalıdır. Nüfusun keşfi, bireyin ve eğitilebilir vücudun keşfiyle birlikte, çevresinde Batı'nın siyasi yöntemlerinin biçim değiştirdiği diğer büyük teknolojik çekirdektir. Biraz önce sözünü ettiğim anatomo-siyasete karşıt olarak, biyo-siyaset diye adlandırdığım şey o dönemde keşfedildi. Konut sorunu, bir şehirdeki yaşam koşulları, kamu sağlığı, doğum oranı ile ölüm oranı arasındaki ilişkilerin değişmesi gibi sorunların bu dönemde ortaya çıktığını görürüz. İnsanları daha fazla çocuk yapmaya nasıl yöneltebileceğimizi veya her halükârda nüfus akışını nasıl düzenleyebileceğimizi, bir nüfusun büyüme oranını ve göçleri nasıl düzenleyebileceğimizi bilme sorunu da bu dönemde ortaya çıktı. Ve aralarında elbette istatistiğin de yer aldığı bir dizi gözlem tekniği ve bütün büyük idari, iktisadi ve siyasi organizma nüfusun söz konusu düzenlenmesini bu noktadan itibaren üstlendiler. İktidar teknolojisinde iki büyük devrim oldu: Disiplinin keşfi ve düzenlemenin keşfi, bir anatomo-siyasetin ve bir biyo-siyasetin mükemmelleştirilmesi.

On sekizinci yüzyıldan itibaren artık yaşam bir iktidar nesnesi haline geldi. Yaşam ve beden. Eskiden sadece tebaa vardı, malları hatta hayatları ellerinden alınabilen hukuksal tebaa vardı. Şimdi, bedenler ve nüfuslar var. İktidar materyalistleşti. Özünde hukuksal olmaya son verdi. Beden, hayat gibi bu gerçek nesneleri ele almak zorunda. Hayat iktidarın alanına giriyor: Bu, insan toplumlarının tarihinde en temel, hiç kuşkusuz en önemli değişimlerden biridir; ve bu dönemden itibaren, yani tam olarak on sekizinci yüzyıldan itibaren cinselliğin nasıl kesinlikle temel bir parça haline geldiğinin görülebileceği apaçık ortadadır; çünkü, aslında, cinsellik çok kesin olarak bedenin bireysel disiplinleri ile nüfusun düzenlenmesi arasındaki eklem noktasına yerleşmiştir. Cinsellikten yola çıkarak bireylerin gözetlenmesi sağlanabilir ve on sekizinci yüzyılda, özellikle ortaokullarda yeniyetmelerin cinselliğinin niçin tıbbi, ahlâki, hatta neredeyse birinci dereceden önemli siyasi bir sorun haline geldiği anlaşılır; çünkü bu cinsellik denetimi dolayımıyla –ve bahanesiyle– öğrenciler, yeniyetmeler, yaşamları boyunca, her an, uykudayken bile gözetlenebilirler. Demek ki cinsellik, bir "disipline etme" aracı haline gelecektir, sözünü ettiğim bu anatomo-siyasetin temel unsurlarından biri haline gelecektir; ama, diğer yandan, nüfusun üremesini sağlayan cinselliktir, doğum oranı ile ölüm oranı arasındaki ilişkiyi cinsellikle, bir cinsellik siyasetiyle değiştirebiliriz; her halükârda, cinsellik siyaseti on dokuzuncu yüzyılda çok önem kazanacak olan tüm bu yaşam siyasetinin içine dahil olacaktır. Cinsellik anatomo-siyaset ile biyo-siyaset arasındaki birleşme noktasındadır, disiplinlerin ve düzenlemelerin kavşağındadır ve bu işlevinden dolayı on dokuzuncu yüzyıl sonunda toplumu bir üretim makinesi haline getirmek için birincil önemdeki siyasi bir parça haline gelmiştir.

*

M. Foucault: Soru sormak istiyor musunuz?

Bir dinleyici: İktidar hapishanelerde hangi üretkenliği amaçlıyor?

M. Foucault: Bu uzun bir hikâye. Hapishane sistemi, baskıcı hapishaneyi, ceza olarak hapishaneyi kastediyorum, geç ortaya çıktı, aşağı yukarı on sekizinci yüzyılın sonunda. On sekizinci yüzyıl sonundan önce hapishane yasal bir ceza değildi; insanları, istisnai durumlar hariç, sadece davalarının açılmasından önce tutmak için hapsediyorlardı, yoksa cezalandırmak için değil. Baskı sistemi olarak hapishaneler şu şey ileri sürülerek kuruldu: Hapishane, suçluları yeniden eğitim sistemi olacaktır. Hapiste kaldıktan sonra, askerlik ve okul tipinde bir evcilleştirme sayesinde, suça eğilimi olanı yasalara itaat eden bir bireye dönüştürebileceğiz. Dolayısıyla, insanları hapis yatırarak itaatkâr bireyler üretmeye çalışılıyordu.

Oysa, kısa sürede, hapishane sisteminin ilk zamanlarından itibaren, bu sonuca götürmediği; ama doğruyu söylemek gerekirse, tamamen zıt sonuç verdiği fark edildi: Bireyin hapishanede kalma süresi arttıkça yeniden eğitilmiş olma hali azalıyor, suça eğilimi artıyordu. Sadece sıfır üretkenlik değil, negatif üretkenlik. Sonuç olarak, hapishane sisteminin normalde yok olması gerekiyordu. Oysa yok olmadı ve devam etti; insanlara hapishanenin yerine ne konulabileceğini sorduğumuzda kimse cevap veremiyor.

Bu karşı-üretkenliğe rağmen hapishaneler niçin ayakta kalmaktadır? Şunu diyebilirim: Özellikle fiilen suça eğilimi olan kişiler ürettiğinden ve suça eğilimli olmanın bizim tanıdığımız toplumlarda belli bir ekonomik-siyasi yararlılığı olduğundan. Suça eğilimli olmanın ekonomik-siyasi yararlılığını kolaylıkla ortaya koyabiliriz: Öncelikle, ne kadar çok suça eğilimli insan olursa o kadar çok suç olacaktır; ne kadar çok suç olursa halk arasında korku o kadar artacak, polisiye kontrol sistemi o kadar kabul görür ve hatta arzulanır olacaktır. Bu küçük iç tehlikenin sürekli varlığı, söz konusu denetim sisteminin kabul edilebilme koşullarından biridir; bu da istisnasız dünyanın bütün ülkelerindeki gazete, radyo ve televizyonlarda, sanki her yeni gün bir yenilik söz konusuymuş gibi suçluluğa niçin bu kadar yer verildiğini açıklıyor. 1830'dan bu yana, dünyanın bütün ülkelerinde, –asla kanıtlanmamış bir olgu olan– suça eğilimin artışı teması üzerine kampanyalar gelişti; ama suça eğilimin bu tahmini mevcudiyeti, bu tehdit, suça eğilimin bu artışı, denetimlerin kabulünün bir etkenidir.

Ama hepsi bu değil. Suça eğilimlilik ekonomik olarak faydalıdır. Tamamen kazanç getiren ve kapitalist kâr hanesine yazılan, suça eğilimlilerden geçen kaçakçılık miktarına bakın: Fahişelik de öyle; herkes bilmektedir ki fahişelik Avrupa'nın bütün ülkelerinde (Brezilya'da nasıl, bilmiyorum) mesleği pezevenklik olarak adlandırılan ve hepsi de eski birer suça eğilimli olan kişilerin denetimindedir, bunların işlevleri cinsel zevkten elde edilen kârları otelcilik gibi iktisadi dolaşımlara ve banka hesaplarına yöneltmektir. Fahişelik, halkın cinsel zevkinin masraflı hale gelmesini sağlamıştır ve fahişeliğin ekonomik sınırlarının çizilmesi cinsel zevk üzerindeki kârı bazı dolaşımlara doğru yöneltmeyi sağlamıştır. Silah kaçakçılığı, uyuşturucu kaçakçılığı, kısacası şu veya bu nedenle doğrudan ve yasal olarak toplum içinde gerçekleştirilemeyen bütün bir dizi kaçakçılık suça eğilimlilikten geçer ve suça eğilim de bu şekilde onları güvence altına alır.

Suça eğilimliliğin on dokuzuncu yüzyılda ve yirminci yüzyılda da grevleri kırmak, işçi sendikalarına sızmak, en saygınları ve en az saygınları dahil olmak üzere siyasi parti liderlerine işgücü ve koruma olarak hizmet etmek gibi bir dizi siyasi operasyona kitlesel olarak hizmet ettiğini de buna ekleyebiliriz. Burada özellikle bütün siyasi partilerin afiş yapıştırıcılardan dayak atıcılara kadar uzanan ve suça eğilimlilerden oluşan bir işgücüne sahip olduğu Fransa'dan söz etmekteyim. Böylece, bizim suça eğimlilik temelinde çalışan bir dizi ekonomik ve siyasi kurumumuz vardır ve bu bağlamda profesyonel suça eğilimli üreten hapishanenin bir yararlılığı ve bir üretkenliği vardır.

Bir dinleyici: Öncelikle, sizi dinlemenin, görmenin ve kitaplarınızı yeniden okumanın verdiği büyük zevki ifade etmeliyim. Bütün sorularım Dominique'in size yönelttiği eleştiriye[3] dayanıyor: Bir adım daha ileri atarsanız bir arkeolog, bir bilgi arkeoloğu olmaktan çıkacaksınız; eğer bu adımı atsaydınız tarihsel materyalizme düşerdiniz. Sorunun temeli bu. Sonra, tarihsel materyalizmi ve psikanalizi destekleyenlerin kendilerinden emin olmadıklarını, konumlarının bilimselliğinden emin olmadıklarını niçin ileri sürdüğünüzü bilmek istiyorum. Birincisi, *bastırma* (*refoulement*) ile *baskı* (*répression*) arasındaki fark üzerine, Portekizcede olmayan bu fark üzerine bu kadar şey okuduktan sonra, bastırmadan farkını söylemeden *baskı*dan söz etmeye başlamanız beni şaşırtıyor. Bu benim için şaşırtıcı bir şey. Şaşkınlık veren ikinci şey, ordudaki disipline dayanarak toplumsalın anatomisini çizme teşebbüsünde günümüzde Brezilya'da avukatların kullandığı terminolojinin aynısını kullanıyorsunuz. Son olarak Salvador'da toplanan O.A.B.[4] kongresinde avukatlar kendi hukuksal işlevlerini dile getirmek için "telafi etmek" ve "disipline etmek" kelimelerini fazlasıyla kullanıyorlardı. İlginç biçimde, siz de iktidardan söz ederken aynı terimleri kullanıyorsunuz, aynı hukuksal dilden yararlanıyorsunuz. Size sormak istediğim şey, görünüşte kapitalist topluma ilişkin bu aynı söyleme, iktidar yanılsamasına, bu hukukçuların kullanmaya başladıkları söyleme düşüp düşmediğiniz. Örneğin, anonim ortaklıkların yeni yasası tekelleri disipline etmek için bir araç olarak sunuluyor, ama gerçekten temsil ettiği şey sermaye üretiminin gereklilikleri gibi hukukçuların iradesinden bağımsız belirlemelere uyan değerli bir teknolojik araç olmasıdır. Bu anlamda, aynı terminolojinin kullanımı beni şaşırtıyor, devam edersem, oysa siz teknoloji ile disiplin arasında bir diyalektik kuruyorsunuz. Ve beni şaşırtan son şey toplumsal analiz unsuru olarak nüfusu almanız, böylece Marx'ın Ricardo'yu eleştirdiği geçmiş bir döneme geri dönüyor olmanızdır.

---

3. Söze giren kimse Dominique Lecourt'un makalesine gönderme yapmaktadır: "Sur l'archéologie et le savoir", *La Pensée*, no. 152, Ağustos 1970, s. 69-87; Lecourt (D.), *Pour une critique de l'épistémologie*. Paris: Maspero, "Théories" dizisi, 1972 *içinde* yeniden ele alındı, s. 98-183. (Fransızcaya çevirenin notu)
4. Orden dos Advogados do Brasil: Brezilya Avukatlar Barosu. (Fransızcaya çevirenin notu)

M. Foucault: Zaman sorunumuz var. Her halükârda yarın tekrar toplanacağız, öğleden sonra, saat 15.30'dan itibaren ve o zaman bu önemli soruları geniş olarak, şimdikinden daha iyi tartışabiliriz. İki soruya kısaca cevap vermeyi deneyeceğim, yarın onları tekrar sorarsınız. Bu sizi rahatsız etmez değil mi? Anlaştık mı? Sorunun genel konusuna bakalım. Lecourt ve tarihsel materyalizm sorunu hakkında yarın konuşacağız; ama diğer iki konuda siz haklısınız, çünkü bu sabah ileri sürdüğüm şeylere gönderme yapmaktadırlar. İlk önce, *bastırmadan* söz etmedim, baskıdan, yasaklamadan ve yasadan söz ettim. Bu kadar az zamanda söyleyebileceğim şeyler, zorunlu olarak kısa ve anıştırmalı nitelikte olmak zorundaydı. Freud'un düşüncesi gerçekten de burada sunduğum genel tablodan çok daha incekliklidir. Bu bastırma kavramı etrafında, *kabaca*, bir yanda Reich ve Reichciler, Marcuse ve diğer yanda Melanie Klein ve özellikle Lacan gibi daha katı anlamda psikanalist olan psikanalistler arasındaki tartışma cereyan eder. Çünkü bastırma kavramı, bastırmayı belirleyen mercinin, gerçeklik ilkesi olarak kendini dayatan ve bastırmayı doğrudan kışkırtan belli bir toplumsal gerçeklik olduğunu savunan toplumsal baskı mekanizmaları analizi için kullanılabilir.

Genel terimlerle bu, Marcuse tarafından aşırı-baskı[5] kavramıyla değişikliğe uğratılan Reichci bir analizdir. Ve diğer yandan, bastırma kavramını yeniden ele alan ve şu önermede bulunan Lacancılar vardır: Freud'un bastırma diye bahsettiği asla bu değildir, o baskıyı kastetmemiştir, daha ziyade kesin olarak arzuyu kuran belli bir mekanizmayı kastetmiştir; çünkü Freud'e göre, der Lacan, bastırılmamış arzu yoktur: Arzu, bastırıldığı için ve arzuyu oluşturan şey yasa olduğu için arzu olarak var olur ve böylece yasa kavramından bastırma kavramını çıkarır.

Sonuç olarak, iki yorum: Aslında mutlak anlamda farklı iki fenomeni veya iki süreci tanımlayan baskıya dayalı yorum ve yasaya dayalı yorum. Freud'daki bastırma kavramının metne göre

---

5. Portekizce metinde artık-baskı, *mais-repressão* denmektedir. (Fransızcaya çevirenin notu). Marcuse (H.), *Eros and Civilization. A Philosophical Inquiry into Freud*, Londra, Routledge ve Paul Keagan, 1956.

kâh bir anlamda, kâh diğer anlamda kullanılabileceği doğrudur. Freud'daki bu yorum güçlüğünü ortadan kaldırmak için sadece baskıdan söz ettim, çünkü görüldü ki cinsellik tarihçileri baskıdan başka bir kavramı hiç kullanmadılar ve bunun nedeni çok basittir: Çünkü bu kavram, bastırmayı belirleyen toplumsal sınırları ortaya çıkarır. Dolayısıyla, baskı kavramından yola çıkarak bastırmanın tarihini yapabiliriz, oysa ki –bir anlamda bütün toplumlarda az çok aynı yapıda olan– yasaklama kavramından yola çıkarak cinselliğin tarihini yapamayız. Bastırma kavramından kaçınmamın ve sadece baskıdan söz etmemin nedeni işte bu.

İkinci olarak, avukatların "disiplin" kelimesini kullanıyor olmaları beni çok şaşırttı; "telafi etme" kelimesine gelince, ben bir kez bile kullanmadım. Bu açıdan şunu söylemek istiyorum: Benim biyo-iktidar veya anatomo-siyaset diye adlandırdığım şeyin ortaya çıkışından bu yana, artık bir hukuk toplumu olmaya son vermekte olan bir toplumda yaşamaktayız. Hukuk toplumu monarşik toplumdu. On ikinci yüzyıldan on sekizinci yüzyıla doğru giden Avrupa toplumları esas olarak hukuk sorununun temel sorun olduğu hukuksal toplumlardı: Hukuk için mücadele ediliyordu, hukuk adına devrimler yapılıyordu. On dokuzuncu yüzyıldan itibaren, parlamento, mevzuat, yasalar ve mahkemelerle kendini hukuk toplumu olarak sunan toplumlarda, hukuksal biçimlere boyun eğmeyen, fark edilmeden sızan ve temel ilkesi yasa değil; daha ziyade norm ilkesi olan ve mahkemeleri, yasa ve hukuk aygıtını değil; tıbbi, toplumsal denetimleri, psikiyatriyi ve psikolojiyi araç olarak kullanan çok başka bir iktidar mekanizması fiili olarak vardı. Dolayısıyla, disipline edici bir dünyadayız, bir düzenleme dünyasındayız. Hâlâ bir yasa dünyasında olduğumuzu sanıyoruz, ama hukuksal olmayan aracılar vasıtasıyla fiili olarak kurulmakta olan şey başka tipteki bir iktidardır. Dolayısıyla, "disiplin" kelimesini avukatların ağzından duymanız tamamen normaldir, hatta belirli bir nokta konusunda normalleştirme toplumunun nasıl [...][6] hukuk toplumunu aynı zamanda da işlevsiz kıldığını görmek ilginçtir.

---

6. Bant kaydında boşluk, Brezilya metninde belirtilmiştir.

Ceza sisteminde olanlara bakınız. Brezilya'da nasıl bilmiyorum; ama Almanya, Fransa ve Büyük-Britanya gibi Avrupa ülkelerinde ceza mahkemelerinden geçip de tıpta, psikiyatride veya psikolojide uzman birinin ellerinden geçmeyen az çok önemli tek bir suçlu bile neredeyse yok ve yakında tek kişi kalmayacak. Çünkü suçun sadece ve esas olarak yasanın ihlal edilmesi değil, norma oranla bir sapma anlamına geldiği bir toplumda yaşıyoruz. Cezalandırılabilir olmaya gelince, artık bundan nevroz, sapıklık, saldırganlık, ruhsal gerginlik terimleriyle söz edildiğini çok iyi biliyorsunuz. Dolayısıyla, disiplinden, normalleşmeden söz ettiğimde hukuksal bir düzleme geri dönmüyorum; tersine bu disiplin ve normalleşme söz dağarını kullanmak zorunda olanlar hukukçular, yasayla uğraşanlar, hukuk bilgisine sahip olanlardır. O.A.B. kongresinde disiplinden söz edilmiş olması benim söylediklerimi doğrular yalnızca, yoksa hukuksal bir anlayışa düştüğüm anlamına gelmez. Başka yöne kayan onlardır.

Bir dinleyici: Bilgi ile iktidar arasındaki ilişkiyi nasıl görüyorsunuz? Cinsel sapkınlığı kışkırtan iktidar teknolojisi midir, yoksa insanda var olan doğal biyolojik anarşi mi kışkırtmaktadır?

M. Foucault: Bu son noktada, bu teknolojinin gelişimini güdüleyen ve açıklayan şeyin biyolojik gelişme olduğunu söyleyebileceğimizi sanmıyorum. Tersini göstermeye çalıştım, yani bu iktidar teknolojisindeki değişimin nasıl olup da kapitalizmin gelişmesinin bir parçası olduğunu göstermeye çalıştım. Bir yandan, bu teknolojik değişimi gerekli kılan şey kapitalizmin gelişmesi olduğundan, ama bu teknolojik değişim de kapitalizmin gelişimini mümkün kıldığından bu gelişmenin bir parçasıdır; kısacası, bir anlamda iç içe olan iki hareketin sürekli birbirini içermesidir.

Şimdi, zevk ile iktidar birlikte olduğunda iktidar ilişkilerinin [...][7] dair diğer soru. Önemli bir soru bu. Kısaca söylemek istediğim şey, toplumlarımızda yerleşmiş mekanizmaları niteliyor gibi gözüken şey tam da budur, iktidarın sadece yasaklama, yasak koyma işlevi olduğunu söylememizi engelleyen de budur. İktidarın

---

7. Bant kaydında boşluk.

tek işlevinin yasaklamak olduğunu kabul edersek, "bakın, iktidarla özdeşleşiyoruz," diyebilmek için çeşitli mekanizmalar icat etmek zorundayız; Lacan ve diğerleri bunu yapmak zorundadır veya yasaklayanı sevmemizi sağlayan yerleşmiş bir mazoşist ilişkinin var olduğunu söylemeliyiz. Ama, buna karşılık, iktidarın işlevinin esas olarak yasaklamak olmadığını, üretmek, zevk üretmek olduğunu kabul ederseniz, o zaman, hem iktidara nasıl boyun eğdiğimiz, hem de bu itaatten illa mazoşist olması gerekmeyen bir zevki nasıl aldığımız anlaşılabilir. Örnek olarak çocukları alabiliriz: on dokuzuncu yüzyıldaki burjuva ailesi için çocuk cinselliğinin temel bir sorun haline geliş tarzı aile, ana baba ve çocuklar üzerinde çok sayıda denetime neden oldu ve bunları mümkün kıldı, aynı zamanda bir dizi yeni zevk yarattı: Ana babanın çocukları gözetleme zevki, çocukların ana babalarına rağmen ve onlarla birlikte, kendi cinsel organlarıyla oynama zevki, çocuk vücudu etrafındaki bütün bir yeni zevk düzeni. Ana babanın, mazoşist oldukları için, yasayla özdeşleştiklerini söylememiz gerekmiyor...

Bir kadın dinleyici: Bilgi ve iktidar arasındaki ilişki üzerine ve sizin, Michel, bilginiz aracılığıyla uyguladığınız iktidara ilişkin sorulan soruya cevap vermediniz.

M. Foucault: Soruyu hatırlattığınız için teşekkür ederim. Gerçekten de bu sorunun sorulmuş olması lazım. Sanıyorum ki – her halükârda, esin kaynağını görebileceğiniz analizlerimin anlamı budur–, sanıyorum ki iktidar ilişkileri bir yanda iktidara sahip olanlar ve diğer yanda olmayanlar gibi biraz şematik biçimde kavranmamalı. Bir kez daha, burada belli bir akademik Marksizm "ezilen sınıfa *karşı* egemen sınıf, ezilen söyleme *karşı* egemen söylem" biçimindeki karşıtlığı sık sık kullanmaktadır. Oysa bu ikilik, önce, Marx'ta asla görülmez, ama buna karşılık Gobineau gibi gerici ve ırkçı düşünürlerde görülebilir, bunlara göre bir toplumda biri ezen diğeri ezilen iki sınıf her zaman vardır. Bunu birçok yerde bulabilirsiniz, ama Marx'ta asla bulamazsınız, çünkü Marx gerçekte böyle bir şeyi kabul etmeyecek kadar kurnazdır; iktidar ilişkilerini sağlam kılan şeyin asla bitmemeleri olduğunu çok iyi bilmektedir, bir yanda birkaç kişi, diğer yanda çok sayıda insan yoktur; iktidar ilişkileri her yerden geçer: İşçi sınıfı iktidar ilişkilerine aracılık eder, iktidar ilişkileri uygular. Öğrenci olarak siz de şimdiden belli bir iktidar konumuna dahilsiniz; ben, profesör olarak, ben de bir iktidar konumundayım; bir iktidar konumundayım çünkü bir kadın değil, erkeğim ve siz bir kadın olduğunuzdan siz de bir iktidar konumundasınız, aynı değil, ama biz hepimiz iktidar konumundayız. Bir şey bilen herkese, "iktidar uyguluyorsunuz," diyebilirsiniz. Bununla sınırlı kaldığı ölçüde saçma bir eleştiridir bu. İlginç olan şey, gerçekte, bir grup içinde, bir sınıf içinde, bir toplumda iktidarın halkalarının nasıl işlediğini bilmektir, yani her bir bireyin iktidar ağının neresine yerleştiğini, iktidarı nasıl yeniden uyguladığını, nasıl koruduğunu, nasıl yansıttığını bilmektir.

(Cilt IV, s. 182-201)
Çev.: Işık Ergüden

VIII
Aydınlanma nedir?*

Bana öyle geliyor ki, bu metin** felsefi düşünce alanına yeni tipte bir sorunu sokmaktadır. Kuşkusuz bu, ne felsefe tarihinde atılan ilk adım ne de Kant'ın tarihle ilgili bir sorunu tematize ettiği tek metnidir. Kant'ın metinlerinde tarihsel köken konusunu gündeme getiren birçok örneğe rastlarız: bizzat tarihin başlangıcı üzerine olan metin ile ırk kavramının tarihiyle ilgili bir metin; başka metinler tarihe gerçekleşme biçimi sorusunu sorarlar: Örneğin, aynı yılda, 1784'te, *Kozmopolit Bakış Açısından Evrensel Bir*

---

* "Qu'est-ce que les Lumières?", *Magazine Littéraire*, s. 207, Mayıs 1984, s. 35-39. (5 Ocak 1983'te Collège de France'da verilmiş dersten bölümler). İngilizce-den çevrilmiş olan bu metin, Fransızca orijinaliyle karşılaştırılmıştır (y.h.n.)
** Burada Kant'ın "Aydınlanma Nedir?" (*Was ist Aufklärung*) metnine gönderme yapılmaktadır. (y.h.n.)

Tarih Fikri'nin yazıldığını görürüz[1]. Kaldı ki, tarihsel süreçleri düzenleyen içsel erekselliği sorgulayan başka metinler de vardır (bu noktada, teleolojik ilkelerin kullanımı üzerine yazılmış metni hatırlıyorum). Kant'ın tarih analizleri, hakikaten iç içe geçmiş bulunan bütün bu sorunlar üzerine yapılan incelemelerle doludur. Bana göre, *Aufklärung* üzerine olan metin epeyce değişik içerik taşıyan bir metindir. Bu soruların hiçbirini; ne köken sorununu ne de tam zıt yönde bir görünüşe rağmen gerçekleşme sorununu doğrudan ortaya atmaz. Yalnızca tarih sürecinde içkin olan teleoloji sorununu, o da görece ihtiyatlı, konunun hep etrafından dolaşan bir yaklaşımla işler.

Bence Kant'ın bu metinde ilk defa ele alır göründüğü soru, şimdiki zaman sorusu, güncellik sorusudur: Bugün neler olup bitmektedir? Şu anda neler olup bitmektedir? Ve hepimizin kendimizi içinde bulduğumuz ve halen yazmakta olduğum şu anı tanımlayan bu "şimdi" nedir? Bu, felsefi düşünmede şimdiki zamana, en azından felsefi düşünme açısından bir değer taşıyabilecek belirli bir tarihsel durum olarak referans yapmanın ilk örneği değildir. Her şey bir yana, Descartes, *Discours de la méthode*'un (Yöntem Üzerine Söylev) başlangıcında, kendi yolculuğunu ve hem kendisi hem felsefe için aldığı bütün felsefi kararları anlatırken, çok belirgin bir biçimde, kendi çağının bilgi ve bilim düzenindeki tarihsel bir durum olarak değerlendirilebilecek bir şeye gönderme yapmaktadır. Ancak bu tür bir göndermede her zaman söz konusu olan, şimdi diye adlandırılan bu kümelenişte, daima felsefi bir karar için belirli bir neden bulmadır. Descartes'ta, "Öyleyse, benim de ait olduğum şimdiki zaman tam olarak nedir?" gibisinden bir soruya rastlamazsınız. Bence Kant'ın cevapladığı –daha doğrusu, kendisine sorulduğu için bir cevap vermek durumunda kaldığı– soru bambaşka bir sorudur. Sorun basit anlamda şu değildir: Şimdiki halde şu ya da bu felsefi kararı ne belirleyebilir? Bu soru, şimdinin

---

1. Kant, I. "Idee zur einer allgemeinen Geschichte in weltbürgerlicher Absicht", *Berlinische Monatschrift*, 1784 içinde ("L'idée d'une histoire universelle du point de vue cosmopolitique", çev. L. Ferry, Oeuvres, Paris, Gallimard), coll. "Bibliothèque de la Pléiade", 1985, c. II içinde, s. 185,202).

aslında ne olduğuyla, ilk olarak şimdiki zamanın hangi öğesinin tanınacak, ayırt edilecek ve diğerleri arasından seçilip deşifre edileceğinin saptanmasıyla ilişkilidir. Şimdiki zamanda, felsefi düşünme için fiilen anlamlı olan nedir?

Kant, bu soruya bir cevap bulmaya çalışırken, bu unsurun nasıl olup da düşünceyi, bilgiyi ve felsefeyi kapsayan bir sürecin taşıyıcısı ve göstergesi haline geldiğini sergilemeye girişir; ancak söz konusu olan, bir düşünür, bir bilim adamı ve bir filozof olarak Kant'ın nasıl bizzat kendisinin de bu sürecin bir parçası olduğunu ve (dahası) dolayısıyla kendisini hem bir unsur hem bir aktör olarak bulacağı bu süreçte nasıl belli bir rol oynadığını göstermektir.

Kısacası, bence Kant'ın metninde, konuşan filozofun da ait olduğu şimdiki zamanın felsefi olay olarak ortaya çıkmasını görürüz. Felsefe kendine göre bir tarihi olan söylemsel bir pratik biçimi olarak anlaşılırsa, bence *Aufklärung* üzerine yazılmış olan bu metinde de, felsefinin –sanırım ilk kez dersem fazla bir zorlama yapmış olmam– kendi söylemsel güncelliğini sorunsallaştırdığını görürüz: felsefenin olay olarak, anlamını, değerini, felsefi tekilliğini söylemek zorunda olduğu ve içinde kendi varlık nedeni ile söylediği şeyin temelini bulduğu bir olay olarak sorguladığı şimdiki zaman. Gene bu süreçte, filozofun bu şimdiki zamana aidiyetini sorgulaması bir doktrin ya da geleneğe aidiyeti sorusu değildir. Sorun artık basitçe, genelde bir insan topluluğuna ait olma sorunu değil; ondan daha çok, belirli bir "biz"e, insanın kendi güncelliğinin karakteristik özelliğini yansıtan bir kültürel bütünlükle ilişki içinde olan bir bize ait olma sorunudur.

Filozofun gözünde, kendi düşüncesinin nesnesine dönüşen işte bu "biz"dir. Aynı nedenle filozofun, bu "biz"e hangi spesifik yolla ait olduğu sorunundan kaçması imkânsızdır. Bütün bunlar, yani şimdiki zamanın sorunsallaştırılması olarak ve filozofun hem ait olduğu hem de kendini ona göre konumlandıracağı bu şimdiki zamanın sorgulaması olarak felsefe, felsefeyi modernliğin söylemi ve modernlik üzerine söylem olarak niteleyebilir.

Çok şematik bir dille konuşursak, modernlik sorunu daha klasik kültürde, iki kutuplu, antikçağ kutbu ile modernlik kutbunun var olduğu bir eksende ortaya atılmış; ayrıca, ya kabul edilecek veya reddedilecek bir otorite (Hangi otoriteyi kabul etmeliyiz? Hangi modele uymalıyız?, vb.) çerçevesinde ya da karşılaştırmalı bir değer biçme (antikçağlılar modernlerden üstün müdür? Bir gerileme, vb. döneminde mi yaşıyoruz?) şeklinde formüle edilmiştir. Burada, modernlik sorusunu sormanın yeni bir biçiminin ortaya çıktığını görüyoruz: antikçağlılarla boylamasına bir ilişki içinde değil, ama insanın kendi güncelliğiyle "enlemesine" bir ilişki içinde. Söylem kendi güncelliğini, bir yandan bu güncellik içindeki kendi asıl yerini bulmak, öbür yandan anlamını söylemek, bu şimdiki zaman içerisinde uygulamaya dökebileceği eylem tarzını belirlemek için dikkate almak zorundadır.

Benim güncelliğim nedir? Bu güncelliğin anlamı nedir? Ve bu güncellikten söz ederken ben ne yapmaktayım? Bana öyle geliyor ki, modernliği bu yeni sorgulama biçiminin ifade ettiği anlam budur.

Oysa bu, şimdi daha yakından incelememiz gereken bir izden başka bir şey değildir. Modernlik nosyonunun kendisinin değil, bir sorun olarak modernlik nosyonunun soybilimini yapmaya çalışmak gerekir. Bu sorunun ortaya çıktığı nokta olarak Kant'ın metnini seçtiysem de bu metnin, hesaba katılması gereken daha geniş kapsamlı bir tarihsel sürecin parçasını oluşturduğu gün gibi ortadadır. Kuşkusuz, şu olguyu, yani *Aufklärung*'un kendisini *Aufklärung* diye adlandırmasını irdelemek, genelde on sekizinci yüzyılın, özelde ise *Aufklärung*'un incelenmesinin ilginç eksenlerinden birisini meydana getirecektir. *Aufklärung* kendi kendini adlandırarak, kendini kendi geçmişi ve geleceği karşısında konumlandırarak ve kendi şimdiki zamanı içerisinde yapması gereken işlemleri saptayarak kendinin kendi bilincine varmış olan kuşkusuz çok özel bir kültürel süreçtir.

Her şey bir yana, *Aufklärung* kendi kendisini isimlendiren; basitçe kendini, eski bir alışkanlık doğrultusunda, bir gerileme ya da refah dönemi, ihtişam ya da sefalet dönemi şeklinde nitelendirmek yerine, genel bir düşünce, akıl ve bilgi tarihine ait olan ve bu tarih içerisinde bizzat rol oynayan belli bir olay aracılığıyla isimlendirmeyi seçen ilk dönem değil midir?

Aufklärung, bir dönemdir; kendi düsturunu, kendi kurallarını formüle eden ve genel düşünce tarihi karşısında olduğu kadar, şimdiki zamanı karşısında, kendi tarihsel konumunu görebileceği bilgi, cehalet ve yanılsama biçimleri karşısında da yapmak zorunda olduğu şeyleri söyleyen bir dönemdir.

Bana öyle geliyor ki, *Aufklärung* sorununda, son iki yüzyılı kapsayan uzunca bir tarihe sahip bir felsefe yapma biçiminin ilk dışavurumlarından birisini görmekteyiz. Kendini kendi güncelliği hakkında sorgulamak "modern" denen (on sekizinci yüzyılın sonunda ortaya çıkan) felsefenin önemli işlevlerinden birisidir.

Bu felsefe kipliğinin on dokuzuncu yüzyıldan bugüne kadarki çizgisi izlenebilir. Benim şimdilik vurgulayacağım tek nokta, Kant'ın, 1784'te kendisine dışarıdan yöneltilmiş bir soruya cevap olmak üzere ele almış olduğu bu sorunu atlamadığıdır. Kant kendine bu soruyu tekrar soracak ve başka bir olayla, kendisini sorgulamaktan asla vazgeçmemiş başka bir olay bağlamında cevaplamaya çalışacaktı. Bu olay kuşkusuz Fransız Devrimi'ydi.

1798'de Kant, bir anlamıyla, 1784'teki metnini tekrar ele alacaktı. 1784'te, kendisine yöneltilen, "Bizim de bir parçasını oluşturduğumuz bu *Aufklärung* nedir?" sorusunu cevaplamaya çalışıyordu. 1798'de ise, ona yaşadığı kendi zamanının yönelttiği, ama 1794'ten beri Almanya'daki bütün felsefi tartışmalarda formüle edilmiş bulunan bir soruyu cevaplamaktadır. Bu soru şöyleydi: "Devrim nedir?"

Fakültelerin Çatışması'nın[*] Üniversite'yi oluşturan ayrı fakülteler arasındaki ilişkiler üzerine hazırlanmış üç tezin derlemesi olduğunu bilirsiniz. Söz konusu tezlerin ikincisi, Felsefe Fakültesi ile Hukuk Fakültesi arasındaki çatışmayı konu almaktadır. Oysa, felsefe ile hukuk arasındaki bütün ilişkiler alanı şu soruda kilitlenmiştir: "İnsanlığın sürekli olarak ilerlemesi diye bir şeyden söz edilebilir mi?" Kant da bu soruyu cevaplamak için, tezinin beşinci paragrafında, şu şekilde akıl yürütmektedir: "İnsanlığın sürekli iler-

---

[*] I. Kant, *Der Streit der Facultäten*, 1798. (*Le Conflit Des facultés*, Paris, Vrin, 1935).

lemesinden söz edilebilir mi?" sorusu cevaplanmak istenirse, böyle bir ilerleme için mümkün bir neden bulunup bulunmadığına karar vermek gerekir; ama bir kez bunun mümkün olduğu belirlenince bu nedenin fiilen etkili olduğunun gösterilmesi, bunun kanıtlanması için de o nedenin gerçeklikte etkili olduğunu kanıtlarıyla ortaya koyan belli bir olaya işaret edilmesi gerekmektedir. Kısacası, bir nedenin gösterilmesi ancak mümkün etkileri ortaya koyabilecek, daha kesin olarak, bir etkinin mümkün olduğunu gösterecek; gelgelelim bir etkinin gerçekliği de ancak bir olayın varlığıyla saptanabilecektir.

Dolayısıyla, ilerlemeyi mümkün kılan teleolojik örüntüyü takip etmek yeterli değildir; bunun için daha fazla şeye, tarih içerisinde bir işaret değeri taşıyacak bir olayı göstermeye gerek vardır.

Neyin işareti peki? Bir nedenin varlığının, tarih boyunca insanlara ilerleme yolunda kılavuzluk etmiş sürekli bir nedenin varlığının bir işareti. Geçmişte etkili olduğunun, şimdiki zamanda etkisini sürdürdüğünün ve gelecekte de etkili olacağının gösterilmesi gereken sürekli bir neden. Toparlarsak, ilerleme olup olmadığına kanaat getirebilmemizi sağlayabilecek nitelikteki olay, bir işaret olacaktır: *rememorativum, demonstrativum, prognosticum*. Bu, hep böyle olduğunu gösteren bir işaret (hatırlatıcı işaret), işlerin şu anda da böyle olduğunu gösteren bir işaret (kanıtlayıcı işaret) ve daima böyle olacağını gösteren bir işaret (gelecek için yargı bildirici işaret) olmalıdır. Bu şekilde, ilerlemeyi mümkün kılan nedenin yalnızca belirli bir anda etkili olmakla kalmadığından, aynı zamanda, bir bütün olarak insanlığın ilerleme doğrultusunda hereket etmesi yönünde genel bir eğilimin güvencesini de oluşturduğundan emin olabiliriz. Bu soru şöyledir: "Bizim çevremizde, bir bütün olarak insanlığı etkileyen sürekli bir ilerlemenin hatırlatıcısı, kanıtlayıcısı ve gelecekte de süreceğinin göstergesi olan bir olay var mıdır?"

Kant'ın verdiği cevabı herhalde tahmin etmişsinizdir; ama gene de ben size, onun Devrim'i bu işaret değerini taşıyan bir olay olarak sunan pasajını okumak isterim. "Bu olayın," diye yazar altıncı paragrafın başında, "insanların yaptığı, insanlar içinde büyük olanı küçük, küçük olanı büyük hale getiren asil jestlerden ya da işlediği ağır suçlardan ya da bir anlamıyla toprağın derinliklerinden başkaları yükselirken sanki sihirli bir değnek değmiş gibi kaybolan şaşaalı eski binalardan oluştuğunu sanmayın. Hayır, öyle bir şey yoktur."

Bu metinde Kant, açıkça, insanlığın ilerlemesinin ya da ilerlememesinin kanıtlarını imparatorlukların yıkıntılarında, en köklü devletleri dahi ortadan kaldıran büyük felaketlerde, kökü sağlam olmayan devletleri yıkıp onların yerine yenilerini kurduran büyük talih değişikliklerinde arayan geleneksel düşüncelere gönderme yapmaktadır. Çok dikkat edin, der Kant okurlarına, ilerlemenin hatırlatıcı, kanıtlayıcı ve gelecekle ilgili işaretini aramamız gereken yer büyük olaylar değil, çok daha az görkemli, gözle çok daha zor görülebilir olaylardır. Görünüşte anlam ve değer taşımayan şeye, arayıp durduğumuz önemli anlam ve değeri yüklememizi sağlayacak kodlamayı kabul etmeden bu anlamlı değerlerle kendi şimdiki zamanımızı analiz etmemiz mümkün değildir. Şimdi soralım, "büyük" bir olay olmayan bu olay nedir? Devrimin çok önemli bir olay olmadığını söylemekte belli bir bir paradoks yatar. Devrim tam da yıkıcı nitelikli olan, büyük olan şeyi küçük, küçük olan şeyi büyük yapan, toplumun ve devletlerin görünüşte en sağlam olan yapılarını yerle bir eden bir olay örneği değil midir? Kant'a bakılırsa, anlamlı olan, devrimin bu boyutu değildir. Olayın hatırlatıcı, kanıtlayıcı ve geleceğe ilişkin yargı bildirici özelliğe sahip olmasını sağlayan şey, devrimci dramanın kendisi olmadığı gibi, devrimci serüvenler ya da onun beraberinde getirdiği birtakım jestlerin oluşması da değildir. Anlamlı olan, devrimin seyirlik sunma tarzı, bizzat devrimde yer almayan; ama onu gözlemleyen, onu seyreden ve daha iyi ya da daha kötü yönde olmak üzere ondan derinden etkilenen bütün seyircileri tarafından nasıl karşılandığıdır. İlerlemenin kanıtını devrimci altüst oluş meydana getirmez; çünkü devrimci altüst oluş, birincisi, sadece şeyleri tersyüz etmekle kalır, ikincisi de bu devrimi tekrar yapmak gerekse, aynı devrim yapılmazdı. Bu konuda son derece ilginç bir metin vardır. Kant şöyle devam eder: "Bunun kendi zamanımızda gördüğümüz gibi zeki bir halkın devrimi [tabii burada Fransız Devrimi'nden söz ettiği açıktır] olup olmaması, başarıya ulaşıp ulaşmaması önemli değildir; devrimi başarıya ulaştırma umuduyla tekrar denemeye girişebilecek duyarlı bir insanın böyle bir bedel karşılığında aynı şeye bir daha girişmeye asla kalkışmayacağı kadar sefalete ve felakete yol açıp açmaması önemsizdir." Demek ki önemli olan devrimci süreç olmadığı gibi, devrimin başarıya ulaşıp ulaşmaması da değildir; bunun, ilerlemeyle ya da en azından, aramakta olduğumuz ilerlemenin işaretiyle hiçbir ilgisi yoktur. Devrimin başarısı ya da başarısızlığı ne ilerleme işaretidir ne de ilerleme olmadığının. Ne var ki, bir insan için devrimin ne olduğunu, nasıl gerçekleştirildiğini ve aynı zamanda nasıl başarıyla kotarıldığını bilmek mümkün olsaydı bile, bu duyarlı insan, devrimin ödenmesi zorunlu olan bedelini hesapladığında, devrime katılmayı düşünmezdi. Dolayısıyla, bir "tersine çevrilme" olarak, başarılı ya da başarısız olabilecek bir girişim olarak, ödenemeyecek kadar ağır bir bedel olarak devrim, kendi başına, insanlığın tarih boyunca sürekli ilerlemeye devam edebilmesini sağlayan bir neden bulunduğunun işareti sayılamaz.

Öbür yandan, anlam taşıyan ve ilerlemenin işaretini oluşturacak olan şey, devrimin etrafında, Kant'ın sözleriyle "coşku derecesine varan bir özlem birliği" olmasıdır. Devrimde önemli olan devrimin kendisi değil, devrimi yapmayanların ya da onun belli başlı aktörleri olmayanların kafalarından geçenlerdir; bu, o insanların, etkin failleri olmadıkları devrimle kurdukları ilişkidir. Devrimden coşku duymak, Kant'a göre, insanlıktaki ahlâki eğilimin bir işaretidir. Bu eğilim sürekli olarak iki biçimde dışavurulur: Birincisi, bütün insanların, kendilerine uygun düşen siyasi Anayasayı benimseme haklarında; ikincisi, kendi ilkeleri temelinde her türlü saldırganlıktan uzak durduğu ölçüde hukuk ve ahlâka uygun bir siyasi Anayasa ilkesinde. Devrim coşkusu, insanlığı böyle bir Anayasaya taşıyan eğilimin göstergesidir. Bir davranış biçimi olarak değil seyredilecek bir gösteri olarak, devrimde yer alanların benimsedikleri yıkıcı nitelikli bir ilke olarak değil onu gözlemleyenlerin coşkularının odağı olarak devrim, bir *"signum rememorativum"dur*, çünkü en başından beri var olan bu eğilimi gün yüzüne çıkarır; bir *"signum demonstrativum"*dur, çünkü aynı eğilimin bugünkü etkililiğini kanıtlar; ayrıca bir *"signum prognosticum"*dur, çünkü devrimin sorgulanabilecek sonuçları varsa, devrim yoluyla açığa çıkmış olan eğilimi görmezlikten gelmek mümkün değildir.

Ayrıca, bu iki unsurun, insanların özgürce seçtikleri siyasi Anayasa ile savaştan uzak duran bir siyasi Anayasanın, aynı zamanda *Aufklärung* sürecinin ta kendisi olduğunu; başka bir deyişle, devrimin gerçekte *Aufklärung* sürecinin kendisini tamamlayan ve sürdüren şey olduğunu, bu niteliğiyle *Aufklärung* ile devrimin artık birbirini unutması mümkün olmayan olaylar olduğunu çok iyi biliyoruz. Kant şöyle yazmaktadır: "Ben, kâhinlik yapmadan da insan türüne, yalnızca dönemimizin görünümlerine ve uyarıcı işaretlerine bakarak, insanlığın bu aşamaya ulaşacağını, yani insanların kendi diledikleri bir Anayasaya, saldırgan bir savaşı önleyecek, dolayısıyla bu ilerlemenin artık sorgulanmayacağı bir Anayasaya kavuşacakları bir duruma erişeceğini öngörebileceğimi iddia etmekteyim. İnsanlık tarihinde böyle bir fenomen artık unutulamaz, çünkü bu insan doğasında bir eğilimi, hiçbir siyasetin, olayların daha önceki akışından çıkaramayacağı; yalnızca insan türünde bir araya gelmiş doğa ile özgürlüğün, hukukun içsel ilkelerini izleyerek, biraz belirsiz bir biçimde ve olumsal bir olay olarak da olsa ilan edebileceği bir ilerleme yetisini ortaya çıkarmıştır. Ancak, bu olayın amaçlarına henüz ulaşılmamış olsaydı, devrim ya da bir halkın Anayasasının reformu nihayetinde başarısız kalmış olsaydı ya da şimdi bazı siyasetçilerin öngördüğü gibi belli bir zamanın geçmesinden sonra her şey eski akışına dönmüş olsaydı bile, bu felsefi kehanet gücünden en ufak bir şey kaybetmezdi. Çünkü bu olay, uygun koşullarda yeniden insanların aklına gelmemesi ya da bu tür yeni girişimlerdeki kriz anlarında hatırlanmaması mümkün olmayacak kadar önemli, insanlığın çıkarlarıyla iç içe geçmiş ve dünyanın her yanında çok geniş etkisi olan bir olaydır; çünkü insanlık için bu kadar önemli bir olayda, gelmekte olan yapının en sonunda bu sağlamlığa, tekrarlanan deneyimlerin kendisine insanların zihninde mutlaka kazandıracağı sağlamlığa ulaşması gerekir."

Ne olursa olsun, devrim daima her şeyin eski duruma dönmesi riskiyle yüz yüze gelecektir, ama içeriği önemsiz bir olay olarak devrimin varlığı akıldan asla çıkarılamayacak sürekli bir potansiyel güce işaret etmektedir: Gelecekteki tarih açısından, devrim ilerlemenin sürekliliğinin güvencesidir.

Benim bütün yapmak istediğim, Kant'ın *Aufklärung* üzerine kaleme aldığı bu metni sizin için konumlandırmaktı; bundan sonra, onu daha yakından yorumlamaya çalışacağım. Bunun dışında, aradan on beş yıl geçtikten sonra Kant'ın, beklenenden çok dramatik etkilerde bulunmuş olan Fransız Devrimi üzerine neler düşündüğünün anlaşılmasını istedim. Bu iki metinle, bir anlamıyla, bütün bir felsefi sorular silsilesinin kökeninde, çıkış noktasındayız. Bu iki soru (*"Aufklärung* nedir? Devrim nedir?"), Kant'ın kendi güncelliği sorununu ortaya koyduğu iki biçimdir. Bunlar ayrıca, eminim, on dokuzuncu yüzyıldan itibaren bütün modern felsefenin değilse bile, en azından modern felsefenin önemli bir kısmının sormaktan asla vazgeçmemiş olduğu iki sorudur. Bence *Aufklärung*, hem Avrupa modernliğini başlatan apayrı nitelikteki bir olay olarak hem de aklın tarihinde, rasyonalite ve teknoloji biçimlerinin, bilginin özerkliği ve otoritesinin gelişmesi ve yerleşmesinde kendini göstermiş kalıcı bir süreç olarak, bizim için salt düşünce tarihinin bir episodundan ibaret değildir. *Aufklärung*, on sekizinci yüzyıldan beri düşüncelerimize nüfuz etmiş olan bir felsefi sorundur. *Aufklärung*'u canlı ve dokunulmaz tutmak isteyenleri kendi sofuluklarıyla baş başa bırakalım. Bu tür bir sofuluk kuşkusuz ihanetlerin en acısıdır. Bizim muhafaza etmemiz gereken yan, *Aufklärung*'tan geriye kalanlar değil; canlı ve üzerinde düşünülmesi gereken şey olarak zihinlerimizde tutulması gereken bu olayın kendisi ve anlamıdır (evrensel hakkında düşünmenin tarihselliği sorunu).

Tarihsel bir sorun olarak *Aufklärung* ya da akıl sorusu, az çok üstü kapalı biçimde, Kant'tan günümüze kadar bütün felsefi düşüncelerde varolagelmiştir. Kant'ın karşılaştığı güncelliğin öbür yüzü devrimdir; hem tarihte bir olay, bir kopuş, bir altüst oluş olarak, bir başarısızlık olarak, hem de bir değer olarak, tarihte ve insanlığın ilerlemesinde etkili olan bir eğilimin işareti olarak devrim. Burada da felsefenin sorunu devrimin hangi parçasının korunması ve bir model olarak değerlendirilmesi gerektiğini saptamak değil; devrimci girişimin kendisinden bambaşka bir şey olan bu devrim istemiyle, bu devrim "coşku"suyla ne yapılabileceğini bilmektir. İki soru (*"Aufklärung* nedir?" ve "devrim istenciyle ne yapılmalıdır?"), birlikte alındığında, etkisini bizim kendi güncelliğimizde ne olduğumuz üzerinde de sürdüren felsefi sorgulama alanını tanımlar.

Kant bence, modern felsefenin bölünmüş olduğu iki büyük kültürel geleneğin temellerini atmış görünmektedir. Diyelim ki Kant, kendi dev eleştirel yapıtında, doğru bilginin mümkün olma koşulları sorununu ortaya atan felsefe geleneğinin temellerini atmıştır ve bu temelde on dokuzuncu yüzyıldan beri gelen bütün modern felsefe çizgisinin hakikatin analitiği olarak gelişmiş olduğu ifade edilebilir.

Gelgelelim, modern ve çağdaş felsefede, başka tipte bir soru, başka tipte bir eleştirel sorgulama daha vardır: Bu sorunun, tam da *Aufklärung* sorusunda ya da Devrim üzerine kaleme aldığı metinde ortaya çıktığını görmekteyiz. Bu diğer eleştirel geleneğin ortaya attığı soru, "Güncelliğimiz nedir? Şimdiki zamanda yaşanabilecek mümkün deneyimler alanı nedir?" sorusudur. Burada söz konusu olan, bir hakikat analitiği değil; şimdinin ontolojisi, kendimizin bir ontolojisidir. Bence bugün için bizim önümüzdeki felsefi tercih şöyle özetlenebilir: Ya kendini genelde hakikatin analitik felsefesi olarak sunan bir eleştirel felsefe tercih edilebilir ya da kendimizin bir ontolojisi, şimdiki zamanın bir ontolojisi biçimine bürünecek eleştirel bir düşünceden yana seçim yapılabilir; nitekim, Hegel'den gelip Nietzsche ve Max Weber üzerinden Frankfurt Okulu'na kadar uzanan, benim de içinde çalışmaya çaba harcadığım bir düşünme biçimi kurmuş olan felsefe biçimi budur.

(Cilt IV, s. 679-688)
Çev.: Osman Akınhay

IX
Aydınlanma nedir?*

Bugün bir dergi okurlara yönelik bir soru sorduğu zaman, bununla amaçlanan, herkesin zaten bir fikrinin olduğu belirli bir konu hakkındaki düşüncelerin toplanmasıdır; böyle bir soruşturmada yeni bir şey öğrenme ihtimali pek yoktur. On sekizinci yüzyılda ise henüz çözümü bulunmamış sorunlar üzerine halka soru sormak tercih ediliyordu. O yüzyıldaki uygulamanın daha etkili olup olmadığını bilmiyorum; yalnız daha eğlenceli olduğu tartışma götürmezdi.

Her neyse, Aralık 1784'te bu âdet doğrultusunda bir Alman

---

* "What is Enlightenment?" (Qu'est-ce que les Lumières?), P. Rabinow (yay.) *The Foucault Reader.* New York: Pantheon Books, 1984 içinde, s. 32-50. İngilizceden çevrilmiş olan bu metin, Fransızca orijinaliyle karşılaştırılmıştır (y.h.n).

süreli yayını olan *Berlinische Monatschrift, Was ist Aufklärung?*[1] sorusuna bir cevap yayımladı. Cevabı veren kişi Kant'tı.

Bu belki kısacık bir metindir. Ama bence, modern felsefenin henüz cevap vermeyi beceremediği, ama başından atmanın yolunu da asla bulamadığı bir sorunun düşünce tarihine gizlice girişine işaret etmektedir. Ve felsefe iki yüzyıldır çeşitli biçimlerde bu soruyu tekrarlıyor. Hegel'den Nietzsche ya da Max Weber aracılığıyla Horkheimer ya da Habermas'a kadar aynı soruyla doğrudan ya da dolaylı hesaplaşmamış hiçbir felsefe yoktur. Öyleyse, *Aufklärung* denen ve en azından kısmen bugün ne olduğumuzu, ne düşündüğümüzü ve ne yaptığımızı belirleyen bu olay nedir? *Berlinische Monatschrift*'in çıkmayı hâlâ sürdürdüğünü ve okurlarına şu soruyu sorduğunu hayal edelim: "Modern felsefe nedir?" Buna belki bir yinelemeyle cevap verebiliriz: Modern felsefe, iki yüzyıl önce, üzerinde pek fazla düşünülmeden ortaya atılan *"Was ist Aufklärung?"* sorusunu cevaplamaya çalışan felsefedir.

Kant'ın metni üzerinde biraz duralım. Bu metin çeşitli nedenlerle dikkat çekmektedir.

1) Aynı soruya –yine aynı dergide– iki ay önce Moses Mendelssohn'dan da bir cevap gelmişti. Ancak Kant, kendi cevabını kaleme alırken Mendelssohn'un metnini okumamıştı. Kuşkusuz, Alman felsefi hareketinin Yahudi kültüründeki yeni gelişmelerle karşılaşması tam bu tarihe dayanmaz. Mendelssohn, Lessing'le birlikte, otuz küsur yıldan beri o kavşakta duruyordu. Hem o noktaya kadar söz konusu olan, Yahudi kültürüne Alman düşüncesi içinde bir yer bulmaktan (Lessing'in *Die Juden*'de yapmaya çalıştığı gibi) ya da Yahudi düşüncesi ile Alman felsefesinin ortak sorunlarını saptamaktan ibaretti. Bunu Mendelssohn da kendi çalışması olan *Phädon; oder, Über die Unsterblichkeit der Seele*'de *(Phaidon: Ya da Ruhun Ölümsüzlüğü Üzerine)* yapmıştır. *Berlinische Monatschrift*'te yayımlanan iki metinle, Alman

---
1. *Berlinische Monatschrift*, Aralık 1784, C. IV içinde, s. 481-491 "Qu'est-ce que les Lumières?" çev.: Wismann, *Oeuvres*. Paris: Gallimard, col. "Bibliothèque de la Pléiade", 1985, C. II içinde.

Aufklärung'u ile Yahudi *Haskala*'sının aynı tarihe ait oldukları fark edilir; ikisi de içinden çıktıkları ortak süreçleri yakalamanın peşinde koşturmaktadır. Ve bu herhalde, ortak bir kaderin kabullenildiğini –şimdi bunun daha sonra nasıl bir dramaya yol açacağını biliyoruz– ilan etmenin yollarından biridir.

2) Ama dahası var. Kant'ın metni kendi başına ve Hıristiyan geleneği içerisinde yeni bir sorun doğurur.

Felsefi düşüncenin kendi zamanı üzerine düşünmeye çalışmasına kesinlikle ilk defa rastlanıyor değildi. Ancak, şematik bir dille konuşursak, bu düşünüşün o zamana kadar üç ana biçime büründüğünü söyleyebiliriz.

• Şimdiki zaman, kendine özgü birtakım nitelikleriyle diğer çağlardan ayrı ya da dramatik bir olayla diğer çağlardan ayrılmış bir çağa ait olarak düşünülebilir. Böylece, Platon'un *Devlet Adamı*'ndaki tartışmacılar dünyanın devirlerinden birine ait olduklarını, bu devirde dünyanın geriye doğru döndüğünü, bunun taşıyabileceği bütün olumsuz sonuçlarla kabul ederler.

• Şimdiki zaman, yakında gerçekleşmesi muhtemel bir olayı haber veren işaretleri deşifre etmek üzere sorgulanabilir. Bu noktada, bir tür tarihsel yorumbilgisi ilkesiyle karşı karşıyayızdır ki Aziz Augustinus buna örnek oluşturabilir.

• Şimdiki zaman, ufukta yeni bir dünyanın doğuşuna geçiş olarak da analiz edilebilir. Vico, *La Scienza Nuova*'nın son bölümünde bunu anlatır. Vico'nun "bugün" gördüğü şey, "çoğunlukla birkaç büyük monarka boyun eğmiş halklarda en eksiksiz medeniyetin yayılması", ayrıca "insan yaşamına mutluluk getiren bütün iyi şeylerin somutlandığı medeniyetle ışıl ışıl parlayan...Avrupa"dır.[2]

Oysa, Kant'ın *Aufklärung* sorununu ortaya atışı tamamen farklıdır: *Aufklärung* ne dünyada ona ait olunan bir çağ, ne işaretleri algılanan bir olay, ne de bir tamamlanmanın gün doğumudur. Kant *Aufklärung*'u neredeyse tamamen negatif bir biçimde, bir *Ausgang* olarak, bir "çıkış", bir "çıkış yolu" olarak tanımlar. Tarih üzerine

---

2. Giambattista Vico, *The New Science of Giambattista Vico*, 3. basım, (1744), kısaltılmış çeviri: T.G. Bergin ve M.H. Fisch (Ithaca/Londra: Cornell University Press, 1970), s.370, 372.

diğer metinlerinde de, köken sorunlarını gündeme getirmesine veya tarihsel bir sürecin içsel erekselliğini tanımlamasına da gene zaman zaman rastlanır. Ancak *Aufklärung* üzerine metninde, bir tek güncellik sorununu ele alır. Şimdiyi, bir bütünsellik ya da gelecekteki bir tamamlanma temelinde kavramaya çalışmaz. Onun aradığı bir farklılıktır. Onun sorusu şudur: Bugün düne kıyasla ne tür farklılıklar getiriyor?

3) Burada, kısa olmasına rağmen her zaman açık olmayan bu metin konusunda ayrıntılara girmeyeceğim. Ben sadece, Kant'ın felsefi "şimdiki zaman" sorununu nasıl gündeme getirdiğini anlamak için bana önemli görünen üç-dört özelliğe dikkat çekmek istiyorum.

Kant hemen konuya girerek, Aydınlanma'yı karakterize eden "çıkış"ın bizi "olgunlaşmamışlık" statüsünden kurtaran bir süreç olduğuna işaret eder. "Olgunlaşmamışlık" derken kastettiği de, irademizin belli bir durumunun bizi aklımızı kullanmamızın gerekli olduğu alanlarda başka birisinin otoritesini kabullenmeye sürüklemesidir. Kant buna üç örnek gösterir: Kendi kavrayış gücümüzün yerini bir kitap, vicdanımızın yerini ruhani bir kılavuz aldığı, nasıl bir diyet uygulayacağımıza bir doktor karar verdiği zaman, "olgunlaşmamış" bir durumdayız demektir (Geçerken not edelim ki, metin bunu açıkça söylemese de bu üç örnekte Kant'ın üç eleştirisi[*] kolayca tanınmaktadır). Sonuç olarak Aydınlanma, istenç, otorite ve aklın kullanılması arasında önceden var olan ilişkinin değişikliğe uğratılmış bir hali diye tanımlanmaktadır.

Ayrıca, Kant'ın bu çıkışı oldukça belirsiz bir şekilde gösterdiğini de belirtmeliyiz. Kant çıkışı bir olgu, süregiden bir süreç olarak niteler; ama bunun yanında, bir görev ve bir yükümlülük olarak da sunar. Daha ilk paragrafından itibaren, insanın olgunlaşmamışlık statüsünden bizzat kendisinin sorumlu olduğunun altını çizer. Yani insanın, bu halinden, ancak kendisinde gerçekleştireceği değişiklikle kurtulabileceğini düşünmek gerekmektedir. Anlamlı bir biçimde, Kant bu Aydınlanma'nın bir düsturu (*Wahlspruck*)

---

[*] *Saf Aklın Eleştirisi, Pratik Aklın Eleştirisi, Yargıgücünün Eleştirisi.* (ç.n.)

olduğunu söyler: düstursa insanın kendini tanıtmak için kullandığı bir ayırıcı özellik hem de insanın kendisine verdiği ve başkalarına önerdiği bir yönergedir. Peki, nedir bu yönerge? *Aude sapere*: "bilme cesaretini, cüretini göster". Demek ki Aydınlanma, hem insanların topluca katıldıkları bir süreç hem de kişisel olarak gösterilebilecek bir cesaret edimi diye düşünülmelidir. İnsanlar tek bir sürecin hem unsurları hem de failleridir. Sürece katıldıkları ölçüde aktör olabilirler ve söz konusu süreç, insanlar bu sürecin gönüllü aktörü olmaya karar verdikleri ölçüde gerçekleşir.

Bu noktada, Kant'ın metninde üçüncü bir güçlük ortaya çıkar. Bu güçlük *Menscheit* (insanlık) sözcüğünün kullanımıyla ilgilidir. "İnsanlık" sözcüğünün Kant'ın tarih anlayışındaki önemi iyi bilinmektedir. Aydınlanma sürecine girmiş olanın tüm insan türü olduğunu mu düşüneceğiz? Bu durumda, Aydınlanma'yı yeryüzünde yaşayan bütün insanların siyasi ve toplumsal varlığını etkileyen tarihsel bir değişim olarak tahayyül etmek zorundayız. Yoksa insanoğlunun insanlığını oluşturan şeyi etkileyen bir değişikliğin söz konusu olduğunu mu düşüneceğiz? Tabii o zaman da bu değişikliğin ne olduğu sorusu ortaya çıkacaktır. Kant'ın bu noktadaki cevabı da belirsizlikten arınmış değildir. Ne olursa olsun, görünüşteki bu basitliğin altında oldukça karmaşık bir durum yatmaktadır.

Kant, insanlığın olgunlaşmamışlığından kurtulabilmesinin iki temel koşulunu tanımlar. Bu iki koşul hem manevi ve kurumsal hem de etik ve siyasi niteliklidir.

Söz konusu koşullardan ilki, itaat alanı ile aklın kullanılması alanının birbirinden açık biçimde ayrılabilmesidir. Kant, olgunlaşmamışlık statüsünün özelliklerini kısaca ortaya sererken, şu bilinen ifadeye başvurur: "Düşünmeyin, sadece emirlere uyun!". Kant'a göre, askeri disiplin, siyasi iktidar ve dinsel otorite genellikle bu yolla uygulamaya dökülür. İnsanlık, artık itaat etmek zorunda olmadığı zaman değil, insanlara "İtaat edin, istediğiniz kadar akıl yürütebileceksiniz," dendiği zaman olgunluğa erişecektir. Burada kullanılan Almanca sözcüğün *räzonieren* olduğunu vurgulamalıyız. Kant'ın Üç Eleştirisi'nde de kullanılan bu sözcük aklın herhangi bir şekilde kullanımını değil; aklın kendisinden başka amacı olmayacağı bir koşulda kullanımını anlatır: *räzonieren* akıl yürütmek adına akıl yürütmek demektir. Kant bunun için, görünüşte son derece önemsiz olan örnekler verir: Vergi sistemi hakkında dilediği kadar tartışabilmekle birlikte gene de vergi ödemek, olgunlaşmanın karakteristik bir özelliği olacaktır. Ya da bir yandan dinsel dogmalar hakkında özgürce akıl yürütürken, öbür yandan bir rahip olarak dinsel hizmetin sorumluluğunu sürdürmek de başka bir örnek olarak gösterilebilir.

Burada, on altıncı yüzyıldan bu yana, vicdan özgürlüğüyle anlatılmak istenenden çok farklı bir şeyle yüz yüze olmadığımızı düşünebiliriz: Gerektiği kadar itaat edildiği sürece, dilediği kadar düşünme hakkı. İşte Kant'ın başka bir ayrım noktasını, üstelik epeyce şaşırtıcı bir şekilde ortaya attığı yer de burasıdır. Kant'ın yaptığı ayrım, aklın özel ve kamusal kullanımı arasındadır. Ama hemen, aklın kamusal kullanımında özgür, özel kullanımda ise itaatkâr bir durumda olması gerektiğini de ekler. Terim olarak baktığımızda, genelde vicdan özgürlüğü denen olgunun tam zıddını oluşturur bu.

Ancak biraz daha kesin olmak gerekiyor. Kant'a göre, aklın özel kullanımı ne demektir? Hangi alanda uygulanır? İnsan, der Kant, "bir makinenin dişlisi" olduğu zaman, yani toplumda oynayacak bir role, yapılacak birtakım işlere sahip olduğu zaman, akıldan özel amaçla yararlanır. Askerlik yapmak, ödenecek vergisi olmak, bir kiliseden sorumlu olmak, kamu görevlisi olmak; bütün bunlar, insanı toplumun özel bir parçası yapar. Böylece insan kendisini kuşatılmış, belirli kuralları uygulayıp belirli amaçlara uygun hareket edeceği bir konumda bulur. İnsanların körü körüne ve aptalca itaat etmelerini istemez, ama aklın kullanımının belirli koşullara uyarlanmasını ister. Öyle ki akıl, bu tikel amaçlara tabi olmak durumundadır. Yani, burada aklın özgürce kullanılmasından söz edilemez.

Öbür yandan, yalnızca aklı kullanmak amacıyla, makul bir varlık olarak (makinede bir dişli olarak değil), makul bir insanlar topluluğunun üyesi olarak akıl yürütüldüğü zaman, o zaman aklın kullanımı özgür ve kamusal nitelikli olmak zorundadır. Diyeceğim,

Aydınlanma salt bireylerin kendi kişisel düşünce özgürlüklerinin güvence altında olduğunu görecekleri bir süreç değildir. Aklın evrensel, özgür ve kamusal kullanımları üst üste bindiği zaman orada Aydınlanma vardır.

Şimdi buradan, Kant'ın metnine yöneltilmesi gereken dördüncü bir soruya geliyoruz. Aklın evrensel (özel bir amacın dışındaki) kullanımının nasıl öznenin bir birey olarak salt kendisini ilgilendiren bir iş olduğunu, ayrıca aklın bu kullanımı için özgürlüğün salt negatif bir biçimde, yani önüne hiçbir engel çıkarılmamasıyla güvence altına alınabileceğini görüyoruz. Gelgelelim, aynı aklın kamusal kullanımı nasıl güvence altına alınacaktır? Başta gördüğümüz gibi, Aydınlanma basitçe bütün insanlığı etkileyen genel bir süreç olarak, sadece bireylerden istenen bir yükümlülük olarak anlaşılmamalıdır: Aydınlanma şimdi siyasi bir sorun olarak ortaya çıkmaktadır. Yani soru, aklın kullanımı için zorunlu olan kamusal biçime nasıl bürünebileceğini; bir yandan bireyler mümkün olduğu kadar titizlikle itaat ederlerken, öbür yandan bilme cüretinin herkesin görebileceği şekilde nasıl kullanılabileceğini bilme sorunudur. Kant, sonuç olarak da, II. Friedrich'e pek gizli olmayan biçimde bir tür sözleşme –rasyonel despotizmin özgür akılla sözleşmesi denebilir buna– yapmayı önerir: Özerk aklın kamusal kapsamda ve özgürce kullanılması, itaat etmek gereken siyasi ilkenin evrensel akılla uyumlu olması koşuluyla, itaati sağlamanın en iyi güvencesi olacaktır.

Şimdi Kant'ın metninden ayrılalım. Ben bu metni Aydınlanma'nın yeterli bir tanımını verebilecek bir metin olarak görmeyi öneriyor değilim kesinlikle. On sekizinci yüzyılın sonunda gerçekleşen toplumsal, siyasi ve kültürel dönüşümlerin analiz edilmesinde sanırım hiçbir tarihçi salt bu metinle yetinemez.

Bununla birlikte, bağlamsal niteliğine rağmen ve bu makaleye Kant'ın yapıtında abartılı bir yer atfetmeden, ben bu kısa makale ile üç *Eleştiri* arasında var olan bağı vurgulamanın zorunlu olduğuna inanıyorum. Kant, Aydınlanma'yı, gerçekten de, insanlığın hiçbir otoriteye tabi kalmaksızın kendi aklını kullanabileceği an olarak anlatmaktadır. Eleştiri de tam bu anda zorunludur; çünkü eleştirinin rolü neyin bilinebileceğini, ne yapılması gerektiğini ve neyin umut edilebileceğini saptamakta aklın kullanılmasını meşru kılan koşulları tanımlamaktır. Yanılsamanın yanı sıra dogmatizme ve heteronomiye yol açan şey, aklın meşru olmayan kullanımıdır. Öbür yandan, aklın özerkliği, ancak meşru kullanım ilkeleriyle açıkça tanımlandığı zaman güvence altına alınabilir. Eleştiri, bir anlamıyla, aklın Aydınlanma'da olgunlaşmış olan elkitabıdır; buna karşılık, Aydınlanma da Eleştiri çağıdır.

Bence, Kant'ın bu metni ile tarihe ayırdığı diğer metinleri arasındaki ilişkinin altını çizmek de zorunludur. Kant'ın tarih konulu metinleri, çoğunlukla, zamanın içsel erekselliğini ve insanlığın tarihinin gitmekte olduğu noktayı saptamaya çalışırlar. Bu tarihi insanlığın yetişkinlik çağına geçişi olarak tanımlayan Aydınlanma analizi, çağdaş gerçekliği, bu genel harekete ve onun temel yönelimlerine göre konumlandırmaktadır. Ama aynı zamanda, tam bu anda her bireyin bu genel süreçten belli bir açıdan nasıl sorumlu olduğunu göstermekten de geri kalmaz.

Benim önermek istediğim hipotez, bu küçük metnin bir anlamıyla eleştirel düşünce ile tarih üzerinde düşünmenin kavşağında durduğudur. Kant'ın kendi yaptığı işin güncelliği üzerine düşüncelerini yansıtan bir metindir. Kuşkusuz bir filozofun belirli bir anda giriştiği çalışmaları için kendince bazı nedenler göstermesine ilk defa rastlanıyor değildir. Ama bana göre, bir filozofun kendi yapıtının bilgiyle (*connaissance*) bağlantılı olarak anlamını, tarih üzerine düşünmeyi ve yazdığı ve yazmasına neden olan tikel anı bu şekilde, yakından ve içeriden ilişkilendirmesinin ilk örneğidir. Kant'ın metninin yeni olan yanı, bana kalırsa, tarihte farklılık olarak ve belirli bir felsefi görevin itici gücü olarak "bugün" üzerine olan düşünmesinde yatmaktadır.

Tabii, olaya bu şekilde bakarsak, bir hareket noktası saptayabileceğimiz de ortaya çıkar: Bu hareket noktası, modernliğin tutumu diyebileceğimiz olgunun genel çizgilerinde bulunur.

Modernlikten genellikle bir çağ olarak ya da en azından,

bir çağın karakteristik özelliklerinin bütünü olarak söz edildiğini biliyorum. Modernlik, az çok naif ya da arkaik bir pre-modernlikten sonra, içeriği muamma olan ve kaygılandırıcı bir "post-modernlik"ten önce gelecek şekilde bir takvime yerleştirilir. Bundan sonra, modernlik Aydınlanma'nın devamını ve gelişmesini mi oluşturur, yoksa modernlikte on sekizinci yüzyılın temel ilkelerinden bir kopuş ya da bir sapma mı görmek gerekir diye sorulur.

Tekrar Kant'ın metnine döndüğümüzde, modernliği tarihin bir dönemi olmaktan ziyade bir tutum olarak tasarlayıp tasarlayamayacağımızı merak ediyorum. Burada "tutum" derken kastettiğim, güncellikle kurulan bir ilişki kipi, bazı insanların yaptığı gönüllü bir tercih; nihayet bir düşünme ve hissetme tarzı, aynı zamanda bir aidiyet ilişkisini gösteren ve kendisini bir görev olarak sunan bir eyleme ve davranma biçimidir. Kuşkusuz, bir parça Yunanlıların *ethos* dedikleri şey gibidir bu. Sonuç olarak, "modern çağ"ı "pre-modern" ya da "post-modern" çağdan ayırmaya çalışmanın yerine, modernliğin tutumunun, ilk şekillenişinden beri, kendini nasıl "modernlik-karşıtı" tutumlarla mücadeye giren bir durumda bulduğunu öğrenmeye çalışmanın daha yararlı olacağı kanısındayım.

Bu modernlik tutumunu kısaca tanımlamak için hemen hemen vazgeçilmez sayılan bir örneğe, Baudelaire'e başvuracağım: çünkü, Baudelaire'de modernlik bilinci on dokuzuncu yüzyıldaki en keskin örneklerden biri gibi görünmektedir.

1) Modernlik genellikle zamanın süreksizliği bilinci temelinde karakterize edilmeye çalışılır: gelenekten kopuş, yenilik duygusu, zamanın geçip gidişi karşısında duyulan baş dönmesi. Baudelaire'in modernliği "geçici, kaçıcı, olumsal"[3] sözleriyle tanımlarken anlatmak istediği de bundan başka bir şey değildir. Ama, Baudelaire'in gözünde, modern olmak bu sürekli hareketi fark edip kabullenmekle değil; tam tersine, bu harekete karşı belirli bir tutum benimsemekle belli olur. Nitekim bu gönüllü, güç tutum, şimdiki anın ötesinde ya da onun gerisinde değil; onun içinde olan ebedi bir şeyin yeniden kavranmasından ibarettir. Modernlik,

---

3. Charles Baudelaire, *Le Peintre de la vie moderne, Oeuvres complètes*. Paris: Gallimard, coll. "Bibliothèque de la Pléiade", 1976, c. II, s. 695.

zamanın akışını takip etmekten başka bir şey yapmayan modadan farklıdır; modernlik, şimdiki anın "kahramanca" boyutunu kavramayı sağlayan tutumdur. Modernlik, kaçıp giden şimdiye duyarlı olma olgusu değil; şimdiyi "kahramanlaştırma" istemidir.

Baudelaire'in kendi çağdaşlarının resimleri hakkında söyledikleriyle yetineceğim. Baudelaire, on dokuzuncu yüzyıl giyimini son derece çirkin bulan, eski ihramlardan başka hiçbir şey çizmek istemeyen ressamlarla alay etmektedir. Gene de resimdeki modernlik, siyah giysileri tuvale taşımaktan ibaret olmayacaktır. Baudelaire'e göre modern ressam, koyu redingotu "zamanımızın zorunlu kostümü" olarak gösterebilen; çağımızın ölümle girdiği özsel, kalıcı, sabit ilişkinin günümüzün modasında nasıl gözler önüne serileceğini bilen ressamdır. "Ceket ile redingot yalnızca evrensel eşitliğin bir ifadesi olan şiirsel güzelliğe değil; onun yanı sıra, kamusal ruhun bir ifadesi olan şiire sahiptir. Her birimiz bir cenaze törenini kutlamaktayız."[4] Baudelaire, bu modernlik tutumunu anlatmak için, bir reçete biçiminde sunduğundan dolayı çok anlamlı bir cümleyi zaman zaman kullanır: "Şimdiki zamanı kötülemeye hakkınız yoktur."

2) Söylemeye gerek yok ki, bu kahramanlaştırma olayı ironiktir. Modernliğin tutumunda söz konusu olan, geçip giden anı, muhafaza etmek ya da süreklileştirmek çabasıyla kutsallaştırmak değildir. Özellikle şimdiki zamanı geçici ve ilginç bir merak olarak almak söz konusu değildir: çünkü böyle yapmak Baudelaire'in "flanör"lük olarak adlandırdığı tutum olacaktır. Flanörlük gözlerini açık tutmakla, dikkatini toplamakla ve hafızada biriktirmekle yetinir. Baudelaire, flanör'ün karşıtı olarak nitelediği modernliğin insanını şöyle tanımlar: "Devamlı telaşlı bir arayış içindedir... Bu insanın –büyük insan çölünde bıkıp usanmadan gezen, canlı bir hayal gücüyle donatılmış bu münzevinin– salt bir flanör'ünkünden daha yüce bir amacı, daha genel, o andan geçici bir haz almanın dışında bir amacı bulunduğu kesindir. Bu insan, modernlik olarak adlandırmama izin verilecek o şeyin peşindedir. Onun için söz konusu olan modanın tarihsel olanda barındırabileceği

---
4. Charles Baudelaire, "De l'héroisme de la vie moderne", a.g.e. s. 494.

şiirseli bulup çıkarmaktır." Baudelaire modernlik örneği olarak Constantin Guys'i gösterir. Görünüşte bir flanör, bir ilginç nesneler koleksiyoncusu olan Guys, "ışığın parlayabileceği, şiirin yankılanabileceği, müziğin çınlayabileceği, yaşam dolu her yerde, bir tutkunun gözünü alabileceği her yerde, doğal insan ile uzlaşmacı insanın garip bir güzellikle göründükleri her yerde, güneşin yoldan çıkmış hayvanın zevklerini aydınlattığı her yerde kalacak son kişidir".[5]

Ama yanlış bir noktaya sürüklenmeyelim. Constantin Guys bir flanör değildir; onu Baudelaire'in gözünde en modern ressam yapan etken, bütün dünya uykuya daldığı zaman onun çalışmaya başlaması ve bu dünyanın görünüşünü değiştirmesidir. Bu değişim gerçekliğin yok edilmesi değil, gerçek olanın hakikati ile özgürlüğün kullanılması arasındaki zorlu oyundur. Böylece, "doğal" şeyler "doğaldan fazla" bir şeye, "güzel" şeyler "güzelden fazla" bir şeye dönüşür ve tekil şeyler "yaratıcının ruhu gibi tutkulu bir yaşamla yüklüymüş" gibi görünürler.[6] Modernliğin tutumu açısından, şimdinin yüce değeri, onu olduğundan başka türlü tahayyül etme ve onu yok ederek değil; onda olanı kavrayarak dönüştürme isteğinden ayrılamaz. Baudelaire'ci modernlik, gerçek olan şeye gösterilen aşırı dikkatin, aynı zamanda hem bu gerçekliğe saygı gösterip hem de ona tecavüz eden bir özgürlük pratiğiyle karşı karşıya geldiği bir uygulamadır.

3) Bununla birlikte, Baudelaire'in gözündeki modernlik basitçe şimdiyle kurulan bir ilişki biçimi değil, ayrıca kendiyle de kurulması gereken bir ilişki kipidir. Gönüllü modernlik tutumu vazgeçilmez bir asetiklikle bağıntılıdır. Modern olmak kendini akıp giden zamanın içinde olduğu gibi kabul etmek değil, karmaşık ve anlaşılması zor bir gelişme sürecinin nesnesi olarak görmektir: Baudelaire buna, kendi zamanının sözdağarını kullanarak "dandizm" demektedir. "Kaba, dünyevi, rezil doğa" üzerine, insanın kendisine karşı vazgeçilmez isyanı üzerine, "kendi ihtiraslı ve alçakgönüllü

---
5. Baudelaire, Le Peintre de la vie moderne, a.g.e. s. 693-694.
6. Baudelaire, Peintre, s.12, 11.

müritleri"ne en korkunç dinlerinkinden daha despotik bir disiplin dayatan "zarafet doktrini" üzerine iyi bilinen pasajları ve nihayet, kendi bedeni, kendi davranışları, kendi duygu ve tutkuları ile kendi varlığından bir sanat eseri yaratan dandi'nin asetikliği hakkındaki o çok bilinen sayfaları burada ayrıntılı olarak hatırlatmayacağım. Baudelaire'e göre, modern insan kendini, kendi sırlarını ve kendi gizli hakikatini keşfetmeye çıkan insan değil; kendini yaratmaya çalışan insandır. Modernlik, "insanı kendi var olduğu biçim içinde özgürleştirmez"; onu, kendini geliştirme yükümlülüğüyle baş başa kalmaya zorlar.

4) Son bir söz daha ekleyeyim. Şimdinin ironik biçimde kahramanlaştırılması, özgürlük ile gerçek arasındaki bu oyun, kendinin asetik biçimde geliştirilmesi; Baduleaire bütün bunların toplumda, siyasi bünyede bir yeri olduğunu düşünmez. Bunlar ancak Baudelaire'in sanat dediği başka, farklı bir ortamda üretilebilir.

Bu birkaç satırda ne on sekizinci yüzyılın sonundaki Aydınlanma'yı yansıtan karmaşık bir tarihsel olayı ne de modernliğin son iki yüzyıldır almış olabileceği çeşitli biçimlerdeki tutumunu özetlemeye kalkışıyorum.

Ben, bir yandan, aynı zamanda insanın şimdiyle ilişkisini, insanın tarihsel oluş kipini ve kendini özerk bir özne olarak kurmayı sorunsallaştıran felsefi bir sorgulamanın Aydınlanma'da kök salışını vurgulamaya çalışırken, öbür yandan da, bizi Aydınlanma'ya bağlayabilecek olan bağın doktriner unsurlara sadakat değil, tam tersine, bir tutumun, yani, tarihsel varlığımızın aralıksız bir eleştirisi şeklinde nitelendirilebilecek olan felsefi bir *ethos*'un sürekli olarak canlı tutulması olduğunu vurgulamaya çalışıyorum. Şimdi bu *ethos*'un özelliklerini çok özet biçimde ortaya koymak isterim.

A. *Negatif olarak.*

1) Bu *ethos*, ilkin, Aydınlanma'nın şantajı diye nitelemek istediğim şeyin reddedilmesini içerir. Bence Aydınlanma, hâlâ büyük ölçüde bağlı olduğumuz bir siyasi, ekonomik, toplumsal, kurumsal ve kültürel olaylar bütünü olarak, ayrıcalıklı bir analiz alanı oluşturur. Ayrıca, hakikatin gelişmesi ile özgürlük tarihinin dolaysız bir ilişki bağıyla birbirine bağlanması girişimi olarak Aydınlanma'nın, üzerinde hâlâ önemle durmamız gereken bir felsefi sorunu formüle ettiği kanısındayım. Son olarak Aydınlanma'nın, Kant'ın metniyle ilgili olarak ortaya koymaya çalıştığım gibi, belirli bir felsefe yapma tarzını tanımladığını düşünüyorum.

Gene de bu, mutlaka ya Aydınlanma'dan "yana" ya da Aydınlanma'ya "karşı" olmak gerektiği anlamına gelmez. Bilakis, kendini basitleştirici ve otoriter bir alternatif biçiminde sunabilecek her şeyin reddedilmesi gerektiği anlamına gelir: Ya Aydınlanma'yı kabul eder ve onun rasyonalizminin çerçevelediği gelenek içinde kalırsınız (bu bazılarınca olumlu bir koşul, bazılarınca ise tersine bir yakınma noktası olarak görülür) ya da Aydınlanma'yı eleştirir ve onun rasyonalite ilkelerinden (gene iyi ya da kötü olarak görülebilecek ilkelerdir bunlar) kurtulmaya çalışırsınız. Dolayısıyla, bu şantajdan, Aydınlanma'nın hangi iyi ve kötü unsurları barındırabileceğini saptamaya çalışırken, "diyalektik" nüanslar devreye sokarak kurtulamayız.

Kendimizi tarihsel olarak belli bir ölçüde Aydınlanma tarafından belirlenmiş varlıklar olarak analiz etmeye çalışmamız gerekir. Bu tür bir analizin içinde elden geldiğince kesin veriler temelindeki bir dizi tarihsel araştırma yer alacak ve bu araştırmalar geçmişe dönük olarak Aydınlanma'da rastlanabilecek olan ve her koşulda muhafaza edilmesi gereken "rasyonalitenin temel çekirdeği"ne yönelmeyecektir. Bu araştırmaların yöneleceği yer "zorunluluğun fiili sınırları", yani kendimizin özerk özneler olarak oluşması açısından vazgeçilmez olmayan ya da artık vazgeçilmez sayılmayan noktalardır.

2) Kendimize yönelik bu sürekli eleştiride hümanizm ile Aydınlanma'nın kolayca birbirine karıştırılmasından uzak dur-

mamız gerekmektedir. Aydınlanma'nın Avrupa toplumlarının gelişmesinin belirli bir noktasında yer alan bir olay ya da olaylar bütünü ve karmaşık tarihsel süreçler olduğunu asla unutmamalıyız. Bu haliyle Aydınlanma, pek çoğu günümüzde bile önemlerini korumakla birlikte, tek bir sözcükle özetlenmesi çok zor olan birtakım toplumsal dönüşüm unsurlarını, siyasi kurum türlerini, bilgi biçimlerini, bilgi ve pratiklerin rasyonalizasyonu projelerini ve teknolojik mutasyonları taşır. Benim dikkat çektiğim ve bana bütün bir felsefi düşünme biçiminin temelinde yatar görünen yan, yalnızca şimdiyle kurduğu dönüşlü ilişki kipidir.

Hümanizm bambaşka bir şeydir. Hümanizm, Avrupa toplumlarında zaman içinde çeşitli defalar yeniden boy gösteren bir tema ya da temalar bütünüdür; daima değer yargılarıyla bağlı olan bu temalar, açıktır ki gerek içerikleri gerekse barındırdıkları değerler bakımından büyük değişiklikler gösterirler. Dahası, eleştirel bir farklılaşma ilkesi işlevi görürler. On yedinci yüzyılda, kendini Hıristiyanlığın ya da genelde dinin eleştirisi olarak sunan bir hümanizm vardı; asetik ve çok daha Tanrı-merkezli bir hümanizmin (on yedinci yüzyılda) karşısında bir Hıristiyan hümanizmi vardı. On dokuzuncu yüzyılda, bilime karşı düşmanca ve eleştirel yaklaşan kuşkucu bir hümanizm ile tam tersine, bütün umutlarını aynı bilime bağlayan başka bir hümanizm ortaya çıktı. Marksizm bir hümanizm olmuştur, aynı şekilde varoluşçuluk ile kişiselcilik de. İnsanların Nasyonal Sosyalizm'in temsil ettiği hümanist değerleri benimsedikleri ve Stalinistlerin kendilerine hümanist adını yakıştırdıkları bir dönem de olmuştur.

Bu açıdan baktığımızda, hümanizmle bağıntılı olan her şeyin reddedileceği sonucuna değil; hümanist tematiğin kendi başına bir düşünce ekseni işlevi göremeyecek kadar esnek, çeşitli ve tutarsız olduğu sonucuna varmalıyız. Kaldı ki, en azından on yedinci yüzyıldan beri, hümanizm olarak adlandırılan olgunun her zaman için din, bilim ya da siyasetten ödünç alınmış belli insan anlayışlarına dayanmak zorunda kaldığı da bir gerçektir. Hümanizm, başvurmak zorunda kaldığı insan anlayışlarını renklendirme ve onları haklı göstermeye yarar.

Şimdi, sık sık gündeme gelen ve daima hümanizme bağlı olan bu tematik karşısına, bir eleştiri ve kendimizi kendi özerkliğimiz içinde kesintisiz olarak yaratma ilkesinin çıkarılabileceğine inanıyorum ben: yani, Aydınlanma'nın kendisiyle ilgili olarak geliştirmiş olduğu tarihsel bilincin temelinde yatan ilke. Böyle bir yaklaşımla, Aydınlanma'yı ve hümanizmi özdeş olmaktan ziyade gerilimli bir ilişki içerisinde kavramak eğilimindeyim.

Ne olursa olsun, ikisini birbirine karıştırmak bana oldukça tehlikeli, üstelik tarihsel açıdan yanlış gibi geliyor. İnsan sorunu, insan türü sorunu, hümanizm sorunu on sekizinci yüzyıl boyunca önemli olduysa da Aydınlanma sanırım kendini ender olarak bir hümanizm şeklinde düşünmüştür. Ayrıca, on dokuzuncu yüzyıl boyunca, Saint-Beuve ya da Burckhardt gibi insanların gözünde büyük önem taşıyan on altıncı yüzyıl hümanizmine ilişkin tarih yazımının daima Aydınlanma'dan ve on sekizinci yüzyıldan ayrı tutulduğuna, bazen açıkça birbirine zıt olgular olarak gösterildiğine dikkati çekmek de zahmete değer. On dokuzuncu yüzyılın eğilimi, hümanizm ile Aydınlanma'yı, en azından, birbirine karıştırmak kadar karşı karşıya getirmek yönündeydi.

Sonuç olarak, nasıl kendimizi entelektüel ve siyasi bir ikilem şeklinde dayatılan "Aydınlanma'dan yana ya da Aydınlanma'ya karşı olma" şantajından kurtarmamız gerekliyse, aynı biçimde, hümanizm temasını Aydınlanma sorunuyla iç içe geçiren tarihsel ve ahlâki kafa karışıklığından da kurtulmamız gerekmektedir. Demek ki hümanizm ile Aydınlanma'nın son iki yüzyıldaki karmaşık ilişkilerine yönelik bir analiz, yapılması gereken bir çalışma olacak ve bu, kendimize ve geçmişimize ilişkin edindiğimiz bilinci bir ölçüde aydınlığa kavuşturmak açısından önemli olacaktır.

B. *Pozitif olarak.*

Gene de, bu uyarıları hesaba katmakla birlikte, söylediğimiz, düşündüğümüz ve yaptığımız şeylerin kendimize ilişkin tarihsel bir ontoloji süzgecinden geçirerek eleştirilmesinden oluşan felsefi bir *ethos*'a daha olumlu bir içerik kazandırmamız gerektiği de açıkça ortadadır.

1) Bu felsefi *ethos* bir *sınır-tutum* şeklinde karakterize edilebilir. Bu noktada bir reddetme eyleminden söz ediyor değiliz. Bir dış-iç alternatifinin ötesine geçmek, sınırda olmak zorundayız. Eleştiri aslında sınırları analiz etmek ve sınırlar üzerinde kafa yormaktan oluşur. Ancak Kantçı soru bilginin hangi sınırları aşmaktan geri durması gerektiğini bilmekle ilgili olsa da, bence bugün eleştirel soru pozitif bir soruya dönüştürülmelidir: Bize evrensel, zorunlu ve kaçınılmaz olarak verilende, tikel, olumsal ile keyfi kısıtlamaların ürünü olanın tuttuğu yer nedir? Kısacası önemli olan, zorunlu sınırlamalar biçiminde yöneltilen eleştiriyi, mümkün bir sınırları aşma biçimindeki pratik bir eleştiriye çevirmektir.

Buna bağlı olarak açık bir sonuç belirir: Bu eleştiri artık, evrensel değerlere sahip formel yapılar arayışında değil; bizi kendimizi oluşturmaya ve kendimizi yaptığımız, düşündüğümüz ve söylediğimiz şeylerin özneleri olarak tanımaya yönelten olayların tarihsel temeldeki sorgulaması olarak işleyecektir. Bu anlamıyla, bu eleştiri aşkın değildir; hedefi bir metafiziği mümkün kılmak değildir. Bu eleştiri, ereksel olarak soybilimsel, yöntemiyle arkeolojik niteliklidir. Tüm bilgi ya da tüm ahlâki eylem biçimlerinin evrensel yapılarını saptamaya değil; düşündüğümüz, söylediğimiz ve yaptığımız şeyleri eklemleyen söylemleri tarihsel olaylar olarak ele almak anlamında arkeolojik olacaktır –transandantal değil. Öte yandan bu eleştiri, olma biçimimizden bizim için neyi yapmanın ya da bilmenin imkânsız olduğunu çıkarmaması, tersine bizi olduğumuz gibi yapan olumsallıktan artık olduğumuz gibi olmamak, yaptığımızı yapmamak ve düşündüğümüzü düşünmemek imkânını çıkarması anlamında soybilimsel olacaktır.

Bu eleştiri nihayetinde bir bilime dönüşmüş olan bir metafizik kurmaya değil; sonsuz özgürlük çalışmasına mümkün olduğu kadar uzak ve geniş, yeni bir itki kazandırmaya çalışmaktır.

2) Ancak, özgürlüğü sadece olumlama ya da boş özgürlük rüyaları görme yolunu seçmeyeceksek, bence bu tarihsel-eleştirel tutum deneysel bir tutum da olmak zorundadır. Kastettiğim şey,

hem değişikliğin mümkün ve istenilir olduğu noktaları kavramak hem de bu değişikliğin bürünmesi gereken kesin biçimi saptamak açısından, kendi sınırlarımızda yürütülen bu çalışmanın bir yandan tarihsel bir araştırma alanı açması, öbür yandan gerçekliğin ve güncelliğin sınavından geçmesi gerekir. Yani, kendimize ilişkin tarihsel ontoloji, global ya da radikal olma iddiasındaki bütün projelerden uzaklaşmak durumundadır. Aslında, deneyimlerimize dayanarak biliyoruz ki, başka bir toplum, başka bir düşünme tarzı, başka bir kültür ve başka bir dünya görüşü için bütünsel programlar ortaya koymak amacıyla güncel sistemden kurtulma iddiası, bizi en tehlikeli geleneklere geri götürmekten başka sonuç vermemiştir.

Ben, varolma ve düşünme tarzımızı, otorite ilişkilerini, cinsiyetler arasındaki ilişkileri, deliliği ya da hastalığı algılama tarzımızı ilgilendiren belli alanlarda son yirmi yıldır gerçekleşme şansı bulmuş çok spesifik yapısal değişiklikleri; hatta, tarihsel analiz ve pratik tutum ile yirminci yüzyıl boyunca en berbat siyasi sistemlerin ağızlarında sakız ettikleri yeni insan programlarının karşılıklı ilişkisinin sonucunda kendisini gösteren kısmi değişiklikleri tercih ederim.

Dolayısıyla, kendimizin eleştirel ontolojisine uygun düşen felsefi *ethos*'u, ötesine geçebileceğimiz sınırların tarihsel-pratik düzlemde denenmesi ve dolayısıyla, özgür varlıklar olarak kendimiz üzerinde yürüttüğümüz çalışmalarımız şeklinde niteleyeceğim.

3) Gene de aşağıdaki soruda somutlanan itiraz kuşkusuz bütünüyle yerinde olacaktır: Kendimizi daima kısmi ve yerel nitelikli kalan bu araştırma ya da deneme türüyle sınırlarsak, ne bilincine ne de denetimine sahip olmayabileceğimiz daha genel yapıların bizi yönlendirmesine kendimizi bırakma riskini göze almış olmaz mıyız?

Bu soruya iki türlü karşılık verilebilir. Bize tarihsel sınırlarımızı oluşturan şeyler hakkında eksiksiz ve kesin bilgiler kazandırabilecek bir bakış açısına ulaşma umudundan vazgeçmek zorunda olduğumuz doğrudur. Bu bakış açısıyla baktığımızda, kendi sınırlarımız hakkında ve bu sınırları aşma imkânımızla ilgili olarak edinmiş olduğumuz teorik ve pratik deneyim daima sınırlı, belirlenmiş olmak ve yeniden başlamak zorundadır.

Ancak bu, düzensizlik ve olumsallık halleri dışında hiçbir çalışma yapılamayacağı anlamına gelmez. Ve bu çalışmanın kendine göre bir genelliği, sistematikliği, homojenliği ve temel sorunları vardır.

Kazanılacak ve kaybedilecekler. Bunlar, "kapasite ve iktidar (ilişkilerinin) paradoksu" diye adlandırılabilecek şeyle ayırt edilir. On sekizinci yüzyılın ya da on sekizinci yüzyılın bir bölümünün büyük vaadi veya büyük umudunun, dünya üzerinde teknik hâkimiyet kurma kapasitesi ile bireylerin birbirleriyle ilişkili olarak özgürlüklerindeki eşzamanlı ve orantılı büyümesi olduğunu biliyoruz. Dahası, Batı toplumlarının bütün tarihinde (Batı toplumlarının özel tarihsel kaderlerinin –izlediği yön bakımından diğerlerinden farklı, evrenselleştirici ve diğerlerine baskın olan bir kader– köklerinin bulunduğu yer burasıdır herhalde), kapasitelerin kazanılması ile özgürlük mücadelesinin, kalıcı unsurları oluşturduğunu görebiliriz. Oysa kapasitelerin gelişmesi ile özerkliğin gelişmesi arasındaki ilişkiler on dokuzuncu yüzyılın sandığı kadar basit değildir. Ayrıca, çeşitli teknolojilerin (burada ister ekonomik amaçlı üretimlerden, ister toplumsal düzenlemeyi hedefleyen kurumlardan, isterse iletişim tekniklerinden söz edelim) iktidar ilişkisinin hangi biçimlerini (hem kolektif hem bireysel disiplin, devlet iktidarı adına uygulanan normalleştirme prosedürleri, toplumun ya da toplulukların talepleri bunlara örnek olarak verilebilir) taşıdığını da görebiliriz. Öyleyse temel sorun şudur: Kapasitelerin gelişmesi iktidar ilişkilerinin yoğunlaştırılmasından nasıl ayrılabilir?

Homojenlik. Bu bizi, "pratik bütünler" denebilecek şeyin incelenmesine götürür. Burada homojen bir referans alanı olarak, insanların kendilerine yakıştırdıkları temsilleri ve onları kendilerinin bilgisi olmadan belirleyen koşulları değil, ne yaptıklarını ve bunları nasıl yaptıklarını; yani, yapma tarzlarını düzenleyen rasyonalite biçimleri (buna teknolojik boyut denebilir) ile bu pratik sistemler içinde, başkalarının yaptıklarına tepki gösterme ve oyunun kurallarını belli bir noktaya kadar değiştirmedeki hareket özgürlüklerini (buna da söz konusu pratiklerin stratejik boyutu adı verilebilir) alıyoruz. Dolayısıyla, bu tarihsel-eleştirel analizlerin homojenliğini sağlayan da, teknolojik ve stratejik boyutlarıyla bu pratikler alanıdır.

Sistematiklik. Pratik sistemler üç genel alanla ilişkilidir: Şeyler üzerindeki denetim ilişkileri, başkaları üzerinde eylem ilişkileri, insanın kendisiyle kurduğu ilişkiler. Tabii, bunların her birinin diğerlerine tamamen yabancı üç alan olduklarını söyleyemeyiz. Şeyler üzerinde denetim kurmanın başkalarıyla ilişkilerle dolayımlandığı; başkalarıyla ilişkilerin de daima kendiyle kurulan ilişkileri ve tersini gerektirdiği iyi bilinmektedir. Yalnız, burada spesifiklikleri ve karşılıklı bağımlılıkları analiz edilmesi gereken üç eksen vardır: bilgi ekseni, iktidar ekseni ve etik ekseni. Başka bir deyişle, kendimize ilişkin tarihsel ontoloji bir dizi açık soruya cevap vermek, istediğimiz kadar çok sayıda çoğaltılıp kesinleştirilebilecek ve hepsi de aşağıdaki sistematikleştirmeye cevap veren sınırsız sayıda araştırma yapmak zorundadır. Kendimizi bilgimizin özneleri olarak nasıl kurduk? İktidar ilişkilerini kullanan ya da bu ilişkilere tabi olan özneler olarak nasıl kurduk? Kendi eylemlerimizin ahlâkî özneleri olarak nasıl kurduk?

Genellik. Nihayet, bu tarihsel-eleştirel sorgulamalar, daima belirli bir malzeme, bir çağ, bir pratikler ve söylemler bütünüyle ilgili olmaları anlamında oldukça özeldirler. Buna rağmen, en azından içinden çıktığımız Batı toplumları düzeyinde, çağımıza kadar süregelmeleri anlamında bir genellik de taşırlar: akıl ile delilik, hastalık ile sağlık ya da suç ile yasa arasındaki ilişkiler sorunu, cinsel ilişkilerin rolü sorunu, vb. buna birer örnektir.

Ne var ki, bu genellikten yola çıkarak, bu sorunların izlerinin onların zaman içindeki tarih-ötesi sürekliliklerinde aranması ya da değişik biçimlerinin izinin sürülmesi gerektiği düşüncesini ortaya atıyor değilim. Burada kavranması gereken nokta, bu konuda sahip olduğumuz bilginin kapsamı, uygulanan iktidar biçimleri ile bu konuda kendimize ilişkin edindiğimiz deneyimin ne derecede, nesneleri, eylem kurallarını, kendiyle ilişki tarzlarını belirleyen bir sorunsallaştırma aracılığıyla belirlenmiş tarihsel figürler oluşturmaktan öteye gitmediğidir. Dolayısıyla, *sorunsallaştırma* (yani ne antropolojik bir değişmezin ne de kronolojik bir değişikliğin sorunsallaştırılması) kiplerinin incelenmesi genel kapsamlı soruları tarihsel tekillikleri içinde analiz etme yoludur.

Konuyu bitirirken birtakım sonuçlar çıkarmak üzere tekrar Kant'a dönelim.

Olgunlaşır mıyız, bilmiyorum. Deneyimlerimizdeki pek çok şey tarihsel Aydınlanma olayının bizi olgunlaştırmadığını ve hâlâ olgun olmadığımızı gösteriyor. Gene de, Kant'ın Aydınlanma konusundaki akıl yürütmeleriyle formüle ettiği şimdiki zaman ve kendimiz üzerindeki bu eleştirel sorgulamaya, bir anlam atfedilebilir bence. Hatta bu sorgulama son iki yüz yıldır önem ve etkisini yitirmemiş bir felsefe yapma biçimidir. Kendimize ilişkin eleştirel ontoloji kesinlikle bir kuram, bir doktrin, hatta sürekli biriken bir bilgi yapısı olarak anlaşılmamalı; bir tutum, bir *ethos*, olduğumuz şeyin eleştirisi, hem bize dayatılmış olan sınırların tarihsel analizi hem de bu sınırların aşılmasının denenmesi olan bir felsefi yaşam olarak kavranmalıdır.

Bu felsefi tutum çeşitli araştırma biçimlerinde ifadesini buluyor olmalıdır. Ve bu çeşitli araştırmalar, eşzamanlı olarak hem bir teknolojik rasyonalite türü hem de stratejik özgürlük oyunları biçiminde tasarlanan pratiklere yönelik arkeolojik ve soybilimsel incelemelerde yöntembilimsel bir tutarlılığa; şeyler, başkaları ve kendimizle ilişkimizin genel özelliklerinin sorunsallaştırıldığı tarihsel olarak tekil biçimlerin tanımlanmasında teorik bir tutarlılığa; tarihsel-eleştirel düşüncenin, somut pratik bir deneye tabi tutulmasına gösterilen özende pratik bir tutarlılığa sahiptir. Bugün eleştirel çalışma hâlâ Aydınlanma'ya inanmayı gerektiriyor mu, bilmiyorum; ancak sınırlarımız üzerinde çalışmayı, yani özgürlük için duyulan sabırsızlığa biçim veren sabırlı bir emeği zorunlu kıldığına inanıyorum.

(Cilt IV, s. 562-578)
Çev.: Osman Akınhay

X
Etiğin soybilimi üzerine:
Sürmekte olan çalışmaya ilişkin bir değerlendirme*

İlk kez 1983'te ABD'de yayımlanmış olan bu söyleşinin Fransızca edisyonunda M. Foucault değişiklikler yapmıştır. Okuyacağınız metin, Paul Rabinow ile Hubert Dreyfus'un Nisan 1983'te Berkeley'de Michel Foucault'yla yaptıkları bir dizi çalışma toplantısının ürünüdür. Yazının söyleşi biçimini korumakla birlikte, metni ortaklaşa olarak gözden geçirerek yayına hazırladık. İngilizce yapılan sözlü söyleşilerin ve serbest konuşmaların ürünü olan, dolayısıyla Foucault'nun yazılı metinlerinde görmeye alıştığımız titizliği ve araştırmacılığı bulamayacağımız, hazırlık niteliğindeki bu ön formülasyonları yayımlamamıza Foucault'nun izin verme cömertliğini gösterdiğini burada bilhassa vurgulamak isteriz.

H.D., P.R.

---

* "On the Genealogy of Ethics: An Overview of Work in Progress" ("A propos dela généalogie de l'éthique: un aperçu du travail en cours"); H. Dreyfus ve P. Rabinow ile söyleşi; H. Dreyfus ve P. Rabinow, *Michel Foucault: Beyond Structuralism and Hermeneutics*, 2. edisyon, 1983 içinde, s. 229-252. *Dits et écrits*, C. IV, s. 609-630. İngilizce orijinalinden çevrilmiş olan bu söyleşi, Foucault'nun Fransızca edisyon için yaptığı değişiklikler eklenerek redakte edilmiştir. (y.h.n.)

PROJENİN TARİHİ

Soru: Cinselliğin Tarihi'*nin ilk cildi 1976 yılında yayımlandı ve o zamandan beri yeni hiçbir şey çıkmadı. Cinselliği anlamanın bizim kim olduğumuzu anlama açısından hâlâ temel önem taşıdığı düşüncesinde misiniz?*

Foucault: Kendilik teknikleri ve benzeri şeylerle ilgili sorunlarla cinsellikten çok daha fazla ilgili olduğumu itiraf etmeliyim... Cinsellik sıkıcı.

Soru: Yunanlılar da cinsellikle fazla ilgili değillermiş gibi görünüyor.

Foucault: Doğru, cinsellik kuşkusuz onları yiyecek ya da beslenme rejimi kadar ilgilendirmiyordu. Yunan'da yiyeceğe bir tür ayrıcalık tanımadan cinsellik için duyulan meraka yavaş yavaş nasıl geçildiğini incelemek çok ilginç olurdu sanırım. Yiyecek Hıristiyanlığın ilk günlerinde de cinsiyetten çok daha önemliydi. Örneğin, keşişlerin yaşam kurallarında asıl sorun yiyecek, yiyecek, yiyecekti. Ondan sonra ortaçağda çok yavaş bir kayma gözleyebilirsiniz. İkisi arasında bir denge kurulmuştu artık... ve on yedinci yüzyıldan sonra da üstünlüğü cinsellik aldı. François de Sales'de yiyecek şehvet için bir metafordu.

Soru: Gene de Cinselliğin Tarihi'*nin ikinci cildi,* Zevklerin Kullanımı, *hemen hemen yalnızca cinsellikle ilgili.*

Foucault: Evet. Bu kitapta fazlasıyla zorlanmamın çok sayıda nedeninden birisi, benim ilk önce cinsellik hakkında bir kitap yazmamdı; sonra o kitabı bir kenara bıraktım. Daha sonra, kendilik nosyonu ve kendilik teknikleri hakkında bir kitap yazdım; cinsellik gündemden çıktı. Üçüncü defa ise ikisi arasında belli bir denge tutturmaya çalıştığım bir kitabı yeniden kaleme almak zorunluluğuyla karşılaştım. Bakın, bu cinsellik tarihini kat ederken beni en şaşırtan şey, zaman içinde, yasaklayıcı ve kısıtlayıcı kodların görece istikrarlılığıdır: İnsanlar, yasakları karşısında hiçbir zaman zevkleri karşısında olduğundan daha yaratıcı olmadılar. Yalnız, bu yasakları insanın kendisiyle bütünleştirme tarzının tamamen farklı olduğu düşüncesindeyim. Örneğin, Antikçağ ahlâk felsefesinde "normalleştirme" diye adlandırılabilecek olan şeyin izine rastlanamayacağını düşünüyorum. Bunun nedeni, bence, bu ahlâk türünün başlıca amacının, asıl hedefinin estetik bir amaç olmasıdır. İlkin, bu tür ahlâk ancak kişisel tercihle ilgili bir sorundu. İkincisi, ancak bir avuç insana özgüydü; herkesi kapsayan bir davranış kalıbının öngörülmesi söz konusu değildi. Küçük bir elit için kişisel bir tercih konusuydu. Bu tercihi yapmanın nedeni de, güzel bir yaşam sürme, güzel bir varoluşun anılarını başkalarına bırakma istemiydi. Temaların ve davranış kurallarının sürekliliğinin altında açıklamaya çalıştığım ve ahlâkî öznenin kurulma kiplerini ilgilendiren birtakım değişiklikler bulunduğu da ortadadır.

Soru: Demek ki cinselliğin incelenmesinden kendilik tekniklerinin incelenmesine geçerek çalışmanızı dengelediniz.

Foucault: Bütün projemi basit bir soru çevresinde yeniden dengelemeye çalıştım: niçin cinsel davranış ahlâkî bir soru, hem de önemli bir ahlâkî soru haline getiriliyor? Tüm insan davranışları arasından bir çoğu toplum içinde ahlâkî kaygı konusudur, çoğu "ahlâkî davranış" olarak kurulur. Ama hepsi değil ve hepsi aynı biçimde değil. Az önce yiyecek örneğini verdim: eskiden önemli bir ahlâkî konu olan yiyecek şimdi her şeyden önce temizlikle (ya da en azından ahlâkın temizlikle ilgili biçimiyle) ilgili bir konudur. Ekonomi, cömertlik, harcama, vb. örneği de alınabilirdi. Ya da (antikçağda çok önemli bir ahlâkî davranış biçimi olan) öfke. Dolayısıyla, cinsel davranışın nasıl "ahlâkî sorun" haline getirildiğini ve bunun nasıl zevkler ve arzular üzerine hâkimiyeti sağlayan kendilik teknikleri üzerinden yapıldığını araştırmak istedim.

Soru: Çalışmanızı nasıl böldünüz?

Foucault: Klasik çağ Yunan düşüncesinde perhiz bilgisi, ekonomi bilgisi ve erotizm bilgisiyle ilgili olarak cinsel etkinliğin sorunsallaştırılması üzerine bir cilt, *Zevklerin Kullanımı*; ardından aynı temaların imparatorluğun ilk iki yüzyılında yeniden ele alınması, *Kendilik Kaygısı*; sonra da cinsel etkinliğin dördüncü-beşinci yüzyıl Hıristiyanlığında sorunsallaştırılması, *Tenin İtirafı*.

Soru: Peki, bunun ardından ne gelecek? Bu üçlüyü bitirdiğiniz zaman Hıristiyanlar üzerine başka kitaplar olacak mı?

Foucault: Eh, o zaman kendimle ilgileneceğim!.. Kendilik teknikleri, kendini inceleme, ruhların tedavisi gibi sorunların hem Protestan kiliselerinde hem de Katolik kiliselerinde çok önemli rol oynadığı on altıncı yüzyıldaki cinsel ahlâk konusunda bir eskiz, bir kitabın ilk versiyonunu yazdım. Bu konuda bana çarpıcı gelen şey, Yunan ahlâkında, insanların dinsel sorunlardan çok daha fazla, kendi ahlâki davranışları, kendi etikleri, kendileri ve diğerleriyle ilişkilerine ilgi göstermeleriydi. Örneğin, ölümden sonra başımıza neler gelir? Tanrıların aslı nedir? Tanrılar bizim hayatımıza karışırlar mı karışmazlar mı? Bunun gibi sorular Yunanlıların gözünde sahiden çok ama çok önemsiz sorulardı ve doğrudan ahlâkla, ahlâki davranışla ilgili değillerdi. Ardından, bu ahlâk hiçbir toplumsal ve kurumsal sisteme bağlı değildi. Sözgelimi, cinsel bakımdan kötü davranışlara karşı yasalar çok azdı ve fazla yaptırımcı bir niteliği yoktu. Son olarak, Yunanlıları en çok kaygılandıran şey, büyük temaları, bir varoluş estetiği olan bir tür ahlâk oluşturmaktı.

Evet, şimdiki sorunumuzun bir bakıma bununla aynı olup olmadığını sahiden merak etmekteyim, çünkü çoğumuz ahlâkın dinde temellendiğine artık inanmadığımız gibi, ahlâki, kişisel ve özel yaşamımıza müdahale edecek türde bir hukuk sistemine de razı değiliz. Son yılların özgürlük hareketleri, üzerinde yeni bir ahlâkın geliştirilmesini temellendirecekleri bir ilke bulamamanın sıkıntısını çekmektedir. Bu özgürlük hareketlerinin bir ahlâka ihtiyaçları var; ama kendiliğin, arzunun, bilinçaltının, vb. ne olduğunun sözde bilimsel bilgisi üzerinde temellenen bir ahlâktan başkasını bulamıyorlar. İşte, o zamanki ve şimdiki sorunlar arasındaki bu benzerlik beni bir hayli etkiliyor.

Soru: Yunanlıların cazip ve akla yatkın bir başka seçenek sunduklarını düşünüyor musunuz?

Foucault: Hayır! Ben bir çözüm arayışı içinde değilim; bir sorunun çözümünü, başka insanların başka bir zamanda ortaya attıkları başka bir sorunun çözümünde bulamazsınız. Benim yapmak istediğim şey bir çözümler tarihi değil.

Bence yapılması gereken çalışma, bir sorunsallaştırma ve yeniden sorunsallaştırma çalışmasıdır. Düşünceyi engelleyen, örtük ya da belirtik olarak bir sorunsallaştırma biçimini kabul etmek ve kabul edilen çözümün yerini alabilecek bir çözüm aramaktır. Oysa eğer düşünce çalışmasının kurumlar ve kodlarda reform yapmaktan farklı bir anlamı varsa, bu insanların kendi davranışlarını (cinsel etkinliklerini, ceza pratiklerini, deliliğe karşı tutumlarını, vb.) sorunsallaştırma biçimini en kökünden yeniden ele almaktır. Zaman zaman insanların bu yeniden sorunsallaştırma çabasını "hiç bir şey değişmeyecek" türünden bir kötümserliğe dayanan bir "reform karşıtlığı" olarak gördükleri olur. Oysa durum tam tersidir. Bu, insanın en gizli pratiklerine varana dek düşünen bir varlık olduğu ve Düşüncenin ne bizi düşündüğümüze inandıran ne de yaptığımızı kabullendirten şey olduğu ilkesini benimsemektir. Düşünce çalışması varolan her şeyde gizlice varolan kötüyü ortaya çıkarmak değil, alışılmış olan her şeyi tehdit eden tehlikeyi öngörmek ve sağlam olan her şeyi sorunsal hale getirmektir. Düşüncenin iyimserliği, eğer bu sözcük kullanılacaksa, altın çağ olmadığını bilmektir.

Soru: Öyleyse Yunan yaşamı tamamen kusursuz değildi; ama gene de, Hıristiyanlığın sonsuz kendi kendinin analizlerine karşı cazip bir karşı-seçenek gibi görünüyor.

Foucault: Yunan özünde bir erkek toplumunun ahlâkıydı. Bu toplumda kadınlar "baskı" altındaydı, kadınların zevki önem taşımıyordu, cinsel yaşamları babaya, veliye, kocaya bağlılık statüsüne göre belirleniyordu.

Soru: Tamam, kadınların üzerinde bir hâkimiyet vardı, ama homoseksüel aşkın durumu şimdikinden daha iyiydi mutlaka?

Foucault: Öyle gözükebilir. Yunan kültüründe oğlan sevme hakkında önemli ve geniş bir literatür bulunduğundan, bazı tarihçiler, "İşte, bu onların oğlanları sevdiğini kanıtlıyor," diyorlar. Oysa ben, bunun tam da oğlanları sevmenin bir sorun olduğunu kanıtladığını söylüyorum. Çünkü eğer böyle bir sorun olmasaydı, bu tür bir oğlan sevgisinden erkeklerle kadınlar arasındaki sevgiyi anlatırken kullandıkları terimlerle söz ederlerdi. Sorun, özgür bir yurttaş olacağı varsayılan genç bir oğlanın başka birinin hâkimiyetine girebilmesini ve gene başka birinin zevklerinin nesnesi olarak kullanılabilmesini kabullenememeleriydi. Bir kadın, bir köle, edilgen konumda olabilirdi: Bu onların doğalarından kaynaklanan bir durum, onların statüleri gereğiydi. Bütün bu düşünceler, oğlan sevgisi konusunda yapılan felsefe, onlar için geliştirdikleri "kur" yapma pratikleri onların bu pratiği kendi toplumsal rolleriyle bütünleştiremediklerini kanıtlamaktadır.

Plutarkhos'un *Erôtikhos*'u, Yunanlıların bir oğlan ile bir erkek arasındaki ilişkiden alınan zevkin karşılıklı olmasını tahayyül bile edemediklerini gösterir. Plutarkhos oğlan sevgisinde bir sorun görüyorsa, bu hiç de, oğlanları sevmenin doğal olmaması ya da ona benzer bir nitelik taşıması anlamında değildir. Plutarkhos şöyle demektedir: "Bir oğlan ile bir erkek arasındaki fiziksel ilişkinin karşılıklı olabilmesi hiçbir şekilde mümkün değildir."

Soru: Dostluk bu konuyla çok yakından ilgili. Bu Yunan kültürünün Aristo tarafından sözü edilen, ama sizin söz etmediğiniz ve çok büyük önem taşıyan bir yanı gibi görünüyor. Klasik literatürde dostluk, insanların birbirlerini karşılıklı olarak tanıma noktası, bir karşılaşma. Gelenek dostluğu en yüksek erdem olarak görmez; ama hem Aristoteles'te hem de Cicero'da, onun gerçekten en yüksek erdem sayıldığını, çünkü istikrarlı ve kalıcı olduğunu, çıkar gütmediğini, kolay kolay satın alınamadığını, dünyadan yararlanma ve zevk almayı reddetmediğini, ancak ondan daha fazla şeylerin peşinde koşturduğunu okuyabilirsiniz.

Foucault: Yunanlılar oğlanlara duyulan sevgi ile dostluğu bütünleştirmeye çalıştığı zaman, cinsel ilişkileri bir kenara bırakmak zorunda kalmıştır. Arkadaşlık karşılıklıdır, oysa cinsel ilişkiler karşılıklı değildir; cinsel ilişkiler, ya başkasının içine girme ya da başkasının sizin içinize girme oyunu olarak görülür. Dostluk hakkında söylediklerinize tamamen katılıyorum, ama bunlar, sanırım, benim Yunan cinsel ahlâkı hakkındaki sözlerimi doğruluyor: Eğer arkadaşlığınız varsa, cinsel ilişkiye girmek zordur. Phaedrus'ta Platon'a göre bedensel arzu karşılıklıdır, ancak bu karşılıklılık bir çifte vazgeçişe götürmelidir. Xenophon'da Sokrates, bir oğlanla bir erkek arasındaki ilişkide oğlanın yalnızca erkeğin zevkinin seyircisi olduğunun açık olduğunu söyler. Yunanlıların bu güzel oğlan sevgisi hakkında söyledikleri şeyler, oğlanın zevkinin dikkate alınmamasını içerimler. Dahası, bir erkekle girdiği ilişkide fiziksel bir zevk duyması oğlan adına onursuzluktur.

Soru: Tamam, zevkin karşılıklı olmayışının Yunanlılar açısından bir sorun olduğunu kabul edelim. Ama bu aynı zamanda, bir şekilde üstesinden gelinebilecek bir sorun türü galiba. Bu niçin yalnız erkekler için bir sorun olsun? Niçin toplumun genel çerçevesini tümüyle yerinden etmeden kadınların ve oğlanların zevki dikkate alınamasın? Sorun, sonuç olarak, ötekinin zevki nosyonunu ortaya attığınızda tüm ahlâki ve hiyerarşik sistemin çökme tehdidi altında olmasından kaynaklanmıyor mu?

Foucault: Kesinlikle. Yunanlıların zevk ahlâkı, erkekçe bir toplumla, simetrik olmayan bir durumla, başkasının dışlanmasıyla, diğerinin bedeninin içine girme takıntısıyla, kendi enerjinizi elinizde tutamama tehdidiyle, vb. bağıntılıdır. Bütün bunlar hiç de çekici değil.

Soru: Tamam, ama cinsel ilişkilerin Yunanlıların gözünde hem karşılıklı olmadığını hem de ciddi bir endişe kaynağı oluşturduğunu kabul edersek, en azından zevkin kendi içinde bir sorun oluşturmadığını düşünebiliriz.

Foucault: Zevk ile sağlık arasında gittikçe artan bir gerginlik olduğunu göstermeye çalıştım. Cinsiyetin kendine özgü tehlikeleri bulunduğu fikri, İ.S. ikinci yüzyılda, İ.Ö. dördüncü yüzyılda görülenden çok daha kuvvetlidir. Hippokrates'in gözünde, cinsel edimin tehlikeli olduğunu, bu yüzden cinsel ilişkiye girerken çok dikkatli olmanız, her zaman cinsel ilişkiye girmemeniz, yalnızca bazı mevsimlerde ilişkiye girmeniz, vb. gerektiğini gösterebilirsiniz. Ancak, birinci ve ikinci yüzyıllarda, bir hekim açısından cinsel edim az çok büyük bir tehlike oluşturur. Bence esas değişim de bu noktada yatmaktadır: M.Ö. dördüncü yüzyılda cinsel edim bir *etkenlik* olarak değerlendirilirken, Hıristiyanların gözünde bir *edilgenliği* temsil etmektedir. Aziz Augustinus'un ereksiyon konusunda çok ilginç, çok karakteristik bir analizi vardır. Ereksiyon, dördüncü yüzyılın Yunanlılarının gözünde, etkenliğin, esas etkenliğin göstergesiydi. Oysa ondan sonra, Augustinus ve Hıristiyanlar açısından, ereksiyon istençdışı bir şeydir; ereksiyon artık bir edilgenliğin göstergesi, ilk günahın cezası olarak değerlendirilmektedir.

Soru: Öyleyse, Alman Helenistlerinin iddialarına rağmen, klasik Yunanistan bir altınçağ değildi. Ama gene de bu çağdan ders alabiliriz değil mi?

Foucault: Kendi dönemimiz olmayan bir dönemde örnek alınacak bir değer bulunacağı kanısında değilim... Söz konusu olan önceki bir duruma geri dönmek değil. Ancak, zevk ile arzu arasında çok güçlü bir bağı içerimleyen etik bir deneyimle karşı karşıyayız. Eğer bunu, herkesin (filozofun ya da psikanalistin) önemli olanın arzu olduğu, zevkin hiçbir şey olmadığını ilan ettiği şimdiki deneyimimizle karşılaştıracak olursak, bu kopmanın tarihsel bir olayı; hiç de zorunlu olmayan, insan doğasıyla ya da antropolojik bir zorunlulukla ilişkisi bulunmayan bir olayı yansıtıp yansıtmadığı üzerinde kafa yorabiliriz.

Soru: Ama, Bilme İstenci'*nde, bizim cinsellik bilimimizi Doğu'nun* ars erotica'*sıyla karşılaştırarak bunu zaten yapmış durumdasınız.*

Foucault: O kitapta yeterince açık olmayan çeşitli noktalardan birisi, bu *ars erotica* hakkında söylediklerimdi. *Ars erotica*'yı bir *scientia sexualis*'le karşı karşıya getirdim. Ama kesin olmak gerekir. Yunanlılar ile Romalıların, Çinlilerin *ars erotica*'sıyla karşılaştırılacak bir *ars erotica*'ları yoktu (ya da diyelim ki bu Yunanlı ve Romalıların kültüründe çok önemli bir yer tutmuyordu). Yunanlılar ve Romalıların, zevkin kullanımının çok büyük rol oynadığı bir *tekhnê tou biou*'ları, "yaşama sanatı", vardı. Bu "yaşama sanatı"nda insanın kendisine tamamen hâkim olması nosyonu çok geçmeden temel sorunu oluşturmaya başlamıştı. Ve Hıristiyanlığa özgü kendinin yorumbilgisi, bu tekhnê'nin yeni bir geliştiriliş biçimini oluşturdu.

Soru: Ama, karşılıklılığın olmaması ve sağlık saplantısı konusunda söylediklerinizin ardından, bu üçüncü fikirden ne öğrenebiliriz?

Foucault: Bu *tekhnê tou biou* fikrinde beni ilgilendiren birçok şey var. Bir yandan şimdi biraz uzak düştüğümüz şu fikir, yani gerçekleştirmemiz gereken eserin yalnızca, temel olarak arkada bırakacağımız bir şey (bir nesne, bir metin, bir servet, bir icat, bir kurum) değil; sadece kendi yaşamımız ve kendimiz olduğu fikri. Bizim için, yalnızca bir şey yaratıcısının ölümlülüğünden kurtulabiliyorsa eser ve sanat vardır. Antikçağdakiler içinse *tekhnê tou biou* tersine bu sanatı uygulayanın, en iyi durumda, ardında bir şöhretin izini ya da işaretini bırakacak şekilde uygulayanın yaşamı olan şeyle ilgiliydi. Yaşamın ölümlü olduğu için, bir sanat eseri olmak zorunda olmuş olması, bu kayda değer temadır.

Öte yandan, bu *tekhnê tou biou* fikrinde antikçağ boyunca bir evrim olmuş gibi görünüyor. Sokrates bu sanata her şeyden önce *kendilik kaygısının* hâkim olması gerektiğini belirtiyordu. Ama, *Alkibiades*'te iyi bir yurttaş olmak ve başkalarını yönetebilmek için "kendi kendine bakmak" gerekiyordu. Bu kendilik kaygısının özerkleştiğini ve sonunda kendi içinde bir erek haline geldiğini düşünüyorum. Seneca sonunda kendisiyle ilgilenebilmek için hızla yaşlanmayı istiyordu.

Soru: Peki, Yunanlılar sapkınlık olayına nasıl bir gözle bakıyorlardı?

Foucault: Yunanlıların cinsel ahlâkında başlıca farklılık kadınları tercih edenlerle oğlanları tercih edenler arasında ya da şu biçimde sevişenlerle bu biçimde sevişenler arasında değildi. Onlar için sorun, bir nicelik sorunu, etkenlik ve edilgenlik sorunuydu.

Kendi arzularınızın kölesi misiniz yoksa efendisi mi? Sorun burada düğümleniyordu.

Soru: Peki, sağlığını bozacak ölçüde seks yapan biri için ne diyorlardı?

Foucault: Bunun kibir olduğunu ve aşırılık olduğunu söylüyorlardı. Sorun sapkınlık ve normallik sorunu değil, aşırıya mı kaçıldığı yoksa ölçünün korunduğu mudur?

Soru: Bu tür insanlara nasıl davranırlardı?

Foucault: Çirkin, kaba oldukları ve kötü bir nam taşıdıkları düşünülüyordu.

Soru: Böyle insanları tedavi ya da ıslah etmeye yönelik girişimler olmuyor muydu?

Foucault: İnsanın kendine hâkim olmasını sağlayan birtakım egzersizler vardı. Epiktetos'a göre, rastladığınız güzel bir genç kıza ya da güzel bir oğlana içinizde hiçbir arzu uyanmadan bakabilmeliydiniz.

Yunan toplumundaki cinsel katılık, kendi yaşamlarına çok daha fazla yoğunluk ve güzellik katmayı amaçlayan çok iyi eğitimli insanlara özgü bir lüks, bir felsefi incelikti. Bir bakıma, insanların daha güzel bir yaşama kavuşmak üzere toplumlarının, çocukluklarının dayattığı her türlü cinsel baskıdan kurtulmaya çabaladıkları yüzyılda da aynı şey görüldü. Gide Yunanistan'da yaşasa eminim çok katı bir filozof olurdu.

Soru: Yunanlılar güzel bir yaşam peşinde oldukları için katıydılar, bugün biz ise psikolojinin desteği sayesinde kendimizi gerçekleştirmeye çalışıyoruz.

Foucault: Kesinlikle öyle. Benim görüşümce, ahlâki sorunları bilimsel bilgiyle ilişkilendirmek hiç de zorunlu değildir. İnsanlığın kültürel icatları arasında, tam anlamıyla yeniden canlandırılamayacak; ama en azından, şu anda yaşananları analiz etmenin –ve değiştirmenin– bir aracı olarak çok fazla işe yarayabilecek belirli bir bakış açısı oluşturacak ya da oluşturmaya katkı yapacak bir prosedür, fikir, mekanizma hazinesi bulunmaktadır.

Kendi dünyamız ile Yunan dünyası arasında bir seçim yapmak zorunda değiliz. Ama kendi ahlâkımızın temel ilkelerinden bir kısmının belirli bir anda bir varoluş estetiğiyle bağlantılandırılmış olduğunu çok iyi görebildiğimiz için, bu tür bir tarihsel analizin yararlı olabileceği kanısını taşıyorum. Yüzyıllar boyunca, kendi ahlâkımız, kişisel ahlâkımız, gündelik yaşamımız ile büyük siyasi, toplumsal ve ekonomik yapılar arasında analitik ilişkiler bulunduğuna, sözgelimi cinsel yaşamımızda ya da aile yaşamımızda ekonomimizi, demokrasimizi, vb. tehlikeye atmadan bir şey değiştiremeyeceğimize koyu biçimde inandırıldık. Bana kalırsa, ahlâk ile diğer toplumsal, ekonomik ya da siyasi yapılar arasında analitik ya da zorunlu bir bağ bulunduğuna dair bu fikirden kurtulmamız gerekmektedir.

Soru: Biz şimdi, ahlâk ile diğer yapılar arasında zorunlu bir ilişki bulunduğunu değil de, yalnızca tarihsel bir biraradalıklar bulunduğunu bildiğimiz bu noktada, nasıl bir etik inşa edebiliriz?

Foucault: Bana çarpıcı gelen nokta, toplumumuzda sanatın, bireylerle ya da yaşamla değil; sadece nesnelerle ilintili bir şey haline gelmiş olmasıdır. Ayrıca, sanatın özelleşmiş olması ya da artistlerden oluşan uzmanlar tarafından yapılması. Peki ama, herkesin yaşamı bir sanat eserine dönüştürülemez mi? Niçin bir tablo ya da ev sanat eseridir de, kendi yaşamımız değil?

Soru: Elbette, insanların, kahvaltı yapma tarzlarından tutun sevişme, günlerini geçirme tarzlarına kadar yaptıkları her şeyin kusursuz olması gerektiğini düşündükleri Berkeley gibi yerlerde bu tür projelere çok yaygın şekilde rastlanmaktadır.

Foucault: Ama, korkarım ki bu örneklerin çoğunda, insanların büyük kısmı, yaptıklarını yapıyorsa, yaşadıkları gibi yaşıyorsa bunun nedeni arzu, yaşam, doğa, beden, vb. hakkındaki hakikati bildiklerini düşünmeleridir.

Soru: Yalnız, eğer insan bilgiye ya da evrensel kurallara başvurmadan kendini yaratacaksa, bu durumda sizin yaklaşımınız

Sartrecı varoluşçuluktan nerede ayrılır?

Foucault: Sartre'da belli bir özne anlayışı ile bir sahicilik ahlâkı arasında bir gerilim vardır. Bu sahicilik ahlâkı aslında egonun aşkınlığında söylenen şeye karşı çıkmıyor mu, diye soruyorum kendime. Sahicilik teması, belirtik olarak olsun ya da olmasın, öznenin kendi kendisine uygunluğuyla tanımlanmış bir varlık kipine gönderme yapıyor. Oysa bana öyle geliyor ki, kendilikle ilişki birçok biçime göre tarif edilebilmelidir ve "sahicilik" mümkün olan kipliklerden yalnızca bir tanesidir; kendilikle ilişkinin kendi modelleri, konformiteleri, değişkenleri, aynı zamanda kendi yaratıları olan bir pratik olarak yapılandığını kavramak gerekir. Kendilik pratiği karmaşık ve çokluk içeren bir alandır.

Soru: Bu, Nietzsche'nin Şen Bilim'de (§ 290) yaptığı, insanın kendi yaşamını, ona uzun pratikler ve günlük çalışmalar sonucunda bir üslup kazandırarak yaratması gerektiği şeklindeki saptamayı akla getiriyor.

Foucault: Evet. Benim görüşüm Sartre'ınkinden daha çok Nietzsche'ninkine yakın.

SOYBİLİMSEL YORUMUN YAPISI

Soru: Cinselliğin Tarihi'nin birinci cildinden sonraki iki kitabı, yani Zevklerin Kullanımı *ile* Tenin İtirafı *soybilim projesinin planına nasıl oturuyor?*

Foucault: Üç soybilim alanı mümkündür. İlk olarak hakikatle ilişkimiz içinde kendimizin bir tarihsel ontolojisi; kendimizi hakikatle bu ilişki üzerinden bilgi nesneleri olarak kurarız. İkincisi, bir iktidar alanıyla ilişkimiz içinde kendimizin bir tarihsel ontolojisi; kendimizi iktidarla bu ilişki üzerinden başkaları üzerinde etkide bulunan özneler olarak kurarız. Son olarak, ahlâkla ilişkilerimizin bir tarihsel ontolojisi; kendimizi ahlâkla bu ilişki üzerinden ahlâki failler olarak kurarız.

Demek ki, soybilim için üç eksen mümkündür. *Deliliğin Tarihi*'nde, bir parça karışık bir biçimde de olsa, bunların üçü de vardı. Hakikat eksenini *Kliniğin Doğuşu* ile *Şeylerin Düzeni*'nde inceledim. *Gözetleme ve Cezalandırma*'da iktidar eksenini, *Cinselliğin Tarihi*'nde ahlâk eksenini geliştirdim.

Cinsellik üzerine kitabım genelde ahlâk tarihi çevresinde düzenlenmiştir. Ben, genelde, ahlâk tarihinin söz konusu olduğu noktada, edimler ile ahlâk kodunu birbirinden ayırmamız gerektiği düşüncesindeyim. Edimler ya da davranışlar insanların, kendilerine dayatılmış ahlâki reçeteler karşısındaki gerçek tutumlarıdır. Hangi edimlere izin verildiğini ya da hangilerinin yasaklandığını ve mümkün olan farklı tutumların pozitif ve negatif değerini belirleyen kodu bu edimlerden ayırmak gerekir. Ancak ahlâki reçetelerin kendi başına ayrıştırılmamış olan, ama açık olarak büyük önem taşıyan bir başka yanı daha vardır: bu, insanın kendisiyle kurması gereken ilişki, bireyin kendini kendi eylemlerinin ahlâki öznesi olarak nasıl kurması gerektiğini belirleyen *kendilikle ilişkidir*.

Bu ilişkinin dört temel yanı vardır. Birinci yanı kendiliğin ahlâki bir davranışla ilgili olan parçası ya da tutumdur. Örneğin, genelde, bizim toplumumuzda, ahlâkın esas alanının, kendimizin ahlâkla en ilgili yanımızın duygularımız olduğu söylenecektir. Buna karşılılık Kantçı bakış açısıyla düşünüldüğünde, niyetin duygulardan çok daha önemli olduğu açıkça ortadadır. Hıristiyan bakış açısıyla düşünüldüğünde ise önemli olan temelde şehvettir (ki bu edimin önem taşımadığı anlamına gelmez.).

Soru: Kabaca şöyle toparlayabilir miyiz: Ahlâkın esas alanı Hıristiyanlarda arzu, Kant'ta niyetler, bizde ise duygulardır?

Foucault: Evet, ona benzer bir tablodan söz edilebilir. Ahlâkı ilgilendiren nokta, her zaman için kendimizin ya da davranışlarımızın aynı yönü değildir. Bu, benim etik töz diye adlandırdığım yandır.

Soru: Etik töz, biraz da ahlâkın hammaddesi gibi midir?

Foucault: Evet, öyle. Yunanlılar için etik töz, bir bütün olarak zevk ve arzu ile ilintili olan edimlerdi; bu Yunanlıların *aphrodisia* diye adlandırdıkları ve cinsellikten olduğu kadar Hıristiyanlığın "ten"inden de farklı olan bir şeydi.

Soru: Etik bakımdan "ten" ile aphrodisia *arasında nasıl bir fark vardır?*

Foucault: Basit bir örnek vereceğim, bir filozof bir oğlana âşık olduğu; ama ona dokunmadığı zaman, tutumu büyük bir ahlâki değer taşıyordu. Davranışının etik tözü zevkle ve arzuyla bağıntılı olarak edimdi. Aziz Augustinus'a göre çok açıktır ki, genç arkadaşına duyduğu sevgiyi hatırladığında kendisini rahatsız eden şey bu arkadaşına tam olarak ne tür bir arzu duyduğunu bilmektir. Bu tümüyle başka bir etik tözdür.

Kendilikle ilişkinin ikinci boyutu, benim tabi kılma kipi *(mode d'assujettissement)* dediğim şeydir; yani, insanların kendilerine dayatılmış ahlâki yükümlülükleri tanıma kipi. Örneğin, bir metinde vahyedilmiş olan ilahi bir yasa mıdır? Her durumda yaşayan her varlık için aynı olan bir doğa yasası mıdır? Rasyonel bir yasa mıdır? Yoksa bir varoluş estetiği ilkesi midir?

Soru: "Rasyonel" dediğinizde "bilimsel" mi demek istiyorsunuz?

Foucault: Tam değil. Bir örnek verelim. Isokrates'te çok ilginç bir söylev vardır. Kıbrıs kralı Nikokles'tir. Nikokles karısına neden daima sadık kaldığını şöyle açıklamaktadır: "Ben kral olduğum, başkalarına emir veren, başkalarını yöneten birisi olduğum için kendimi de yönetebileceğimi göstermek zorundayım." Ayrıca, bu sadakat kuralının, "Karıma sadık kalmak zorundayım; çünkü ben bir insanım ve rasyonelim," doğrultusundaki evrensel ve Stoacı formülle uzaktan yakından bir ilgisi olmadığı açıktır. Böylece aynı kuralın Nikokles ile bir Stoacı tarafından benimsenme biçiminin ne kadar farklı olduğunu görebilirsiniz. Bu, benim ahlâkın tabi kılma kipi şeklinde adlandırdığım şey, ahlâkın ikinci yanıdır.

Soru: Kral, "Ben kral olduğum için," dediği zaman, bu güzel bir yaşamın göstergesi ve işareti midir?

Foucault: Doğrudan birbirine bağlı olacak şekilde, hem estetik hem de siyasi bir yaşamın göstergesidir bu. Aslında, eğer insanların beni kral olarak kabullenmelerini istiyorsam, benden sonra yaşayacak bir şana sahip olmak zorundayım ve bu şan estetik değerinden ayrılamaz. Dolayısıyla siyasi iktidar, şan, ölümsüzlük, güzellik, belli bir noktada bunların hepsi birbiriyle bağlıdır. Bu bir tabi kılma kipi ve ahlâkın ikinci yanıdır.

Üçüncü boyut da şudur: normal özneler haline gelmek için kendimizi hangi araçlar sayesinde dönüştürebiliriz?

Soru: Yani, bu etik tözü nasıl işleyebiliriz?

Foucault: Evet. Yapacağımız şey nedir: Ya arzularımızı yumuşatmak ve ölçülü bir dengeye oturtmak veya ne olduğumuzu anlamak ya da arzularımızı bastırmak ya da cinsel arzularımızdan çocuk sahibi olmak gibi belli amaçlara ulaşmak üzere yararlanmak; etik bir davranış biçimi amacı taşıyan bütün bu kendimizi geliştirme çalışması. Bu benim, kendilik pratiği ya da asetizm –ama çok geniş bir anlamda asetizm– olarak adlandırdığım yandır.

Dördüncü boyutu da şu şekilde açıklayabiliriz: Ahlâki bir şekilde davrandığımız zaman ne tür bir varlık olmaya özeniriz? Sözgelimi, arı, ölümsüz, özgür ya da kendimizin efendisi, vb. mi olacağız. Bu ahlâki ereksellik olarak adlandırılabilecek olan şeydir. Ahlâk olarak adlandırdığımız şeyde yalnızca insanların fiili davranış biçimleri, yalnızca kodlar ve davranış kuralları yoktur, aynı zamanda yukarıda sıraladığımız dört yanı kapsayan bu kendilikle ilişki de vardır.

Soru: Bunların hepsi birbirinden bağımsız mıdır?

Foucault: Hem kendi aralarında belli ilişkiler vardır hem de belli bir bağımsızlığa sahiptirler. Örneğin, eğer amaç varlığın mutlak bir arılığını elde etmek ise, bu durumda kendini biçimlendirme etkinliği tekniklerinin, kullanacağınız asetizm tekniklerinin, kendi davranışlarınıza hâkim olmaya çalışacağınız zamanlardakiyle tamamen aynı olmayacağını çok iyi kavrayabilirsiniz.

Şimdi, bu genel çerçeveyi pagan etiğine ya da erken dönem Hıristiyan etiğine uygulamaya kalkarsak önemli farkların ortaya çıktığı görünür gibi geliyor bana. Birincisi, koda (yasaklanmış olan ve olmayan şeylere) bakarsak, ahlâkçıların ya da filozofların üç tür büyük reçete önerdiklerini görürsünüz: beden hakkında olanlar: yani önemli bir harcama olduğu için cinsel davranışlarda elden geldiğince dikkatli olmak, mümkün olduğu kadar seyrek ilişkiye girmek. İkinci reçete evlilikle ilgilidir: yalnızca meşru eşinizle ilişkiye girmek. Oğlanlara gelince, onlarla cinsel ilişkiye girmekten olabildiğince kaçınmak. Bu kurala Platon'da, Pythagorasçılarda, Stoacılarda, vb., ayrıca Hıristiyanlıkta ve hatta kendi toplumumuzda rastlayabilirsiniz. Bu yüzden, kodların temelde bir değişiklik geçirmediği söylenebilir. Kuşkusuz bazı yasaklar değişmiştir ve çok daha sıkı ve katıdır. Gelgelelim temalar hep aynı kalmaktadır. Oysa ben Yunan ahlâkı ile Hıristiyan ahlâkı arasında meydana gelen büyük değişimlerin kodda değil, etik olarak adlandırdığım kendilikle ilişkide olduğumu düşünüyorum. *Zevklerin Kullanımı*'nda, kodun üç katılık temasından (sağlık, eşler, oğlanlar) hareketle insanın kendisiyle kurduğu ilişkinin yukarıda anılan dört boyutunu analiz ediyorum.

Soru: Bunu özetleyebilir misiniz?

Foucault: Diyelim ki, Yunanlılar için, *etik töz aphrodisia; tabi kılma kipi,* siyasi-estetik bir tercihti; *asetizm biçimi,* kullanılan tekhnê'ydi ve bu asetizmde örneğin, bedenle ilgili tekhnê'yi, ya da aile reisi olarak rolünüzü tanımlamak için kullandığınız kurallar olarak ekonomi ya da insanın oğlanları sevme, vb. konularında kendine karşı bir asetizm benimseme biçimi olarak erotikliği buluruz; *ereksellik* ise kendine hâkim olmayı temsil ediyordu. *Zevklerin Kullanımı*'nın ilk iki bölümünde anlattığım durum işte budur.

Daha sonra bu etik içinde bir başkalaşma gözlenmiştir. Bu başkalaşmanın nedeni, erkeklerin toplum içinde, gerek karılarına karşı evlerindeki, gerekse siyasi alandaki rollerinin değişmesidir; çünkü artık site yoktur. Anılan bu nedenlerden dolayı, erkeklerin kendilerini siyasi, ekonomik davranış gösteren özneler olarak görme biçimi de değişir. Böylece, kendilikle ilişkinin kurulup geliştirilmesinin biçimi ve amaçlarında da değişiklik olmuştur. Kabaca söylersek, kendine hâkim olma uzun zaman başkaları üzerinde bir etki yapma ve onları kendine hayran bırakma istenciyle bağıntılı olmuştur. İlk iki yüzyılın ahlâki düşüncesinde ise kendine hâkim olma gitgide daha çok dış olaylardan ve başkalarının iktidarından bağımsızlık sağlama amacı taşır.

Benim bu inceleme dizisinde göstermeye çalıştığım şey, kodların ve kuralların "altında", kendilikle ilişki biçiminde ve bu ilişkiyle ilintili olan kendilik pratiklerinde meydana gelen dönüşümlerdir. Ahlâki yasanın değil, ahlâki öznenin bir tarihi. Klasik devirden imparatorluk devrinin Yunan-Roma düşüncesine geçişte özellikle tabi kılma kipiyle ilgili olarak (aklıyla hareket eden her insana kendini dayatan, her şeyden önce "stoacı" evrensel bir yasa temasının ortaya çıkmasıyla), ayrıca (bağımsızlık ve *agatheia*'ya yerleştirilmiş) bir ahlâki ereksellik tanımıyla ilgili olarak değişiklikler gözlemlenebilir. Daha sonra bu Yunan-Roma felsefesinden Hıristiyanlığa geçerken, bu kez artık şehvet tarafından tanımlanan etik töz ile insanın kendi kendisi üzerine eylemleriyle –arınma, arzuların kökünü kazıma, kendiliğin deşifre edilmesi ve yorumbilgisi– ilgili olarak yeni bir dönüşüm dalgası görülür.

Çok şematik olarak konuşursak, edim, zevk ve arzu kutuplarının farklı kültürlerde aynı biçimde değer bulmadıkları söylenebilir. Yunanlılarda ve genel olarak antikçağda, önemli unsuru edim oluşturur: üzerinde denetim uygulanması; niceliği, ritmi, uygunluğu, koşullarının tanımlanması gereken şey edimdir. Çin erotizm bilgisinde –eğer Van Gulik'e* inanırsak– önemli unsur, edimin kendisini geciktirerek ve uç noktada imtina ederek mümkün olduğu kadar çoğaltılması, yoğunlaştırılması, uzatılması gereken şey zevktir. Etikte ise temel nokta arzudur: arzunun deşifre edilmesi, arzuya karşı verilen savaş, en ince köklerinin kazınması; edime gelince, zevk almadan –her halükârda zevki mümkün olduğu kadar iptal ederek– yerine getirebilmek gerekir.

---

* *Sexual Life in China* kitabının yazarı (Fransızca çevirisi Louis Évrard, *La vie Sexuelle dans la Chine ancienne*, Paris, Gallimard, 1971).

KLASİK KENDİLİKTEN MODERN ÖZNEYE

Soru: Kendilik Kaygısı *adlı çalışmanızda ayrı olarak ele almayı kararlaştırdığınız bu kendilik kaygısı nasıl bir şeydir acaba?*

Foucault: İ.Ö. dördüncü yüzyıl civarından başlayıp İsa'dan sonra ikinci ya da üçüncü yüzyıla kadar devam ederek Helenistik kültürde, Yunan-Roma kültüründe beni ilgilendiren yan, Yunanlıların spesifik biçimde *epimeleia heautou* sözcüğüyle karşıladıkları, kendilik kaygısı kuralıdır. Kendilik kaygısıyla insanın basitçe kendisiyle ilgilenmesi kastedilmediği gibi, bundan insanın kendisine yönelik olmayan tüm ilgi ve dikkatinin dışlanması da anlaşılmaz.

Epimeleia heautou, Yunancada, herhangi bir şey üzerinde çalışma uygulama, didinme anlamına gelen çok vurgulu bir sözcüktür. Örneğin, Xenophon *epimeleia heautou* sözcüğünü malvarlığına gösterilmesi gereken özeni ifade etmek amacıyla kullanıyordu. Bir monarkın kendi yurttaşlarına karşı duyduğu sorumluluk da *epimeleia* türündendi. Bir hastayı tedavi ettiğinde hekimin yaptığı şey de *epimeleia* olarak adlandırılır. Dolayısıyla bu, bir etkinliğe, bir dikkate, bir bilgiye *(connaissance)* dair çok güçlü bir sözcüktür.

Soru: Peki, bilgi (connaissance) ile kendilik tekniği, kendiliğe uygulanması modern icatlar değil midir?

Foucault: Hayır, bilgi sorunu kendilik kaygısında temel öneme sahipti, ama iç dünyaya yönelik bir araştırmadan tümüyle farklı bir biçim altında.

Soru: Öyleyse, kuramsal anlayış, bilimsel anlayış, etik ve estetik kaygılar karşısında ikincil düzeyde kalıyor ve onlar tarafından mı yönlendiriliyordu?

Foucault: Sorun hangi bilgi kategorilerinin *epimeleia heautou* için zorunlu olduğuyla ilgiliydi. Örneğin, Epiküryenler için, dünyanın ne olduğuna, dünyanın zorunluluğunun nereden kaynaklandığına, zorunluluk ile tanrılar arasındaki ilişkiye dair genel bilgi insanın kendisiyle gerektiği gibi ilgilenmesi açısından çok büyük önem taşıyordu. Bu öncelikle bir meditasyon meselesiydi: dünyanın zorunluluğunu tamamen anlayarak tutkularınıza çok daha tatmin edici biçimde hâkim olabilirdiniz, vb. İnsanın fiziği ya da kozmolojiyi daha iyi öğrenmesinin nedeni, kendi kendine yeterli olacak hale gelebilmekti.

Soru: Peki, Hıristiyanlar ne ölçüde yeni kendine hâkim olma teknikleri geliştirdiler?

Foucault: Klasik çağın kendilik kaygısı kavramında beni ilgilendiren yan, burada, genellikle Hıristiyanlara atfedilen birtakım asetik temaların doğuşunu ve gelişmesini görebilmemizdir. Hıristiyanlığın, genellikle hoşgörülü olan Yunan-Roma yaşam tarzı yerine bir dizi feragat, yasaklama ya da engellemeyle belirlenmiş katı bir yaşam tarzı geçirdiği söylenir. Ancak, kendiliğin kendisi üzerindeki bu etkinliğinde antiklerin bir dizi katı pratik geliştirdiği ve Hıristiyanların daha sonra bu pratikleri devraldığı gözlemlenebilir. Bu etkinliğin gitgide belli bir cinsel katılıkla ilintili hale geldiği ve bu cinsel katılığın biraz değiştirilerek Hıristiyan etik tarafından hemen benimsendiği görülür. Hoşgörülü antikçağ ile katı Hıristiyanlık arasında bir ahlâki kopuş söz konusu değildir.

Soru: İnsan kendisine dayattığı bu yaşam tarzını ne adına seçer?

Foucault: Söz konusu olanın ölümden sonra ebedi yaşama ulaşmak olduğunu düşünmüyorum, çünkü bu tür şeyler onları özellikle kaygılandırmıyordu. Tam tersine, söz konusu olan kendi yaşamlarına belli değerler (Örnek oluşturmak, arkalarında sıradışı bir nam bırakmak ya da yaşamlarına azami parlaklığı vermek) kazandırmaktı. Söz konusu olan yaşamı bir bilgi (*connaissance*) ya da *tekhnê* nesnesi, bir sanat nesnesi haline getirmekti.

Bizim toplumumuzda, insanın kaygı duymak zorunda olduğu temel sanat eserinin, estetik değerleri uygulaması gereken temel alanın insanın kendisi, kendi yaşamı, varoluşu olduğu düşüncesinin bir kalıntısını dahi bulamayız. Buna Rönesans'ta rastlayabiliriz, ama hafifçe akademik bir biçimde; ayrıca on dokuzuncu yüzyıl dandiliğinde de rastlayabiliriz. Ne var ki bunlar kısa episodlardan başka bir şey değildir.

Soru: Peki, Yunanlıların kendilik kaygısı, bugün birçoklarına göre bizim toplumumuzun temel bir sorunu olan insanın kendisine yoğunlaşmasının yalnızca erken bir biçimi değil midir?

Foucault: Çağdaş kendilik kültü olan şeyde mesele, insanın hakiki kendisini, onu karanlık kılabilecek ya da yabancılaştırabilecek şeylerden ayırarak, psikolojik bir bilgi ya da psikiyatrik bir çalışma sayesinde kendi hakikatini deşifre ederek keşfetmesidir. Ben sadece antik kendilik kültürünü çağdaş kendilik kültü olarak adlandırılabilecek şeyle özdeşleştirmemekle kalmıyorum, aynı zamanda ikisinin birbirine taban tabana zıt olduğunu düşünüyorum. Meydana gelen, kesinlikle klasik çağın kendilik kültürünün tersyüz edilmesidir. Bu bir sanat eseri olarak kurulması ve yaratılması gereken kendilik fikrinin yerine Hıristiyanlık tarafından vazgeçilmesi gereken bir kendilik fikrinin geçirilmesiyle oldu; çünkü Hıristiyanlığa göre kendiyle uğraşmak Tanrı'nın iradesine karşı gelmekti.

Soru: Kendilik Kaygısı'ndaki incelemelerden birinin, kendiliğin oluşumunda yazının rolüyle ilgili olduğunu biliyoruz. Yazı ile kendilik arasındaki ilişki Platon tarafından nasıl konmuştur?

Foucault: Birincisi, yazma sorunu gündeme getirildiği zaman genellikle görmezlikten gelinen birtakım tarihsel olguları hatırlatmak, örneğin ünlü *hupomnêmata* sorununu hatırlatmak gerekir.

Soru: Hupomnêmata'nın ne olduğunu biraz daha kesin dille anlatabilir misiniz?

Foucault: Teknik anlamıyla, *hupomnêmata* hesap defterleri, kamu kayıtları, ama aynı zamanda not almaya yarayan bireysel defterler olabilir. Hayata ilişkin defterler, davranışlara ilişkin kılavuzlar olarak kullanılmaları en azından eğitimli insanlar arasında yaygınmış gibi görünmektedir. Bu defterlere çeşitli alıntılar, yapıtlardan parçalar, az çok tanınmış insanların hayatlarından çıkarılmış örnekler, tanıklık edilmiş olaylar, aforizmalar, düşünceler ya da akıl yürütmeler geçirilir. Bütün bunlar, okunan, duyulan ya da düşünülen şeylerin elle tutulur bir belleğini oluşturuyor, böylece yeniden okunmayı ve üzerinde kafa yorulmayı bekleyen birikmiş bir hazine sunuyordu. Bunlar ayrıca, şu ya da bu kusuru (öfke, kıskançlık, dedikoduculuk, dalkavukluk gibi) giderme mücadelesinde ya da bir engeli (bir matem, bir sürgün, bir çöküş hali, gözden düşme) aşmada kullanılan argümanların ya da araçların verildiği daha sistematik incelemelerin yazılması için bir kaba hammadde işlevi görüyordu.

Soru: Peki, yazı etikle ve kendilikle nasıl ilintilidir?

Foucault: Hiçbir teknik, hiçbir mesleki beceri pratik olmadan edinilemez; yaşama sanatı, *tekhnê tou biou* da insanın kendi kendini yetiştirmesi şeklinde değerlendirilmesi gereken bir *askesis* olmadan öğrenilemez: bütün felsefi ekollerin uzun süre büyük önem atfettikleri geleneksel ilkelerden birisi buydu. Bu kendini yetiştirmenin aldığı bütün biçimler arasında (ki bunlar içinde perhiz yapmalar, ezberlemeler, vicdan muhasebeleri, meditasyonlar, suskunluk ve başkalarını dinleme gibi araçlar yer alıyordu), yazının (insanın kendisi ve başkaları için yazması) ciddi bir rol oynaması oldukça geç gelmiş bir şey gibi görünmektedir.

Soru: Defterler antikçağın sonunda nihayet önemli hale geldikleri zaman hangi spesifik rolü oynuyorlardı?

Foucault: Ne kadar kişisel olurlarsa olsunlar, gene de *hupomnêmata* özel günlükler ya da daha sonraki Hıristiyan literatüründe rastlanabilecek türde tinsel deneyimlerin (iğvalar, iç mücadeleler, yenilgiler ve zaferler gibi) aktarıldığı anlatılar olarak görülmemelidir. Bunlar bir "kendilik anlatısı" oluşturmazlar; bu metinlerle amaçlanan, yazılı veya sözlü itirafı arılaştırıcı bir değer taşıyan bilincin gizli yanlarını gün ışığına çıkarma değildir. Söz konusu metinlerle gerçekleştirilmeye çalışılan hareket, bunun tam tersi yöndedir. Önemli olan, deşifre edilemez olanın peşine düşmek, saklı olanı açığa çıkarmak, söylenmemiş olanı söylemek değil; tam tersine, zaten söylenmiş olanları bir araya toplamak, duyulabilecek ya da okunabilecek şeyleri derlemek ve bunları kendiliğin kurulmasından başka bir şey olmayan bir amaca göre yapmaktır.

Hupomnêmata, o dönemin çok hassas gerilimi bağlamında yeniden konumlandırılmalıdır. Gelenekten, söylenmiş olanların genel kabul gören değerinden, söylemin yinelenip durmasından, yaş ve otoritenin mührünü taşıyan "alıntılama" pratiğinden fazlasıyla etkilenen bir kültür içinde, çok belirgin biçimde kendilik kaygısına dönük olan, insanın kendi içine çekilmesi, içsel yaşam, kendisiyle yaşama biçimi ve kendinden hoşlanması gibi somut hedeflere yönelen bir ahlâk gelişmekteydi. *Hupomnemâta*'nın hedefi şudur: okumakla, dinlemekle ya da öğretimle iletilen parça parça bir logosun hatırlanmasını kendilikle olabildiğince uygun ve eksiksiz bir ilişki kurmanın aracı yapmak.

Soru: Söz konusu defterlerin Hıristiyanlığın ilk dönemlerindeki rolüne dönmeden önce, bize Yunan-Roma toplumlarının katı düzeninin Hıristiyanlığın katı düzeninden hangi noktalarda ayrıldığı konusunda bir şeyler anlatabilir misiniz?

Foucault: Aradaki fark şu nokta üzerinde belirlenebilir: bir antik ahlâkta "arılık" sorunu görece olarak az önem taşır. Kuşkusuz arılık sorunu Phythagorasçı çevrelerde ve yeni-Platoncu okullarda önemliydi ve Hıristiyanlıkta giderek daha çok önem kazandı. Bir varoluş estetiği sorununun üstü, belirli bir anda, aslında başka bir şey olan ve başka türde bir tekniği gerektiren arılık sorunu tarafından örtülmüştür. Hıristiyan asetizminde, arılık merkezdedir. Kadın namusu modeliyle birlikte bekâret teması antik dinin belli yanlarında belli bir öneme sahipti, ama sorunun başkalarına karşı namus değil, insanın kendi kendisi üzerine hâkimiyeti olduğu antik ahlâkta hemen hiç önem taşımıyordu. Bu erkekçe bir kendi üzerinde hâkimiyet kurma modeliydi ve belli bir itidal güden her kadın kendine karşı erkekler kadar erkekçe davranıyordu. Cinsel bakımdan kendini kısıtlama paradigması, bedensel namus modeline dayalı olan arılık ve bakirelik temasıyla *dişil* bir paradigmaya dönüşür.

Bu yeni Hıristiyan kendiliğin sürekli incelenmesi gerekiyordu; çünkü ontolojik olarak şehvet ve tensel arzular tarafından damgalanmıştı. Bu noktadan itibaren sorun artık insanın kendisiyle yetkin bir ilişki kurması değil, tersine kendini deşifre etmesi ve kendinden vazgeçmesiydi. Sonuç olarak, paganizm ile Hıristiyanlık arasındaki zıtlık, hoşgörü ile katılık arasında değil, katılığın varoluş estetiğiyle bağlı olan bir biçimi ile kendi hakikatini deşifre ederek kendinden vazgeçmenin zorunluluğuna bağlı olan diğer biçimleri arasında yatmaktadır.

Soru: Öyleyse Nietzsche, Ahlâkın Soybilimi'*nde, bizim "vaatte bulunabilen yaratıklar" haline gelmemizi Hıristiyan asetizmine bağladığı zaman yanılmıştı?*

Foucault: Evet, İ.Ö. dördüncü yüzyıldan İ.S. dördüncü yüzyıla kadarki pagan etiğinin evrimi konusunda bildiklerimize bakınca, bunu Hıristiyanlığa bağlamakla yanıldı sanırım.

Soru: Defterlerin rolü, onlardan insanın kendisiyle ilişki kurmak üzere yararlanma tekniği Hıristiyanlar tarafından devralındığı zaman nasıl bir değişim geçirmiştir?

Foucault: Önemli denebilecek bir değişim, Athanase'nin Aziz Antonio'nun yaşamı üzerine kaleme aldığı metne göre, iç hareketlerin yazıya dökülmesinin tinsel savaşta bir silah olarak görünmesidir. Şeytan, aldatan ve insanın kendisi hakkında aldanmasına neden olan (Vita Antonii'nin önemli bir yarısı bu tür oyunlara ayrılmıştır) bir güçken, yazı bir sınav aracı, denektaşı gibi bir şeydir: yazı, düşüncenin gelgitlerine ışık tutarak, düşmanın oyunlarının saklandığı içteki gölgenin dağılıp kalkmasını sağlar.

Soru: Böylesine köklü bir değişiklik nasıl gerçekleşebildi?

Foucault: Xenophon'un söz ettiği, yalnızca bir beslenme rejiminin unsurlarının hatırlanmasının söz konusu olduğu *hupomnêmata* ile Aziz Antonio'nun iğvalarının betimlenmesi arasında gerçekten dramatik bir değişiklik gözlenmektedir. Kendilik tekniklerinin evrilmesinde bir ara evre olduğu düşünülebilir: rüyalarını not etme alışkanlığı. Synesius, kişinin kendi rüyalarını yorumlaması, kendinin kâhini olması için, rüyalarını not etmek üzere yatağının başucunda bir defter bulundurması gerektiğini söyler.

Soru: Ama kendi üzerinde düşünmenin kendinizde var olan gölgeleri dağıtıp hakikate ulaşmayı sağlaması fikri kuşkusuz Platon'da zaten vardır?

Foucault: Ruhun Platoncu kendi kendisi üzerine düşünmesinin –ki bu onun aynı anda hem varlığa hem de ebedi hakikatlere ulaşmasını sağlar– örneğin Stoacı bir pratikte, gün boyunca ne yapıldığını, hatırlanmış olması gereken davranış kurallarını, bağımsız olunduğu hissedilen olayları bellekte yeniden canlandırmanın, vb. denendiği egzersizden farklı olduğuna inanıyorum. Elbette, bütün bunları kesinliğe kavuşturmak gerekir; müdahaleler, çakışmalar olmuştur. "Kendilik teknolojisi" çok karmaşık, sonsuz, tarihi yapılması gereken bir alandır.

Soru: Edebiyat incelemelerinde, otobiyografiyi icat eden ilk yazarın Montaigne olduğu genel geçer bir doğru olarak kabul edilmektedir, oysa siz kendilik üzerine yazmanın izini çok daha eski kaynaklara kadar sürüyorsunuz.

Foucault: Bana kalırsa, on altıncı yüzyılda yaşanan dinsel krizde (Katolik pastoral pratiklerin reddedilmesiyle patlak veren büyük krizde), yeni kendilikle ilişki kurma kipleri gelişmekteydi. Burada, antik dönemin Stoacı pratiklerinin bazılarının yeniden canlandığını görebiliriz. Sözgelimi, kendini sınama nosyonu, bence Stoacılarda gördüğümüz, kendilik deneyiminin kendiliğin içinde gizlenmiş olan hakikatin keşfedilmesi değil, insanın mevcut özgürlüğüyle ne yapıp ne yapamayacağını saptamaya yönelik bir girişim olduğu düşüncesine tematik olarak yakındır. Hem Katolikler hem de Protestanlar arasında, bu antik tekniklerin Hıristiyan tinsel pratikler biçiminde yeniden canlandığı açıkça görülebilmektedir.

Katolik ya da reformcu çevrelerde uygulanan tinsel egzersizler ile antikçağda kullanımda olabilenler arasında sistematik bir karşılaştırma yapmak ilginç olurdu. Bu konuda aklıma belirgin bir örnek geliyor. *Konuşmalar*'ından birinde *Epiktetos* bir tür "gezinti-meditasyon" uygulamayı tavsiye eder. Sokaklarda amaçsızca dolaşırken karşılaşılan nesneler ya da insanlarla ilgili olarak, bir konsülün gücü ya da bir kadının güzelliği karşısında etkileniyor musunuz, heyecanlanıyor musunuz, ruhunuz sarsılıyor mu diye kendi kendinizi incelemek yerinde olacaktır. On yedinci yüzyıl Katolik tinselliğinde de bu tür egzersizleri bulursunuz: dolaşmak, gözlerini etrafa açmak; ama, insanın kendisi üzerindeki hükümranlığı sınaması söz konusu değildir; bu egzersizde daha çok Tanrı'nın sınırsız gücü; her şey ve her ruh üzerinde uyguladığı hükümranlık görülebilir.

Soru: Yani, söylem çok önemli bir rol oynamakta, ama kendiliğin kurulmasında bile daima diğer pratiklere hizmet etmektedir.

Foucault: Bence, "kendiliğe ait" olduğu söylenen bütün literatür (özel günlükler, kendilik anlatıları, vb.), bu kendilik pratiklerinin genel ve çok zengin çerçevesine oturtulmadıkça anlaşılamaz. İnsanlar iki bin yıldan beri kendileri hakkında bir sürü şey yazıyorlar, ama her zaman aynı şekilde değil. Benim izlenimim o yöndedir ki (gerçi bunda yanılıyor olabilirim), yazı ile kendilik anlatısı arasındaki ilişkiyi Avrupa modernliğinin spesifik bir fenomeni olarak sunma yönünde belli bir eğilim var. Bu nedenle, öznenin bir simgesel sistem içinde kurulduğunu söylemek yeterli değildir. Özne gerçek pratikler (tarihsel bakımdan analiz edilebilecek pratikler) ortamında kurulur. Kendiliğin kurulmasının, bir yandan simgesel sistemleri dikine keserken, öbür yandan onlardan yararlanan bir teknolojisi vardır. Özne yalnız simge oyunu içinde kurulmaz.

Soru: Kendini analiz etmek kültürel bir buluş ise, o zaman kendini analiz etmenin bizim gözümüze bu kadar doğal ve zevkli görünmesinin nedeni nedir?

Foucault: Öncelikle "kültürel bir buluş"un niçin "zevkli" olamayacağını göremiyorum. Kendinden zevk almak müzikten zevk almak gibi pekâlâ kültürel bir biçim alabilir. Ve burada çıkar ya da egoizm denen şeyden oldukça farklı bir şeyin söz konusu olduğunu anlamak gerekir. On sekizinci ve on dokuzuncu yüzyılda burjuva sınıfında tüm bir "çıkar" ahlâkının –kuşkusuz sanatsal-eleştirel çevrelerde bulunan diğer kendilik tekniklerine karşı– nasıl öne sürülüp aşılandığını görmek ilginç olurdu. "Sanatsal" yaşam, "dandizm", burjuva kültürüne özgü kendilik tekniklerine karşı başka varoluş estetikleri oluşturmuştur.

Soru: Şimdi. modern öznenin tarihine geçelim. İlk başta, klasik çağın kendilik kültürü tamamen kaybolmuş mudur yoksa Hıristiyan teknikleriyle bütünleştirilip dönüştürülmüş müdür?

Foucault: Kendilik kültürünün kaybolduğunu ya da üstünün örtüldüğünü sanmıyorum. Bu kültürün Hıristiyanlıkta, Hıristiyanlıkla bütünleşmiş, yerinden edilmiş, yeniden kullanılmış bir halde bulunan pek çok öğesiyle karşılaşabilirsiniz. Kendilik kültürü, Hıristiyanlığın denetimine geçtiği andan itibaren, *epimeleia heauto*u esas olarak, aslında papazın işi olan *epimeleia tôn allôn*'a (başkaları adına kaygılanmak) dönüştüğü ölçüde, bir pastoral iktidarın uygulanmasının hizmetine sokulmuştur. Ama, bireysel selamet –en azından belli bir ölçüde– ruhlar adına kaygılanmayı amaç olarak benimsemiş pastoral kuruma havale edildiği için klasik çağın kendilik kaygısı ortadan kalkmamış; başka bir şeyle bütünleştirilmiş ve özerkliğinin büyük bir kısmını kaybetmiştir.

Modern dünyada kendilik teknikleri ve varoluş estetiklerinin bir tarihini yapmak gerekirdi. Az önce on dokuzuncu yüzyılda çok büyük önem taşımış olan "sanatsal" yaşamdan söz ettim. Ama Devrim yalnızca siyasi bir proje olarak değil; bir stil, estetiği, asetizmi, kendilikle ve başkalarıyla ilişkinin özel biçimleriyle bir varoluş biçimi olarak düşünülebilir.

Bir kelimeyle: insan varoluşunun tarihini insanın içinde bulunduğu koşullardan hareket ederek yapmak, hatta bu varoluşta tarihsel bir psikolojinin evrimini ortaya çıkarmayı sağlayacak şeyi aramak alışkanlığı vardır. Ama varoluşun sanat ve tarz olarak tarihini yapmak da mümkün geliyor bana. Varoluş insan sanatının en kırılgan malzemesidir, ama aynı zamanda en doğrudan verisidir de.

Rönesans boyunca, kahramanın kendi kendisinin sanat eseri olduğu da görülür (Burada, Burckhardt'ın varoluş estetiği üzerine ünlü metnini anmaktayım). İnsanın kendi yaşamından bir sanat eseri yapabileceği düşüncesi, kuşkusuz ortaçağa yabancı olan,

Rönesans döneminde yeniden ortaya çıkan bir düşüncedir.

Soru: Şu ana kadar antikçağın kendine hâkim olma tekniklerine başka çağlarda çeşitli derecelerde sahiplenilmesinden söz ettiniz. Siz kendi yazılarınızda, daima Rönesans ile klasik çağ arasında büyük bir kopuşta ısrar ettiniz. Kendini yönetme biçiminin diğer toplumsal pratiklerle bağında da aynı derecede önemli bir değişiklik söz konusu muydu?

Foucault: Yunan felsefesinin kendimizi içinde gördüğümüz bir rasyonaliteyi bulduğu doğru olsa bile, bir öznenin, ilk önce kendisini hakikati bilmeye hazır hale getirecek bir çalışma yürütmezse hakikate ulaşamayacağını savunmuştur. Hakikate ulaşmak ile kendi kendini geliştirme çalışması antik düşüncede ve estetik düşüncede temel bir yer tutar.

Descartes'ın, "Hakikate ulaşmak istiyorsam, apaçık olan şeyleri görebilecek herhangi bir özne olmam yeter," dediği zaman bu çizgiden koptuğunu düşünüyorum. Kendilikle kurulan ilişkinin, başkalarıyla ve dünyayla olan ilişkiyle kesiştiği noktada asetizmin yerini apaçıklık alır. Kendilikle kurulan ilişki artık hakikatle ilişkiye geçmek için asetik olmaya ihtiyaç duymaz. Kendilikle ilişkinin, gözümle gördüğüm şeylerin apaçık hakikatini bana göstermesi o hakikati kesin biçimde kavramam için yeterlidir. Ancak Descartes için bunun ancak *Meditasyonlar* gibi bir ilerleme çizgisi pahasına mümkün olduğunu belirtmek gerekir. *Meditasyonlar* boyunca Descartes, kendiliği apaçıklık biçimi taşıyan bir doğru bilginin öznesi olarak niteleyerek (deli olma ihtimalini dışlamak kaydıyla) kendilikle kendilik arasında bir ilişki kurmuştur. Descartes'la birlikte doğrudan apaçıklık yeterlidir. Descartes'tan sonra, Kant için etik özne ile bilgi öznesi arasındaki ilişkiyi bilme sorununu doğuran bir bilgi öznesi vardır. Aydınlanma'da bu iki öznenin birbirinden tamamıyla farklı olup olmadığı konusunda bir sürü tartışma yapılmıştır. Kant'ın getirdiği çözüm, evrensel olduğu ölçüde bilgi öznesi olabilecek, ama gene de etik bir tutum almayı gerektiren evrensel bir özne bulmaktı. Bu tam da, Kant'ın *Pratik Aklın Eleştirisi*'nde önerdiği kendilikle ilişkiyi yansıtmaktadır.

Soru: Descartes'ın bilimsel rasyonaliteyi etikten kurtardığını ve Kant'ın etiği prosedür rasyonalitesinin uygulamalı bir biçimi olarak geri getirdiğini mi söylemek istiyorsunuz?

Foucault: Tam anlamıyla. Kant, "Kendimi evrensel bir özne olarak tanımalıyım, yani kendimi bütün eylemlerinde evrensel kurallara uyan evrensel bir özne olarak kurmalıyım," diyor. Demek ki eski sorunlar yeniden yorumlanarak ortaya konmaktaydı: Kendimi bir etik özne olarak nasıl kurabilirim? Kendimi bu şekilde tanıyabilir miyim? Asetik egzersizlere ihtiyacım var mı? Ya da beni pratik akla uygun kılarak ahlâki yapan evrenselle kurulacak Kant'çı ilişkiye ihtiyacım var mı? Böylece Kant, bizim geleneğimize, kendiliğin yalnızca verili olmadığı; aynı zamanda özne olarak kendisiyle ilişki içinde kurulduğu bir düşünme biçimi getirmektedir.

(Cilt IV, s. 609-630)
Çev.: Osman Akınhay-Ferda Keskin

XI
Bir özgürlük pratiği olarak kendilik kaygısı etiği*

Soru: Öncelikle, şu anda düşündüğünüz konunun nesnesinin ne olduğunu bilmek isteriz. Son yıllardaki gelişmenizi, bilhassa Collège de France'da (1981-1982) öznenin yorumbilgisi üzerine verdiğiniz dersleri yakından takip ettik. Sizin şimdiki felsefi araştırmalarınızın hâlâ öznellik ile hakikat kutuplarınca belirlenip belirlenmediğini öğrenmek istiyoruz.

Foucault: Aslında, bu düşüncenin çerçevesini farklı terimlerle ifade etmiş olsam bile, benim sorunum her zaman için bu olmuştur. Ben, ister bilim biçimine sahip olan ya da bilimsel bir modele

---
* "L' éthique du souci de soi comme pratique de la liberté" (H. Becker, R. Fornet-Betancourt, A. Gomez-Müller ile söyleşi, 20 Ocak 1984), *Concordia, Revista internacional de filosofia*, no. 6, Temmuz-Aralık 1984, s. 99-116.
İngilizceden yapılmış olan bu çeviri Fransızcasıyla karşılaştırılmıştır (y.h.n.)

gönderme yapan hakikat oyunları, isterse de denetim kurum ya da pratiklerinde bulunabilecek hakikat oyunları olsun, insan öznenin *hakikat oyunlarına* nasıl girdiğini anlamaya çalıştım. Bilimsel söylemlerde insan öznenin konuşan, çalışan ve yaşayan bir birey olarak nasıl tanımlanacağını göstermeye çalıştığım *Kelimeler ve Şeyler* başlıklı kitabımın teması budur. Collège de France'daki derslerimde de genel kapsamı içerisinde bu konunun ana hatlarını ortaya koymaya giriştim.

Soru: Daha önceki sorunsalınız ile öznellik/hakikat sorunsalı arasında, özellikle "kendilik kaygısı" kavramından başlayarak bir sıçrama görülmüyor mu?

Foucault: Bu noktaya kadar, özne ile hakikat oyunları arasındaki ilişki sorununu iki biçimde düşünmüştüm: Ya zorlama pratiklerinden yola çıkarak (psikiyatride ve hapishane sisteminde olduğu gibi), ya da örneğin zenginlik, dil ve canlı varlıkların analizinde görüldüğü gibi, teorik ya da bilimsel oyunlar biçiminde. Ben, Collège de France'da vermiş olduğum derslerde, bu sorunu, kendilik pratiği diye adlandırılabilecek şey üzerinden (bizim toplumlarımızda, üzerinde fazla inceleme yapılmamış olmakla birlikte, Yunan ve Roma devirlerinden beri çok büyük önem taşıdığına inandığım bir fenomen) kavramaya gayret gösteriyorum. Yunan ve Roma uygarlıklarında, bu kendilik pratiklerinin önemi ve özerkliği, onların belli bir noktaya kadar dinsel, pedagojik ya da tıbbi ve psikiyatrik türde kurumlar tarafından kuşatıldıkları daha sonraki dönemlere oranla çok daha fazlaydı.

Soru: Şimdi bir tür kayma gözleniyor: Bu hakikat oyunları artık zorlama pratikleriyle değil, öznenin kendini oluşturması pratikleriyle ilgili.

Foucault: Bu doğru. Buna asetik bir pratik adı verilebilir, ancak *asetizm* sözcüğünü çok genel bir anlamda; yani ahlâki çilecilik anlamında değil, insanın kendini geliştirmeye, kendi kendisini tepeden tırnağa değiştirmeye ve belirli bir oluş tarzına ulaşma kaygısıyla kendi kendisi üzerinde çalışması anlamında kullanmamız koşuluyla. Burada *asetizm* sözcüğünü Max Weber'den çok daha geniş bir anlamda, ama genellikle aynı doğrultuda kullanmaktayım.

Soru: Kendiliğin kendilik üzerinde çalışması bir tür özgürleşme, bir özgürleşme süreci şeklinde anlaşılabilir mi?

Foucault: Bu konuda bir parça daha ihtiyatlı davranacağım. Genel özgürleşme teması belli ihtiyat paylarıyla ve belli sınırlar içinde ele alınmadığı takdirde belli tarihsel, toplumsal ya da ekonomik süreçlerin sonucunda kendini bir baskı mekanizmasında ya da o baskı mekanizması tarafından gizlenmiş, yabancılaştırılmış ya da mahkûm edilmiş bir durumda bulan bir insan doğası ya da temelinin var olduğu fikrine gönderme yapma tehlikesi taşıdığı ölçüde bu temaya karşı her zaman biraz temkinli oldum. Ben bunun titiz bir inceleme yapılmadan hemen kabullenilebilecek bir tema olduğu kanısında değilim. Bununla beraber, özgürleşmenin ya da şu ya da bu biçimde bir özgürleşmenin var olmadığını söylemek istiyor da değilim. Bir sömürge halkı kendisini sömürgecisinden kurtarmaya çalışıyorsa, bu hakikaten, sözcüğün tam anlamıyla bir özgürleşme eylemini temsil eder. Ancak, gene bildiğimiz gibi, son derece belirgin olan bu örnekte, bu özgürleşme eylemi, daha sonra bu halkın, bu toplumun ve bu bireylerin kendi varoluşlarının ya da siyasi toplumlarının algılanabilir ve kabul edilebilir biçimlerini belirlemeleri için gerekli olacak özgürlük pratiklerinin yerleşmesine yetmez. İşte bu yüzden, özgürleşme süreçlerinden ziyade, özgürlük pratiklerinde ısrar etmekteyim. Özgürleşme süreçlerinin de bir yeri vardır, ama bence tek başlarına özgürlüğün tüm pratik biçimlerini tanımlayamazlar. Aynı sorunla cinsellik konusuna eğildiğimde de karşılaşmıştım: "Cinselliğimizi özgürleştirelim" ifadesinin bir anlamı var mıdır? Sorun, daha ziyade, cinsel zevkin ne olduğunu, başkalarıyla erotik, âşıkane, tutkulu ilişkilere girmemizin ne anlam taşıdığını ortaya koyabilmemizi sağlayan özgürlük pratiklerini belirlemeye çalışmak değil midir? Bence, özgürlük pratiklerinin tanımlanmasıyla ilgili bu etik sorun, cinselliğin ya da arzunun özgürleştirilmesi gerektiğini olumlamaktan (ve bunu sürekli tekrar etmekten) daha büyük önem taşır.

Soru: Özgürlük pratikleri belirli bir derecede özgürleşmeyi gerektirmez mi?

Foucault: Evet, mutlaka. Tahakküm fikrinin devreye sokulması gereken nokta da burasıdır zaten. Benim yapmaya çalıştığım analizler, özünde iktidar ilişkileriyle ilgilidir. Ben "iktidar ilişkileri" teriminden tahakküm durumlarından başka bir şeyi anlıyorum. İktidar ilişkileri insan ilişkilerinde son derece geniş bir alanı kaplar. Ancak bu, siyasi iktidarın her yerde olduğu anlamına değil; insan ilişkilerinde, bireyler arasında, aile bünyesinde, eğitim ilişkisinde, siyasi yapıda, vb. etkili olabilecek bütün bir iktidar ilişkileri ağının var olduğu anlamına gelir. Tabii, iktidar ilişkilerinin analizi çok karmaşık bir alan oluşturur; bu tür bir analizde karşımıza bazen tahakküm olguları ya da durumları diyebileceğimiz tablolar çıkar; bunlar iktidar ilişkilerinin, değişken olmak ve farklı partnerlerin bu ilişkileri değiştiren bir strateji uygulamalarına olanak tanımak yerine, kendilerini sabitleşmiş ya da tümüyle engellenmiş halde bulduğu durumlardır. Bir birey ya da bir toplumsal grup bir iktidar ilişkileri alanının önüne set çekmeyi ya da bu iktidar ilişkilerini etkisiz ve hareketsiz bir duruma sokmayı ve hareketin tersine dönebilmesini tamamen engellemeyi (gerek ekonomik, gerekse siyasi ya da askeri olabilecek araçlarla) başardığı zaman, tahakküm durumu diye adlandırılabilecek bir durumla karşı karşıyayız demektir. Böyle bir tahakküm durumunda, özgürlük pratiğinin var olmadığı veya ancak tek taraflı biçimde var olacağı ya da son derecede dar kapsamlı ve sınırlı kalacağı tartışmasızdır. Dolayısıyla özgürleşmenin bazen bir özgürlük pratiğinin siyasi ya da tarihsel koşulu olduğu konusunda sizinle aynı fikirdeyim. Örneğin, cinselliği alalım. Erkeğin iktidarı konusunda pek çok özgürlüğe ihtiyaç duyulduğu, eşcinselliği olduğu kadar heteroseksüelliği de kapsayan baskıcı bir ahlâktan insanın kendini kurtarmasının zorunlu olduğu kesindir. Bu özgürleşme, öznenin tam ve tatmin edici bir ilişkiye ulaşmış, cinselliğe doymuş, kendi halinden memnun bir varoluşu göstermez. Özgürleşme, gene özgürlük pratikleriyle denetlenmesi gereken yeni iktidar ilişkilerine kapıyı açar.

Soru: Özgürleşmenin kendisi bir özgürlük pratiği biçimi ya da kipi olabilir mi?

Foucault: Evet, belirli örneklerde öyledir. Aslında özgürleşmenin ve özgürlük mücadelesinin özgürlük pratiği açısından vazgeçilmez önem taşıdığı birçok örnekle karşılaşırsınız. Sözgelimi cinsellik konusunda (bunu, bir polemik başlatmak için söylemiyorum; çünkü polemikleri sevmiyorum ve verimsiz olduklarını düşünüyorum), Freud'un belli bir biçimde okunmasından türetilen Reich modeli vardı. Bu model, sorunun bütünüyle özgürleşme çerçevesinde kaldığını varsayıyordu. Durumu bir parça şematik bir dille toparlarsak, arzu, itki, yasak, baskı ve içselleştirme gibi şeylerle karşılaşılacaktı. Sorun bu yasakları aşmakla, yani insanın kendini özgürleştirmesiyle çözülecekti. İşte bu noktada, etik sorunu (böylece çeşitli yazarların çok ayrıntılı ve ilginç bakış açılarını karikatürize ettiğimin farkındayım) tamamen gözden kaçırdığımız düşüncesindeyim. Etik sorun dediğim, özgürlük pratiğidir. Özgürlük nasıl hayata geçirilebilir? Cinsellik katında, insanın arzularını özgürleştirerek başkalarıyla girilen zevk ilişkilerinde etik bakımdan nasıl davranılacağını bileceği açıktır.

Soru: Özgürlüğün etik olarak hayata geçirilmesi gerektiğini mi söylüyorsunuz?

Foucault: Evet; çünkü etik, özgürlük pratiği değilse bile, özgürlüğün düşünülerek hayata geçirilmesi değil midir?

Soru: Yani, özgürlüğü zaten kendisi etik olan bir gerçeklik olarak düşündüğünüzü mü ifade ediyorsunuz?

Foucault: Özgürlük, etiğin ontolojik koşuludur. Ama etik, özgürlüğün aldığı düşünülmüş biçimdir.

Soru: Öyleyse etik, kendilik arayışı ya da kaygısında mı gerçekleşir?

Foucault: Kendilik kaygısı, Yunan-Roma dünyasında bireysel özgürlüğün –ve belli bir noktaya kadar, yurttaş özgürlüğünün– kendini etik olarak düşünme tarzıydı. Platon'un ilk diyaloğundan başlayıp geç dönem Stoacıların –Epiktetos, Marcus-Aurelius, vb.–

belli başlı metinlerine kadar bir dizi metne göz atacak olursanız, kendilik kaygısı temasının gerçekten bütün ahlâki düşüncenin derinlerine işlediğini yakından gözlemlersiniz. Öbür yandan, bizim toplumlarımızda, belirli bir andan başlayarak (Bunun ne zaman gerçekleştiğini söylemek çok zordur) kendilik kaygısının bir ölçüde şüpheli bir şey haline geldiğini görmek ilginçtir. Kendiyle ilgilenmek belli bir noktadan itibaren bir tür kendine âşık olma, bir tür egoizm ya da başkalarının çıkarına verilmesi gereken önem ya da zorunlu özveriyle çelişen bireysel çıkar biçimi diye kasıtlı olarak mahkûm edilmiştir. Bütün bunlar Hıristiyan çağda gerçekleşiyordu; gelgelelim, bunun yalnız ve yalnız Hıristiyanlığa özgü bir durum olduğunu söylemeye de kalkmayacağım. Durum esasında çok daha karmaşıktır; çünkü, Hıristiyanlıkta, selamete kavuşmak da bir tür kendilik kaygısıdır. Oysa Hıristiyanlıkta, selamet kendinden vazgeçmekle elde edilmektedir. Hıristiyanlıkta kendilik kaygısı noktasında bir paradoks görülür, ama bu başka bir konu. Sizin sorduğunuz soruya dönecek olursak, hem Yunanlılarda hem Romalılarda (özellikle Yunanlılarda), doğru biçimde davranmak için, özgürlüğü doğru biçimde hayata geçirmek için gerek kendini bilmek –bu *gnothi seauton*'un tanıdık yanıdır–, gerekse kendini geliştirmek, kendini aşmak, sizi kendi girdabına çeken iştahlarınıza hâkim olmak amacıyla kendine özen göstermenin zorunlu olduğu düşüncesindeyim. Bireysel özgürlük Yunanlıların gözünde çok önemliydi –az çok Hegel'den türetilmiş olan ve sitenin soylu bütünselliği karşısında bireysel özgürlüğün hiçbir önemi olmadığını savunan genel kanının tersine–. Burada, bir köle (başka bir sitenin, sizin etrafınızdaki kişilerin, sizi yönetenlerin, kendi tutkularınızın kölesi) olmamak kesinlikle temel önemde olan bir temaydı; özgürlük kaygısı sekiz yüzyıllık antik kültürde temel ve sürekli bir sorun oluşturuyordu. Antik kültürde, kendilik kaygısı etrafında dönen ve antik etiğe kendi tikel biçimini veren bütün bir etikle yüz yüze geliriz. Etiğin kendilik kaygısından ibaret olduğunu söylüyor değilim; ama antikçağda, bilinçli bir özgürlük pratiği olarak etik, şu temel buyruk etrafında şekillenmektedir: "Kendin için kaygı duy!"

Soru: Logos'ların, hakikatlerin özümsenmesini içerimleyen buyruk?

Foucault: Elbette. İnsan bilgi olmadan kendi için kaygı duyamaz. Kendilik kaygısı elbette kendinin bilgisidir (bu işin Sokratesçi-Platoncu yanı), ama aynı zamanda belli davranış kurallarının ya da aynı zamanda hem hakikat hem buyruk olan ilkelerin bilgisidir. Kendi için kaygı duymak demek, bu hakikatlere sahip olmak demektir. Etiğin hakikat oyunuyla bağlantılı olduğu nokta burasıdır.

Soru: Bu öğrenilmiş, ezberlenmiş ve yavaş yavaş uygulanan hakikatten, insanın içinde egemenlik kuran bir yarı-özne yaratmanın söz konusu olduğunu söylüyorsunuz. Bu yarı-öznenin statüsü nedir?

Foucault: Platoncu akımda, en azından *Alkibiades*'in sonuna göre, özne ya da bireysel ruh açısından sorun, olduğu haliyle kendini tanımak amacıyla gözünü hep kendi üstünde tutmak ve kendini olduğu haliyle tanıyarak kendisiyle ilintili olan, üstünde kafa yorabileceği hakikatleri aklında tutmaktır. Öbür yandan, bütünsel kapsamda Stoacı denebilecek akımdaki sorun, bir kısmı temel ilkelerden, bir kısmıysa davranış kurallarından oluşan birtakım hakikatlerin, birtakım doktrinlerin öğretilmesi yoluyla öğrenmektir. Burada söz konusu olan bu ilkelerin size her türlü durumda ve bir bakıma kendiliğinden nasıl davranmanız gerektiğini bildirmesidir. İşte bu noktada, Stoacılardan değil de, Plutarkhos'tan alınan bir metaforla karşılaşırız: "İlkeleri öylesine özümseyerek öğrenin ki, arzularınız, iştahlarınız ya da korkularınız içinizde havlayan köpekler gibi dipdiri uyandığı zaman, *logos* size, köpekleri tek bir emirle susturan bir efendinin sesiyle seslensin." Bu noktada, bir bakıma sizin herhangi bir şey yapmanıza gerek kalmadan etkili olabilecek bir *logos* fikriyle karşılaşırsınız. Bu durumda ya siz *logos*'a ya da *logos* size dönüşmüş olacaktır.

Soru: Şimdi, özgürlük ile etik arasındaki ilişki sorununa geri dönmek istiyoruz. Etiğin özgürlüğün düşünülmüş kısmı olduğunu ifade ettiğiniz zaman, bununla özgürlüğün etik bir pratik olarak kendisinin bilincine varabileceğini mi anlatmak istiyorsunuz? Bu en başta ve daima ahlâksallaştırılmış bir özgürlük müdür, yoksa insanın özgürlüğün bu etik boyutunu keşfetmek üzere kendisi üzerinde çalışması mı gerekmektedir?

Foucault: Aslına bakarsanız, Yunanlılar özgürlüklerini ve bireyin özgürlüğünü bir etik sorun olarak sorunsallaştırıyorlardı. Ama buradaki etik nitelik, Yunanlıların tasarlayabileceği bir anlam taşıyordu: *Ethos*, olma ve davranma biçimi demekti. *Ethos*, öznenin olma kipi ve başkalarının çıplak gözle görebileceği bir yapma biçimiydi. Bir insanın *ethos*'u, giyiminden, tavırlarından, yolda yürüyüşünden, olaylara tepki gösterişindeki istikrardan, vb. çıkarılabilirdi. Yunanlılara göre, özgürlüğün somut ifadesi budur; özgürlüklerini böyle sorunsallaştırıyorlardı. İyi bir *ethos*'a sahip olan, örnek olarak kabul edilip gösterilebilecek insan, özgürlüğü belirli bir tarzda hayata geçiren biridir. Özgürlüğün *ethos* olarak düşünülmesi için bir *ethos*'a dönüşmesine ihtiyaç olduğunu sanmıyorum; özgürlük doğrudan doğruya *ethos* olarak sorunsallaştırılmaktadır. Ancak bu özgürlük pratiğinin iyi, güzel, şerefli, değerli, hatırlanacak bir *ethos* biçimi alması için kişinin kendi kendisi üzerinde tüm bir çalışma yapması gerekir.

Soru: Siz de iktidar analizini bunun üzerine mi oturtuyorsunuz?

Foucault: Bence, özgürlüğün Yunanlılar için köle olmamak (Bizimkinden çok farklı bir tanımdır bu) anlamını taşıması ölçüsünde, sorun zaten bütünüyle siyasi niteliklidir. Başkalarının karşısında köle konumunda olmayışın bir koşul olması ölçüsünde siyasidir: Bir kölenin etiği yoktur. Bu durumda özgürlük başlı başına siyasidir. Ayrıca, özgür olmak insanın kendisi ve kendi iştahlarının kölesi olmaması ölçüsünde siyasi bir modele sahiptir, bu ise kişinin kendi kendisine *arche* adı verilen bir iktidar, hükmetme ilişkisi kurmasını içerimler.

Soru: Kendilik kaygısının, belirli bir tarzda, başkaları için kaygılanmak anlamına geldiğini söylediniz. Kendilik kaygısı bu anlamıyla daima etik nitelikli, kendi içinde etik niteliklidir de, öyle değil mi?

Foucault: Yunanlılara göre, kendilik kaygısının etik olmasının nedeni başkaları için kaygı duymayı içermesi değildir. Kendilik kaygısı kendi içinde etiktir; ama, bu özgürlük *ethos*'unun aynı zamanda başkaları için kaygı duymanın bir yolu olması ölçüsünde, başkalarıyla kurulan karmaşık ilişkileri de içerimler. Dolayısıyla, doğru biçimde davranan özgür bir erkek açısından karısını, çocuklarını ve evini nasıl yöneteceğini bilmek temel önem taşımaktadır. Bu noktada bir yönetme sanatıdır aynı zamanda. *Ethos*, kendilik kaygısının bir insana şehirde, toplulukta ya da bireyler arası ilişkilerde kendine uygun düşen yeri edinme –bu ister amirane bir ilişkiyi, ister dostça ilişkileri yansıtsın– becerisini kazandırdığı ölçüde, başkalarıyla kurulan bir ilişkiyi de içerir. Ve kendilik kaygısı, gene, hakikaten kendin için yeterince kaygılanmak amacıyla bir ustanın öğretilerine kulak vermeyi gerektirdiği ölçüde, ötekiyle kurulan bir ilişkiyi içerir. Bunun için bir yol göstericiye, bir öğüt vericiye, bir dosta, size hakikati anlatacak birine ihtiyaç vardır. Demek ki, başkalarıyla ilişki kurma sorunu kendilik kaygısının gelişmesinin her aşamasında kendini gösterir.

Soru: Kendilik kaygısı daima başkalarının iyiliğini amaçlar. Kendilik kaygısı bütün ilişkilerde var olan iktidar alanının iyi bir biçimde idare edilmesini amaçlar; yani, bu iktidar alanının tahakküm ilişkisi kurulmadan idare edilmesini amaçlar. Bu bağlamda, filozofun rolü, başkalarının kendilik kaygısı için kaygı duyan birinin rolü ne olabilir?

Foucault: Örnek olarak Sokrates'i alalım. Sokrates, sokaktaki insanlara ya da gimnazyumdaki genç oğlanlara, "Kendinize özen gösteriyor musunuz?" diye seslenen birisidir. Tanrı Sokrates'i bu görevle görevlendirmiştir. Onun misyonu budur ve ölümle tehdit edildiği anda bile bu misyonundan kesinlikle vazgeçmeyecektir. Sokrates gerçekten başkalarının kendilik kaygısı için kaygı duyan birisidir. İşte bu, filozofun özel konumudur. Ancak, basit anlamda özgür insanı ele alacak olursak, bence bütün bu ahlâkın postulası, kendisi için gerektiği gibi kaygı duyanın tam da bu nedenle başkalarıyla ilgili olarak ve onlar için gerektiği gibi davranabilecek duruma geleceğidir. Herkesin kendisi için doğru biçimde kaygılanacağı bir site her şeyin düzgün gittiği bir site olacak ve burada kendi sürekliliğinin etik ilkesini bulacaktır. Gelgelelim, kendisi için kaygı duyan bir Yunanlının her şeyden önce başkaları için kaygı duyması gerektiğinin söylenebileceği düşüncesinde değilim. Bana kalırsa, bu tema daha sonraki zamanlara kadar geçerlilik kazanmayacaktır. Kendisi için kaygı duymadan önce başkaları için kaygı duymak gibi bir zorunluluk yoktur. Kendilik kaygısı, insanın kendiyle kurduğu ilişki ontolojik bir önceliğe sahip olduğu ölçüde etik bir önceliğe sahiptir.

Soru: Olumlu bir etik anlama sahip olan kendilik kaygısı bir tür iktidarın tersine dönmesi şeklinde kavranabilir mi?

Foucault: Bir tersine dönme, evet. Aslında denetim kurmanın ve belli sınırlar çizmenin bir yoludur bu. Zira, köleliğin Yunanlıların özgürlüğünün önüne çıkan büyük bir tehlike olduğu doğruysa, ilk bakışta köleliğin tam zıddı gibi görünen, iktidarın istismar edilmesi gibi başka bir tehlike de söz konusudur. İktidarın istismar edilmesinde, iktidarın meşru sınırlar içerisinde kullanılmasını aşan ve kendi kaprislerinin, kendi iştahlarının ve kendi arzularının başkalarına dayatıldığı bir durumla karşılaşılır. Bu noktada önümüze çıkan bir tiran imgesi ya da daha basit ifadeyle, gücünden ve servetinden başkalarını kendi çıkarları uğruna kullanmak, başkaları üzerinde haksızca iktidar kullanmak üzere yararlanan kudretli ve varlıklı insan imgesidir. Ne var ki bu insanın gerçekte kendi iştahlarının kölesi olduğu da gözlenmektedir; en azından Yunanlı filozofların söyledikleri budur. Dolayısıyla iyi yönetici, kesinlikle, iktidarını doğru biçimde, yani iktidarını aynı zamanda kendisi üzerinde de uygulayan kişidir. Tabii, burada kendilik üzerinde uygulanan iktidar, başkaları üzerinde uygulanan iktidarı düzenleyecektir.

Soru: Başkaları için kaygı duyma yükümlülüğünden kurtulmuş olan kendilik kaygısı, "kendini mutlaklaştırma" riskiyle yüz yüze gelir mi? Kendilik kaygısının "mutlaklaştırılması", başkasını tahakküm altına alma yönünde, başkaları üzerinde bir tür iktidar kullanma biçimine dönüşemez mi?

Foucault: Hayır, çünkü başkalarını tahakküm altına alma ve onlar üzerinde tiranca bir iktidar kullanma tehlikesi yalnızca bir insanın kendisi için kaygı duymamasından ve dolayısıyla kendi arzularının kölesi durumuna gelmesinden kaynaklanır. Oysa, kendiniz için doğru biçimde kaygı duyuyorsanız, yani kendinizin ne olduğunu ontolojik bakımdan biliyorsanız, gene kendinizin ne yapabilecek kudrette olduğunuzu biliyorsanız, bir şehirde bir yurttaş olmanın, bir *oikos*'ta bir hanenin başı olmanın kendiniz için ne anlam ifade ettiğini, nelerden korkup nelerden korkmamanız gerektiğini, neleri ummanın sizin için uygun, buna karşılık nelerin sizi hiç ilgilendirmemesi gerektiğini biliyorsanız, nihayet, ölümden korkmamanız gerektiğini biliyorsanız, bu durumda kendi iktidarınızı başkaları üzerinde istismarcı bir şekilde kullanamazsınız. Dolayısıyla herhangi bir tehlike söz konusu değildir. Bu düşünce, çok daha sonraları, kendine duyulan sevgi kuşkulu bir şey olacağı ve çeşitli ahlâki kusurların muhtemel köklerinden birisi gözüyle bakılacağı zaman kendisini gösterir. Bu yeni bağlamda, kendilik kaygısı asli biçimine, kendinden feragat edilmesi biçimine bürünecektir. Kendilik kaygısı, *"epimeleia heautou"* nosyonunun özünde dünyevi her türlü bağdan vazgeçmek anlamında tanımlandığı Nysse'li Grégoire'ın *Traité de la virginité*'sinde* (Bekâret Kitabı) bu vurguya oldukça açık bir biçimde rastlayabilirsiniz. Burada sözü edilen, kendiliğe duyulan sevgiyi yansıtabilecek, dünyevi bir kendiliğe bağlanmanın ifadesi olabilecek her şeyden vazgeçmesidir. Gene de ben, Yunan ve Roma düşüncesinde, kendilik kaygısının başlı başına, zaman içinde başkalarını görmezlikten gelmeye başlayacak ve daha kötüsü, başkaları üzerinde kullanabileceği iktidarı istismar etmeye yönelecek olan bu abartılı kendilik sevgisi doğrultusunda ortaya çıkamayacağına inanıyorum.

---

* Grégoire de Nysse, *Traité de la virginité*, XIII. böl.: "Le soin de soi-même commence avec l'affranchissement du mariage", 303c-305c (çev.: M. Aubineau), Paris, Ed. du Cerf, coll. "Sources Chrétiennes", no. 119, 1966, s. 423-431.

Soru: Demek ki, kendini düşünerek başkasını da düşünen bir kendilik kaygısı söz konusu, öyle mi?

Foucault: Evet, kesinlikle. Bir hane reisi olarak, koca ya da baba olarak görevlerinin ne olduğunu eksiksiz bilme noktasında kendisi için kaygı duyan birisi, karısı ve çocuklarıyla olan ilişkilerinin olması gerektiği gibi seyrettiğini görecektir.

Soru: Peki burada, sonlu olması anlamında insanın durumu çok önemli bir rol oynamaz mı? Siz ölümden bahsettiniz. Ölümden korkmazsanız, iktidarınızı başkalarının aleyhine kullanamazsınız. Bizce, bu sonluluk sorunu çok büyük önem taşımaktadır: Ölüm korkusu, sonluluk korkusu, acı çekme korkusu: kendilik kaygısının özünde bu gibi şeyler yatar.

Foucault: Elbette. Kaldı ki Hıristiyanlığın, selameti bu yaşamın ötesindeki bir selamet olarak sunarak, bütün kendilik kaygısı temasının dengesini bozacağı, en azından altüst edeceği nokta da burasıdır. Buna rağmen, bunu bir kez daha hatırlatıyorum, insanın kendi selametini araması kendisi için kaygı duyması anlamına gelir. Öbür yandan, Yunanlılarda ve Romalılarda ise, insanın kendisi için yaşamında kaygı duymasından ve arkamızda bırakacağımız namın bizi ilgilendirecek öte-dünya olmamasından hareketle, kendilik kaygısının bütünüyle insanın kendisi, kendi yaptıkları, diğerleri arasında işgal ettiği yer üzerinde odaklanabileceğini söyleyebiliriz. Kendilik kaygısı tamamıyla ölümün kabullenilmesinde (Geç Stoacılıkta çok belirgin biçimde görülecektir bu) odaklanabilir, hatta belli bir noktaya kadar sanki ölüm arzusuna bile dönüşebilir. Aynı zamanda, başkaları için kaygı duyma olmasa bile, en azından kendi için başkalarına yararı dokunacak şeklinde kaygı duyma biçimini alabilir. Sözgelimi Seneca'da, bu temanın taşıdığı önemi görmek ilginç: "Yaşlanmak için, kendimize tekrar kavuşmamızı sağlayacak ana ulaşmak için acele edelim." Ölümden önceki ve artık hiçbir şeyin olamayacağı bu an, selameti ölümden bekleyen Hıristiyanlar arasında gözlemlediğimiz ölüm arzusundan farklı bir şeydir. Bu, insanın kendi varoluşunu, karşısında ölüm ihtimalinden başka hiçbir şeyin bulunmayacağı noktaya doğru hızlandırma hareketi gibi bir şey.

Soru: Şimdi başka bir konuya geçmek istiyoruz. Collège de France'da verdiğiniz derslerde, iktidar ile bilgi arasındaki ilişkiler üzerinde durdunuz hep. Şimdiyse özne ile hakikat arasındaki ilişkileri konu alıyorsunuz. Bu iki nosyon çifti, iktidar-bilgi ile özne-hakikat ilişkileri birbirini tamamlamakta mıdır?

Foucault: Benim sorunum her zaman için, başlarken de belirtmiş olduğum gibi, özne ile hakikat arasındaki ilişki oldu. Özne belli bir hakikat oyununa nasıl dahil olur? Benim ilk sorunum, örneğin, zamanın belli bir noktasından itibaren ve belli süreçlerin sonucu olarak deliliğin tıbbın bir türünü ilgilendiren bir hastalık olarak sorunsallaştırılmış olması oldu. Deli özne, bir bilgi ya da bir tıp modelinin belirlediği bu hakikat oyununa nasıl yerleştirilmiştir? Ve o sıralarda –yani, 1960'lı yılların başlarında– bir ölçüde âdet olan durumun tersine, basitçe ideolojiden söz etmekle bu fenomeni hakikaten açıklayamayacağımızın farkına bu analizi yaparken varmıştım. Aslında, beni ideoloji sorunundan çok daha fazla, iktidar kurumları problemine yönelten pratikler (esas olarak da, on yedinci yüzyılın başlarında gelişmiş ve deli öznenin bu hakikat oyununa girmesinin koşulu haline gelmiş bulunan büyük kapatma pratiği) vardı. Dolayısıyla, bilgi-iktidar problemini getirmem böyle oldu. Bilgi-iktidar sorunu benim açımdan temel sorun değil, sadece özne ile hakikat oyunları arasındaki ilişkiler sorununun analizinin bence en kesin biçimde yapılmasını sağlayan bir araçtır.

Soru: Size genel olarak özneden söz edilmesini hep "engellediniz".

Foucault: Hayır, "engellemiş" değilim. Belki bazı yetersiz formülasyonlarım vardı. Benim reddettiğim, öncelikle bir özne kuramı –fenomenolojide ve varoluşçulukta yapılabileceği gibi– ortaya atılması ve bu özne teorisinden yola çıkarak, örneğin herhangi bir bilgi biçiminin nasıl mümkün olduğunu bilme sorununun gündeme getirilmesiydi. Benim öğrenmek istediğim, öznenin, hakikat oyunları, iktidar pratikleri, vb. belli pratikler üzerinden kendini şu ya da bu biçimde, deli özne ya da deli olmayan özne, suça eğilimli özne ya da suça eğilimli olmayan özne olarak nasıl kurduğuydu. Öznenin oluşumu ya da farklı özne biçimleri ile hakikat oyunları, iktidar pratikleri vb. arasındaki ilişkilerin analizini yapabilmek için, belli bir *a priori* özne kuramını reddetmek zorundaydım.

Soru: Bu, öznenin bir töz olmadığı anlamına mı geliyor?

Foucault: Özne bir töz değildir; özne bir biçimdir ve bu biçim öncelikle ya da daima kendisiyle özdeş değildir. Kendinizi bir toplantıya katılan, orada oy kullanan ya da konuşma yapan siyasi bir özne olarak oluşturduğunuz zaman ve bir cinsel ilişkide arzularınızı doyurmaya çalıştığınız zaman sizin kendinizle ilişkiniz aynı değildir. Bu farklı tür özneler arasında birtakım ilişkiler ve birbirine müdahaleler olduğu kuşkusuzdur, ama karşımızdaki özne aynı tür özne değildir. Her örnekte kendimizle farklı bir ilişki biçimi kurar, her örnekte farklı bir biçim sergileriz. Beni ilgilendiren tam da bu farklı özne biçimlerinin hakikat oyunlarıyla ilişki içinde tarihsel olarak kurulmasıdır.

Soru: Oysa deli özne, hasta, suça eğilimli özne –hatta belki de cinsel özne– teorik söylemin nesnesi olan, "edilgin" diyebileceğimiz bir özneydi, oysa sizin Collège de France'daki derslerinizin son iki yılında söz ettiğiniz özne, "etkin" bir özne, siyasi bakımdan etkin bir öznedir. Kendilik kaygısı pratik siyasetle, yönetimle, vb. ilgili bütün sorunları kapsar. Anlaşılan sizin düşüncenizde, perspektif bakımından değil; ama ele alınan sorunsal bakımından bir değişiklik olmuş.

Foucault: Örneğin, deli bir öznenin kurulmasının aslında bir zorlama sisteminin ürünü sayılabileceği doğru olsa bile –ki bu edilgin öznedir– çok iyi bilirsiniz ki, deli özne özgür olmayan bir özne değildir ve tam da akıl hastası onu deli ilan eden birisiyle ilişkili olarak ya da onun karşısında kendisini deli bir özne olarak kurar. Psikiyatri tarihinde ve on dokuzuncu yüzyılın akılla ilgili kurumlarında çok önemli bir yer tutan histeri, bence öznenin kendisini deli olarak kurmasının tam örneği durumundadır. Üstelik, önemli histeri fenomenlerinin tam da bireyleri, kendilerini deli olarak kurmaya zorlamak için azami zorlamanın uygulandığı yerlerde gözlenmiş olması hiç de tesadüf değildir. Öbür yandan ve bunun tersine, şu anda ben, aslında, öznenin kendisini kendilik pratikleri aracılığıyla etkin bir biçimde kurmasıyla ilgileniyorsam, bu pratiklerin gene de bireyin kendi kendine icat ettiği bir şey olmadığını söyleyeceğim. Bunlar, bireyin kendi kültüründe bulduğu; bireye kendi kültürü, kendi toplumu ve kendi toplumsal grubu tarafından önerilen, telkin edilen ve dayatılan kalıplardır.

Soru: Sizin sorunsalınızda bir eksiklik varmış gibi duruyor, yani iktidara karşı direniş anlayışı yok gibi. Böyle bir anlayış kendisi üzerinde titreyen, başkalarına karşı titiz, siyasi ve felsefi bakımdan gelişkin, çok etkin bir özneyi öngerektiriyor.

Foucault: Böylece tekrar "iktidar" derken neyi kastettiğim sorununa geliyoruz. Oysa ben "iktidar" sözcüğünü pek kullanmıyorum ve bazen kullandığımda da her zaman kullandığım iktidar ilişkileri deyimini kısaltmak için kullanıyorum. Ancak birtakım ısmarlama kalıplar da vardır: "İktidar"dan söz edildiği zaman, insanların aklına hemen bir siyası yapı, bir hükümet, hâkim bir toplumsal sınıf, kölenin karşısındaki efendi, vb. gelir. "İktidar ilişkileri" terimini kullandığımda düşündüğüm şey bu değil. Demek istiyorum ki, ne olursa olsun bütün insan ilişkilerinde –ister şu anda birlikte yaptığımız gibi sözlü bir iletişim sağlama, ister bir aşk ilişkisi ya da kurumsal veya ekonomik bir ilişki söz konusu olsun– iktidar hep vardır: Bir kişinin başkasının davranışlarını yönlendirmeye çalıştığı ilişkiyi kastediyorum. Bunlar, dolayısıyla farklı biçimler altında farklı düzeylerde rastlanabilecek olan ilişkilerdir: bu iktidar ilişkileri hareketli ilişkilerdir, yani değişikliğe uğrayabilirler, kesin ve değişmez biçimde verili değillerdir. Sözgelimi, benim daha yaşlı olmam ve sizin ilk başta bu yüzden çekingen olmanız durumu konuşma içerisinde tersine dönebilir ve tam da daha genç olduğu için birinin önünde çekingen durumuna düşen bu sefer ben olabilirim. Demek ki iktidar ilişkileri değişebilir, tersine dönebilir ve kalıcı olmayan şeylerdir. Ayrıca, özneler özgür olmadıkça iktidar ilişkilerinden söz edilemeyeceği de belirtilmelidir. Eğer iki kişiden biri tamamen ötekinin yönetiminde olur ve onun şeyi, üzerinde sınırsız ve sonsuz bir şiddet uygulayabileceği nesnesi haline gelirse, burada iktidar ilişkileri olmaz. Bir iktidar ilişkisinin uygulanabilmesi için her iki tarafta da en azından belli bir özgürlük olmalıdır. İktidar ilişkisi tamamen dengesiz olduğu zaman, birinin diğeri üzerinde tüm iktidara gerçekten sahip olduğu söylenebildiği zaman bile, bir iktidar başkası üzerinde yalnızca o başkası için kendini öldürme, pencereden atlama ya da ötekini öldürme imkânı açık olduğunda uygulanabilir. Bu demektir ki, iktidar ilişkilerinde mutlaka direniş imkânı vardır, zira hiç direniş imkânı (şiddetli direniş gösterme, kaçıp kurtulma, hileye başvurma, durumu tam tersine çeviren stratejiler) olmasaydı iktidar ilişkisi de olmazdı. Genel biçim böyle olunca, bana sık sık yöneltilen, "Ama iktidar her yerdeyse, o zaman özgürlük yoktur" sorusunu cevaplamayı reddediyorum. Şöyle cevaplarım: Her toplumsal alanda iktidar ilişkilerine rastlanıyorsa, bunun nedeni her yerde özgürlüğün de olmasıdır. Şimdi fiilen tahakküm durumları vardır. Pek çok örnekte iktidar ilişkileri öyle bir şekilde sabitlenmişlerdir ki hep asimetrik durumdadırlar ve bu yüzden özgürlüğe düşen pay son derece sınırlı kalır. Kuşkusuz çok şematik olan bir örnek seçersek: On sekizinci ve on dokuzuncu yüzyılların toplumundaki geleneksel karı koca ilişkisinde, yalnızca erkek iktidarının bulunduğunu söyleyemeyiz. Kadın da bir sürü şey yapabilecek güçtedir: kocasını aldatabilir, ondan para koparabilir, onunla cinsel ilişkiye girmeyi reddedebilir. Ama gene de kadın, bütün bunlar eninde sonunda birtakım hilelerden başka bir şey olmaması ve durumun asla tersine dönmemesi ölçüsünde bir tahakküm ilişkisine tabiydi. Ekonomik, toplumsal, kurumsal ya da cinsel nitelikli bu tahakküm örneklerinde, asıl sorun direnişin nerede örgütleneceğini öğrenmekte yatar. Örneğin, direniş siyasi tahakküme –sendikayla, partiyle– karşı koyacak bir işçi sınıfında mı olacak ve hangi biçimi –grev, genel grev, devrim ya da parlamenter mücadele– alacaktır? Böyle bir tahakküm durumunda, bütün bu sorular çok özgül bir yaklaşımla, tahakkümün işlevine ve kesin biçimine bakarak cevaplanmalıdır. Kaldı ki, "İktidar her yerde olduğu için özgürlüğe yer yok," şeklindeki açıklama da bana hiç uygun gözükmüyor. İktidarın her şeyi denetleyen ve özgürlüğe hiçbir şekilde yer bırakmayan bir tahakküm sistemi olduğu fikri bana atfedilemez.

Soru: Kısa bir süre önce özgür insan ile filozoftan, sanki kendilik kaygısının iki farklı kipliğiymiş gibi söz etmiştiniz. Filozofun kendilik kaygısı belli bir spesifiklik taşır ve özgür insanın kendilik kaygısına da benzetilemez.

Foucault: Bence bu, kendilik kaygısının iki biçiminden ziyade, kendilik kaygısındaki iki farklı konumla ilgili bir sorundur. Bana kalırsa, kendilik kaygısı biçim olarak aynıdır; ama yoğunluk bakımından, kendilik için duyulan coşkunun derecesi bakımından – dolayısıyla başkaları için duyulan coşku bakımından da– filozofun yeri herhangi bir özgür insanın yeri değildir.

Soru: Felsefe ile siyaset arasında temel bir bağın bulunabileceği nokta burası mı?

Foucault: Evet, tabii. Felsefe ile siyaset arasındaki ilişkilerin sürekli ve temel nitelikli olduğuna inanıyorum. Kendilik kaygısının Yunan düşüncesindeki tarihine bakılacak olursa, siyasetle var olan ilişkilerin açıkça ortada olduğu tartışmasızdır. Çok karmaşık bir biçimle sergilersek: Bir yandan, örneğin Sokrates'i –Platon'un *Alkibiades*'inde[1] olduğu kadar, Xenophon'un *Memorabilia*'sında[2] da– genç insanlara "Hey, sen, sen siyasi bir kişi durumuna gelmek, siteyi yönetmek, dolayısıyla başkalarıyla ilgilenmek istiyorsun, ama kendine bile bakamıyorsun ve kendine özen göstermediğin sürece kötü bir yönetici olmaktan kurtulamazsın," diye seslenirken görüyorsunuz. Bu perspektiften bakıldığında, kendilik kaygısı, iyi bir yöneticinin ortaya çıkması açısından, pedagojik, ahlâki ve ayrıca ontolojik bir koşul gibi görünmektedir. Kendini yöneten bir özne olarak kurmak, kendi için kaygılanan bir özne olarak

---

1. Platon, *Alcibiade*, 133 a-d (çev.: M. Croiset), Paris, Les Belles Lettres, "Collection des universités de France", 1925, pp. 109-110.
2. Xénophon, *Mémorables,* Kitap III, Bölüm VII, 9 (çev.: É. Chambry), Paris, Garnier, coll. "Classiques Garnier", 1935, s. 412.

kurmayı içerimler. Ama öbür yandan, *Savunma*'da,[3] "Ben, herkese sesleniyorum", diyen Sokrates'i görürsünüz. Çünkü herkes kendi kendisiyle uğraşmalıdır, yalnız Sokrates hemen ardından şunları da eklemektedir:[4] "Bunu yaparak siteye en büyük hizmeti sunuyorum ve sizin beni, bunun için cezalandırmak bir yana, Olimpiyat oyunlarını kazanana verdiğinizden daha büyük bir ödülle ödüllendirmeniz gerekir." Demek ki felsefe ile siyaset arasında, daha sonra, filozofun aslında yurttaşların ruhuna özen göstermekle kalmayıp, prensin ruhuna da özen göstereceği zaman gelişecek olan çok kuvvetli bir çekim vardır. Filozof prensin danışmanı, pedagogu ve vicdan yönlendiricisi olur.

Soru: Bu kendilik kaygısı sorunsalı, yeni bir siyasi düşüncenin, bugün görmekte olduğumuzdan başka türde bir siyasetin merkezine yerleşebilir mi?

Foucault: Kabul etmek zorundayım ki bu yönde fazla ileri gitmedim ve güncel siyasi sorunsalda neler yapabileceğimizi görmeye çalışmak amacıyla daha çağdaş sorunlara dönmeyi isterim. Ama kendi izlenimimi soracak olursanız, on dokuzuncu yüzyılın –hatta bu dönemi Rousseau'ya ve Hobbes'a kadar da uzatmak zorunda kalabiliriz– siyasi düşüncesinde, siyasi özne esasen, ya doğalcı çerçevede ya da pozitif hukuk çerçevesinde hukuk öznesi olarak düşünülmekteydi. Buna karşılık, bence, etik özne sorununun çağdaş siyasi düşüncede çok fazla bir yeri yoktur. Aslında, üzerinde ciddi bir inceleme yapmadığım konulardaki soruları cevaplamaktan hoşlanmıyorum. Gene de, antikçağ kültürü üzerinden ortaya attığım bu soruları bir kere daha ele almak isterim.

Soru: Peki, kendilik bilgisine götüren felsefi yol ile tinselliğin yolu arasındaki ilişki nasıldır?

Foucault: Ben "tinsellik" teriminden, tam olarak öznenin belirli bir oluş tarzına ulaşmasını ve öznenin bu oluş tarzına

---

[3]. Platon, *Apologie de Socrate*, 30b (çev. M. Croiset), Paris, Les Belles Lettres, "Collection des universités de France", 1925, s. 157.
[4]. A.g.e., 36c-d, s. 166.

ulaşmak için gerçekleştirmesi gereken köklü değişiklikleri anlıyorum; ama, bunun çok uzun süre geçerli olabilecek bir tanım olup olmadığından emin değilim. Antikçağın tinselliğinde, bu tinsellik ile felsefe arasında bir özdeşlik bulunduğuna ya da özdeşliğe çok yakın bir karşılıklı ilişki olduğuna inanıyorum. Her halükârda, felsefenin en önemli sorunu kendilik kaygısı çevresinde dönüyor, dünyanın bilgisi bu kendilik kaygısının ardından ve çoğunlukla ona destek olmak için geliyordu. Descartes'ı okuduğunuz zaman, *Meditasyonlar*'da, hiçbir kuşkuya yer kalmayacağı ve nihayetinde tamamen bilgi sahibi olacağımız bir oluş tarzına ulaşmayı amaçlayan aynı tinsel kaygıyla karşılaşınca şaşırırsınız. Ama, felsefenin ulaşmayı sağladığı oluş tarzını bu şekilde tanımlarken, bu oluş tarzının bütünüyle bilgi tarafından belirlendiğini ve felsefenin kendini, bilen özneye ya da özneyi öyle niteleyecek şeye ulaşmak olarak tanımladığını görürüz. Bu açıdan bakıldığında da, felsefe tinsellik işlevlerini bilimsellik temeli idealiyle üst üste getiriyor gibi geliyor bana.

Soru: Klasik anlamıyla bu kendilik kaygısı nosyonunu modern düşünce karşısında güncelleştirmemiz gerekir mi?

Foucault: Kesinlikle evet, ama bunu şu sözleri söyleyeyim diye yapmadığımı da belirtmeliyim: "Ne yazık ki kendilik kaygısını unutmuş durumdayız. İşte kendilik kaygısı. Her şeyin anahtarı." Hiçbir şey, felsefenin zamanın belli bir uğrağında doğru yoldan saptığı, bir şeyleri unutmuş olduğu, tarihinin bir yerlerinde yeniden keşfedilmesi gereken bir ilke, bir temel olduğu fikrinden daha yabancı değildir bana. Sanırım bütün bu analiz biçimleri, ister çıkış noktasından itibaren felsefenin unutulmuş olduğunu söyleyerek radikal bir biçime, isterse "Bakın, falan falan filozofta bir nokta unutulmuş" diyerek çok daha tarihsel bir biçime bürünsünler, benim gözümde hiçbir ilginçlik taşımıyor. Bu analizlerden fazla şey çıkaramayız. Gene de bu, falan falan filozofla temas kurmanın bir işe yaramayacağı anlamına gelmez, yalnız bu şeyin yeni olduğunu vurgulamamız gerekir.

Soru: Böylece, bugün hakikate niçin siyasi anlamda, yani ilişki sistemindeki çeşitli iktidar "blokajları"na karşı siyasi stratejiler anlamında ulaşmamız gerektiği sorusuna geliyoruz.

Foucault: Bu aslında bir sorundur. Her şeyden önce, niçin hakikat? Niçin hakikat kaygısı duyuyoruz ve bu kaygıyı kendimiz için duyduğumuz kaygıdan daha fazla duyuyoruz? Niçin kendimiz için yalnızca hakikat kaygısı üzerinden kaygı duyuyoruz? Galiba çok temel önem taşıyan ve Batı dünyasının sorusunu oluşturan bir soruya temas etmekteyiz. Bütün Batı kültürünün, çok çeşitli biçimlere bürünmüş olan bu hakikat yükümlülüğü etrafında dönmeye başlamasına yol açan neden neydi? Şeyleri oldukları gibi alacak olursak, hakikat sorununu kapsamayan bir strateji belirleyebileceğimizi şimdiye kadar hiçbir şey kanıtlayamamıştır. Hakikat yapılarıyla ya da hakikatten sorumlu kurumlarla ilintili olabilen tahakküm etkilerine karşı zaman zaman şu ya da bu biçimde yine bu hakikat yükümlülüğü alanında hareket edebiliriz. Çok şematik bir toparlama yapmayı düşünürsek birtakım örnekler de gösterebiliriz: Bir anlamıyla, bilimle, en azından hakikatin güvencesi altında olan bir teknolojiyle genellikle düşmanca bir ilişki tutturmuş olan –ve esasen geçmişi çok eskilere dayanan, yalnızca yirminci yüzyıla özgü bir fenomen olmayan– bir ekoloji hareketi çıkmıştır. Oysa, aslında ekoloji de bir hakikat diliyle konuşmaktaydı. Nitekim temel eleştiriler, doğa, canlıların süreçlerinin dengesi, vb. hakkındaki bilgiler adına yöneltilebilmekteydi. Bu durumda, bir hakikat tahakkümünden hakikat oyununa tamamen yabancı nitelikteki bir oyun oynayarak değil de, hakikat oyununun diğer kozlarını kullanarak, oyunu başka bir biçimde oynayarak ya da oyunu değiştirerek kurtulmuş olunuyordu. Siyaset alanında da durumun aynı olduğunu düşünüyorum: Siyasi olanın –örneğin belli bir haksız siyasetin tahakküm durumunun sonuçlarından hareketle– eleştirisi yapılabiliyordu; ama bu, ancak belli bir hakikat oyununu oynayarak, bu siyasetin sonuçlarını göstererek, başka rasyonel imkânlar olduğunu göstererek, insanlara kendi durumlarının, çalışma koşullarının, sömürülmelerinin farkında olmadıklarını göstererek yapılabiliyordu.

Soru: Hakikat oyunları ve iktidar oyunları sorunuyla ilgili olarak, bütün diğer hakikat ve iktidar oyunları karşısında özel bir statü taşıyan ve özündeki açıklıkla, her türlü iktidar blokajına, tahakküm/kölelik anlamındaki iktidara karşı çıkışıyla karakterize edilen özel bir hakikat oyunları kipliğinin varlığına tarihte rastlanabileceği gelmiyor mu aklınıza?

Foucault: Tabii, mutlaka. Ama, iktidar ilişkilerine ve hakikat oyunlarına değindiğim zaman, hakikat oyunlarının gizlemek istediğim iktidar ilişkilerinden başka bir şey olmadığını söylemek istemiyorum kesinlikle; korkunç bir karikatür olurdu bu. Benim sorunum, daha önce ifade ettiğim gibi, iktidar oyunlarının asıl yerlerini nasıl bulabileceklerini ve iktidar ilişkileriyle nasıl bağlanabileceklerini anlamak. Sözgelimi, deliliğin tıbbileştirilmesi, yani "deli" diye adlandırılan bireyler etrafında tıbbi bir bilginin örgütlenmesi belli bir noktada ekonomik de olan tüm bir toplumsal süreçle, ama aynı zamanda iktidar kurum ve pratikleriyle de ilişkili olmuştur. Bu olgu psikiyatrinin bilimsel geçerliliğini ya da tedavi gücünü hiçbir şekilde ortadan kaldırmaz. Tabii psikiyatrinin geçerliliği açısından bir güvence oluşturmaz, ama geçersizliğini de göstermez. Sözgelimi, matematiğin –psikiyatriden tamamen farklı bir biçimde– yalnızca öğretilme biçimiyle, matematikçiler arasındaki konsensüsün örgütlenme ve kapalı bir devre içinde işlev görme, birtakım değerlere sahip olma, matematikte neyin iyi (doğru) neyin kötü (yanlış) olduğunu belirleme, vb. tarzı bakımından da olsa iktidar yapılarıyla ilintili olduğu doğrudur. Bu, kesinlikle matematiğin yalnızca bir hakikat oyunu olduğu anlamına gelmez, ama matematikteki iktidar oyununun belirli bir biçimde ve geçerliliğini ortadan kaldırmadan iktidar oyunları ve kurumlarıyla ilişkili olduğunu gösterir. Pek çok durumda, bu sorunsal daima ilginç olarak kalsa ve artık matematik tarihçileri kendi kurumlarının tarihlerini incelemeye başlamış olsalar bile, söz konusu bağlar, bu durumu göz önüne almadan da pekâlâ matematik tarihi yazmaya izin verecek durumdadır. Nihayet, matematikteki hakikat oyunları ile iktidar ilişkileri arasında var olabilecek bağların psikiyatride karşılaşacağınızdan tamamen farklı olduğu da açıktır. Ne olursa olsun, hakikat oyunlarının iktidar oyunlarından ibaret olduğu hiçbir şekilde söylenemez.

Soru: Bu soru bizi özne sorununa geri döndürüyor, çünkü hakikat oyunlarında şu soru ortaya çıkıyor: Hakikati kim söyler, hakikat nasıl ve niçin söylenir? Çünkü, hakikat oyununda hakikati söylemekle oynayabilirsiniz. Bir oyun vardır, siz hakikatle oynarsınız ya da hakikat bir oyundur.

Foucault: "Oyun" sözcüğü sizi yanıltmasın: Ben "oyun" derken hakikat üretiminin kurallar bütününü kastediyorum. Bu, taklit etmek ya da eğlenmek anlamında bir oyun değildir... belli bir sonuç doğuran, ilkelerine ve prosedür kurallarına bağlı olarak geçerli ya da geçersiz, galip ya da mağlup sayılabilecek olan bir prosedürler bütünüdür.

Soru: Karşımıza daima "kim" sorunu çıkıyor. Bu "kim", bir grup mu, bir bütün müdür?

Foucault: Bu bir grup, bir birey olabilir. Burada gerçekten bir sorun vardır. Bu çeşitli hakikat oyunlarıyla ilgili olarak, toplumumuzu Yunanlılar zamanından beri hep karakterize edegelen şeyin, bütün diğerlerini dışlayarak izin verilmiş hakikat oyunlarının kapalı ve kesin bir tanımının olmaması olduğu gözlemlenebilir. Belirli bir hakikat oyununda, başka bir şeyi keşfetmek, herhangi bir kuralı, hatta bazen hakikat oyununun bütününü az ya da çok derecede değiştirmek her zaman mümkündür. Kuşkusuz, diğer toplumlar karşısında Batı'ya başka hiçbir yerde rastlamadığımız türden gelişme olanakları kazandırmış olan etken budur. Hakikati kim söyler? Özgür olan, belli bir konsensüs düzenleyen ve kendilerini belirli iktidar pratikleri ve kısıtlayıcı kurumlar ağına girmiş durumda bulan bireyler.

Soru: Öyleyse hakikat bir kurgu değil midir?

Foucault: Bu, duruma göre değişir. Hakikatin bir kurgu olduğu hakikat oyunları da vardır, kurgu olmadığı hakikat oyunları da. Örneğin, şeyleri şu ya da bu şekilde betimlemekten oluşan bir iktidar oyunu olabilir. Toplumun antropolojik bir betimlemesini yapan bir hakikat oyunu bize bir kurgu değil, bir betimleme yapar, bunun da kendine göre, tarihsel olarak değişen kuralları vardır. Öyle ki başka bir betimlemeye göre bunun belli bir noktaya kadar bir kurgu olduğu söylenebilir. Tabii, bu ortada hiçbir şeyin olmadığı, her şeyin birinin kafasından çıktığı anlamına gelmez. Örneğin, hakikat oyunlarının bu dönüşümü üzerine söylediklerimden bazıları benim hiçbir şeyin var olmadığını iddia ettiğim sonucunu çıkardılar. Delilik diye bir şeyin olmadığını söylediğimi iddia ettiler, oysa sorun tam tersiydi: söz konusu olan deliliğin, kendisine verilmiş tanımlar altında, bir noktada nasıl kurumsal bir alana dahil edildiğini ve bu alanın deliliği başka hastalıklar yanında bir yer bulan bir akıl hastalığı olarak kurduğunu bilmekti.

Soru: Esasen, hakikat sorununun özünde bir iletişim sorunu, yani söylemdeki sözcüklerin şeffaf olması sorunu da yatar. Hakikatleri formüle edebilen birisi, bir iktidara, hakikati söyleme ve kendi dilediği gibi ifade etme gücüne de sahiptir.

Foucault: Evet, ama gene de bu, onun söylediklerinin çoğu insanın inandığı gibi doğru olmadığı anlamına gelmez: İnsanlara hakikat ile iktidar arasında bir ilişki olabileceğini gösterdiğinizde "Ah, ne kadar iyi! Öyleyse bu hakikat değil" diyorlar.

Soru: Bu, iletişim sorunuyla birlikte bir sorundur; çünkü iletişimin oldukça ileri derecede şeffaflık taşıdığı bir toplumda hakikat oyunları belki iktidar yapılarından daha bağımsız olacaktır.

Foucault: Burada çok önemli bir soruna değiniyorsunuz: Anlaşılan, bunu söylerken Habermas'a gönderme yapmaktasınız. Habermas'ın yaptıklarına ben de ilgi duyuyorum. Onun benim söylediklerime katılmadığını biliyorum (oysa ben onunla biraz daha fazla görüş birliği içindeyim), ama şimdi bana hep sorun çıkaran bir noktaya değineyim. Bu sorun, Habermas iletişim ilişkilerine çok önemli bir yer, hatta benim "ütopyacı" diyeceğim bir işlev yüklediği zaman kendini gösteriyor. Hakikat oyunlarının hiçbir engellemeyle, kısıtlamayla ve baskıcı önlemle karşılaşmadan özgürce dolaşabileceği bir iletişim durumunun var olabileceği düşüncesi bana ütopya gibi geliyor. Bu, iktidar ilişkilerinin kendi başlarına kötü, aşılması gereken bir şey olmadığına gözleri kapatmak demektir. Eğer iktidar ilişkilerinden bireylerin başkalarının davranışlarını yönlendirmeye, belirlemeye çalışmasını sağlayan stratejiler anlaşılıyorsa, iktidar ilişkisi olmayan toplum olamayacağına inanıyorum. Sorun, onları kusursuz derecede saydam bir iletişim ütopyasında çözmeye çalışmakta değil; insanın kendine, iktidar oyunlarının asgari bir tahakküm ilişkisi çerçevesinde oynanmasını sağlayacak olan hukuk kurallarını, yönetim tekniklerini, ayrıca ahlâkı, *ethos*'u, kendi pratiklerini vermesinde yatar.

Soru: Bize her fırsatta "İktidar kötüdür," deyip duran Sartre'dan çok uzak bir konumdasınız.

Foucault: Evet ve nedense bu fikir genellikle bana atfedilmiştir. Oysa benim düşüncelerimle yakından uzaktan bir ilgisi yoktur. İktidar kötü değildir. İktidar stratejik oyunlardır. İktidarın kötü bir şey olmadığını aslında çok iyi bilmekteyiz. Örnek olarak cinsel ilişkiye ya da aşk ilişkilerine bakalım. Şeylerin kolayca tersine çevrilebileceği açık bir stratejik oyunda bir başkası üzerinde iktidar uygulamak kötülük değildir. Bu, sevginin, tutkunun, cinsel zevkin bir parçasıdır. Bunun dışında, genellikle haklı olan bir sürü eleştirinin hedefi olmuş başka bir şeye, pedagoji kurumuna bakalım. Belirli bir hakikat oyununda başkasından daha fazla bilgi sahibi olan, bu başkasına ne yapması gerektiğini anlatan, ona bir şeyler öğreten, bilgi aktaran, hüner ve becerilerini ileten birisinin pratiğinde kötülüğün nasıl olabileceğini anlayamam doğrusu. Sorun, daha çok, sizin bu pratiklerde (iktidarın etkili olamayacağı ve kendi başına kötülük sayılmayacağı durumlarda), bir çocuğu bir öğretmenin keyfi ve yararsız otoritesine tabi hale getirecek ya da bir öğrenciyi otoritesini kötüye kullanmayı alışkanlık edinmiş bir hocanın etkisine sokacak olan tahakkümün etkilerinden nasıl uzak duracağınızı bilmenizdir. Ben bu sorunların hukuk kuralları, bununla ilişkili rasyonel yönetim teknikleri, *ethos*, kendilik pratikleri ve özgürlük çerçevesinde ortaya konulması gerektiği kanısındayım.

Soru: Şu anda söylediklerinizi yeni bir etik diye adlandırdığınız olgunun temel ölçütleri olarak anlayabilir miyiz? Sorun galiba, asgari düzeyde bir tahakkümle oynamak gibi bir şey...

Foucault: Benim düşünceme göre, aslında, etik kaygılarla, haklar uğruna verilen siyasi mücadelenin, gücü kötüye kullanma eğilimindeki yönetim teknikleri karşısında eleştirel düşünce ile bireysel özgürlüğün elde edilmesini sağlayan etik araştırmaların eklemlendiği nokta buradadır.

Soru: Sartre iktidarı en kötü şey olarak damgaladığı zaman, anlaşılan tahakküm olarak iktidar gerçekliğine değinmekteydi. Bu konuda herhalde siz de Sartre'a katılırsınız, öyle değil mi?

Foucault: Bence tüm bu nosyonlar eksik tanımlanmış ve sözünü ettiğimiz şeyin ne olduğunu sahiden bilmiyoruz. Ben kendi payıma, iktidar sorunuyla ilgilenmeye başladığım sırada, bu konuda çok net ifadelerle konuştuğumdan ya da gerekli sözcükleri kullandığımdan emin değilim. Yalnız şimdi bu konunun her yönüyle ilgili olarak çok daha berrak fikirlere sahibim. Bana kalırsa, özgürlükler arasındaki stratejik özgürlük oyunları –birilerinin başkalarının davranışlarını belirlemeye çalıştığı, ötekilerinse kendi davranışlarının belirlenmesine izin vermemeye ya da karşılık olarak onların davranışlarını belirlemeye çalıştığı stratejik oyunlar– olarak iktidar ilişkileri ile üstünkörü biçimde iktidar demeye alıştığımız tahakküm durumlarını birbirinden ayırmamız gerekmektedir. Ve bu ikisi arasında, iktidar oyunları ile tahakküm durumları arasında yönetim teknolojileri vardır; "yönetim teknolojileri" terimini çok geniş bir anlam katarak kullanıyorum, çünkü bu terim, aynı zamanda, kendi karınızı, kendi çocuklarınızı ve gene bir kurumu yönetme biçiminizi de gösterir. Bu tekniklerin analizinin yapılması bir zorunluluktur, zira tahakküm durumları genellikle bu tür teknikler aracılığıyla yerleşir ve devamlılığı sağlanır. Benim iktidar analizimde üç düzey bulunmaktadır: Stratejik ilişkiler, yönetim teknikleri ve tahakküm durumları.

Soru: Öznenin Yorumbilgisi konulu dersinizde, siyasi iktidar karşısında, kendiliğin kendisiyle ilişkisinden başka bir temel ve yararlı direniş noktası bulunmadığını ifade ettiğiniz bir pasaja rastlıyoruz.

Foucault: Siyasi iktidar (bundan, elbette, bir tahakküm durumunu anlayın) karşısında tek mümkün direniş noktasının kendiliğin kendisiyle ilişkisinde somutlandığı kanısında değilim. Bu yönetimselliğin kendiliğin kendisiyle ilişkisini içerimlediğini söylüyorum; bu da, söz konusu yönetimsellik nosyonuyla bireylerin özgür ortamlarında birbirlerine karşı benimseyebilecekleri stratejileri oluşturmasını, belirlemesini, düzenlemesini ve araçsallaştırmasını sağlayan pratikler bütününü hedeflediğim anlamına geliyor. Başkalarının özgürlüğünü denetlemeye, belirlemeye ve sınırlamaya çalışanlar ve bunu başarmak için ellerinin altında başkalarını yönetmeye yarayan birtakım araçlar bulunduranlar özgür bireylerdir. Bu, hakikaten özgürlüğe, kendiliğin kendisiyle ilişkisine ve kendiliğin başkasıyla ilişkisine dayanır. Ne var ki, siz iktidarı özgürlük, stratejiler ve yönetimsellik açısından değil; siyasi bir kurumdan yola çıkarak analiz etmeye çalışırsanız, özneyi bir hak öznesi olarak düşünemezsiniz. Ortada haklarla donatılmış ya da donatılmamış ve siyasi toplumun kurulmasıyla haklar edinmiş ya da kaybetmiş bir özne vardır. Böylece hukuksal bir özne kavramına geri dönmüş olursunuz. Öbür yandan, yönetimsellik nosyonunun öznenin özgürlüğü ile başkalarıyla ilişkilerini, yani etiğin özünü oluşturan şeyi takdir etmemizi sağladığına inanıyorum.

Soru: Felsefenin başkalarının davranışlarını belirleme isteği doğrultusundaki bu eğilimin nedeni konusunda söyleyecek bir sözü olduğu düşüncesinde misiniz?

Foucault: Başkalarının davranışlarını belirlemenin bu tarzı çok değişik biçimlere bürünecek, yoğunluğu toplumlara göre değişen iştahlar ve arzular uyandıracaktır. Antropoloji konusunda en ufak bir bilgim yok, ama başkalarının davranışlarını belirleme tarzının baştan çok açık biçimde saptanmış olduğu, geriye yapılacak hiçbir şey kalmadığı toplumlar bulunduğunu zihnimizde canlandırabiliriz. Öbür yandan, bizimki gibi toplumlarda (örneğin, aile ilişkilerinde, cinsel ilişkilerde ve sevgi ilişkilerinde çok belirgin biçimde), oyunların sayısı aşırı derecede çok olabilir ve sonuç olarak başkalarının davranışlarını belirleme isteği de çok daha büyük olabilir. Bu arada, insanlar birbirleri karşısında ne kadar özgür olurlarsa, birbirlerinin davranışlarını belirleme isteği de o kadar büyük olur. Oyun ne kadar açık oynanırsa, o kadar cazip ve büyüleyici bir niteliğe kavuşur.

Soru: Felsefeye, iktidar tehlikesi konusunda bir uyarı yapma görevinin düştüğü kanısını taşıyor musunuz?

Foucault: Bu görev her zaman için felsefenin önemli bir işlevi olmuştur. Eleştirel yanıyla ("eleştirel" sözcüğünü çok geniş bir anlamda alıyorum) felsefe, kendilerini hangi düzeyde ve hangi biçimde –siyasi, ekonomik, cinsel, kurumsal, vb.– gösterirlerse göstersinler, her türlü tahakküm fenomenini sorgulayan şeydir. Felsefenin bu eleştirel işlevi, belli bir noktaya kadar, Sokratesçi buyruktan türer: "kendine özen göster"; yani; "kendini özgürlükte, kendin üzerinde sağladığın hâkimiyette temellendir".

(Cilt IV, s. 708-729)
Çev.: Osman Akınhay

XII
Ahlâkın dönüşü*

Tüm makale başlıkları gibi derginin redaksiyonu tarafından verilmiş olan bu talihsiz başlık, bu son söyleşinin yayımlanma koşullarını hatırlatıyor. Son derece takatsiz olmasına rağmen M. Foucault, Gilles Deleuze'un genç bir felsefeci dostu olan A. Scala'nın söyleşi teklifini kabul etmişti. Bu, Foucault'nun o yıllarda pek az gördüğü Deleuze'e yönelik gizli bir dostluk jestiydi. Farklı soruları olan Gilles Barbedette ve André Scala aslında iç içe geçen iki söyleşi yaptılar. Kasetlerin çözümü bittiğinde M. Foucault hastaneye kaldırılmıştı ve Daniel Defert'i söyleşinin gereksiz kısımlarını uygun gördüğü biçimde çıkarmakla görevlendirdi. Söyleşi M. Foucault'nun ölümünden üç gün sonra yayımlandı.

G.B. ve A.S.: En son kitaplarınızı okuduğumuzda biz okurları en çok etkileyen yan, alışkın olduğumuz üslubunuzdan farklı olarak

---

* "Le retour de la morale" (G. Barbedette ve A. Scala ile söyleşi, 29 Mayıs 1984), *Les Nouvelles Littéraires*, s. 2937, 28 Haziran-5 Temmuz 1984, s. 36-41.
İngilizceden yapılan bu çeviri Fransızcasıyla karşılaştırılmıştır (y.h.n.) *Dits et écrits*, Cilt IV, s. 696-707.

*gördüğümüz açık, duru ve akıcı bir yazım tarzını kullanmanız oldu.
Neden bu değişiklik?*

Foucault: Ben şu anda, bu ahlâk tarihini yazarken Hıristiyanlığın ilk dönemleri üzerine karalamış olduğum elyazmalarımı yeniden okumaktayım (bu kitaplar yazılma sıralarının tersi bir sırayla sunuldular: gecikme nedenleri de bu). Uzun zamandır bir kenarda duran bu elyazmalarını yeni baştan okurken kendimi, *Kelimeler ve Şeyler*'de, *Deliliğin Tarihi*'nde ya da *Raymond Roussel*'deki üslubu reddedişimle aynı bir reddediş içinde buluyorum. Hemen belirtmem gerekiyor ki, sözünü ettiğim kopuşun tedrici olmaması nedeniyle benim için ciddi bir sorun teşkil ediyor bu. Değişim hakikaten birdenbire gerçekleşti. 1975-1976 yıllarından itibaren, bu üsluptan tamamen vazgeçtim; çünkü kafamda öznenin tarihini yazmak vardı, ama bu tarih bir günde meydana gelen ve doğuşu ile sonuçları anlatılmayı gerektiren bir olayın tarihi değildi.

G.B. ve A.S.: Belli bir üsluptan koparken, daha önce hiç olmadığınız kadar filozof olmadınız mı?

Foucault: Bunu kabul ederim! Benim *Kelimeler ve Şeyler*'de, *Deliliğin Tarihi*'nde ve hatta *Gözetleme ve Cezalandırma*'da ortaya koyduğum felsefi inceleme, özünde, sözdağarı, oyun ve felsefi deneyimin belli bir kullanımına dayanıyordu ve kendimi tümüyle buna vermiştim. Ama, bunu kabul etmekle birlikte, şimdi bu felsefe biçiminden kopmaya çalıştığım da kesin. Ancak bu felsefe biçiminden, incelenecek, sınırları belirlenecek ve düzenlenecek bir deney alanı olarak yararlanmak için yapıyorum bunu; öyle ki, bazı insanların gözüne radikal anlamda felsefe-dışı olarak görülebilecek bu dönem, aynı zamanda felsefi deneyimi daha radikal bir biçimde düşünme biçimi.

G.B. ve A.S.: Anlaşılan, önceki kitaplarınızda ancak satır arasından çıkarılabilecek bazı şeylerin altını daha kuvvetli biçimde çiziyorsunuz.

Foucault: Olayı bu şekilde koymayacağımı ifade etmeliyim. Bana kalırsa, *Deliliğin Tarihi*'nde, *Kelimeler ve Şeyler*'de ve ayrıca *Gözetleme ve Cezalandırma*'da örtük biçimde geçilmiş olan birçok şey, tam da benim sorunları ortaya koyuş tarzım nedeniyle daha belirtik bir hale getirilemezdi. Ben belli başlı üç tip sorunun konumunu saptamaya çalışıyorum: Hakikat sorunu, iktidar sorunu ve bireysel davranış sorunu. Bu üç deneyim alanı bağımsız olarak değil; ancak birbirleriyle ilişki içerisinde anlaşılabilir. Önceki kitaplarımda bana sıkıntı veren yan, ilk iki deneyimi üçüncüsünü hesaba katmadan ele almamdı. Bu üçüncü deneyime de bir açıklık getirerek, kendini haklı göstermek için üç temel deneyim alanından birinden uzak durmayı öngören retorik yöntemlerine başvurmaya gerek duymayan bir yol gösterici ışık sağladığım kanısındayım.

G.B. ve A.S.: Üslup sorunu varoluş sorununu da işin içine katıyor. Yaşam tarzı nasıl ciddi bir felsefi soruna dönüştürülebilir?

Foucault: Bu zor bir soru ve doyurucu bir cevap verebileceğimden emin değilim. Aslında, üslup sorununun antikçağda deneyimler (kendilikle ilişkiye üslup kazandırılması, davranış üslubu ve başkalarıyla ilişkiye üslup kazandırılması) açısından temel bir önem taşıdığına inanmaktayım. Antikçağ, bu farklı davranış alanları açısından ortak bir üslup tutturmanın mümkün olup olmadığı sorununu gündemden asla çıkarmamıştır. Aslında, böyle bir üslubun keşfedilmesi kuşkusuz bir özne tanımına da zemin hazırlardı. Bir "üslup ahlâkı"nın birliği ancak ikinci ve üçüncü yüzyıllardaki Roma İmparatorluğu sırasında düşünülmeye başlandı; bu birlik doğrudan kod ve hakikat terimleriyle düşünülmekteydi.

G.B. ve A.S.: Bir varoluş üslubu; bu hayran olunacak bir şey. Yunanlılar; siz onlara hayran mısınız?

Foucault: Hayır.

G.B. ve A.S.: Ne örnek alınacak ne de hayranlık duyulacak kişilerdi öyle mi?

Foucault: Evet.

G.B. ve A.S.: Sizce Yunanlılar nasıl insanlardı?

Foucault: Pek parlak değillerdi. Çok geçmeden bence antik

ahlâkın çelişki noktası olan yere vardılar: bir yanda belirli bir varoluş üslubuna yönelik kararlı bir arayış ile öbür yanda bu arayışı herkese yayma çabası arasındaki çelişki. Yunanlıların kuşkusuz Seneca ve Epiktetos'la az çok üstü kapalı biçimde yaklaştıkları bu üslup, yayılma imkânını ancak dinsel bir üslup içinde buluyordu. Bütün antikçağ "vahim bir hata"ymış gibi görünüyor benim gözüme. [*Kahkaha*]

G.B. ve A.S.: Üslup nosyonunu tarihe taşıyan tek kişi siz değilsiniz. The Making of Late Antiquity'*de (Geç Antikitenin Oluşumu) Peter Brown da aynı şeyi yaptı.*[1]

Foucault: Ben "üslup" sözcüğünü ağırlıkla Peter Brown'dan ödünç alarak kullanıyorum. Ama benim şimdi söyleyeceğim ve onun yazdıklarıyla ilişkisi olmayan şeyler Brown'ı bağlamaz. Üslup nosyonu antikçağın ahlâkının tarihinde bence çok önemli bir yere sahiptir. Bir süre önce bu ahlâktan kötü bir dille söz ediyordum; şimdi daha iyi bir dil kullanmayı deneyebilirim. İlk önce, antikçağın ahlâkı aslında ancak çok az sayıda bireye hitap ediyordu; herkesin aynı davranış kalıbına uyması gibi bir gereklilik yoktu. Halkın, hatta özgür insanların ancak çok küçük bir azınlığını kapsıyordu. Çeşitli özgürlük biçimleri vardı; devletin ya da ordunun başının özgürlüğünün bilgenin özgürlüğüyle hiçbir ilgisi yoktu. Daha sonra bu ahlâkın kapsamı genişledi. Seneca zamanında, hatta Marcus Aurelius'un devrinde, herkes açısından geçerlilik taşır bir niteliğe kavuşmuş olabilir; ama bu ahlâkın herkes için bir yükümlülük şekline dönüştürülmesi söz konusu değildi. Bu bir bireysel tercih olayıydı; herkes bu ahlâka katılabilirdi. Öyle ki, antikçağ döneminde ya da Roma İmparatorluğu zamanında bu ahlâka kimlerin katıldığını bilebilmek çok zordur. Demek ki, sosyologların ve tarihçilerin sözde bir ortalama nüfusa başvurarak şemasını kurdukları ahlâki uzlaşmacılıklardan çok uzağız. Peter Brown ile benim yapmaya çalıştığımız şey, kendi tekillikleri içerisinde antikçağ ahlâkında ya da Hıristiyanlıkta bir rol oynamış olan bireyleri ayırmamıza olanak tanımaktadır. Bu üslup incelemelerinin henüz

---

1. Brown, P. (1978) The Making of Late Antiquity. Harvard University Press.

en başındayız ve bu nosyonun İ.Ö. dördüncü yüzyıldan İ.S. birinci yüzyıla nasıl taşındığını görmek gerçekten ilginç olacaktır.

G.B. ve A.S.: Bir antikçağ filozofunun ahlâkı, aynı zamanda onun felsefesinin bütünü dikkate alınmadan incelenemez. Özellikle Stoacılar düşünüldüğünde, tam da Marcus Aurelius'un felsefesinde ne fizik ne de mantık olduğu için ahlâkının sizin etik dediğiniz şeye dönük olmaktan ziyade, kod diye adlandırdığınız şeye dönük olduğu hissedilmektedir.

Foucault: Eğer doğru anlıyorsam, bu uzun evrimi kayıp hanesine yazıyorsunuz. Platon'da, Aristoteles'te ve ilk Stoacılarda, özellikle hakikat, siyaset ve özel yaşam anlayışları arasında dengeli bir felsefe göreceksiniz. M.Ö. üçüncü yüzyıldan M.S. ikinci yüzyıla kadar, insanlar hakikat ile siyasi iktidarı sorgulamaktan yavaş yavaş vazgeçmişler ve kendilerine ahlâkla ilgili sorular yöneltmişlerdir. Aslında, Sokrates'ten Aristoteles'e kadar, genelde felsefi düşünce bir bilgi, siyaset ve bireysel davranış kuramının matrisini oluşturmaktaydı. Daha sonra siyaset teorisi, antikçağ sitesi yok olup gittiği ve onun yerini İskender'i takip eden büyük monarşiler aldığı için, bir gerileme dönemine girmiştir. Üstelik, gene bununla ilintili görünen daha karmaşık nedenlerden dolayı hakikat anlayışı da gerilemeye başlamıştır. Nihayet bu süreç şöyle noktalanmıştır: Birinci yüzyılda, bazı insanlar felsefenin kesinlikle genelde hakikatle değil, siyaset ve öncelikle ahlâk gibi yararlı hakikatlerle ilgilenmesi gerektiği kanısındaydılar. Burada antikçağ felsefesinin geniş sahnesiyle karşılaşmaktayız: Seneca, tam da siyasi faaliyetten uzaklaşmasıyla, felsefe pratiğiyle uğraşmaya başlamıştı. Sürgün edildi; iktidara geri döndü; bu iktidarı tekrar yarı sürgün durumuna düşene ve tam sürgünde ölene kadar kullandı. Felsefe söyleminin Seneca'nın gözünde tam anlamına kavuşması bu dönemlere rastlıyordu. Bu çok önemli ve temel fenomen, antikçağ felsefesinin talihsizliği ya da her koşulda, felsefenin gene Hıristiyanlıkta rastlanacak bir düşünce biçimine dönüşme yoluna girmesinin tarihsel başlangıç noktasıdır.

G.B. ve A.S.: Çeşitli vesilelerle yazmayı ayrıcalıklı bir kendilik pratiğine çevirmişe benziyorsunuz. Yazmak "kendilik kültürü" açısından temel bir unsur mudur?

Foucault: Kendilik ile kendiliğin yazımı sorunu kendiliğin şekillenmesinde temel olmasa bile daima çok önemli bir yere sahip olduğu doğrudur. Örneğin, Platon'u alalım. Sokrates'i bir kenara bırakıyorum, çünkü onu yalnızca Platon aracılığıyla tanımaktayız. Platon hakkında en azından söylenebilecek olan nokta, kendilik pratiğini ne yazılı bir pratik olarak işlemesi, ne bir hatırlama pratiği ne de hatırladıklarından yola çıkarak kendini gözden geçirme pratiği olarak ele almasıdır. Platon belli siyasi, ahlâki ve metafizik sorunlar üzerinde kayda değer ölçüde yazmışsa da kendilikle ilişkiyi tartışan metinleri görece daha sınırlı gözükmektedir. Bu durum Aristoteles için de geçerlidir. Öbür yandan, İ.S. birinci yüzyıldan itibaren, bir kendilikle ilişki modeline göre yazılmış pek çok yazı (tavsiyeler, öğütler, öğrencilere verilen danışmanlıklar, vb.) göze çarpmaktadır. Roma İmparatorluğu'nda genç insanlara izledikleri dersler sırasında doğru davranmanın yolları öğretiliyor, sorularını nasıl formüle edecekleri ise ancak daha sonra gösteriliyordu. Ardından düşüncelerini nasıl ifade edeceklerini, bu düşüncelerini dersler biçiminde ve nihai olarak didaktik biçimde nasıl formüle edeceklerini öğreniyorlardı. Bunun kanıtlarına Seneca'nın, Epiktetos'un ve Marcus Aurelius'un metinlerinde rastlayabiliriz. Antikçağ ahlâkının, bütün tarihi boyunca, kendiliğe özen göstermeyi temel alan bir ahlâk olduğunu düşünmüyorum; tam tersine, antikçağın ahlâkı belirli bir anda bir kendilik ahlâkına dönüşmüştü. Hıristiyanlık, kendiyle hesaplaşmayı, kendisini bir başkasına anlatmayı –ama tek bir satır bile yazmadan– içerimleyen son derece geniş ceza işlevleri örgütlediği zaman, birtakım sapkınlıkları, oldukça etkili değişiklikleri de uygulamaya sokmuş oluyordu. Öbür yandan, gene aynı zamanlarda ya da ondan kısa bir zaman sonra, Hıristiyanlık, her insanın tepkilerini tartmayı ya da değerlendirmeyi mümkün kılan bireysel deneyimlerin birbirine bağlanmasına yönelik tinsel bir hareket –örneğin, günlük tutma alışkanlığını– geliştirmişti.

G.B. ve A.S.: Modern kendilik pratikleri ile Yunanlıların kendilik pratikleri arasında anlaşılan korkunç farklılıklar var. Bunlar hiçbir şekilde birbiriyle bağıntılı değil mi sizce?

Foucault: Hiçbir şekilde mi? Hem "evet" hem de "hayır". Tamamen felsefi bir bakış açısıyla yaklaşıldığında, Antik Yunan ahlâkı ile çağdaş ahlâk arasında en ufak bir ortaklık yoktur. Öbür yandan, Antik Yunan ahlâkı ile çağdaş ahlâk emrettikleri, tebliğ ettikleri ve öğütledikleri şeyler bakımından değerlendirilecek olursa, birbirlerine olağanüstü derecede yakın sayılırlar. İkisinin arasındaki yakınlık ile farklılığa dikkat çekmek ve etkileşimlerine bağlı olarak antik ahlâkın salık verdiği öğüdün çağdaş ahlâk üslubunda farklı bir işlev görebileceğini gözler önüne sermek önem taşımaktadır.

G.B. ve A.S.: Yani şimdi, sizin Yunanlılara atfettiğiniz biçimden çok farklı bir cinsellik deneyimine sahibiz. Yunanlılarda da, bizde olduğu gibi, aşk çılgınlığına, kendinden geçmeye yer var mı? Erotizmleri olağandışı olanla iletişim kuruyor mu?

Foucault: Bu konuda size genel kapsamda bir cevap veremem. Sorunuzu bir filozof olarak, yani, felsefi nitelikli metinlerden öğrendiklerim ölçüsünde cevaplayacağım. İ.Ö. dördüncü yüzyıldan başlayıp İ.S. ikinci yüzyıla kadar uzanan metinlerde, sizin yukarıda değindiğiniz deneyimleri –delilik ya da yoğun aşk tutkusu deneyimlerini– temsil etme sınıfına sokulabilecek türde bir aşk anlayışının hemen hemen hiç olmadığı benim gözümde kesindir.

G.B. ve A.S.: Platon'un Phaedrus'*unda bile yok mudur?*

Foucault: Ah, hayır! Sanmıyorum! Durumu daha yakından incelemek gerekir; ama bana sorarsanız, *Phaedrus*'ta, bir aşk deneyiminin ardından, kendi zamanlarının hâkim ve kalıcı geleneklerine aldırış etmemeye başlayan karakterlere rastlanır. Bu gelenek, bir yandan insanların birbirini sevmesini, öbür yandan yasalara ve yurttaşlara dayatılan yükümlülüklere karşı uygun tutumun benimsenmesini sağlayacak bir bilgiye varmak üzere, erotik olanı bir "kur yapma" tarzı üzerine oturtuyordu. Ovidius'ta, bireyin bir anlamda dengesini tamamen kaybettiği, artık kendisinin kim olduğunu dahi bilmediği, kendi kimliğini göz ardı ettiği ve aşk deneyimini kendini kalıcı bir unutuş şeklinde yaşadığı bir deneyimin mümkün olması ve yaşanmaya başlamasıyla birlikte aşk çılgınlığının baş gösterdiğini fark etmeye başlarsınız. Burada anlattığımız olay, Platon'un ya da Aristoteles'inkine hiçbir anlamda tekabül etmeyen, onlardan daha sonraki dönemlere ait olan bir deneyimdir.

G.B. ve A.S.: Şimdiye kadar, sizi ve çalışmalarınızı, klasik çağdan on dokuzuncu yüzyılın sonuna kadar uzanan tarihsel alana yerleştirmeye alıştık. Oysa burada, kimsenin sizden beklemediği bir yerdesiniz artık: Antikçağda! Bugün Yunanlılara bir geri dönüş mü söz konusu?

Foucault: Bu konuda dikkatli olmalıyız. Gerçi Yunan deneyiminin bir biçimine geri dönüş söz konusudur; ama bu geri dönüş ahlâka bir dönüştür. Yunan ahlâkının kökeninin İ.Ö. beşinci yüzyılda yattığını, Yunan felsefesinin kendisini yavaş yavaş bugün kendimizi içinde bulduğumuz bir ahlâka dönüştürdüğünü aklımızdan çıkarmayalım. Bununla birlikte, bu ahlâkta, ona dördüncü yüzyılda eşlik eden temel bir özelliği unuttuğumuza da dikkat çekmemiz gerekmektedir: siyaset felsefesi ve bizzat felsefe.

G.B. ve A.S.: Peki, Yunanlılara geri dönüş, dinsel hizipleşme anında Rönesans'ta ve çok sonraları Fransız Devrimi'nin ardından yaşananla pek çok benzer özellikler sergileyebilecek bir düşünce krizinin belirtisi değil mi?

Foucault: Bunun doğru olması fazlasıyla muhtemel. Hıristiyanlık öteden beri belirli bir felsefe biçimini temsil etmiştir. Gene belirli aralıklarla, antikçağda Hıristiyanlığın bulaşmadığı bir düşünce biçimi yakalamak doğrultusunda çeşitli çabalara rastlanmıştır. Düzenli olarak tekrarlanan bu Yunanlılara geri dönüş eğilimlerinde, kesinlikle bir tür nostalji özlemi, tekrar özgün bir düşünce biçimi yakalama çabası ve Yunan dünyasını Hıristiyan fenomenlerinin dışında tasarlama girişimleri vardır. On altıncı yüzyılda söz konusu olan sorun, Hıristiyanlık aracılığıyla yeniden bir tür Yunan-Hıristiyan felsefesi bulmaktı. Bu eğilim, Hegel ve

Schelling'den itibaren, Hıristiyanlığı atlayarak Yunan felsefesini yeniden bulmak biçimini almıştır –genç Hegel'den söz ediyorum– ki bu girişim Nietzsche'de tekrar ortaya çıkar. Günümüzde Yunanlıları yeniden düşünmeye çalışmak, Yunan ahlâkını, kendimiz üzerine düşünmek için ihtiyaç duyacağımız en üstün ahlâk alanı olarak ayırmak değildir. Mesele, Avrupa düşüncesinin Yunan düşüncesini, bir zamanlar fiilen yaşanmış ve artık kendisinden tümüyle özgür olabildiğiniz bir deneyim olarak yeniden düşünebilmesini sağlamaktır.

G.B. ve A.S.: Hegel ile Nietzsche'nin Yunanlılara dönüşü, tarih ile felsefe arasındaki ilişkileri söz konusu eder. Hegel için söz konusu olan, tarihsel düşünceyi felsefi bilgide temellendirmekti. Tersine, siz ve Nietzsche için tarih ile felsefe arasında hem bir soybilim hem de bir tür kendine yabancılaşma gözlenmektedir. Sizin tekrar Yunanlılara dönüşünüz, şu anda üzerinde düşünüp yaşadığımız zeminin sarsılmasına katkıda bulunuyor mu? Yıkmak istediğiniz şey nedir?

Foucault: Hiçbir şeyi yıkmak istemiyorum! Ama Yunanlılarla birlikte girişilen bu "balık avı"nda, insanın kendisine kesinlikle birtakım sınırlar koymaması gerektiği gibi, daha baştan "Yunanlıların şu bölümünü kabul ediyor, diğer bölümünü reddediyorum," gibi sözler ettirecek bir tür program saptamasına da gerek yoktur. Tüm Yunan deneyimleri, her seferinde bağlam farklılıklarını hesaba katarak ve deneyimin belki kurtarılabilecek ya da tam tersine ıskartaya çıkarılabilecek yönlerini göstererek, hemen hemen aynı biçimde değerlendirilebilir.

G.B. ve A.S.: Siz, çizdiğiniz tabloda, özgürlük deneyimi ile hakikat deneyiminin birleştiği bir nokta saptamışsınız. Özgürlük ile hakikat arasındaki ilişkiyi Batı düşüncesinin çıkış noktası sayan en az bir filozof biliyoruz. Bu filozof, aynı temelde, tarihdışı bir söylem imkânını kuran Heidegger'dir. Eskiden görüş ufkunuzda Hegel ile Marx vardıysa bile, şimdi Heidegger yok mu?

Foucault: Buna kesinlikle "Evet" demeliyim. Benim gözümde

temel filozof daima Heidegger olmuştur. Ben ilkin Hegel, daha sonra Marx okuyarak başladım ve onların ardından, 1951'de ya da 1952'de Heidegger'i okumaya koyuldum. 1952'de ya da 1953'te de –artık tam olarak hatırlayamıyorum– Nietzsche okudum. Heidegger okurken tuttuğum notlarımı inanın hâlâ saklarım. Yığınla not tutmuştum! Üstelik bu notlarım, Hegel ya da Marx okurken tuttuğum notlardan çok daha önemlidir. Benim felsefedeki gelişimim tamamen Heidegger'i okuyuşumla belirlenmiştir. Bununla birlikte, Nietzsche'nin Heidegger'den baskın çıktığının farkındayım. Heidegger'i çok iyi bilmiyorum: *Varlık ve Zaman*'ı bilmediğim gibi, son zamanlarda yayımlanan çalışmaları da izlemedim. Benim Nietzsche bilgim Heidegger bilgimden kesinlikle daha iyidir. Gene de bunlar benim yaşadığım iki temel deneyimdir. Heidegger'i okumamış olsaydım herhalde Nietzsche'yi de okumazdım. Nietzsche'yi 1950'li yıllarda okumaya çalıştım, oysa Nietzsche tek başına cazip gelmiyordu bana. Halbuki Nietzsche ve Heidegger: İkisi birden tam bir felsefi şoktu! Gelgelelim, Heidegger üzerine tek bir satır bile yazmadığım gibi, Nietzsche üzerine de yalnızca çok kısa bir makale yazdım. Ancak en çok okuduğum iki yazar kesinlikle bu ikisidir. İnsanın aynı şekilde düşündüğü, aynı doğrultuda çalıştığı, ama hakkında hiç yazı yazmadığı çok az sayıda yazar olması bence önemli bir noktadır. Onlar hakkında belki bir gün bir şeyler yazarım, ama böyle bir zamanda benim için artık düşünce araçları işlevi görmüyorlar onlar. Hepsi bir yana, şimdi benim gözümde filozoflar üç kategoride toplanır: Hiç tanımadığım filozoflar, haklarında bilgi sahibi olduğum ve haklarında konuştuğum filozoflar, bilgi sahibi olduğum ama haklarında konuşmadığım filozoflar.

G.B. ve A.S.: Çalışmalarınızın uyandırdığı yanlış anlamaların kaynağı tam da burası değil mi?

Foucault: Bununla benim temeldeki Nietzscheciliğimin farklı yanlış anlamaların kökeni olabileceğini mi kastediyorsunuz? Burada bana bir hayli sıkıntı veren bir soru soruyorsunuz, çünkü bu sorunun sorulabileceği kişiler arasında en kötü konumda olanıyım.

Bu sorunun muhatabı, kendileri soru soranlardır! Ben ancak kendimin sadece Nietzscheci olduğumu, şu ya da bu alanda ne yapılabileceği konusunda çeşitli açılardan ve mümkün olduğu ölçüde Nictzsche'nin metinlerinin yardımıyla –aynı zamanda, (aslında gene de Nietzscheci olan!) anti-Nietzscheci tezlerle anlamaya çalıştığımı söyleyerek cevap verebilirim. Başka bir şeyin peşinde değilim, oysa böyle bir şeyi gerçekten arıyorum.

G.B. ve A.S.: Sizin kitaplarınızda genellikle başlıklarında açıklanandan başka şeyler anlatılıyor. Okurla ikili bir sürpriz ve kandırma oyunu mu oynuyorsunuz?

Foucault: Yazmış olduğum kitapların, onlara verdiğim başlıklarla tamamen çakışmaması mümkün. Bu benim beceriksizliğim, bunu kabul ederim. Gelgelelim, bir başlık seçince nedense onu değiştirmeyi düşünmüyorum. Bir kitap yazıyorum, onun üzerinde yeniden çalışıyorum, yeni sorunsallar keşfediyorum, ama başlık aynen kalıyor. Başka bir neden daha var. Yazdığım kitaplarda, daha önce sınırları belirlenmemiş bir sorunun sınırlarını çizmeye çaba harcıyorum. Dolayısıyla, kitabın sonunda, ortaya başlıkta formüle edilemeyecek bir tür sorun çıkarmam kaçınılmaz oluyor. Başlık ile yapıt arasındaki bu "oyun"un varlığının iki nedeni işte bunlar. Kuşkusuz, ya bu kitapların taşıdıkları başlıklarla hiçbir anlam ifade etmediği ve başlıklarının gerçekten değiştirilmesi gerektiği söylenmeli ya da kitabın başlığı ile içeriği arasında genişçe bir uçurum açıldığının farkında olunmalıdır. Bu kayma, benim kitabı fiilen yazma sürecimde kat etmiş olduğum mesafe olarak değerlendirilmelidir.

G.B. ve A.S.: Nietzscheci soybilimler oluşturma projenizi başarmak için çeşitli disiplinleri bir arada irdelemek ve o disiplinleri yöneten kurumların bilgisini çıkarıp almak durumunda kaldınız. Ama, bu kurumların gücü, "bir tarihçinin incelemelerini değil; tarih incelemeleri yapıyorum" demekte ve "ne Helenist ne de Latinist" olduğunuzda ısrar etmenizi gerektirecek kadar korkutucu mudur?

Foucault: Evet, er geç birinin (bunun kim olduğunu bile

söyleyebilirim size) ağzından duyacağım için bunu tekrarlayacağım. Ben bir Helenist değilim; bir Latinist de değilim. Ben biraz Latince, ondan da az Yunanca biliyorum. Son yıllarda bir yandan Helenistlerin ve Latinistlerin kabullenecekleri, öbür yandan hakiki felsefi sorunlar gibi yapılanabilecek bazı soruları sormak amacıyla bunları tekrar gözden geçirdim.

G.B.: İşte tekrarlıyorsunuz: Ben değiştim; ilan ettiğim şeyi yapmadım. Öyleyse niçin ilan ediyorsunuz?

Foucault: Yedi ya da sekiz yıl önce *Cinselliğin Tarihi*'nin ilk cildini kaleme aldığım zaman, kesinlikle, on altıncı yüzyıldan itibaren cinsellik üzerine incelemeler yapmak ve bu bilginin on dokuzuncu yüzyıla kadar olan evrimini analiz etmek niyetindeydim. Bu projeyi yürütürken ortaya elle tutulur bir şey çıkmadığının farkına vardım. Önemli bir sorun hep çözümsüz kalıyordu: Cinselliği niçin ahlâki bir deneyim haline getirmiştik? Onun için kendimi odama kilitledim, on yedinci yüzyıl üzerine yazmış olduğum her şeyi bir kenara bıraktım ve çalıştığım dönemi daha da geriye (önce Hıristiyan deneyiminin ilk dönemlerine göz atmak üzere beşinci yüzyıla, sonra ondan hemen önceki döneme, antikçağın sonuna) götürmeye başladım. Nihayet üç yıl önce, İ.Ö. beşinci ve dördüncü yüzyıllardaki cinsellik incelemesiyle noktaladım. Şimdi soracaksınız: Her şey başlangıçtaki bir dalgınlıktan mı ibaretti yoksa gizlediğiniz, sonunda açığa çıkaracağınız gizli bir arzu mu? Sahiden bilmiyorum. Hem, inanın, bunu bilmek de istemiyorum. Şimdi gördüğüm haliyle deneyimim o ki, bu *Cinselliğin Tarihi*'ni uygun bir biçimde ancak cinselliğin belli aktörlerce nasıl manipüle edildiğini, yaşandığını ve değiştirildiğini görmek için antikçağda olanları ele olarak yapabilirdim.

G.B. ve A.S.: Zevklerin Kullanımı'na girişte, cinsellik tarihinizin temel sorununu şöyle koyuyorsunuz: Bireyler kendilerini arzu ve zevkin özneleri olarak nasıl kurarlar? Size göre, bu özne sorunu çalışmalarınızı yeni bir yöne kanalize etmiş. Ama ondan önceki kitaplarınız öznenin hükümranlığını yerle bir eden bir içerikteydi.

Burada hiç bitirip de kurtulamayacağınız ve sizin için bitmek bilmez bir emek anlamına gelen bir soruya dönüş yok mu?

Foucault: Sonsuz bir emek, kesinlikle öyle: Zaten benim tosladığım ve yapmak istediğim şey de bu; çünkü benim sorunum, özne gibi bir şeyin ortaya çıktığı anı saptamak değil, tam tersine, öznenin farklı sorunları ve engelleriyle birlikte, tamamlanmaktan çok uzak kalan yoluyla varolduğu süreçlerin bileşimini ortaya koymaktı. Yani önemli olan, ilk incelemelerimde üzerinde durmadığım özne sorununu yeniden gündeme almak ve öznenin tarihi içinde karşılaşılan gelişme ya da zorlukları izlemeye çalışmaktı. Olayları bu şekilde açıklamakta belki bir parça hile var; ama aslında, benim gerçekten yapmak istediğim, özne sorununun onu çeşitli biçimleriyle her zaman karşılayıp çoğaltan cinsellik sorununun her boyutunda nasıl var olmaya devam ettiğini göstermekti.

G.B. ve A.S.: Sizin gözünüzde, bu özne bir deneyimi mümkün kılan koşul mudur?

Foucault: Kesinlikle hayır. Bir öznede ya da öznelerde sonuçlanan ve kendisi geçici olan bir sürecin rasyonalizasyonu olan şey deneyimdir. Özneleşmeyi bir öznenin, daha tam bir ifadeyle, elbette bir özbilincin mümkün düzenlenme biçimlerinden ancak birisi olan bir öznelliğin kurulmasını sağlayan süreç olarak niteleyeceğim.

G.B. ve A.S.: İnsan sizin çalışmalarınızı okuduğu zaman, Yunanlılar içinde herhalde hiç özne kuramı bulunmadığı izlenimine kapılıyor. Peki, Hıristiyanlıkla birlikte kaybolacak bir özne tanımı yapmış olabilirler mi?

Foucault: Bir özne deneyiminin, hiçbir zaman ifade bulmadığı bir yerde sanki varmış gibi yeniden kurulmaması gerektiğini düşünüyorum. Ben olaylara bundan çok daha fazla yakınım. Ve hiçbir Yunanlı düşünür bir özne tanımı bulmadığı, üstelik asla böyle bir tanım aramadığı için, sadece özne olmadığını söylemekle yetineceğim. Tabii bu demek değildir ki, Yunanlılar bir deneyimin (bir özne deneyimi değil, ama bireyin kendisini kendi efendisi olarak kurmayı istediği ölçüde bireyin deneyimi) yaşanacağı koşulları tanımlamaya çaba harcamıyorlardı. Klasik antikçağda eksik olan, kendiliğin özne olarak kurulmasının sorunsallaştırılmasıydı. Hıristiyanlığın başlangıcından itibaren ise bunun tam zıddı bir durumla karşı karşıyayız: Özne kuramının ahlâka el koyması. Oysa özünde öznede odaklanmış olan ahlâki bir deneyim, bugün benim gözümde artık doyuruculuğunu yitirmiş görünmektedir. Bundan dolayı, bazı sorunlar bizim önümüze aynı antikçağda yaşandığı gibi çıkıyorlar. Mümkün olduğu kadar birbirinden farklı varoluş üslupları arayışı, bence, geçmişteki özel grupların bugün de peşinde koşturduğumuz arayışları başlatmış olabilecekleri noktalardan birisidir. Herkesin uyması anlamında herkes açısından kabul edilebilecek bir ahlâk biçimi arayışı, bana katastrofik gelmektedir. Ancak modern ahlâkı Hıristiyanlığın ahlâkını atlayarak antikçağın ahlâkında temellendirmeye kalkmak da olayları yanlış biçimde kavramak demek olacaktır. Eğer ben böylesine uzun bir çabaya giriştiysem, bunun nedeni, kesinlikle, Hıristiyanlığın ahlâkı dediğimiz olgunun, Hıristiyan âleminin ortaya çıkışından beri değil; antikçağ ahlâkından beri Avrupa ahlâkının içinde yer aldığını göstermeye çalışmaktı.

G.B. ve A.S.: Evrensel hakikatleri olumlamadığınız, onun yerine, düşüncedeki paradoksları ortaya atıp felsefeyi kalıcı bir sorun haline getirmeniz anlamında, kuşkucu bir düşünür müsünüz?

Foucault: Kesinlikle öyle. Benim kuşkucu programda kabul etmeyeceğim tek şey, kuşkucuların belli bir düzende birtakım sonuçlara varma girişimleridir; çünkü kuşkuculuk hiçbir zaman bütünsel bir kuşkuculuk olmamıştır! Kuşkuculuk belli alanlarda ortaya sorunlar koymaya ve başka alanlar içinde gerçekten geçerli sayılan nosyonları meşru kılmaya çalışmaktaydı; ikinci olarak, bana göre, kuşkucular açısından ideal durum, olaylar hakkında görece az şey bilen, ama çok emin ve tartışılmaz olarak bilen iyimserler olmaktı. Onun yerine, benim amacım, felsefeden bilgi alanlarını sınırlamamızı sağlayabilecek bir şekilde yararlanmaktır.

Çev.: Osman Akınhay

XIII
Bir varoluş estetiği*

A.F.: Bilme İstenci'*nin çıkışının üzerinden yedi yıl geçti. En son kitaplarınızın sizi birçok sorun ve güçlükle yüz yüze getirdiğinin farkındayım. Sizden karşılaştığınız bu güçlükleri; ayrıca, hiç tanımadığınız değilse bile, en azından fazla iyi bilmediğiniz Yunan-Roma dünyasına yaptığınız bu yolculuğu anlatmanızı istesem...*

---

* "Une esthétique de L'existence" (A. Fontana ile söyleşi), *Le Monde*, 15-16 Temmuz 1984, s. XI.
Bu söyleşi ilk olarak "Alle fonti del piacere" başlığıyla, *Panorama* dergisinin 28 Mayıs 1984 tarihli, 495 no.'lu sayısında öylesine budanmış ve değiştirilmiş bir biçimde yayımlanmıştır ki, A. Fontana kamuya bir açıklama yapmak zorunda kalmıştır. Daha sonra M. Foucault'ya yazmış, o da bu söyleşiyi bütünlüğü içinde yeniden bastırmıştır. § İngilizceden çevrilen bu metin Fransızcasıyla karşılaştırılmıştır (y.h.n.) *Dits et écrits*, Cilt IV. s. 730-735.

Foucault: Karşılaştığım güçlükler, esasen bu güçlüklerden kaçınmak üzere tasarlanmış olan projenin kendisinden kaynaklandı. Çalışmalarımı daha başlamadan tasarladığım bir plan doğrultusunda birkaç cilde yayacak şekilde programlarken, nasılsa bu sorunlar üzerinde rahatça yazabileceğim ve kafamdan geçenleri empirik araştırmalarla da kanıtlayarak kolayca kâğıda aktarabileceğim günlerin geldiğini söylemiştim kendime.

Bu kitaplar üzerinde çalışırken sıkıntıdan neredeyse patlıyordum: Tıpkı önceki kitaplarıma benziyorlardı. Bazı insanlara göre kitap yazmak daima bir riski göze almak demektir; örneğin, ele alınan konunun altından kalkılamaması riskini doğurur. İnsan hangi noktaya varacağını önceden biliyorsa, deneyimde eksik bir boyut, yani bir kitabı hiç bitirememe riskini göze alarak yazma boyutunun eksikliği vardır. Bunun üzerine genel planımı değiştirdim: Cinselliği bilgi ve iktidarın sınırlarında incelemek yerine, çok daha gerilere uzanmaya, öznenin kendisi açısından bir arzu olarak cinsellik deneyiminin nasıl oluştuğunu araştırmaya çalıştım. Bu sorunsalın içeriğini ortaya dökmenin peşine düşünce bazı çok eski Latin ve Yunan metinlerini incelemek durumunda kaldım. Tabii bu benim açımdan bir hayli hazırlık yapmayı, o doğrultuda bir sürü çaba harcamayı gerektirdi ve son ana kadar fazlasıyla belirsizlik ve tereddüt içinde kalmama neden oldu.

A.F.: Sizin çalışmalarınızda okurun genellikle yakalayamadığı bir "yönelmişliğe" rastlanıyor hep. Aslında, Deliliğin Tarihi *psikoloji diye bilinen bilgi dalının kurulmasının tarihiydi;* Kelimeler ve Şeyler *insan bilimlerinin arkeolojisiydi;* Gözetleme ve Cezalandırma *ise bedenle ve ruhla ilgili disiplinlerin kurulmasını işliyordu. Sanırım son çalışmalarınızın merkezinde de "hakikat oyunları" dediğiniz şey yer alıyor.*

Foucault: Son kitaplarım ile daha önceki kitaplarım arasında ciddi bir farklılık bulunduğunu sanmıyorum. Bu tür kitaplar yazdığınız zaman, düşüncelerinizi bütünüyle değiştirmeyi ve sonuçta kendinizi ilk başladığınızdan tamamen farklı bulmayı canı gönülden arzu edersiniz. O zaman da aslında çok az değişmiş olduğunuzu fark edersiniz. En fazla, belki bakış açınızı değiştirmiş, hep aynı kalan sorunun etrafında dönüp durmuşsunuzdur: yani özne, hakikat ve deneyimin kurulması arasındaki ilişkiler sorununun. Ben delilik, cinsellik ve suça eğilimlilik gibi alanların hakikat oyununa nasıl katılabileceklerini ve bunun yanında, hakikat oyununa insani pratiklerin ve davranışların da katılımıyla öznenin kendisinin nasıl etkilendiğini analiz etmeye çalıştım. Deliliğin, cinselliğin tarihinin sorunu da bundan başka bir şey değildi.

A.F.: Temelde söz konusu olan yeni bir ahlâk soybilimi değil mi?

Foucault: Başlığın iddialılığını ve Nietzsche'nin büyük damgasını görmezlikten gelebilseydim, bu soruyu "evet" diye cevaplardım.

A.F.: Le Débat *dergisinin Kasım 1983 sayısında çıkan bir yazıda[1], antikçağda, etiğe yönelen ahlâklardan ve koda yönelen ahlâklardan söz ediyorsunuz. Bu, Yunan-Roma dünyasındaki ahlâk anlayışları ile Hıristiyanlıktan kaynaklananlar arasındaki ayrımı mı yansıtıyor?*

Foucault: Hıristiyanlıkta, esasen bir özgürlük üslubu olan antik ahlâk konusunda yavaş, tedrici bir değişimin yerleştiği gözlenmişti. Kuşkusuz, her bireyin davranışlarını yönlendiren bazı normlar da bulunuyordu. Ne var ki, ahlâki bir özne olma istenci ile bir varoluş etiği arayışı antikçağda asıl olarak insanın kendi özgürlüğünü olumlamasına ve kendi yaşamına, kendisinin tanıyabileceği, başkalarının tanıyabileceği ve kendisinden sonraki nesillerin de örnek olarak görebileceği belirli bir biçim kazandırma çabasıydı.

İşte bence, antikçağdaki ahlâki deneyimin, ahlâk isteminin temelinde, insanın, bazı toplu kurallara boyun eğmek durumunda kalsa da, kendi yaşamını kişisel bir sanat eseri gibi yoğurması yatıyordu. Oysa Hıristiyanlıkta, metne bağlı dinin ortaya çıkmasıyla birlikte, Tanrı istenci fikri, itaat ilkesi ve ahlâk, giderek bir kurallar kodu biçimine bürünüyordu (yalnızca belli asetik pratikler, daha çok kişisel özgürlüğün kullanılmasıyla ilgili bir olaydı).

---

1. "Usage des plaisirs et techniques de Soi", *Le Débat,* s. 27, Kasım 1983, s. 46-72. *Dits et écrits,* Cilt IV, s. 539-561.

Antikçağdan Hıristiyanlığa geçerken, özünde kişisel bir etik arayışı olan bir ahlâktan bir kurallar sistemine itaat etmekte somutlaşan bir ahlâka geçmiş oluyoruz. Ben antikçağla ilgilendiysem, bunun nedeni, bir kurallar koduna itaat olarak anlaşılan ahlâk fikrinin bir dizi nedenle şimdilerde kaybolmaya başlaması, hatta kaybolmuş olmasıdır. Ve bu ahlâk yokluğuna tekabül eden, tekabül etmesi gereken şey, bir varoluş estetiği arayışıdır.

A.F.: Son yıllarda beden hakkında, cinsellik hakkında ve disiplin biçimleri hakkında biriken bilgiler, başkalarıyla ilişkilerimizde, dünyadaki varoluşumuzda bir ilerleme sağladı mı?

Foucault: Belirli varoluş biçimleri, davranış kuralları, vb. etrafında, siyasi tercihlerden bağımsız olsa dahi, tartışmaya konmuş bir dizi şeyin –bedenle ilişki, erkekle kadın arasındaki ilişki, cinsellikle ilişki– çok yararlı olduğunu düşünmemezlik edemem.

A.F.: Yani bu bilgi bizim daha iyi yaşamamıza katkıda bulunmuştur.

Foucault: Değişimin salt insanların üzerinde kafa yordukları şeylerde değil; aynı zamanda felsefi, teorik ve eleştirel söylemde de görüldüğü kanısındayım: Yukarıda sözü geçen analizlerin çoğunda, insanlara gerçekten ne olmaları, ne yapmaları, neye inanıp ne düşünmeleri gerektiği anlatılmaz. Bu analizlerde yapılan, bundan daha çok, o zamana kadar toplumsal mekanizmaların nasıl işleyebildiğini, baskı ve kısıtlama biçimlerinin pratikte nasıl uygulandığını insanların gözleri önüne sermektir. Dolayısıyla, kendi kararlarını vermek ve bütün bu sunulanların ışığında kendi varoluş biçimlerini seçmek insanların kendilerine bırakılmıştır.

A.F.: Beş yıl önce, Collège de France'da verdiğiniz bir seminerde, Hayek ile Von Mises'i okumaya başlamıştık.[2] İnsanlar o zaman şöyle diyorlardı: Foucault liberalizm konusuna kafa yorarak bize siyaset üzerine bir kitap sunacak. Liberalizm, iktidar mekanizmalarının ötesindeki bireyi yeniden bulmak için dolambaçlı bir yol ola-

---

2. Burada sözü edilen, on dokuzuncu yüzyıl düşüncesinin bazı yanlarına ayrılmış olan 1979-1980 semineridir.

rak da görünüyordu. Sizin fenomenolojik özne ile psikolojik özneye karşı çıktığınız herkes tarafından biliniyor. O sıralarda pratikler öznesinden de söz edilmeye başlanmıştı ve liberalizmin yeniden okunması bir ölçüde bunun çevresinde gerçekleşiyordu. İnsanların çeşitli kereler, "Foucault'nun çalışmalarında özne yoktur" demiş olması kimseyi şaşırtmaz. Özneler daima tabi konumdadır ve normatif, teknik disiplinlerin uygulanma noktasıdır, ama asla hükümran özne konumunda değillerdir.

Foucault: Burada bir ayrım çizgisinin konulması gerekiyor. İlk olarak, ben hükümran, kurucu bir özne, her yerde rastlanacak türde evrensel bir özne biçimi bulunmadığına hakikaten inanıyorum. Bu özne anlayışına karşı kuşku, hatta düşmanlık besliyorum. Ben tam tersine, öznenin, tabi kılma pratikleri yoluyla ya da daha özerk bir biçimde antikçağda olduğu gibi, kültürel ortamda bulunan belli kurallar, tarzlar, uzlaşmalardan hareket eden özgürleşme, özgürlük pratikleri yoluyla kurulduğuna inanıyorum.

A.F.: Böylece günümüz siyasetine geliyoruz. Şimdilerde zor günler geçiriyoruz: Uluslararası düzlemde Yalta şantajı ve iki iktidar blokunun kapışması tehlikesiyle yüz yüzeyiz. İçeride ekonomik kriz heyulası pusuya yatmış durumda bekliyor. Ve anlaşılan, bütün konularda, sol ile sağ arasında hakikaten bir üslup farkından öte ciddi bir ayrılık kalmadı gibi. Bu gerçekliği ve bu gerçekliğin dayattığı koşulları göz önüne aldığımızda, gerçekleşme imkânı olan bir alternatif bulunup bulunmadığı konusunda nasıl karar vereceğiz?

Foucault: Sorunuz bence hem çok yerinde, hem de bir parça kapsamı dar. Bunu iki ayrı soruya bölelim: İlk olarak, durumu kabullenecek miyiz yoksa kabullenmeyecek miyiz? İkincisi, var olan durumu kabullenmeyeceksek eğer, o zaman ne yapabiliriz? İlk soru en ufak bir ikircim duymadan cevaplanabilir: Savaşın gizliden gizliye sürmesini, Avrupa'da belirli bir stratejik durumun sürüp gitmesini ya da Avrupa'nın yarısının köleleştirilmesini kabullenmemeliyiz.

Sonra diğer soru geliyor: "Kendi hükümetimizin ve Demir

Perde'nin her iki tarafında olup da mevcut haliyle bölünmeyi tartışma konusu etmeye kararlı olan halkların durumunu dikkate aldığımızda, Sovyetler Birliği gibi bir güç karşısında ne yapabiliriz?" Sovyetler Birliği konusunda, orada mücadele etmekte olanlara elden geldiğince yardım etmenin dışında yapılacak fazla şey yoktur. Diğer iki görev açısından ise halen yerine getirebileceğimiz bir sürü şey vardır.

A.F.: Yani, Hegelci tutum denebilecek bir yaklaşımı benimseyip gerçekliği olduğu gibi, bize sunulduğu gibi kabullenmemiz gerekmiyor. Öyleyse bir soru daha ortaya çıkıyor: "Siyasette bir hakikat var mıdır?"

Foucault: Ben hakikate, değişik hakikatler ve hakikati ifade etmenin değişik yolları bulunduğunu düşünmeyecek kadar çok inanıyorum. Kuşkusuz, hükümetlerden hakikati, bütün hakikati ve yalnızca hakikati anlatmaları beklenemez. Buna karşılık, yönetenlerden nihai amaçlarının, taktiklerindeki genel tercihlerinin ve programlarındaki bir sürü noktanın ne olduğu konusunda belli ölçüde hakikati anlatmalarını talep edebiliriz: Bu, kendilerini yönetenleri, bilgi adına, ayrıca yurttaş oldukları için, yönetenlerin yaptıklarına, onların eylemlerinin anlamına ve aldıkları kararlara bağlı olarak edindikleri deneyim adına sorgulayabilecek olan ve sorgulaması gereken yönetilenlerin *parrhesia*'sıdır (özgür konuşma).

Bununla beraber, yönetenlerin entelektüelleri sürüklemeye çalıştıkları, entelektüellerin de genellikle yakalandıkları şöyle bir tuzaktan muhakkak kaçılmalıdır: "Kendimizi bizim yerimize koyun ve söyleyin ne yapardınız?" Bu, mutlaka cevaplanması gereken bir soru değildir. Herhangi bir konuda karar almak, bizden gizlenen kanıtların bilinmesi, bizim nüfuz edemediğimiz durumun analiz edilmesini içerimler. Bu bir tuzaktır. Gene de biz, yönetilenler olarak, yerden göğe kadar hakikat hakkında sorular sorma hakkına sahibiz: "Örneğin, Avrupa'daki füzelere karşı çıktığınız ya da tam tersine, onları desteklediğiniz zaman, Lorraine çelik sanayiinin yapısını yeni baştan düzenlediğiniz zaman, özel eğitim sorununu gündeme getirdiğiniz zaman neyi amaçlıyorsunuz?"

A.F.: Bu konulara uzun uzun kafa yormak, uzun araştırmalar yapmak anlamına gelen cehennem yolculuğunda –bir anlamıyla, hakikat arayışıyla başlayan bir yolculuk– buluşmak istediğiniz okur tipi nasıldır? Hâlâ iyi yazarlara rastlansa da, iyi okurların gün geçtikçe azaldığı bir gerçek.

Foucault: "İyi" okurdan geçtim, okur sayısı giderek azalıyor. Artık fazla okunmadığı da doğru. Bir insanın ilk kitabı henüz tanınmadığı, insanlar onun kim olduğunu bilmediği için okunuyor ve bu okuma, oldukça dağınık biçimde, karışık bir kafayla yapılıyor ki bu işime gelir. Yalnız kitap yazmakla kalınmaması, bunun yanında kitabın nasıl okunması gerektiğini gösteren bir yasa da ortaya konması için hiçbir neden yok. Geçerli olan tek yasa, bir kitabın mümkün her türlü okunma biçimidir. Bir kitabın farklı şekillerde okunması beni kesinlikle rahatsız etmez. Ciddi olan nokta, kitap yazma örneğinde, artık hiç okunmaması ve çarpıtmadan çarpıtmaya, başkalarının okumalarını okuyarak, sonunda kitaba ilişkin kesinlikle grotesk bir imgenin ortaya çıkmasıdır.

Bu durum hakikaten bir sorun doğurur: Polemiğe girmek, çarpıtmaların tek tek hepsini cevaplamak ve sonuçta okurlara bir yasa sunmak –ki bu benim gözümde iğrenç bir şeydir– ya da kitabın, kendisinin bir karikatürüne dönüşecek ölçüde –bunu da çok iğrenç buluyorum– çarpıtılmasına göz yummak mı gerekir?

Gene de bir çözüm yolu var: Basın konusunda, kitaplar konusunda düşünülebilecek biricik yasa, yazarın adını iki kere kullanmasını yasaklamak (Bu, her kitabın yalnızca kendisi için okunmasını sağlamak düşüncesiyle anonim kalma ve takma isim kullanma hakkıyla birlikte düşünülmelidir) olabilir. Yazarın bilinmesinin o kitabın anlaşılabilmesi açısından anahtar önem taşıdığı kitaplar vardır. Ama birkaç büyük yazarı saymazsak, bu bilgi çoğu yazar açısından hiçbir işe yaramaz. Üstelik bir engel işlevi de görür. Önemli bir yazar olmayan, salt kitap yazmakla kalan benim gibi birisi için, kitaplarımın, olabilecek kusurları ve değerli yanlarıyla birlikte, kendileri için okunması daha iyi olur.

Çev.: Osman Akınhay

XIV
Siyaset ve etik[*]

Soru: Bugünlerde Amerika'da sizin çalışmalarınızla Jurgen Habermas'ın çalışmaları fazlasıyla karşılaştırılıyor. Sizin çalışmalarınızın etikle, Habermas'ınkilerin ise siyasetle daha ilgili olduğu düşünülüyor. Örneğin Habermas, ilk okumalarından beri Heidegger'i Nietzsche'nin siyasi bakımdan berbat bir mirasçısı olarak görüyor. Habermas, bildiğiniz gibi Heidegger'i Alman neo-muhafazakârlığıyla ilişkilendiriyor. Bu insanların Nietzsche'nin

---

[*] "Politcs and Ethics: An Interview" ("Politique et éthique: une interview"; M. Jay, L. Löwenthal, P. Rabinow, R. Rorty ve C. Taylor ile söyleşi; Berkeley Üniversitesi, Nisan 1983), cevapların İngilizce çevirisi, P. Rabinow (yay.) *The Foucault Reader*. New York: Pantheon Books, 1984 içinde, s. 373-380.
İngilizceden çevrilen bu metin Fransızcasıyla karşılaştırılmıştır (y.h.n.) *Dits et écrits*, Cilt IV, s. 584-590.

muhafazakâr mirasçıları olduklarını, sizin ise anarşist mirasçısı olduğunuzu düşünüyor. Siz felsefi geleneği hiç de bu gözle okumuyorsunuz, değil mi?

Foucault: Bu doğru. Habermas Paris'teyken, onunla uzun uzun sohbet ettik ve işin doğrusu, Heidegger sorunu ile Heidegger'in düşüncesinin siyasi yansımaları sorununun kendisi açısından ne kadar ivedi ve önemli bir sorun olduğunu söylemesine çok şaşırdım. Bana söylediği bir şey beni uzun uzun düşündürdü ve bu konuda daha epeyce kafa yormak isterim. Habermas, Heidegger'in düşüncesinin gerçekte nasıl siyasi bir felaket oluşturduğunu açıkladıktan sonra, 1930'lu yıllarda çok iyi tanınan, büyük bir Kantçı olan hocalarından birinden söz edip, bir gün katalogları tararken, galiba 1934 yılında, bu ünlü Kantçının elinden çıkmış tümüyle Nazi bazı metinlere rastlayınca nasıl hayretler içinde kalıp hayal kırıklığına uğradığını anlattı.

Bütün ömrü boyunca Stoacılığın evrensel değerlerinin sözcülüğünü yapmış olan Max Pohlenz'le ilgili olarak aynı şey benim başıma da geçenlerde geldi. Pohlenz'in yazdığı, Stoacılıkta *Führertum*'a ayrılmış 1934 tarihli bir metin buldum. Giriş sayfasını ve kitabın *Führersideal* ile Volk'un (halkın) liderden esinlenerek oluşturduğu gerçek hümanizma üzerine olan kapanış sözlerini yeniden okumalısınız; Heidegger asla bundan daha rahatsız edici bir şey yazmamıştır. Söylemeye gerek yok ki, bu metinde Stoacılığı ya da Kantçılığı mahkûm eden hiçbir şey yoktur.

Oysa bana göre bazı olgularla yüzleşmemiz bir zorunluluktur: Felsefi bir anlayış ile ona başvuran birisinin somut siyasi tutumu arasındaki fazlasıyla ince analitik bağ; "en iyi" teoriler berbat siyasi tercihlere karşı çok etkili bir koruma sağlamaz; "hümanizm" gibi bazı cafcaflı temalardan istenen her amaçla (örneğin, Pohlenz'in Hitler'i ne kadar büyük bir minnettarlıkla karşılamış olacağını göstermek üzere) yararlanılabilir.

Buradan kalkarak, teori çerçevesinde istenen her şeyin söylenebileceği sonucunu çıkarıyor değilim; tam tersine, talepkâr, ihtiyatlı, "deneysel" bir tutum zorunludur. Her an, adım adım, düşünülen ve söylenen şey ile yapılan ve olunan şeyi karşı karşıya koymak gerekmektedir. "Siz fikirleri Nietzsche'den alıyorsunuz; tabii, Nietzsche'yi de Naziler kullanmıştı, dolayısıyla..." türünden sözler sarf eden kişilere asla önem vermedim; öbür yandan, iktidar ilişkilerinin, kurumlarının ve bilginin tarihsel ve kurumsal analizi ile onları gerçeklikte sorgulayan hareketler, eleştiriler ve deneyimleri mümkün olduğu kadar sıkı biçimde bir araya getirmek benim için her zaman önemli oldu. Bütün bu "pratik" üzerinde ısrar ettiysem, bunu fikirleri "uygulamak" için değil; onları sınamak ve değişikliğe uğratmak amacıyla yaptım. Bir filozofun kişisel siyasi tutumunun anahtarı –sanki oradan çıkarılabilirmiş gibi– onun fikirlerinde değil; daha ziyade, onun yaşam olarak felsefesinde, felsefi yaşamında, *ethos*'unda aranmalıdır.

Savaş sırasında Direniş'e katılan Fransız filozofları arasında, matematiğin içsel yapılarının gelişmesi üzerinde çalışmakta olan, matematik tarihçisi Cavaillès de vardı. Siyasal bağlanma yanlısı filozoflardan hiçbirisi –Sartre, Simone de Beauvoir, Merleau-Ponty–, onların hiçbirisi bir şey yapmadı.

Soru: Bu sizin kendi tarihsel çalışmalarınız için de geçerli midir? Bana öyle geliyor ki, olmak istediğinizden daha siyasi bir düşünür olarak okunuyorsunuz, yoksa bunu söylemek ileri gitmek mi olur? Sizi Nietzsche'nin anarşist bir mirasçısı olarak adlandırmak baştan sona yanlış görünüyor; bence sizin çalışmalarınızı yanlış bir bağlama oturtmak anlamına geliyor.

Foucault: Aslında beni ilgilendiren konunun siyasetten çok ahlâk ya da etik olarak siyaset olduğu düşüncesini az çok paylaşırım.

Soru: Bu, sizin beş ya da on yıl önceki, başka bir deyişle, bir kendilik ya da özne tarihçisi olmaktan ziyade bir iktidar felsefecisi ya da tarihçisi olarak değerlendirildiğiniz zamanki çalışmalarınız açısından da geçerlilik taşır mı? Sizin özünde, siyasete ilişkin hiçbir görüşü olmamaktan ziyade, alternatif bir siyasi bakışı savunuyor olarak algılanmanızın nedeni kesinlikle bu. Marksistlerin, Habermasçıların ya da diğerlerinin sizi kapışılacak bir sima olarak görmelerinin nedeni budur.

Foucault: Bana çarpıcı gelen nokta, en başından itibaren hem Marksistler, sağ kanat hem de merkezdeki insanlar tarafından düşman görülmüş olmamdır. Oysa bana kalırsa, benim çalışmalarım özünde siyasi bir nitelik taşısaydı, uzun vadede bunlar arasında kendine mutlaka bir yer bulurdu.

Soru: Nerede?

Foucault: Bilmiyorum... ama çalışmalarım siyasi nitelikli olsaydı siyasi arenada kaçınılmaz olarak bir yer edinirdi. Aslında ben, siyaseti sorgulamayı ve tarihsel ve felsefi sorgulama alanlarında olduğu gibi siyasal alanda da daha önce varlığı kabul edilmeyen sorunlara bir ışık tutmayı bilhassa istemişimdir. Bununla kastettiğim, sormak istediğim soruların önceden kurulmuş siyasal bir bakışla belirlenmemesi ve belirli bir siyasi projenin gerçekleştirilmesi eğilimini taşımamasıdır.

İnsanların benden kapsamlı bir kuram ortaya koymuyorum diye yakındıkları zaman anlatmaya çalıştıkları şey kuşkusuz budur. Ama ben tam da, siyasetin sunduğu bütünselleştirme biçimlerinin aslında daima çok sınırlı kaldığına inanıyorum. Ben tam tersine, hem *soyut* hem de *sınırlayıcı* olacak tüm *bütünselleştirme* çabalarının dışında, mümkün olduğu kadar *somut* ve *genel* nitelikli, siyasete tersten yaklaşan ve toplumları, diyagonal olarak kat eden sorunlar, hem tarihimizi oluşturan hem de o tarihin oluşturduğu sorunlar (örneğin, akıl ile delilik arasındaki ilişki sorunu, hastalık sorunu, suç sorunu, cinsellik sorunu, vb.) açmaya çalışıyorum. Ve bu sorunları hem güncel sorunlar hem de tarihsel sorunlar olarak; ahlâki, epistemolojik ve siyasi nitelikli sorunlar olarak koymak gerekiyordu.

Soru: Ve bunu, halen sürdürülmekte olan bir mücadelenin içine yerleştirmek bayağı zor, çünkü çizgiler başkaları tarafından çizilmiş durumda...

Foucault: Çeşitli boyutları, çeşitli yanları olan bu sorunları kişisel bir siyasi mekâna yansıtmak güçtür. Benim Batı demokrasisine bir tehlike oluşturduğumu söyleyen Marksistler çıkmıştır –bu gerçekten yazıldı–; bana en yakından benzeyen düşünürün

Mein Kampf'daki Hitler olduğunu yazan bir sosyalist bile vardı. Liberaller beni bir teknokrat, de Gaulle hükümetinin bir ajanı olarak görmüşlerken; sağdaki insanlar, de Gaullecüler ya da başkaları tehlikeli bir solcu anarşist olarak görmüşlerdir. Benim gibi bir şaibeli Marksistin, açıkçası bir KGB ajanının neden Amerikan üniversitelerine davet edildiğini soran bir Amerikalı profesöre de rastladım. Neyse, bu sıfatların hiç birisini umursadığım yok; hepimiz aynı şeylere maruz kalmışızdır. Tahmin ederim sizin başınıza da gelmiştir bu. Kendi konumumu sorun yapmak istediğim falan yok; ama, bu tür bir etik-epistemolojik-siyasi nitelikli soruyu ortaya atarak satranç tahtasında avantajlı konuma geçilmeyeceği düşüncesindeyim.

Soru: Etik etiketi bana güzel, çok ilginç geliyor; ama sizin salt düşünce jimnastiği yapma niyeti taşımadığınızın da mutlaka belirtilmesi gerekir. Sizin yıllardan beri Fransız toplumunun çok spesifik kesimlerinde faaliyet gösterdiğiniz tartışmaya yer bırakmayacak kadar açık. İlginç olan ve herhalde siyasi partiler açısından ciddi bir meydan okumayı temsil eden yan sizin bunu nasıl yaptığınız, yani bir analizi kendi başına ideolojik nitelikli olmayan, dolayısıyla bir ad takmanın da zor olduğu bir eylem tipiyle ilişkilendirmektir. Gene, diğer insanların spesifik alanlarda kendi mücadelelerini sürdürmelerine yardımcı oluyorsunuz. Ancak bu, kesinlikle, deyim yerindeyse, teori ile pratik arasındaki etkileşimle ilgili bir etiktir; ikisinin birbiriyle ilişkilendirilmesinden oluşur. Düşünmek ile eyleme geçmek etik bir anlamda birbiriyle bağıntılı, yalnız bunun siyasi olarak adlandırılması gereken bazı sonuçları var.

Foucault: Evet, ama ben etiğin bir pratik ve *ethos*, bir varlık tarzı olduğunu düşünüyorum. Şimdi, hepimizi ilgilendiren bir örneğe, Polonya örneğine bakalım. Polonya sorununu tam anlamıyla siyasi bir temelde ele alırsak, hemen yapabileceğimiz hiçbir şey olmadığını söyleme noktasına varırız. Oraya bir paraşütçüler grubu gönderemeyeceğimiz gibi, Varşova'yı kurtarmak için zırhlı araçlar da yollayamayız. Siyasi açıdan baktığımızda sanırım bunu kabul etmek zorundayız, ama Polonya sorununu orada olup bitenleri kabullenmemek, kendi hükümetlerimizin edilginliğini kabullenmemek biçiminde de gündemimize almamız gerekmektedir. Bence bu tutum etik bir tutumu temsil eder, ama ayrıca siyasi bir tutumdur da. Yalnızca "Protesto ediyorum," demek yetmez, bu tutumu mümkün olduğu kadar tutarlı ve burada ya da orada yönetenlerin bir şekilde hesaba katmak zorunda kalacakları bir siyasi olguya dönüştürmek gerekir.

Soru: Amerika'da Hannah Arendt'in, şimdi de Jurgen Habermas'ın adıyla birlikte anılan, iktidarı bir tahakküm ilişkisi olarak kavramaktan çok, iktidarın mümkün olmasını uyum içinde, hep birlikte eylemde bulunmak şeklinde değerlendiren bir siyasi bakış da yaygın. İktidarın bir konsensüs, özneler arası bir alan, ortak eylem olabileceği düşüncesi, sizin çalışmalarınızla çürütülmüş görünen bir yaklaşımdır. Çalışmalarınızda alternatif bir siyasi vizyon görmek zor. Belki bu anlamıyla sizi siyaset-karşıtı diye değerlendirmek mümkün olabilir.

Foucault: Size çok basit olan, ama sanırım sizin seçtiğiniz temanın da dışında kalmayacak birkaç örnek vereyim. Örneğin ceza sistemini, şimdilerde gündeme getirilen sorunları ele alırsak, birçok demokratik ülkede ceza sistemine başka bir biçimde (Buna Amerika Birleşik Devletleri'nde "informel adalet", Fransa'da "toplumsal biçim" adı verilmektedir) işlerlik kazandırmak doğrultusunda çabalar harcandığını görürüz. Bunun gerçeklikteki anlamı, gruplara, grup liderlerine belirli bir otoritenin tanınmış olmasıdır. Bu otorite başka kurallara itaat eder ve başka araçları gerektirir, ama aynı zamanda, devletin onayına sahip olmaması, aynı otorite ağı içinden geçmemesi gibi basit bir nedenden dolayı mutlaka geçerlilik taşımak durumunda olmayan iktidar etkileri üretir. Şimdi tekrar sizin sorunuza dönersek, konsensüse dayalı bir siyaset fikri belirli bir anda gerçekten de ya düzenleyici bir ilke ya da daha iyi bir ihtimalle, başka siyasi biçimlere yönelik eleştirel bir ilke işlevini görebilir; ama ben bunun iktidar ilişkisi sorununu ortadan kaldırdığına inanmıyorum.

Soru: Peki size bu konuda, Hannah Arendt'ten yola çıkarak bir soru sorabilir miyim? *Arendt iktidar sözcüğünü iki taraftan yalnızca birisi için kullanıyordu, ama biz terimi daha geniş anlamıyla alıp, Arendt'in iktidarın iki mümkün tarafını da gördüğünü söyleyelim. İnsanlar arasında, başka türlü başarmaları mümkün olmayan şeylerin altından kalkmalarını sağlayan birtakım ilişkiler kurulur; insanlar, hep beraberken diğer koşullarda sahip olamayacakları bir yeteneğe sahip olmaları anlamında iktidar ilişkileriyle birbirlerine bağlıdır ve bu durum belli bir ortak anlayışı öngerektirir. Bunların arasına bağımlılık ilişkilerini de dahil edebilirsiniz, çünkü ortak eyleme geçmenin zorunlu olan koşullarından birisi şeflere, yani liderlere sahip olmaktır. Oysa, Arendt'e göre, bunlar hiçbir biçimde tahakküm ilişkisi olmayacaktır. İktidarın, aynı ilişkileri, birtakım insanların diğer insanlar üzerinde hiçbir tartışmaya yer bırakmayacak derecede açık tahakküm ilişkileri kurmaları anlamında içerebileceği başka bir boyutu da vardır. Siz iktidarın bu iki boyutunu da kabul ediyor musunuz; yoksa iktidarı daha çok ikinci özellik çerçevesinde mi tanımlıyorsunuz?*

Foucault: Bu noktada, tahakküm ilişkisi sorununu gündeme getirmekle sanırım yerden göğe kadar haklısınız; çünkü aslında, tabii benim görüşümle, Arendt'in gerçekleştirdiği analizlerin pek çoğunda ya da en azından onun perspektifiyle yaklaşıldığında, tahakküm ilişkisi iktidar ilişkisinden sürekli olarak ayrılmaktadır. Aslında ben de bu ayrımın sözel bir ayrım olup olmadığını merak ediyorum; çünkü bazı iktidar ilişkilerinin global biçimde bir tahakküm etkisi doğuracak bir yönde işlediğini görebiliriz. Gelgelelim, gene de iktidar ilişkilerinin oluşturduğu ağ böyle kesin bir ayrım yapılmasına pek olanak tanımamaktadır.

Bu genel temadan yola çıkarak, hem son derece temkinli hem de son derece empirik olmamız gerektiğini düşünüyorum. Sözgelimi, pedagojik ilişki (Bununla öğretme ilişkisini, bilginin en çok bilenden en az bilene aktarılmasını kastediyorum) konusunda, özyönetimin en iyi sonuçları ürettiği kesin değildir. Tam tersine, bu yaklaşımın bir engel oluşturmayacağını kanıtlayan hiçbir şey yoktur. Bu yüzden sorunuza, bütün ayrıntıların irdelenmesi gerektiği kaydını düşerek, genelde "evet" demeyi tercih edeceğim.

Soru: Konsensüs modelinin kurgusal bir ihtimal olduğu varsayılabilirse, insanlar gene de bu kurguya göre harekete geçebilirler ve bunun sonuçları siyaseti özünde tahakküm ve baskıdan ibaret sayan oldukça dar görüşün doğuracağı eylem biçiminden üstün olabilir. Öyle ki, empirik düzlemde haklı olsanız ve ütopya imkânının hiç gerçekleşme şansı olmasa da pragmatik açıdan, konsensüsün, basitçe kaldırıp atılması gerektiği ve başarılmasının olanaksız olduğunu söylemekten çok, hâlâ peşinden koşturulması gereken bir hedef olduğunu varsaymak bir anlamıyla daha iyi, daha sağlıklı, daha özgür –hangi olumlu değer kullanılırsa kullanılsın– olabilir.

Foucault: Evet, ben bunu, diyelim, eleştirel bir ilke olarak düşünüyorum...

Soru: Düzenleyici bir ilke olarak mı?

Foucault: Herhalde düzenleyici ilke dememem gerekir, bu fazla ileri gitmek olur; çünkü, düzenleyici ilke dediğiniz noktadan yola çıkarsak, fenomenin gerçekten onun yönlendiriciliği altında, deneyimin ya da bağlamın tanımlayacağı sınırlar çerçevesinde düzenlenmesi gerektiğini kabul etmek durumunda kalırsınız. Onun yerine, bunun herhalde her zaman korunması gereken eleştirel bir fikir olduğunu söylemeyi tercih ederim: böyle bir iktidar ilişkisinde ne ölçüde konsensüs-dışılık olduğu ve bu konsensüs-dışılığın zorunlu olup olmadığı sorusu da içerimlenir ve buna bağlı olarak her iktidar ilişkisi sorgulamadan geçirilebilir. Bu konuda gidebileceğim en ileri nokta, herhalde mutlaka konsesüsün sağlanmasından yana olmak gerekmediğini, ama konsensüsün olmamasına karşı olmak gerektiğini söylemektir.

Soru: Tabi kılma sorunu düzen verme sorunuyla aynı şey değildir. Şu anda, konsensüs, özgürleşme ve kendini ifade etme adına, iktidar alanlarında sıkça bütünüyle farklı (tam anlamıyla tahakküm olmayan, ama fazla cazip de olmayan) bir işleyiş görmekteyiz.

Benim düşünceme göre, iktidar analizlerinin sağladığı ilerlemelerden birisi, tam anlamıyla düzene koymayla çakışmayan tabi kılma fikirlerinin de çok tehlikeli olabileceğini göstermektir.

Foucault: En azından belli kurumlarda, Erving Goffman'ın bütünsel kurumlar diye adlandırdığı yerlerde uygulanmakta ve uygulanmış olan disiplinci türdeki iktidar, kesinlikle yerelleşmiştir ve belirli bir anda bulunmuş olan bir formüldür; bu iktidar tipi, belli sonuçlar doğurmuş, hiçbir şekilde katlanılmaz ya da ancak kısmen katlanılabilir olmuştur, vs.; ama, bütün iktidar ilişkilerini ve tüm mümkün iktidar ilişkilerini yeterince temsil etmediği de gün gibi açıktır. İktidar disiplin değildir; disiplin iktidarın mümkün işleyiş biçimlerinden birisidir.

Soru: Peki, zorunlu olarak tahakküm ilişkisi olmayan disiplin ilişkileri yok mudur?

Foucault: Kuşkusuz konsensüse dayalı disiplinler vardır. Ben yapmak istediğim şeyin sınırlarını, yani spesifik bir tarihsel figürün, bireylerin yönetilmesinin belirli bir tekniğinin, vb. analizini sergilemeye çalıştım. Sonuç olarak, bu analizler bence hiçbir şekilde, akla gelebilecek her türlü iktidar ilişkisinin genel bir analitiğiyle bir tutulamaz.

Çev.: Osman Akınhay

XV
Polemik, siyaset ve sorunsallaştırmalar*

Soru: Siz niçin polemiğe girmiyorsunuz?

Foucault: Ben tartışmayı severim ve soru sorulduğunda cevaplamaya çalışırım. Polemiğe girmekten hoşlanmadığım doğrudur. Elime bir kitap aldığımda kitabın yazarının bir düşmanını "sol çocukluk hastalığı"yla suçladığını görürsem, onu hemen kapatmayı tercih ederim. Benim olaylara bakışım böyle değil; işlerini bu şekil-

---

* "Polemics, Politics and Problematizations" ("Polémique, politique et problématisations"; P. Rabinow ile söyleşi, Mayıs 1984) cevapların İngilizce çevirisi P. Rabinow (yay.) *The Foucault Reader*, New York: Pantheon Books, 1984 içinde, s. 381-390.
İngilizceden yapılmış olan bu çeviri Fransızcasıyla karşılaştırılmıştır (y.h.n.) *Dits et écrits*, Cilt IV, s. 591-598.

de yürüten insanların dünyasından değilim. Bu farklılığın temel bir ayrım noktasında olduğunda ısrarlıyım; burada söz konusu olan bütün bir ahlâk anlayışı, hakikatin aranmasını ve ötekiyle ilişkiyi de kapsayan ahlâktır.

Ciddi bir oyun olan soru-cevap oyununda, karşılıklı bir açıklık getirme çabasında, tartışmaya katılan herkesin hakları tartışmaya içkindir. Bu haklar yalnızca diyalog durumuna bağlıdır. Soru soran kişi sadece kendisine verilmiş olan bir hakkı kullanmaktadır: ikna olmamak, bir çelişki yakalamak, daha fazla bilgi talep etmek, farklı postulalara dikkat çekmek, yanlış akıl yürütmeleri göstermek, vb. Soruları cevaplayan kişi de, tartışmanın sınırlarını aşmayan bir hakkı kullanmaktadır; soruları cevaplayan kişi, kendi söyleminin mantığı çerçevesinde daha önce söylemiş olduklarıyla, diyaloğu kabullenmesi çerçevesinde ise ötekinin yönelttiği sorularla sınırlıdır. Sorular ve cevaplar, her iki tarafın da yalnızca ötekinin ve diyaloğun kabul edilmiş biçiminin kendisine tanıdığı hakları kullandığı bir oyuna –sürdürülmesi hem zevkli hem de zor olan bir oyun– dayanmaktadır.

Polemikçi ise baştan sahip olduğu ve sorgulamaya asla yanaşmayacağı birtakım ayrıcalıklarla donatılmış biçimde polemiğe girişir. İlke olarak, kendisine bir savaş yürütme yetkisi tanıyan ve bu mücadeleyi haklı bir çabaya dönüştüren haklara sahiptir; karşısındaki kişi hakikati arayan bir ortak konumunda değil; bir hasım, yanılmakta olan, zarar vermekte olan ve varlığıyla tehdit oluşturan bir düşman konumundadır. Polemikçinin gözünde, oyunun sırrı, karşısındaki kişinin konuşma hakkına sahip bir özne olarak kabul edilmesinde değil; muhatap olarak, her türlü diyalogdan dışlanmasında yatar. Polemikçinin nihai amacı, elde edilmesi güç bir hakikate mümkün olduğu kadar yaklaşmak değil, kendisinin en başından beri açıkça savunmakta olduğu haklı davayı zafere ulaştırmak olacaktır. Polemikçi, tanımı gereği düşmanına tanınmayan bir meşruiyetle hareket eder.

Belki bir gün polemiğin, tartışmanın asalak bir yönü ve hakikat arayışının önündeki bir engel olarak uzun bir tarihi yazılacaktır. Çok şematik bir dille ifade edersek, günümüzde polemiğin üç şekilde var olduğunu gözlemleyebiliriz: dinsel model, hukuksal model ve siyasi model. Dinsel sapkınlık biliminde olduğu gibi, polemik dogmanın dokunulmazlık taşıyan noktasını, düşmanın göremediği, göz ardı ettiği ya da çiğnediği temel ve zorunlu ilkeyi saptama görevini üstlenip, bu ihmalkârlığı ahlâki bir başarısızlık olarak mahkûm eder; yapılan hatanın kökeninde ihtiras, arzu, çıkar, yani rakibinin suçunu sabit kılan bir dizi zaaf ile itiraf edilemeyecek bağlılıklar görür. Hukuksal pratikte olduğu gibi polemik, eşit bir tartışma yapılmasına hiçbir şekilde olanak tanımaz: bir dava görür; karşısındaki bir muhatap değil, sanıktır; bu kişinin işlediği suçun kanıtlarını toplar, kurallara hangi noktada aykırı davrandığını gösterir ve hüküm verip mahkûm eder. Üstelik buradaki durum ortak haklara sahip olunan bir sorgulama örneği değil; polemikçinin hakikati kendi yargısı biçiminde ve kendi kendine atfettiği otoriteye dayanarak ifade ettiği bir durumdur. Ne var ki bugün için en etkili olan model, siyasi modeldir. Polemik ittifakları belirler, yandaşları kendi tarafına çeker, çıkarları ya da düşünceleri birleştirir, bir tarafı temsil eder; polemik ötekini bir düşman, zıt çıkarların bir savunucusu ve yenildiğinde teslim olana ya da ortadan kaybolana kadar savaş verilmesi gereken biri olarak kurar.

Kuşkusuz bu siyasi, hukuksal ya da dinsel pratiklerin polemikte yeniden harekete geçirilmesi bir tiyatro olmaktan öte anlam taşımaz. Sadece birtakım jestler yapılır: Aforoz etmeler, lanetlemeler, mahkûm etmeler, savaşlar, zaferler ve yenilgiler eninde sonunda birer konuşma olmaktan öteye gitmez. Gene de, söylem düzleminde bunlar sonuçsuz kalmayan eylem yollarıdır. Polemiğin kısırlaştırıcı bir etki yapması söz konusudur: Polemikten yeni bir fikir çıktığı görülmüş müdür hiç? Kaldı ki, muhatapların söylediklerini geliştirmeye, giderek daha fazla risk almaya değil; sürekli olarak iddia ettikleri haklara, bu hakların savunmaları gereken meşruiyetine ve masumiyetlerinin olumlanmasına başvurmaya kışkırtıldıkları göz önüne getirildiğinde, başka türlü bir tabloyla karşılaşılması mümkün müdür? Burada daha ciddi bir durumdan söz etmek gerekir: Bu komedide, savaşlar, muharebeler, ilhaklar ya da koşulsuz teslim olmalar taklit edilir, öldürme içgüdüsü olabildiğince öne çıkarılır. Ama, insanları bu tür yollardan giderek hakikate ulaşabileceklerine inandırmak, dolayısıyla, sadece simgesel bir biçimde olsa bile, gücünü bu yollardan alabilecek gerçek siyasi pratiklere değer yüklemek de aynı derecede tehlikelidir. Bir an için, sihirli bir değneğin dokunduğunu ve polemiğe katılan iki düşmandan birisine diğeri üzerinde dilediği kadar iktidar kullanma gücü verildiğini tasarlayalım. Üstelik bunun için hayal kurmaya gerek yoktur: SSCB'de yakın zamanlarda dilbilim ya da genetik konusunda çıkan tartışmalarda olup bitenlere bir göz atmak bunun için yeterlidir. Bunlar, yalnızca, doğru tartışma biçimi olduğu düşünülen yollardan sapma örnekleri midir? Hiç de değil: Bunlar, etkileri genelde muallakta kalmış olan bir polemikçi tutumun gerçek sonuçlarıydı.

Soru: Siz bir idealist olarak, bir nihilist olarak, bir "yeni filozof" olarak, bir anti-Marksist olarak, bir yeni muhafazakâr olarak, vb... okundunuz. Siz nerede duruyorsunuz?

Foucault: Aslına bakarsanız, birbiri ardı sıra ve bazen aynı zamanlarda siyasi satranç tahtasındaki karelerin çoğuna kondum: Anarşist, goşist, gösterişçi ya da gizli Marksist, nihilist, açık ya da gizli anti-Marksist, De Gaullecülüğün hizmetindeki bir teknokrat, yeni liberal, vb. oldum. Bir Amerikalı profesör benim gibi şaibeli bir Marksistin ABD'ye davet edilmesinden yakındı. Doğu Avrupa ülkelerindeki basın tarafından muhaliflere suç ortaklığı yapmakla suçlandım. Kendi başına bu tanımların hiçbirisi önemli değildir; ama öbür yandan, hepsi birlikte düşünüldüğünde bir anlam ifade ederler. Ve bu tanımlardan çıkan anlamın benim hoşuma gittiğini de itiraf etmek zorundayım.

Kendime bir kimlik biçme yanlısı olmadığım, beni yargılama ve sınıflandırma eğilimlerinin çeşitliliğinden bayağı keyif aldığım doğrudur. Bu kadar çeşitli yönlerde bunca çaba harcandıktan sonra bana az çok yaklaşık bir yer bulunmalıydı. Değişik yargılarla ortaya çıkan insanların yeterliliğinden açıkça kuşkulanamayacağım ve onların dikkatsizlik ya da önyargılarına meydan okumak mümkün olmadığı için de, beni herhangi bir konuma oturtmaktaki başarısızlıkların benden kaynaklanan bir konu olduğuna inanmak zorundayım.

Tabii bu da, temelde, benim siyasi sorunlara yaklaşım tarzımla ilgili bir nokta. Gerçi benim tutumum, yöntemsel bir inceleme olma iddiasıyla, geçerli olan bir tanesi dışında bütün muhtemel çözümleri reddeden eleştirel biçimiyle ilgili değil; daha ziyade, "sorunsallaştırma" düzleminde, yani bana siyasi sorunlar getirdiğini düşündüğüm bir olgular, pratikler ve düşünceler alanının geliştirilmesiyle ilgilidir. Örneğin, delilik ve akıl hastalığı konusunda, haklı ve kesin bir çözümü kapsayabilecek bir "siyaset" bulunduğu kanısında değilim. Gelgelelim, delilikte, akli dengesizlikte, davranış sorunlarında siyaseti sorgulamak için nedenler bulunduğunu, siyasetin bu soruları cevaplaması gerektiğini, ama hiçbir zaman eksiksiz bir cevap getiremediğini düşünüyorum. Aynı durum suç ve cezalandırma açısından da geçerlidir: Doğallıkla, siyasetin suçun önlenmesi ve cezalandırılmasıyla, dolayısıyla suçun biçimini, anlamını ve sıklığını değiştiren birtakım öğelerle hiç ilgisinin bulunmadığını düşünmek yanlış; suç sorununa bir çözüm getirip onu ortadan kaldırması muhtemel bir siyasi formül bulunduğunu akla getirmek ise aynı ölçüde yanlış olacaktır. Bu tablo cinsellik için de geçerlidir: Cinsellik, kendisi için asli bir öneme sahip olan siyasi yapılar, gereklilikler, yasalar ve düzenlemelerle ilişkisiz olamaz, ama yine de siyasetten cinselliğin bir sorun olmasına son verecek koşulları sağlaması beklenemez.

Demek ki söz konusu olan, bu farklı deneyimlerin siyasetle ilişkisi üzerinde düşünmektir; tabii bundan, bu deneyimleri kuran ilkenin ya da yazgılarını kesin olarak belirleyecek çözümün siyasette aranması gerektiği sonucu çıkarılamaz. Bu tür deneyimlerin siyasette çıkardığı sorunların dikkatle incelenmesi gerekmektedir. Ne var ki, "siyaset" için bir sorun oluşturmanın gerçekten ne anlam taşıdığını belirlemek de bir zorunluluktur. R. Rorty, bu analizlerde herhangi bir "biz"e (konsensüsü, değerleri ve gelenekleriyle bir düşünce çerçevesi oluşturan ve onun geçerli kılınabilmesinin koşullarını belirleyen hiçbir "biz"e) gönderme yapmadığıma işaret ediyor. Oysa sorun, asıl olarak, uyulan ilkeleri ve benimsenen değerleri geçerli kılmak için kendini bir "biz" içine yerleştirmek yerinde midir; yoksa sorunun üzerine giderek, gelecekteki bir "biz" oluşumunu mümkün hale getirmek midir, buna karar vermektir. Çünkü, bana göre, "biz"in sorudan önce gelmesine gerek yoktur; "biz" ancak, formüle edildiği, yani terimlerle sorulduğu biçimiyle sorunun sonucu –ve geçici sonucu– olabilir. Örneğin, *Deliliğin Tarihi*'ni yazdığım sıralarda, kitabı yazarken gönderme yapmakla yetineceğim ve bu kitabın kendiliğinden ifade edeceği, önceden var olan ve toparlayıcı bir "biz" olup olmadığından emin değilim. Laing'in, Cooper'ın, Basaglia'nın ve benim hiçbir ortaklığımız olmadığı gibi, herhangi bir ilişkimiz de yoktur. Ama yapılmış olan çalışma temelinde bir "biz" saptamanın, aynı zamanda bir eylem ortaklığı oluşturması muhtemel bir "biz" saptamanın mümkün olup olmadığını anlama sorunu bizi okuyanlar için ve aramızda bazıları için söz konusu olmuştur.

Ben hiçbir zaman hiçbir konuyu siyasetin bakış açısıyla analiz etmeye çalışmadığım gibi, siyaseti de daima yüz yüze olduğu sorunlar konusunda söylemek durumunda kaldığı şeyler kapsamında sorgulamaya çalışmışımdır. Siyaseti, benimsediği konumlar, bunun için gösterdiği nedenler konusunda sorguluyor; ama yaptığım işin teorisini kurmasını istemiyorum. Ben Marksizmin ne düşmanı ne de yandaşıyım; ben Marksizmi, kendisine ilişkin sorular yönelten deneyimler hakkında söylemek durumunda olduğu şeyler konusunda sorguluyorum.

Mayıs 1968 olaylarına gelince, bence bu olaylar başka bir sorunsala dayanmaktadır. Ben o günlerde Fransa'da değildim; Fransa'ya ancak birkaç ay sonra dönebildim. Bu olayda birbiriyle tümüyle çelişik öğeler bulunabilir gibi geldi bana: Bir yandan, siyasetle geleneksel olarak kendi alanının parçasını oluşturmayan bir dizi soru (kadınlar hakkında, cinsler arasındaki ilişkiler hakkında, tıp hakkında, akıl hastalığı hakkında, çevre hakkında, azınlıklar hakkında, suç işleme eğilimi hakkında) yöneltmek doğrultusunda çok yaygın bir çaba harcanırken; öbür yandan, bütün bu sorunları az çok doğrudan Marksizmden kaynaklanan bir kuramın sözdağarıyla yeniden yazıya dökmek yönünde bir arzu gözleniyordu.

Oysa o zaman belirgin olan süreç bu sorunlara Marksist doktrin tarafından el konmasına değil; tam tersine Marksizmin bu sorunlarla yüzleşmekte giderek daha belirginleşen bir aczine götürdü. Dolayısıyla, kendileri siyasi doktrinden kaynaklanmayan, ama siyasete yöneltilen sorgulamalarla karşı karşıya kalındı. Bu açıdan bakıldığında, sorgulama eyleminin bu çerçevede özgürleşmesi benim gözümde olumlu bir rol oynamıştı: artık, sorgulama eyleminin siyasi bir doktrin çerçevesinde yeni bir temele oturtulmasından ziyade, siyasete yöneltilen çok çeşitli sorularla karşılaşılmaktaydı.

Soru: Çalışmalarınızın etik, siyaset ve hakikat soybilimi arasındaki ilişkilerde odaklandığını söyler miydiniz?

Foucault: Kuşkusuz, bir anlamıyla, benim bilim, siyaset ve etik arasındaki ilişkileri analiz etmeye kalkıştığım söylenebilir. Ama bunun, benim yapmaya giriştiğim çalışmanın bütünüyle doğru bir temsilini oluşturduğu kanısında değilim. Ben o düzeyde kalmak istemiyor; tam tersine, bu süreçlerin bilimsel bir alanın, bir siyasi yapının ve ahlâki bir pratiğin oluşmasında birbirlerine nasıl müdahale edebileceğini anlamaya çalışıyorum. Örnek olarak psikiyatriye bakalım: Kuşku yok ki, psikiyatri bugün, hâlâ gevşek bir yapıya sahip olsa bile, epistemolojik yapısı bakımından analiz edilebilir; içinde faaliyet gösterdiği siyasi kurumlar çerçevesinde de analiz edilebilir. Gene, psikiyatristin kendisi açısından olduğu kadar, psikiyatrinin nesnesi olan kişi açısından da doğurduğu etik sonuçlarıyla incelenebilir. Oysa ben hiç böyle bir amaç gütmedim. Bilakis, psikiyatrinin bir bilim olarak oluşmasının, onun alanının belirlenmesi ve nesnesinin tanımlanmasında nasıl siyasi bir yapı ile ahlâki bir pratiğin içerimlendiğini anlamaya çalıştım: hem psikiyatrinin zaman içerisinde bir bilim olarak örgütlenmesi tarafından öngörülmeleri hem de oluşum sonucunda değişime uğramaları anlamında, diğeri gene bu gelişme sonucunda değişime uğramasında somutlanan iki anlamda söz konusuydu. Bildiğimiz haliyle psikiyatri, siyasi yapıların kendi arasındaki etkileşim ve bir etik tutumlar kümesi olmadan var olamaz; oysa buna karşılık, bir bilgi alanı olarak deliliğin kurulması siyasi pratikleri ve bu pratiklerin kapsadığı etik tutumları değiştirmiştir. Bu, deliliğin bilimsel bilginin özgül bir alanı olarak kurulmasında siyasetin ve etiğin rolünün saptanmasıyla, ayrıca bunun siyasi ve etik pratikler üzerindeki etkilerinin analiz edilmesiyle ilgili bir olaydı.

Aynı durum suç konusunda da geçerlidir. Söz konusu olan hangi siyasi stratejinin, suçluluğa belli bir konum verirken, belli bilgi biçimleri ile belli ahlâki tavırlara başvurabilmiş olacağını görmek; aynı zamanda, bu bilgi kiplikleri ile ahlâk biçimlerinin disiplinci teknikler tarafından nasıl yansıtılıp değiştirilmiş olabileceğini anlama sorunuydu. Cinsellik örneğinde, benim belirlemeye çalıştığım bir ahlâki tutumun oluşumuydu; ancak ben bunu, cinselliğin siyasi yapılarla (özünde özdenetim ile başkaları üzerindeki tahakküm arasındaki ilişkide) ve bilgi kiplikleriyle (özbilgi ile değişik etkinlik alanlarının bilgisi) karşılıklı etkileşimi aracılığıyla yeniden oluşturmaya çalıştım.

Dolayısıyla bu üç alanda da (delilik, suça eğilim ve cinsellik) her defasında tikel bir yanı vurguladım: Bunlar, bir nesnelliğin kurulması, bir kendilik siyaseti ve yönetiminin oluşumu, bir kendilik ahlâkı ile pratiğinin geliştirilmesidir. Ama her seferinde de, bir deneyim alanı oluşturmak açısından zorunlu olan diğer iki bileşenin burada işgal ettiği yeri göstermeye çalıştım. Söz konusu olan, esasında, her deneyimin üç temel öğesinin (bir hakikat oyunu, iktidar ilişkileri, insanın kendisiyle ve başkalarıyla ilişkilerinin biçimleri) içerimlendiği farklı örneklerdir. Bu örneklerin her biri belirli bir biçimde (delilik deneyimi son zamanlarda esasen bir bilgi alanı olarak, suç deneyimi ise bir siyasi müdahale alanı olarak düzenlenirken, cinsellik deneyimi etik bir konumla belirlendiği için) bu üç yönden birisini vurguluyorsa, her seferinde diğer iki unsurun nasıl var olduğunu, hangi rolleri oynadıklarını ve her birinin diğer ikisindeki köklü değişikliklerden nasıl etkilendiğini gözler önüne sermeye çalışmışımdır.

Soru: Son zamanlarda bir "sorunsallar tarihi"nden söz ediyorsunuz. Nedir bu sorunsallar tarihi?

Foucault: Uzun bir süreden beri, hem fikir tarihinden (bununla, temsil sistemlerinin analizini kastediyorum) hem de zihniyet tarihinden (bununla da tutumların ve davranış şemalarının analizini kastediyorum) apayrı bir düşünce tarihi ortaya koymanın mümkün olup olmayacağını anlamaya çaba göstermekteyim. Bence düşünce tarihini oluşturabilecek bir öğe vardı: Bu, sorunlar ya da daha tam bir ifadeyle sorunsallardı. Düşünceyi ayırt eden özellik, onun belirli bir davranışın temelini oluşturan temsiller bütününden, ayrıca bu davranışı belirleyebilecek tutumlar alanından tamamen farklı bir şey olmasıdır. Düşünce, belirli bir davranışa işlemiş olan ve ona anlamını veren şey değil; tersine, bu eylem ya da tepki gösterme tarzından geri çekilip, onu, kendine bir düşünce nesnesi olarak sunma ve anlamı, koşulları ve amaçları konusunda sorgulamaya olanak tanıyan şeydir. Düşünce insanın yaptıklarından özgür olması; yaptıklarından kopma, onları bir nesne olarak kurma ve sorun olarak düşünme hareketidir.

Düşüncenin incelenmesinin bir özgürlüğün analiz edilmesi olduğunu söylemek, sadece kendisine gönderme yapan formel bir sistemle uğraşmak anlamına gelmez. Aslında, bir eylem alanının, bir davranışın düşünce alanına girmesi için, belli sayıda faktörün onu belirsiz bir duruma getirmesi, onun herkesçe bilinen özelliklerini kaybettirmesi ya da onun etrafında birçok güçlük yaratması gerekir. Bu unsurlar toplumsal, ekonomik ya da siyasi süreçlerin ürünüdür. Ancak bu noktada yalnızca kışkırtıcı bir rol oynarlar. Bu unsurlar, düşüncenin etkin bir sorunsallaştırması gündeme gelmeden önce, çok uzun süre var olabilir ve eylemlerini gerçekliğe çevirebilirler. Düşünce işin içine karıştığı zaman da, bu güçlüklerin doğrudan sonucu ya da zorunlu ifadesi olan tek bir biçim almaz; bir durum ya da bağlam tarafından tanımlanmış ve mümkün bir soru olarak değer taşıyan bu güçlüklere çoğu zaman çok biçimli ve hatta farklı yanlarıyla çelişik özgün ya da spesifik bir cevaptır.

Tek bir güçlükler kümesine karşı çeşitli cevaplar verilebilir. Zaten çoğu zaman da hakikaten farklı cevaplar ortaya atılır. Ama burada anlaşılması gereken nokta, onları eşzamanlı olarak neyin mümkün kıldığıdır: Bu, onların eşzamanlılığının yattığı nokta, onları bütün çeşitlilikleriyle, bazen çelişkilerine rağmen besleyebilecek olan topraktır. On sekizinci yüzyılda akıl hastalığıyla ilgili pratiğin çıkardığı farklı güçlükler konusunda çok çeşitli çözümler önerilmişti. Tuke'un ve Pinel'in önerileri buna birer örnektir. Aynı şekilde, on sekizinci yüzyılın ikinci yarısında cezalandırma pratiğinde karşılaşılan güçlükler için tüm bir çözüm kümesi önerilmiştir. Gene, çok uzak bir örneği alırsak, Helenistik dönemin çeşitli felsefe okulları geleneksel cinsel etiğin güçlüklerine farklı çözümler önermişlerdir.

Ama, bir düşünce tarihinin işi, bu çeşitli çözümlerin kökeninde, onları mümkün kılan genel sorunsallaştırma biçimini; ya da bir pratiğin güçlük ve engellerinin çeşitli pratik çözümler önerilmesini sağlayan genel bir soruna dönüşmesini neyin sağladığını ortaya çıkarmaktır. Söz konusu güçlüklere cevabı veren şey sorunsallaştırmadır; ama bunu, onları tercüme etmek ya da dışavurmaktan farklı bir yolla yapar. Bu güçlüklerle bağlantılı olarak, mümkün cevapların verilebileceği koşulları geliştirir, farklı çözümlerin cevaplamaya çalıştıkları şeyi oluşturacak unsurları belirler. Bir verinin bir soru halini alması, bir grup engel ve güçlüğün çeşitli çözümlerle cevap bulunmaya çalışılacak sorunlara dönüşmesi: Sorunsallaştırmanın amacını ve düşüncenin spesifik eserini oluşturan şey budur.

Bunun, yapıbozum çerçevesinde bir analizden ne kadar uzak olduğu (iki yöntemin birbirine karıştırılması temkinsizlik olurdu) açıkça ortadadır. Tersine söz konusu olan bir soruna getirilen farklı çözümlerin nasıl oluştuğunun, ama aynı zamanda farklı çözümlerin nasıl spesifik bir sorunsallaştırma biçiminin ürünü olduğunun anlaşılmaya çalışıldığı bir eleştirel analiz hareketidir. O zaman da, diğerlerine eklenebilecek her yeni çözümün, sadece cevapların temellendiği postulat ya da ilkelerin bazılarını değiştirerek, o anki sorunsallaştırmadan çıkacağı anlaşılır. Felsefi ve tarihsel düşünme çalışması, ancak sorunsallaştırmanın açıkça bir temsiller düzenlemesi şeklinde değil; bir düşünce çalışması olarak kavranması koşuluyla, tekrar düşünce çalışması alanına aktarılmış olur.

Çev.: Osman Akınhay

XVI
Hükümetlere karşı, insan hakları*
(müdahale)

M. Foucault bu metni, Haziran 1981' de Korsanlığa Karşı Uluslararası Komite'nin Cenevre'de kuruluşunu duyuran basın toplantısı vesilesiyle, yazdıktan birkaç dakika sonra okudu. Ardından, yeni bir İnsan Hakları Bildirgesi'ne varmak umuduyla mümkün olduğunca fazla insanı bu metin dolayısıyla harekete geçirmeye çabaladı.

Konuşmak ve bir arada konuşmak için burada bulunan bizler, meydana gelen olayları hoş görmekte belli bir ortak güçlük çekmekten başka sıfatı olmayan özel** kişileriz.

Biliyorum ve gerçeği kabul etmek gerekir: İnsanları ülkelerinde

---

* *"Face aux gouvernements, Les droits de l' homme"*, *Libération*, no. 967, 30 Haziran-1 Temmuz 1984, s. 22.
** Tüzel ya da kamu kişiliğine sahip olmayan anlamında. (ç.n.)

yaşamak yerine terk etmeye yönelten nedenlere ilişkin fazla bir şey yapamıyoruz. Bu olay bizim gücümüzün dışındadır.

Kim bizi görevlendirdi? Kimse. Bizim hakkımızı oluşturan da tam budur. *Ile-de-Lumière*, Anamour Burnu, El Salvador İçin Uçak ve İnsanların Yeryüzü, Uluslararası Af Örgütü* gibi önceki birçok inisiyatife rehberlik etmiş olduğunu düşündüğüm üç ilkeyi unutmamamız gerektiği kanısındayım.

1) Faili kim olursa olsun, kurbanları kim olursa olsun, bütün iktidar suiistimallerine karşı çıkmaya davet eden, hakları ve ödevleri olan bir uluslararası yurttaşlık vardır. Sonuçta hepimiz birer yönetileniz ve bu sıfatla da, dayanışma içindeyiz.

2) Hükümetler, toplumların mutluluğuyla ilgilenmek iddiasında olduklarından, kararlarının insanlarda neden olduğu veya ihmallerinin yol açtığı mutsuzluklar hükümetlerin kâr-zarar hanesine geçirilmelidir. İnsanların mutsuzluğundan hükümetlerin sorumlu olmadıkları fikri yanlış olduğundan, insanların mutsuzluğunu hükümetlerin gözlerine ve kulaklarına sokmak bu uluslararası yurttaşlığın her zaman görevidir. İnsanların mutsuzluğu asla siyasetin dilsiz bir kalıntısı olmamalıdır. Bu mutsuzluk iktidarı ellerinde tutanlara seslenmeyi ve başkaldırmayı mutlak bir hak olarak meşrulaştırır.

3) Bize sıkça önerilen şu görev paylaşımını reddetmek gerekir: Bireylere sinirlenme ve konuşma hakkı; hükümetlere de düşünme ve harekete geçme hakkı. Doğrudur: İyi hükümetler yönetilenlerin kutsal kızgınlığını severler, yeter ki bu kızgınlık bir coşku olmaktan öteye geçmesin. Genellikle konuşanların yöneticiler olduğunu, konuşmaktan başka bir şey yapamayacaklarını ve yapmak istemediklerini fark etmek gerektiği kanısındayım. Bize önerilen teatral rol olan saf ve basit hoşnutsuzluk rolünü reddetmek gerektiğini ve reddedilebileceğini deneyim göstermektedir. Uluslararası Af

---

* M. Foucault burada, 1979 yılında Çin Denizi'nde *boat people*'a yardıma giden hastane gemisi *Ile-de-Lumière*'den bütün siyasi mahkûmların uluslararası savunmasına kadar uzanan sivil toplum örgütlerinin insani inisiyatiflerini anmaktadır; bu örgütler 1970'li yıllardan itibaren bütün çatışma kurbanlarına yeni serbest giriş hakkı elde etmeye çalışmaktadırlar.

Örgütü, İnsanların Yeryüzü, Dünya Doktorları, özel bireylerin uluslararası stratejiler ve siyasetler düzenine fiili müdahale hakkı biçimindeki bu yeni hakkı yaratmış olan inisiyatiflerdir. Bireylerin iradesi hükümetlerin tekelinde tutmaya çalıştığı bir gerçekliğin içine dahil edilmelidir, bu tekel her gün ve adım adım sökülüp alınmalıdır.

(Cilt IV, s. 707-708.)
Çev.: Işık Ergüden

XVII
Başka mekânlara dair*
(*konferans*)

On dokuzuncu yüzyılın büyük saplantısı, bilindiği gibi, tarihti: gelişme ve duraklama temaları, kriz ve döngü temaları, geçmişten gelen birikim, ölümlerin aşırı artması, dünyayı tehdit eden soğuma temaları. On dokuzuncu yüzyıl, mitolojik kaynaklarının özünü termodinamiğin ikinci ilkesinde buldu. İçinde bulunduğumuz dönem, belki de, daha ziyade, mekân dönemidir. Eşzamanlının dönemindeyiz, yan yana koyma dönemindeyiz, yakın ve uzak döneminde, yan yananın, kopuk kopuğun dönemindeyiz. Bence, dünyanın ken-

---
* "*Des espaces autres*", Cercle d'études architecturales'da konferans, 14 Mart 1967, *Architecture, Mouvement, Continuité*, no. 5, Ekim 1984, s. 46-49.
M. Foucault, 1967 yılında Tunus'ta yazılmış bu metnin yayınına ancak 1984 ilkbaharında izin vermiştir.

dini, zaman boyunca gelişen uzun bir ömürden ziyade, noktaları birbirine bağlayan ve kendi yumağını ören bir ağ gibi hissettiği bir dönemdeyiz. Belki de, günümüzün polemiklerini yönlendiren kimi ideolojik çatışmaların, zamanın inançlı evlatlarıyla mekânın kararlı sakinleri arasında cereyan ettiği söylenebilir. Yapısalcılık ya da en azından, az çok genel bu ad altında toplanan şey, zaman dolayımıyla bölüştürülebilen elemanlar arasında, bunları yan yana, karşılıklı, birbirini içerimleyecek biçimde, kısacası bir tür bileşim olarak ortaya çıkarabilen bir ilişkiler toplamı oluşturma çabasıdır; ve doğrusu, bunu derken, yapısalcılık zamanı inkâr etmemektedir; bu, zaman denen şeyi ve tarih denen şeyi ele almanın belli bir biçimidir.

Yine de, günümüzde kaygılarımızın, teorimizin, sistemlerimizin ufkunda ortaya çıkan mekânın bir yenilik olmadığını görmek gerekir; Batı deneyiminde mekânın kendisinin bir tarihi vardır ve zamanın mekânla olan bu kaçınılmaz kesişmesini bilmezlikten gelmek mümkün değildir. Mekânın bu tarihini kabaca belirtirsek, ortaçağda, hiyerarşik bir yerler bütünü olduğunu söyleyebiliriz: kutsal ve dünyevi yerler, korunaklı yerler ve tersine açık ve korunmasız yerler, kentsel yerler ve köylük yerler (İşte, bunlar insanların gerçek yaşamı içindir); kozmolojik teoriye göre, göksel yerlerin karşısında üst-göksel yerler vardı; ve göksel yerler dünyevi yerlere karşıttı; şiddetli bir şekilde yer değiştirmiş şeylerin yerleşmiş bulundukları yerler olduğu gibi, tersine, şeylerin doğal mevkilerini ve dinginliklerini buldukları yerler de vardı. Çok kabaca ortaçağ mekânı denebilecek şey –bir yere yerleştirilmenin mekânı–, tüm bu hiyerarşi, tüm bu karşıtlık, tüm bu kesişmedir.

Bu yerleştirilme mekânı Galileo'yla birlikte parçalandı; çünkü Galileo'nun eserinin asıl büyük günahı, Dünya'nın Güneş etrafında döndüğünü keşfetmiş, daha doğrusu yeniden keşfetmiş olması değil, sonsuz ve son derece açık bir mekân kurmuş olmasıdır; öyle ki, ortaçağ yeri bir anlamda bu mekânda erimiş, bir şeyin yeri artık hareketi içindeki bir noktadan ibaret hale gelmiştir, tıpkı bir şeyin duruyor olmasının son derece yavaşlamış hareketinden başka bir şey olmaması gibi. Başka deyişle, Galileo'dan itibaren

–on yedinci yüzyıldan itibaren– uzam yerleştirilmenin yerine geçmiştir.

Günümüzde ise, yerleştirilmenin yerini almış olan uzamın yerine mevki geçti. Mevki, noktalar ya da unsurlar arasındaki yakınlık ilişkileriyle tanımlanır; biçimsel olarak bu ilişkiler, diziler, ağaçlar, kafesler olarak betimlenebilir.

Diğer yandan, çağdaş teknikte mevki sorunlarının önemi biliniyor: enformasyonun ya da bir hesabın kısmi sonuçlarının, bir makinenin hafızasına depolanması, tesadüfi çıkışlı ayrı ayrı unsurların dolaşımı (örneğin, karayolundaki trafik, hatta telefon hattındaki sesler gibi), kimi zaman tesadüfi bölüştürülmüş, kimi zaman tek anlamlı bir sınıflandırmaya dahil edilmiş, kimi zaman da çok anlamlı bir sınıflandırmaya göre sınıflandırılan bir bütünün içinde işaretlenmiş ya da kodlanmış unsurların saptanması, vs.

Daha somut bir biçimde, yer ya da mevki sorunu demografi terimleriyle insanların karşısına çıkar; bu mevki sorunu, sadece dünyada insana yeterince yer olup olmadığını bilme sorunu –çok önemli bir sorun olsa da– değildir; bu, aynı zamanda, belirli bir durumda belirli bir amaca ulaşmak için hangi yakınlık ilişkilerinin, insani unsurların hangi depolama, dolaşım, saptama ve sınıflandırmalarının tercihen akılda tutulması gerektiğini de bilmektir. Mekânın, bize mevkilendirme ilişkileri biçiminde sunulduğu bir dönemde yaşıyoruz.

Her durumda, günümüzdeki kaygının, kuşkusuz zamandan ziyade, esas olarak mekânla ilgili olduğu kanısındayım; zaman, muhtemelen, mekânda bölüşülen unsurlar arasında mümkün olan dağılım oyunlarından biri olarak karşımıza çıkar.

Oysa, çağdaş mekân, onu kuşatan tüm tekniklere rağmen, onu belirlemeye ya da biçimlendirmeye yarayan bütün bilgi ağına rağmen –on dokuzuncu yüzyılda kutsallıktan arındırılmış bulunan zamandan kuşkusuz farklı olarak– belki henüz tümüyle kutsallıktan arındırılmış değildir. Elbette, (Galileo'nun eserinin işaret ettiği) mekânın teorik olarak kutsallıktan arındırılması bir ölçüde meydana gelmiştir, fakat mekânın pratik olarak kutsallıktan uzaklaştırılmasına belki henüz erişmedik. Ve belki yaşamımız hâlâ dokunulmazlığını koruyan, kurumun ve pratiğin dokunmaya cesaret edemediği bazı karşıtlıkların hükmü altındadır: veri olarak kabul ettiğimiz karşıtlıklar: örneğin, özel mekânla kamusal mekân arasında, aile mekânı ile toplumsal mekân arasında, kültürel mekân ile yararlı mekân arasında, boş vakit mekânı ile çalışma mekânı arasındaki karşıtlıklar; bunların hepsi hâlâ açıkça belli olmayan bir kutsallaştırmayla yönetilirler.

Bachelard'ın –engin– eseri ve fenomenologların tanımları, homojen ve boş bir mekânda değil; tersine, tamamen niteliklerle dolu bir mekânda, belki fantazmaların musallat olduğu bir mekânda yaşadığımızı bize öğrettiler; temel algımızın mekânı, düşlerimizin, tutkularımızın mekânı bazı içkin niteliklere kendilerinde sahiptir; bu, ya hafif, uçucu, şeffaf bir mekândır ya da karanlık, pürüzlü, dolu bir mekândır: yukarıdan bir mekândır, dorukların mekânıdır ya da tersine, aşağıdan bir mekândır, çamur mekânıdır, su gibi akabilen bir mekândır ya da taş gibi, kristal gibi sabitlenebilen, dondurulabilen bir mekândır.

Bununla birlikte, bu analizler, çağdaş düşünce için çok önemli olsalar da, özellikle iç mekânla ilgilidirler. Şimdi size sözünü etmek istediğim şey, dış mekândır.

İçinde yaşadığımız, bizi kendi dışımıza çeken, özellikle yaşamımızın, zamanımızın ve tarihimizin erozyona uğradığı mekân, bizi kemiren ve aşındıran bu mekân, heterojen bir mekândır. Başka deyişle, içine bireylerin ve şeylerin yerleştirilebileceği bir tür boşluk içinde yaşamıyoruz. Işıl ışıl farklı renklerle boyalı bir boşluğun içinde yaşamıyoruz, birbirine asla indirgenemez olan ve asla üst üste konamayan mevkiler tanımlayan bir ilişkiler bütünü içinde yaşıyoruz.

Elbette, bu mevkiyi tanımlamada kullanılacak ilişkiler bütününün ne olduğunu arayarak, bu farklı mevkileri tanımlamaya girişebiliriz. Örneğin, pasajların, sokakların, trenlerin mevkilerini tanımlayan ilişkiler bütününü betimlemek (Bir tren, içinden geçilen bir şey olduğu için, aynı zamanda bir noktadan diğerine geçmek için kullanılan ve dahası kendi de geçen bir şey olduğundan olağanüstü bir ilişkiler ağıdır). Geçici, ara mevkiler olan cafe'ler, sinemalar, plajlar, bu mevkileri tanımlamayı sağlayan ilişkiler ağı dolayısıyla betimlenebilir. Ev, oda, yatak, vs.'nin oluşturduğu kapalı ya da yarı açık dinlenme mevkisi de, ilişkiler ağı dolayısıyla betimlenebilir. Fakat tüm bu mevkiler içinde beni ilgilendiren, tüm diğer mevkilerle ilişkide olmak gibi ilginç bir özelliği olan; ama belirttikleri, yansıttıkları ya da temsil ettikleri ilişkiler bütününü erteleyen, etkisizleştiren ya da tersine çeviren mevkilerdir. Tüm diğer mevkilerle bir anlamda ilişkide olan, yine de tüm diğerlerini yadsıyan bu mekânlar iki ana türe ayrılır.

Önce, ütopyalar vardır. Ütopyalar, gerçek yeri olmayan mevkilerdir. Bunlar, toplumun gerçek mekânıyla doğrudan ya da tersine dönmüş, genel bir analoji ilişkisi sürdüren mevkilerdir. Bu, ya mükemmelleşmiş toplumdur ya da toplumun tersidir; fakat her halükârda, bu ütopyalar özünde, esas olarak gerçekdışı olan mekânlardır.

Yine ve muhtemelen bütün kültürlerde, bütün uygarlıklarda gerçek yerler, fiili yerler vardır, bizzat toplumun kurumlaşmasında yer alan ve karşı-mevki türleri olan, fiilen gerçekleşmiş ütopya türleri olan yerler vardır –gerçek mevkiler, kültürün içinde bulunabilecek tüm diğer gerçek mevkiler bunların içinde hem temsil edilir hem de tartışılır ve tersine çevrilir–, bunlar fiili olarak bir yere yerleştirilebilir olsalar da bütün yerlerin dışında olan yer çeşitleridir. Bu yerler, yansıttıkları ve sözünü ettikleri tüm mevkilerden kesinlikle farklı olduklarından, bunları, ütopyalara karşıt olarak heterotopya diye adlandırıyorum; ve sanıyorum ki, ütopyalarla kesinlikle başka olan bu mevkiler, bu heterotopyalar arasında kuşkusuz bir tür karma, ortak deneyim vardır ki bu aynadır. Ayna, sonuçta, bir ütopyadır; çünkü yeri olmayan yerdir. Aynada kendimi olmadığım yerde görürüm, yüzeyin ardında sanal olarak açılan gerçekdışı bir mekânda görürüm, oradayımdır, olmadığım yerde, kendi görünürlüğümü bana veren, olmadığım yerde kendime bakmamı sağlayan bir tür gölge: Ayna ütopyası. Fakat, gerçekten var olduğu ölçüde ve benim bulunduğum yerde bir tür geri dönüş etkisine sahip olduğu ölçüde, ayna aynı zamanda bir heterotopyadır; kendimi orada gördüğümden, bulunduğum yerde olmadığımı aynadan yola çıkarak keşfederim. Aynanın öte yüzünde olan bu sanal mekânın dibinde, bir anlamda bana yönelen bu bakış dolayısıyla kendime geri dönerim ve gözlerimi kendime doğru yöneltmeye ve yeniden kendimi bulunduğum yerde oluşturmaya yeniden başlarım; ayna, aynaya baktığım anda işgal ettiğim bu yeri hem kesinlikle gerçek –çevreleyen bütün uzamla ilişki içinde– hem de kesinlikle gerçekdışı kıldığı anlamda –çünkü algılanmak için oradaki bu sanal noktadan geçmek zorundadır– bir heterotopya gibi işler.

Kelimenin gerçek anlamıyla heterotopyalara gelince, bunlar nasıl tanımlanabilir, ne anlamları vardır? Verili bir toplumda, bu farklı mekânların, bu başka yerlerin incelenmesini, analizini, betimlemesini, –günümüzde sevilen deyimle– "okunma"sını konu edinmiş olan –bilim demiyorum çünkü bu günümüzde fazlasıyla heder edilmiş bir kelimedir– bir tür sistematik tanımını, yaşadığımız uzamın hem mitik hem de gerçek bir tür tartışmasını düşünebiliriz; bu betimleme, heterotopoloji diye adlandırılabilir. Birinci kural, muhtemelen, dünyada heterotopya oluşturmayan tek bir kültürün bile olmamasıdır. Bu, her insan grubu için bir değişmezdir. Fakat, heterotopyalar elbette çok çeşitli biçimler alır ve belki, mutlak anlamda evrensel olan tek bir heterotopya bile bulunmaz. Yine de, iki büyük tür halinde sınıflandırılabilirler.

"İlkel" denen toplumlarda kriz heterotopyaları diye adlandırdığım belli bir heterotopya biçimi vardır, yani toplum karşısında ve insanların içinde yasadıkları insani ortamda kriz durumunda bulunan bireylere –yeniyetmeler, âdet dönemindeki kadınlar, hamile kadınlar, yaşlılar, vs.– ayrılmış ayrıcalıklı, kutsal ya da yasak yerler vardır.

Bizim toplumumuzda, bu kriz heterotopyaları, hâlâ bazı kalıntılarına rastlansa da, kayboluyorlar. Örneğin, erkek cinselliğinin ilk belirtilerinin özellikle aileden "başka yerde" vuku bulmuş olması gerektiğinden, on dokuzuncu yüzyıldaki biçimiyle yatılı okul ya da erkek çocuklar için askerlik hizmeti kesinlikle böyle bir rol oynamışlardır. Genç kızlar için, yirminci yüzyılın ortasına kadar "balayı seyahatleri" diye adlandırılan bir gelenek vardı; bu, atalardan gelen bir temaydı. Genç kızın bekâretini kaybetmesi "hiçbir yerde" olabiliyordu ve o dönemde, tren, balayı oteli, bu hiçbir yerin yeriydi, coğrafi koordinatları olmayan bu heterotopyaydı.

Fakat, bu kriz heterotopyaları günümüzde yok olmaktadır ve sanıyorum, onların yerine sapma diye adlandırılabilecek heterotopyalar almaktadır: Davranışı, ortalamaya ya da istenen norma göre sapma olan insanların içine yerleştirildiği heterotopya. Bunlar dinlenme evleri, psikiyatri klinikleridir; bunlar, elbette, hapishanelerdir de ve kuşkusuz, kriz heterotopyasının ve sapma heterotopyasının bir anlamda sınırında olan –çünkü ne de olsa yaşlılık bir krizdir fakat aynı zamanda bir sapmadır, çünkü boş zamanın bir kural olduğu toplumumuzda aylaklık bir tür sapmadır– huzurevlerini de ekleyebiliriz.

Heterotopyaların bu betimlenmesinin ikinci ilkesi, bir toplumun, tarihi boyunca, var olan ve var olmaya devam eden bir heterotopyayı çok farklı biçimde işletebileceğidir; gerçekten de, her heterotopyanın toplum içinde belirgin ve kesin bir işlevi vardır ve aynı heterotopya, içinde bulunduğu kültürün eşzamanlılığına göre, şu ya da bu işlevi edinebilir.

Örnek olarak, ilginç bir heterotopya olan mezarlığı alıyorum. Mezarlık, kuşkusuz, sıradan kültürel mekânlara göre başka bir yerdir, yine de kentin, toplumun ya da köyün bütün mevkileriyle ilişkide olan bir uzamdır, çünkü her bireyin, her ailenin mezarlıkta akrabaları olabilir. Batı kültüründe mezarlık, pratik olarak, her zaman var oldu. Fakat önemli değişimler geçirdi. On sekizinci yüzyılın sonuna kadar mezarlık kentin ortasında, kilisenin yanında bulunuyordu. Burada, olabilecek her tür kabir hiyerarşisi mevcuttu. Cesetlerin, bireyselliklerini en ufak izine varıncaya kadar kaybettikleri kemiklikler var olduğu gibi, bazı kişisel mezarlar ve kilisenin içinde bulunan mezarlar vardı. Bu sonuncu mezarlar iki çeşitti. Ya bir işareti olan basit kapak taşları ya da anıtları olan mozoleler. Kilisenin kutsal mekânında bulunan bu mezarlık modern uygarlıklarda tamamen farklı bir görünüm edinmiştir ve ilginç biçimde, uygarlığın –kabaca bir ifadeyle– "tanrıtanımaz" olduğu dönemde Batı kültürü ölü kültü denen şeyi başlatmıştır.

Aslında, bedenlerin dirilişine ve ruhun ölümsüzlüğüne fiilen inanılan dönemde ölüden arta kalan şeye büyük bir önem verilmemiş olması çok doğaldı. Tersine, insanın bir ruha sahip olduğuna, bedenin dirileceğine pek inanılmadığı dönemden itibaren, sonuçta dünyadaki ve ölümlüler arasındaki varoluşumuzun tek izi olan, ölüden kalanlara belki daha fazla dikkat etmek gerekmiştir.

Her halükârda, on dokuzuncu yüzyıldan itibaren herkesin kendi kişisel kalıntısı için küçük bir kutuya sahip olma hakkı oldu; fakat, diğer yandan, ancak on dokuzuncu yüzyıldan itibaren mezarlıklar şehirlerin dış sınırına konmaya başlandı. Ölümün bu bireyselleştirilmesi ve mezarlığın burjuvazi tarafından sahiplenilmesiyle birlikte, "hastalık" olarak ölüm takıntısı doğdu. Yaşayanlara hastalık getirenlerin ölüler olduğu varsayıldı ve ölülerin evlerin hemen yakınındaki, kilisenin hemen yakınındaki, neredeyse sokağın ortasındaki varlığı ve yakınlığının ölümü yayan şey olduğu varsayıldı. Mezarlıklardan salgın yoluyla yayılan hastalık teması, bu büyük tema on sekizinci yüzyıl sonunda da varlığını sürdürdü; ve mezarlıkların kenar mahallelere doğru taşınmasına ancak on dokuzuncu yüzyıl içinde başlandı. Bu dönemde mezarlıklar kentin kutsal ve ölümsüz rüzgârını değil, her ailenin kendi karanlık ikametine sahip olduğu "öteki şehir"i meydana getirir.

Üçüncü ilke. Heterotopyanın, birçok mekânı, birçok mevkiyi kendi içlerinde bağdaşmaz olan birçok mekânı tek bir gerçek yerde yan yana koyma gücü vardır. Örneğin tiyatro birbirine yabancı bir dizi yeri, sahnenin dikdörtgeni üzerinde art arda geçirir; örneğin sinema çok ilginç, dörtgen şeklinde bir salondur, dibindeki iki boyutlu bir ekranda üç boyutlu bir mekânın yansıdığı görülür; fakat belki de çelişik mevkiler biçimindeki bu heterotopyaların en eskisi, en eski örnek bahçedir. Günümüzde binlerce yıllık geçmişi olan şaşırtıcı yaratı eseri bahçenin Doğu'da çok derin ve üst üste konmuş anlamları olduğunu unutmamak gerekir. Geleneksel Acem bahçesi, dört köşesinde dünyanın dört diyarını bir araya getiren kutsal bir mekândı, merkezinde ise, diğerlerinden daha kutsal olan, dünyanın ortasındaki göbek gibi olan bir mekân vardı (havuz ve su fıskıyesi buradaydı); ve bahçedeki bütün bitkiler bu mekânda, bu mikrokozmosta pay edilmişti. Halılara gelince, onlar, aslında, bahçenin röprodüksiyonlarıydı. Bahçe, tüm dünyanın simgesel mükemmelliğinin gerçekleştiği bir halıdır ve halı ise, mekân boyunca hareket eden bir tür bahçedir. Bahçe, hem dünyanın en küçük parçası hem de tümüdür. Bahçe, antikçağın başından beri mutlu ve evrenselleştirici bir tür heterotopyadır (bizim hayvanat bahçelerimiz buradan kaynaklanır).

Dördüncü ilke. Heterotopyalar, genellikle, zamanın bölünmesine bağlıdırlar, yani katışıksız simetriyle, heterokroni diye adlandırılabilecek şeye açılırlar; insanlar geleneksel zamanlarıyla bir tür mutlak kopma içinde olduklarında heterokroniler tam olarak işlemeye başlar; böylece, mezarlığın son derece heterotopik bir yer olduğu görülür, çünkü mezarlık, bir birey için yaşamın kaybı anlamına gelen ve yok olmaya, silinmeye devam ettiği o yarı ebedilik olan bu garip heterokroniyle başlar.

Genel anlamda, bizimki gibi bir toplumda, heterotopya ve heterokroni görece olarak karmaşık bir biçimde örgütlenir ve düzenlenir. Öncelikle, sonsuza dek biriken zaman heterotopyaları vardır, örneğin müzeler, kütüphaneler; müzeler ve kütüphaneler, zamanın yığılmaya ve kendi zirvesini aşmaya devam ettiği heterotopyalardır, oysa ki on yedinci yüzyılda, on yedinci yüzyıl sonuna kadar müzeler ve kütüphaneler kişisel bir tercihin ifadesiydi. Buna karşılık, her şeyi biriktirme fikri, bir tür genel arşiv oluşturma fikri, bütün zamanları, bütün dönemleri, bütün biçimleri, bütün zevkleri bir yere kapama istenci, zamanın dışında yer alacak ve zamanın zarar veremeyeceği bir yer oluşturma fikri, kımıldamayacak bir yerde zamanın bir tür kalıcı ve sonsuz birikimini örgütleme projesi; tüm bunlar bizim modernliğimize aittir. Müze ve kütüphane, on dokuzuncu yüzyıl Batı kültürüne özgü heterotopyalardır.

Zamanın biriktirilmesine bağlı olan bu heterotopyaların karşısında, tersine, en önemsiz, en geçici, en eğreti olan şeydeki zamana bağlı heterotopyalar vardır; ve bu, şenlik kipindedir. Bunlar, ezeli olmayan, fakat kesinlikle kronik heterotopyalardır. Tıpkı panayırlar gibi; şehirlerin kıyısındaki bu olağanüstü, boş mevkiler, yılda bir ya da iki kez barakalarla, sergilerle, tuhaf nesnelerle, güreşçilerle, yılan-kadınlarla, falcı kadınlarla dolarlar. Yine, kısa süre önce, yeni bir kronik heterotopya keşfedildi, bunlar tatil köyleridir; köy sakinlerine üç küçük hafta boyunca ilkel ve ezeli bir çıplaklık sunan şu Polinezya köyleri; ve ayrıca burada, heterotopyanın iki biçiminden şenlik ve biriken zamanın ezeliliği heterotopyasının iç içe girdiği görülür. Djerba'daki saz kulübeler bir anlamda kütüphanelerin ve müzelerin akrabasıdır, çünkü Polinezya yaşamına kavuşarak zaman ortadan kaldırılır; fakat aynı zamanda bu kavuşulan zamandır, sanki tüm insanlık tarihine dolaysız bir tür büyük bilgi gibi kavuşmuşuzdur.

Beşinci ilke. Heterotopyalar her zaman bir açılma ve kapanma sistemi gerektirirler; bu, heterotopyaları hem tecrit eder hem de nüfuz edilebilir kılar. Genel olarak, heterotopik bir mevkiye bir değirmene girilir gibi girilmez. Ya orada zorla kalınır; kışlanın, hapishanenin durumu budur ya da kurallara ve arınmalara boyun eğmek gerekir. Oraya ancak belli bir izinle ve belirli davranışları yerine getirdikten sonra girilebilir. Ayrıca, bu arınma faaliyetlerine tümüyle adanmış heterotopyalar da vardır; Müslümanların hamamlarında olduğu gibi yarı-dinsel, yarı-sağlıkla ilgili arınma ya da İskandinav saunalarında olduğu gibi görünüşte tamamen sağlıkla ilgili arınma.

Tersine, düpedüz açık olan, fakat genel olarak, ilginç dışlamaları gizleyen başka heterotopyalar da vardır; bu heterotopik mevkilere herkes girebilir, fakat, doğrusu, bu bir yanılsamadır: İnsan girdiğini sanır, oysa girilmiş olunduğu için bile dışlanılmıştır. Örneğin, Brezilya'nın ve genel olarak Güney Amerika'nın büyük çiftliklerinde var olan şu ünlü odaları düşünüyorum. İçeri girmek için kullanılan kapı, ailenin yaşadığı esas odaya açılmıyordu ve oradan geçen herkesin, her yolcunun bu kapıyı açma, odaya girme ve orada bir gece uyuma hakkı vardı. Oysa, bu kapılar öyle yapılmıştı ki, içeri giren kişi asla ailenin ortasına ulaşamıyordu, kesin olarak tanrı misafiriydi, gerçek anlamda davetli değildi. Bizim uygarlıklarımızda artık pratik olarak kaybolmuş olan bu tür heterotopyayı belki Amerikan motellerinin ünlü odalarında bulabiliriz. Arabayla, yanında metresle girilir ve gayrimeşru cinsellik hem mutlak anlamda emniyet altında hem de mutlak anlamda gizli kapaklı yapılır ve bu arada açıkta yapılmasına izin verilmez.

Nihayet, heterotopyaların sonuncu özelliği, geri kalan mekân açısından da bir işlevlerinin olmasıdır. Bu işlev, iki aşırı uç arasında yayılır. Ya bir yanılsama mekânı yaratarak, insan yaşamının bölümlere ayrıldığı tüm mevkileri, tüm gerçek mekânı daha bir yanılsama olarak teşhir ederler. Artık mahrum olduğumuz şu ünlü genelevlerin uzun süre oynadıkları rol buydu belki. Ya da tersine, bizim mekânımız ne kadar düzensiz, ne kadar kötü yerleştirilmiş ve karmakarışık ise o kadar mükemmel, o kadar titiz, o kadar düzenli olan öteki bir mekân, öteki bir gerçek mekân yaratırlar. Bu, yanılsamanın değil; ödüllendirmenin heterotopyası olur ve bazı koloniler az da olsa bu işlevi görmüş olabilirler.

Bazı durumlarda, koloniler, yeryüzü mekânının genel örgütlenme düzeyinde, heterotopya rolü oynamışlardır. Örneğin, on yedinci yüzyılda, birinci sömürgecilik dalgası sırasında İngilizlerin Amerika'da kurdukları ve tamamen mükemmel öteki yerler olan şu püriten topluluklarını düşünüyorum.

Yine, Güney Amerika'da kurulmuş olan şu olağanüstü Cizvit kolonilerini düşünüyorum: İnsan mükemmelliğinin fiilen gerçekleştiği, son derece kurallı, harikulade koloniler. Paraguay Cizvitleri, yaşamın her noktada kurala bağlandığı koloniler kurmuşlardı. Köy, dörtgen bir meydanın etrafında katı bir düzenlemeye göre dağılmıştı. Ortada kilise vardı; bir yanda okul, diğer yanda mezarlık, kilisenin karşısından bir anacadde geçiyordu ve bir diğeri dik açıyla bunu kesiyordu; ailelerin evleri bu iki eksen boyunca uzanıyordu ve böylece, İsa'nın işareti tam olarak kopya edilmiş oluyordu. Hıristiyanlık, temel işaretiyle Amerikan dünyasının uzamını ve coğrafyasını belirliyordu.

Kişilerin gündelik yaşamı düdükle değil, çanla düzenleniyordu. Herkesin kalkış saati aynıydı, çalışma herkes için aynı saatte başlıyordu; yemekler öğleyin ve saat beşteydi; sonra yatılıyordu ve gece yarısı, eşlerin kalkışı denen şey vardı, yani manastırın çanı çaldığında çiftler görevlerini yerine getiriyorlardı.

Genelevler ve koloniler, heterotopyanın iki aşırı türüdür; ve geminin, kendi üzerine kapalı ve aynı zamanda denizin sonsuzluğuna terk edilmiş ve bahçelerde gizli en değerli hazineler uğruna limandan limana, bir rotadan diğerine, genelevden geneleve, kolonilere kadar giden, kendi başına mevcut, yüzen bir mekân parçası, yersiz bir yer olduğu düşünülürse, geminin, on altıncı yüzyıldan günümüze kadar niçin sadece –elbette– iktisadi gelişmenin en büyük aracı değil (Bugün bundan söz etmiyorum) aynı zamanda en büyük hayal gücü rezervi de olduğu anlaşılır. Gemi, mükemmel bir heterotopyadır. Gemisiz uygarlıklarda düşler kurur, maceranın yerini casusluk, korsanların yerini de polis alır.

(Cilt IV, s. 752-762.)
Çev.: Işık Ergüden

Dizin

A
ABD
adalet
Aeropagiticus 33
agatheia 209
ahlâk 51, 52, 53, 84, 87, 88, 90, 92, 117, 130, 143, 169, 195, 196, 197, 203, 204, 205, 205, 207, 214, 217, 224, 229, 244, 248, 249, 250, 251, 252, 254, 255, 256, 261, 264 , 265, 271, 279, 285
ahlâk felsefesi 195
ahlâki çilecilik 222
ahlâki özne 209
ahlâki yasa 209
Ahlâkın Soybilimi 215
aidiyet 164, 181
aile 44, 67, 75, 78, 79, 128, 131, 160, 203, 208, 224, 246, 294, 296, 298, 300, 301
akıl 25, 26, 39, 44, 47, 56, 60, 100, 111, 112, 165, 171, 176, 177, 178, 179, 180, 191, 209, 234, 272
akıl hastalığı 41, 86, 243, 282, 283, 287
akıl-olmayan 60
Alkibiades 201, 227, 237
Alman felsefesi 174
Almanya 44, 50, 54, 114, 151, 159, 166
Althusser 129
Ambrose 37
Amerika 102, 269, 274, 301

Amerika Birleşik Devletleri 114, 274
Amis de Dieu de l'Oberland 43
anarşi 159
anatomo-siyaset 151, 152, 153, 158
anormallik 132
antik toplum 32
antikçağ ahlâkı 251, 253, 254, 261, 264
antikçağ kültürü 238
anti-psikiyatri 137
anti-şovenizm 125
Antonii, Vita 215
Antonio, Aziz 215
antropoloji 246
aphrodisia 205, 208
arche 228
Archytas 32
Arendt, Hannah 274, 275
arılık 207, 214
Aristoteles 33, 90, 198, 252, 253, 255
aritmetik 47, 112
arkeoloji 130, 263
ars erotica 200
arzu 41, 84, 89, 92, 93, 129, 132, 141, 157, 195, 196, 199, 200, 202, 203, 205, 207, 209, 215, 223, 225, 227, 230, 234, 246, 259, 263, 280, 283
asetik pratikler 264
asetizm 89, 183, 184, 207, 208, 214, 215, 218, 219, 222
Asur 28, 32
aşk 99, 124, 197, 235, 244, 254, 255

aşkınlık 204
ateizm 46
Athanase 215
Augustinus, Aziz 175, 200, 206
Aurelius, Marcus 225, 251, 252, 253
Ausgang 175
Avrupa 42, 50, 72, 96, 119, 120, 130,
    143, 148, 155, 159, 175, 266, 267
Avrupa ahlâkı 261
Avrupa modernliği 171, 217
Avrupa sosyal-demokrasisi 148
Avrupa toplumları 27, 158, 186
Aydınlanma (Aufklärung) 26, 27, 60,
    61, 68, 162, 163, 164, 165, 166, 170,
    171, 172, 173, 174, 175, 176, 177,
    179, 180, 181, 184, 185, 186, 187,
    192, 219
azınlıklar 283

B

Babil 28
Bach 135
Bachelard 294
bağımlılık 38, 63, 152, 191, 275
bağımsızlık 209
bakirelik 214
Basaglia 283
baskı 99, 130, 140, 141, 154, 156, 157,
    158, 223, 225, 265, 276
Batı 36, 64, 143, 144, 148, 149, 152,
    242, 292
Batı Almanya 125
Batı Avrupa toplumları 100
Batı demokrasisi 272
Batı dünyası 240
Batı düşüncesi 25
Batı kültürü 240, 297, 299
Batı tarihi 36
Batı toplumları 107, 125, 141, 143, 190,
    191, 56
Baudelaire, Charles 181, 182, 183, 184
Beauvoir de, Simone 271
Beghar'lar 43
belirsizlik 130
bellek 213, 216
bencillik 32
Benedict 37, 38
Bentham 145
Beowulf 32

Berkeley 102,203
Berlinische Monatschrift 67, 174
Beveridge planı 108
bilgelik 47,111, 112
bilgi 39, 40, 41, 45, 47, 51, 62, 67, 70,
    70, 84, 86, 87, 93, 94, 104, 106, 107,
    112, 128, 136, 138, 139, 141, 147,
    159, 160, 163, 164, 165, 166, 171,
    172, 180, 186, 188, 191, 192, 203,
    210, 211, 212, 219, 227, 233, 239,
    241, 244, 246, 252, 254, 257, 259,
    261, 263, 265, 268, 271, 275, 279,
    284, 285, 293, 300
bilgi rejimi 62
bilim 51, 58, 101, 115, 117, 119, 122,
    138, 163, 186, 188, 221, 240, 284,
    296
bilim tarihi 103
bilimsel akıl 26
bilimsel bilgi 62, 67, 86, 105, 202, 285
bilimsel düşünce 103
bilimsel geçerlilik 241
bilimsel pratik 43
bilimsel rasyonellik 121, 220
bilimsel söylem 55, 222
bilimsel yapı 26
bilimsellik 156, 239
bilinç 40, 165, 181, 187, 189, 213, 228
bilinçaltı 196
Bilme İstenci 83, 87, 93, 262
birey 26, 28, 30, 36, 37, 38, 39, 40, 41,
    42, 50, 53, 54, 55, 56, 62, 63, 64, 65,
    66, 67, 68, 69, 70, 71, 72, 74, 86, 91,
    104, 106, 107, 108, 113, 114, 116,
    118, 119, 120, 121, 122, 132, 143,
    144, 146, 148, 149, 150, 151, 152,
    153, 154, 161, 179, 180, 190, 203,
    223, 224, 224, 228, 235, 241, 242,
    244, 246, 251, 254, 259 , 264, 265,
    277, 289, 290, 294, 296, 297, 299,
    260, 261
bireyleştirici teknoloji 151
bireysel kendilik 132
bireysel varoluş 128
bireyselleşme 62, 122
bireyselleştirici iktidar 27
bireyselleştirme 56, 68
bireyselleştirme teknikleri 65, 149
bireysellik 27, 41, 63, 66, 68, 133, 297

biyo-iktidar 158
biyoloji 58
biyo-siyaset 121, 152, 153
Bopp 100
Botero 44, 109, 121
Boulez kuşağı 135
bölücü pratikler 58
Brezilya 155, 156, 159, 300
Brown, Peter 251
Burckhardt 187, 218
burjuva bireyciliği 122
burjuva iktidarı 145
burjuva kültürü 218
burjuva sınıfı 217
burjuva toplumu 132
burjuvazi 144, 298
bürokrasi 114, 26, 27, 55, 60
bütünselleştirme 56, 65, 272
bütünsellik 176
Büyük-Britanya 159

C-Ç

Cassien 37, 38
casusluk 302
Catherine, Büyük 119
Cavaillès 271
cehalet 166
cemaat 35, 37, 42, 56, 62, 122
ceza 86, 107, 154, 197, 253, 274
cezalandırma 85, 86, 103, 282, 287
Chemnitz (B.P. von) 45, 110
Chrysostom 37
Cicero 198
cinsel ahlâk 196, 199, 201, 84, 89
cinsel arzu 133, 141, 207
cinsel baskı 130, 202
cinsel etik 287
cinsel fantezi 129
cinsel heyecan 131
cinsel içgüdü 141
cinsel özgürleşme 91
cinsel pratik 84
cinsel tatmin 131
cinsel zevk 87, 155, 223, 244
Cinselliğin Tarihi 99, 133, 136, 194, 204, 205, 259
cinsellik 27, 41, 58, 60, 84, 85, 87, 89, 90, 91, 129, 130, 132, 133, 141, 147, 148, 153, 158, 160, 194, 195, 200, 206, 223, 224, 225, 254, 259, 260, 263, 264, 265, 272, 282, 285, 296, 300
cinsiyet 132, 133, 189, 194, 199
Clastres, Pierre 142
Compendium 51
Cooper 283
cumhuriyet 45, 109, 112
Cyprian 37
çevre 283
çiftçilik 52
Çıkış kitabı 30, 31
Çin 209
çoban metaforu 32, 33, 34, 35
çoban-kral 28
çobanlık 30, 42
Çoban-Tanrı 29, 31
çoban-yargıç 33

D

dandizm 183, 211, 218
Davud 29
de Gaulle 273
De Gaullecülük 281
De Ratione Status 45, 110
deformasyon 62
Delamare 51, 52, 53, 54
Delatte 32
Deliliğin Tarihi 85, 90, 100, 101, 205, 249, 263, 283
delilik 27, 41, 60, 61, 85, 86, 90, 100, 107, 189, 191, 197, 233, 241, 243, 254, 264, 272, 282, 284, 285
demokrasi 203
Demosthenes 33
deneyim 26, 27, 41, 42, 59, 60, 64, 86, 87, 89, 90, 124, 125, 126, 127, 135, 136, 137, 170, 172, 189, 190, 191, 192, 200, 216, 250, 253, 254, 255, 256, 257, 259, 260, 261, 263, 264, 267, 271, 276, 282, 283, 285, 289, 292, 295
derebeylik 116
Descartes 68, 163, 219, 220, 239
devlet 27, 28, 33, 36, 43, 44, 45, 46, 47, 48, 49, 50, 51, 53, 54, 56, 58, 63, 64, 67, 68, 74, 78, 79, 107, 108, 109, 111, 112, 113, 114, 116, 117, 118, 119, 120, 121, 122, 143, 146, 147, 148,

168, 251, 274
Devlet Adamı 33, 36, 175
devlet aklı 44, 45, 46, 47, 49, 53, 56, 109, 110, 111, 112, 113, 114, 116
devlet iktidarı 43, 44, 64, 143, 190
devlet teorisi 144
devrim 62, 152, 158, 166, 167, 168, 169, 170, 171, 172, 218, 236
Die Juden 174
dil 70, 144, 156, 222, 251
dilbilim 58, 281
din 51, 52, 54, 65, 117, 118, 184, 186, 196, 214, 264
dinsel dogma 178
dinsel otorite 177
dinsel pratikler 280
dinsel sapkınlık 280
Discours de la méthode (Yöntem Üzerine Söylev) 163
disiplin 89, 93, 146, 147, 149, 150, 152, 153, 156, 158, 159, 177, 184, 190, 258, 263, 265, 266, 277
dispositif 78, 81
diyalektik 156, 185
Djerba 300
dogma 129, 280
dogmatizm 54, 180
doğa 45, 46, 110, 170, 183, 203, 240
doğa tarihi 58
Doğu 34, 36, 200, 298
Doğu Avrupa 281
doğum 54, 152, 153
Dollfuss 127
Dominiken 42
dostluk 35, 124, 198, 248
Durkheim 142, 143
duygu 184, 205
düş 117, 119, 122, 134, 294, 302
düşmanlık 29, 124, 266

E

edebiyat 52, 118, 216
egemenlik 142, 227
ego 204
egoizm 217, 226
eğitim 48, 67, 71, 104, 115, 150, 151, 154, 224, 267
ekoloji 240
ekonomi 42, 58, 59, 99, 195, 203, 208

Eléments de police 119
eleştirel düşünce 59
emek 52, 58, 122, 192, 260
enformasyon 293
engizisyon 63
ensest 91, 142
Epiktetos 85, 202, 216, 225, 251, 253
erdem 33, 35, 38, 104, 112, 198
ereksellik 71, 72, 111, 121, 163, 176, 180, 207, 208, 209
ereksiyon 200
Erôtikhos 198
erotizm 195, 208, 209, 254
eski Çin toplumu 65
estetik 136, 195, 207, 210, 218, 219
estetizm 136
eşcinsellik 132, 224
eşzamanlılık 286, 297
ethos 125, 181, 184, 185, 188, 189, 192, 228, 229, 244, 271, 273
etik 65, 68, 90, 91, 92, 94, 104, 107, 131, 137, 138, 177, 191, 193, 196, 200, 203, 206, 207, 208, 209, 210, 213, 219, 223, 225, 226, 227, 228, 229, 230, 245, 246, 252, 264, 265, 269, 271, 273, 274, 284, 285
etik cemaat 114
etik töz 205, 207, 208, 209
Etiyopya Savaşı 128
etnoloji 122, 142
evlilik 208
ezelilik 300

F

fahişelik 155
Fakültelerin Çatışması 166
fantazm 294
fantezi 129, 130
farklılaştırma sistemi 77
faşizm 59
Faulkner 102
felsefe 26, 60, 68, 100, 127, 135, 162, 163, 164, 166, 172, 174, 185, 192, 198, 237, 238, 239, 247, 249, 252, 255, 256, 257, 261
felsefe-dışı 249
felsefi bilgi 256
felsefi deneyim 249
fenomen 64, 66, 78, 82, 103, 108, 157,

170, 217, 222, 233, 240, 247, 252, 255, 276
fenomenoloji 129, 233
feodal iktidar 116, 143
feodal sistem 144
feodal toplum 63, 143
feodalizm 42, 51
Fichte 107
Filistin 28
filoloji 58
fizik 211, 252
flanörlük 182
Fragmanlar 32
Frank, J.P. 108
Frankfurt Okulu 27, 60, 107, 172
Fransa 46, 102, 114, 117, 124, 125, 126, 128, 129, 137, 138, 151, 155, 159, 274, 283
Fransa Krallığı 117
Fransisken 42
Fransız Devrimi 99, 108, 166, 169, 171, 255
Fransız kültürü 135
Fransız toplumu 125, 273
Frédéric, II. 150
Frères de la Vie cemaati 43
Freud 141, 157, 225
Friedrich, II. 179

G

Galileo 292
geçerlilik 68, 88, 90, 230, 251, 271, 274
gelenek 45, 46, 71, 78, 84, 85, 103, 110, 164, 172, 175, 185, 189, 198, 214, 220, 254, 282, 296
genel dilbilgisi 58
genetik 281
gerçek 29, 48, 49, 70, 73, 87, 95, 115, 117, 130, 134, 135, 138, 144, 153, 183, 184, 205, 217, 268, 288, 292, 295, 296, 298, 300, 301
gerçekdışı 295, 296
gerçeklik 47, 59, 69, 96, 121, 137, 167, 180, 183, 189, 225, 245, 266, 267, 271, 274, 286, 290
gerçeklik ilkesi 157
Gide 202
giz 133
Gobineau 160

Goffman, Erving 277
göç 53, 152
gösterge üretimi 71
göstergebilim 58
Göttingen 52
Gözetleme ve Cezalandırma 85, 86, 89, 92, 101, 103, 205, 249, 250, 263
grev 155, 236
Grotius 145
Grube 32
Gulik, Van 209
Guys, Constantin 183
güdü 132
Güney Amerika 301
güzellik 88, 133, 135, 182, 183, 202, 207, 217

H

Habermas, Jurgen 174, 243, 269, 270, 274
hakikat 40, 41, 46, 52, 62, 63, 64, 66, 73, 83, 84, 85, 93, 97, 98, 99, 105, 106, 107, 111, 118, 136, 137, 138, 172, 183, 184, 185, 203, 204, 205, 212, 215, 216, 216, 219, 221, 222, 227, 229, 233, 234, 239, 240, 241, 242, 243, 250, 252, 256, 261, 264, 267, 268, 279, 280, 281, 284, 285
hakikat deneyimi 256
hakikat kaygısı 240
hakikat oyunları 105, 263
hâkimiyet 190, 197, 198, 214, 247
Hapishanenin Doğuşu 100, 104
Harun 29
Haskala 175
hastalık 27, 49, 60, 115, 116, 189, 191, 233, 243, 272, 298
Hayek 265
Hegel 68, 107, 172, 174, 226, 255, 256, 257
Hegelcilik 129
Heidegger 102, 107, 256, 257, 269, 270
Helenistik kültür 210
Hesse, Hermann 54
heterokroni 299
heteronomi 180
heteroseksüellik 224
heterotopoloji 296
heterotopya 295, 296, 297, 298, 299,

300, 301, 302
Hippocrates 199
Hıristiyan ahlâkı 208
Hıristiyan düşüncesi 29, 39
Hıristiyan etiği 208
Hıristiyan pastoralliği 38, 39, 40, 89
Hıristiyanlık 37, 38, 39, 40, 41, 65, 85, 89, 90, 186, 194, 195, 197, 201, 206, 208, 209, 211, 212, 214, 215, 218, 226, 232, 249, 251, 252, 253, 255, 256, 260, 261, 264, 265, 301
histeri 130, 234, 235
Hitler 270, 273
hiyerarşi 71, 145, 146, 147, 292, 297
Hobbes 238
Homeros 28, 32
homojenlik 190, 191
honestum 46, 111
Horkheimer 174
Huhenthal 52
hukuk 51, 75, 77, 87, 122, 143, 144, 158, 166, 169, 196, 238, 244
hukuk devleti 120
hukuk toplumu 158
hukuksal iktidar 66
hukuksal yapı 78
hupomnêmata 212, 213, 214, 215
Huss'çular 43
Husserl 102, 107
hükümranlık 66, 145, 217, 259
hümanizm 104, 185, 186, 187, 270

İ-I

İbrani toplumu 31
içgüdü 140, 141
içselleştirme 225
idare bilimi 52
ideoloji 70, 114, 122, 233
ideolojik yapılar 64
İkinci Dünya Savaşı 108, 123
iktidar 27, 28, 29, 30, 31, 37, 41, 46, 53, 55, 56, 57, 58, 59, 60, 61, 62, 63, 66, 67, 69, 71, 72, 73, 74, 75, 76, 78, 79, 93, 94, 96, 97, 98, 104, 105, 111, 116, 121, 140, 141, 142, 143, 144, 145, 147, 148, 149, 150, 152, 153, 154, 156, 158, 159, 160, 161, 190, 191, 204, 205, 209, 228, 229, 230, 231, 232, 233, 235, 237, 240, 241,
242, 243, 244, 245, 247, 250, 252, 263, 265, 266, 271, 274, 275, 277, 281, 289
iktidar dispositifi 80
iktidar ilişkileri 27, 58, 61, 65, 70, 71, 72, 73, 74, 75, 76, 77, 78, 79, 80, 81, 82, 105, 159, 160, 161, 191, 190, 224, 235, 236, 241, 244, 274, 275, 276, 277, 285
iktidar metafiziği 69
iktidar pratikleri 234, 242
iktidar sosyolojisi 142
iktidar stratejisi 80
iktidar tekniği 28, 65, 146, 147
iktidar teknolojisi 32, 37, 27, 114, 141, 147, 151, 152, 159
iktidar teorisi 59
iktidar yapıları 70, 241, 243
ilahi varlık 28, 29, 30
ilerleme 167, 168, 169, 170, 171, 172, 265, 277
iletişim 50, 55, 70, 71, 72, 97, 131, 235, 243, 254
iletişim ilişkileri 70, 71, 72
iletişim teknikleri 190
İlyada 32
imparatorluk 113, 168
informel adalet 274
İngiltere 151
insan bilimleri 121, 263
insan hakları 104, 288
insanlık 104, 166, 167, 169, 170, 172, 177, 179, 180, 300
irade 38, 39, 156, 176, 212, 290
irrasyonalizm 43
İsa 37, 113, 301
İskender 252
İspanya 128
istatistik 47, 54, 112, 152
istenç 76, 91, 172, 176, 209, 264, 299
istençdışı 200
İsveç 101, 125
işçi sınıfı 161, 236
işkence 73
itaat 38, 40, 71, 72, 90, 154, 160, 177, 178, 179, 264, 265, 274
İtalya 44, 126
itki 141, 188, 225
iyi 101, 168, 175, 185, 228, 229, 230,

iyilik 30, 31, 67, 229
iyimserlik 197
ırk 162
Isokrates 33, 206

J

Japonya 125
Jaruzelski 96
Jerome 37
Joseph, II. 52, 119
Justi (J.H. von) 53, 54, 119, 120, 121

K

kaçakçılık 148, 155
kadercilik 69
kâhinlik 170
kahramanlaştırma 182
kalifikasyon 62
kameralizm 50
kamu güvenliği 51, 117
kamu sağlığı 67, 108, 115, 152
kamusal ahlâk 115
kamusal kimlik 98
kamusal ruh 182
Kant 26, 60, 67, 68, 106, 107, 143, 162, 163, 164, 165, 166, 167, 168, 169, 170, 171, 172, 174, 175, 176, 177, 178, 179, 180, 181, 185, 192, 219, 219
Kantçılık 270
kapatma pratiği 233
Kapital 145, 147, 148
kapitalist toplum 156
kapitalizm 148, 159
Katerina, Büyük 52
kavrayış gücü 176
kehanet 94, 170
Kelimeler ve Şeyler 100, 103, 222, 249, 263
kendilik 89, 98, 105, 196, 204, 205, 206, 207, 208, 209, 210, 211, 212, 213, 214, 215, 216, 217, 218, 219, 220, 223, 230, 231, 245, 246, 250, 253, 261, 271, 285
kendilik ahlâkı 253
kendilik bilgisi 238
Kendilik Kaygısı 84, 85, 86, 92, 93, 195, 201, 210, 210, 211, 212, 212, 214, 218, 222, 225, 226, 227, 228, 229, 230, 231, 232, 234, 237, 238, 239, etiği 221
kendilik kültürü 212, 218, 253
kendilik pratikleri 88, 89, 207, 209, 217, 222, 235, 244, 253, 254
kendilik teknikleri 88, 104, 106, 107, 194, 195, 196, 210, 215, 218
kendilik teknolojisi 216
kent 53, 297
keyfilik 110
KGB 273
kimlik 62, 63, 133, 255, 281
King, J. 48
kır 53
kıskançlık 213
kişiselcilik 186
Kıta Avrupası 52
Kızılderili kültürü 124
Klein, Melanie 140, 157
Kliniğin Doğuşu 94, 205
konsensüs 73, 74, 241, 242, 274, 276, 277, 282
konsensüs-dışılık 276
Konuşmalar 216
korku 227
kozmoloji 211
kozmolojik teori 292
Kozmopolit Bakış Açısından Evrensel Bir Tarih Fikri 162
kölelik 75, 76, 145, 230, 241
kötü 168, 185, 197, 244
kötülük 33, 244
kötümserlik 197
kraliyet iktidarı 51, 65, 144, 149
krallık 51, 113
kriminoloji 41
Kritias 33
Kudüs 31
kurgu 242, 243, 276
kuşkuculuk 261
kutsallık 293
Kuzey Amerika 124, 130
Kuzey Amerika kültürü 125

kültür 42, 58, 60, 124, 125, 126, 132, 140, 164, 189, 200, 209, 214, 235, 295, 296, 297
kültürel bütünlük 164
kültürel ritüeller 51
kültürel varlık 134

L

L'Usage des plaisirs (Zevklerin Kullanımı) 259
La Monarchie aristo-démocratique (Aristo-Demokratik Monarşi) 48, 115
La Scienza Nuova 175
Lacan 140, 157, 160
Laing 283
Lamare, N. de 117, 118, 119
Lecourt, Dominique 156, 157
Leninizm 99
Lessing 174
Lévi-Strauss 142
Liber de Politia 52
liberalizm 120, 265, 266
logos 227
Lorraine 267
Lowry, Malcolm 102

M

Machiavelli 46, 110, 111
Malle, Louis 132
Manastır Kurumları 38
Mann, Thomas 102
mantık 99, 252
Marcuse 157
Marksizm 129, 142, 149, 160, 186, 283, 284
Marx 99, 145, 146, 147, 148, 156, 160, 256, 257
mastürbasyon 130, 131
masumiyet 26, 60, 280
matematik 241, 271
Mayerne, Louis Turquet de 48, 49, 50, 51, 54, 115, 16, 117, 120
Mayıs '68 129, 283
medeniyet 175
meditasyon 211, 213, 217
Meditasyonlar 239
Mein Kampf 273
Meinecke 44
mekân 291, 292, 293, 294, 295, 296, 297, 298, 299, 301, 302
Memorabilia 237
Mendelsohn, Moses 174
merkantilizm 50
meşruiyet 279, 280
metafizik 67, 188, 253
mevki 293, 294, 295, 298, 299, 300, 301
mikrokozmos 298
Mises, Von 265
Mısır 28
mit 34, 35
moda 78, 182, 183
modern Batı devleti 65
modern devlet 26, 41, 44, 60, 66, 108, 113
modern felsefe 106, 171, 172, 174
modern iktidar yapıları 68
modern kültür 27, 60
modern toplum 28, 104
modernlik 164, 165, 180, 181, 182, 183, 184, 299
monarşi 29, 49, 116, 133, 143, 144, 148, 149, 152, 252
monarşik iktidar 143
monarşik toplum 158
Montaigne 216
Montreal 137
Musa 29, 30, 31
mutluluk 51, 52, 53, 110, 111, 117, 118, 175, 289
mutsuzluk 289
mücadele stratejisi 81
mükemmellik 39, 299, 301
mülkiyet 29, 116, 145
müzik 134, 135, 183
My Dinner with André (André'yle Akşam Yemeği) 132
My Secret Life (Gizli Yaşamım) 129

N

Napoléon 52, 119
nasyonal sosyalizm 186
Naziler 127, 270, 271
Nemeios 32
neo-muhafazakârlık 269
nesne 44, 54, 59, 86, 89, 94, 105, 112, 116, 118, 122, 148, 152, 153, 164, 183, 191, 198, 201, 203, 204, 211, 217, 221, 234, 236, 284, 286, 299

nesnel ereksellik 72
nesneleştirme 58, 59, 85
nesnellik 285
nevroz 159
Nietzsche 68, 102, 107, 129, 172, 174, 204, 215, 256, 257, 258, 264, 269, 271
Nikokles 206
Nikomakhos'a Etik 90
nomeus (çoban) 32
Nomios 32
nomos (yasa) 32
norm 158, 159, 264, 297
normalleştirme 104, 190, 195
normalleştirme toplumu 158
normallik 202
nüfus 54, 55, 67, 120, 121, 121, 141, 151, 152, 153, 153, 156, 251
Nysse, de Grégoire 231

O-Ö

Odysseia 32
olay 68, 81, 94, 128, 164, 165, 167, 168, 170, 171, 174, 175, 180, 186, 188, 200, 216, 249, 255, 261, 288, 289
olgu 26, 42, 55, 58, 60, 79, 89, 122, 129, 141, 147, 155, 165, 176, 178, 180, 182, 186, 187, 224, 241, 245, 261, 270, 274, 282
olgunlaşmamışlık 176, 177
olgunluk 177, 178
olumsallık 188, 190
ontoloji 107, 172, 187, 189, 192
Oratorian'lar 43
ortodoksluk 95
otorite 78, 131, 165, 171, 176, 180, 189, 214, 244, 274, 280
Ovidius 254
oyun 80, 81, 86, 87, 97, 99, 109, 141, 183, 184, 190, 192, 215, 217, 222, 227, 233, 234, 240, 241, 242, 244, 245, 247, 249, 258, 264, 279, 293
öldürme içgüdüsü 280
ölü kültü 297
ölüm 27, 35, 40, 41, 53, 54, 55, 60, 62, 108, 109, 113, 128, 134, 152, 153, 182, 196, 211, 229, 231, 232, 291, 298
ölümlülük 201

ölümsüzlük 31, 207, 297
önyargı 281
öte-dünya 232
özbilgi 63, 285
özbilinç 260
özdenetim 88, 285
özdeşlik 94
özen 210, 226, 229, 237, 238, 247
özerklik 78, 171, 180, 187, 190, 218, 222
özgürleşme 56, 223, 224, 225, 266, 276
özgürlük 26, 55, 62, 73, 75, 76, 77, 80, 92, 96, 99, 99, 100, 104, 107, 123, 125, 126, 170, 179, 183, 184, 185, 188, 190, 192, 196, 216, 221, 224, 225, 226, 230, 236, 237, 244, 245, 246, 247, 251, 256, 264, 286, 227, 228
özgürlük deneyimi 256
özgürlük pratikleri 223, 224, 225, 228, 266
özkimlik 27, 40, 41
özne 37, 57, 58, 63, 68, 73, 74, 75, 89, 93, 103, 105, 116, 179, 184, 185, 188, 191, 195, 204, 207, 208, 217, 218, 219, 219, 221, 222, 224, 227, 233, 234, 235, 238, 238, 239, 242, 246, 249, 250, 259, 260, 261, 263, 264, 266, 271, 274, 279
özne kuramı 234, 261
özne teorisi 233
özneleşme 260
öznellik 63, 64, 68, 221, 222, 260
özyönetim 275

P

pagan etiği 208, 215
paganizm 215
Palazzo 45, 109
Paraguay 301
Paris 126, 127, 129, 133, 270
parrhesia (özgür konuşma) 267
pasiflik 73
pastoral iktidar 28, 29, 33, 37, 41, 42, 56, 65, 66, 67, 218
pastoral teknoloji 32
pastorallik 28, 36, 37, 42, 42, 43, 66
pedagoji 244
pezevenklik 155

Phädon; oder, Über die Unsterblichkeit der Seele (Phaidon: Ya da Ruhun Ölümsüzlüğü Üzerine) 174
Phaedrus 199, 254
Pinel 287
piyasa ekonomisi 67
Platon 33, 34, 35, 36, 175, 199, 208, 212, 216, 225, 237, 252, 253, 254, 255
Plutarkhos 198, 227
Pohlenz, Max 270
Poitiers 127, 128, 133
Polinezya 300
polis 49, 50, 51, 52, 54, 56, 67, 47, 48, 109, 114, 115, 116, 117, 118, 119, 120, 302
Polis Elkitabı 52
polis teorisi 44
Polisin Genel Öğeleri 53
Polonya 96, 125, 273, 274
Ponty, Merleau 102, 271
post-modernlik 181
pratik akıl 220
Pratik Aklın Eleştirisi 219
pre-modernlik 181
Prens 46, 111
prosedür rasyonalitesi 220
psikanaliz 156
psikiyatri 67, 86, 100, 101, 102, 107, 126, 127, 129, 130, 137, 138, 158, 159, 222, 234, 241, 284, 297
psiko-farmakoloji 101
psikoloji 41, 126, 127, 130, 158, 159, 202, 218, 263
Pufendorf 145

Q-R

Quebec 137
rasyonalite 27, 43, 44, 45, 46, 54, 56, 61, 80, 96, 110, 171, 185, 190, 192, 219
rasyonalizasyon 78, 260
rasyonalizm 27, 43, 60, 185
rasyonel bilgi 45, 110
rasyonel despotizm 179
rasyonelleşme 26, 27, 55, 60
rasyonellik 111, 121, 122
refah 66, 67, 165
refah devleti sorunu 37

reform 42, 52, 103, 119, 170, 197
Reformasyon 64
Reich 157, 225
resim 135, 182
Ricardo 100, 156
Rolland, Romain 134, 135
Roma hukuku 143
Roma İmparatorluğu 113, 250, 251, 253
Rorty, R. 282
Rousseau 99, 144, 145, 238
Roussel, Raymond 249
Rönesans 101, 211, 218, 219, 255
Rufus, Musonius 85
ruh 39, 40, 42, 45, 52, 65, 149, 183, 196, 216, 217, 218, 227, 238, 263, 297, 298
ruhban sınıfı 149
rüya 215

S-Ş

sağlık 51, 52, 53, 62, 66, 90, 103, 110, 117, 118, 152, 191, 199, 201, 202, 208, 300
sahicilik 204
Saint-Beuve 187
saldırganlık 159, 169
Sales, François de 194
Salvador 156
sanat 51, 110, 117, 133, 135, 184, 201, 203, 218, 218
sanayi 52, 149
sapkınlık 43, 201, 202, 253
Sartre 93, 102, 204, 244, 245, 271
savaş 30, 53, 75, 80, 108, 119, 128, 170, 266, 271, 280
Savunma 238
Schelling 255
Schmidt, Daniel 124
scientia sexualis 200
seksoloji 41
Seneca 85, 201, 232, 251, 251, 252, 253
sermaye 156
sevgi 198, 206, 231, 244, 246
sınıf mücadelesi 62, 64
siyaset 36, 50, 94, 99, 112, 113, 119, 120, 121, 128, 153, 170, 186, 96, 97, 234, 237, 238, 240, 252, 265, 266, 267, 269, 271, 272, 274, 276, 278, 282, 283, 284, 289, 290

siyaset felsefesi 118, 255
siyaset teorisi 252
siyasi bilgi 112
siyasi bütünlük 122
siyasi eylem 103
siyasi faydalılık 113
siyasi güç 26
siyasi iktidar 26, 27, 31, 34, 36, 37, 40, 50, 60, 64, 66, 67, 121, 136, 148, 177, 207, 224, 245, 246, 252
siyasi irade 94, 95
siyasi marjinallik 113
siyasi pratikler 43, 281, 284
siyasi rasyonalite 26, 56, 59, 60, 109, 111, 114, 121, 122
siyasi stratejiler 130, 240, 285
siyasi tahakküm 236
siyasi tarih 119
siyasi teknikler 114
siyasi teknoloji 27, 61, 106, 107, 108, 121, 122, 149
siyasi teori 113, 121
siyasi toplum 246
siyasi yapı 25, 64, 65, 74, 82, 108, 224, 235, 282, 284, 285
Sofokles 91
sofuluk 171
Sokrates 199, 201, 229, 237, 238, 253
Solon 30
sonluluk 232
sonsuzluk 301
sorumluluk 37, 84, 137, 178, 210
sorunsallaştırma 85, 88, 95, 197, 278, 282, 286, 287, 191, 192
sosyolojik analiz 138
sosyo-siyasi yapı 42
Sovyetler Birliği 267
soybilim 91, 92, 165, 193, 204, 205, 256, 258, 264, 284
sömürgecilik 122, 301
söylem 86, 95, 96, 104, 120, 130, 144, 156, 160, 164, 165, 188, 191, 214, 217, 234, 243, 252, 256, 265, 279, 280
spesifiklik 26, 44, 81, 121, 146, 191, 237
SSCB 281
Stalinizm 59, 99
stoacılık 232, 270

Stobeus 32
strateji 61, 80, 81, 105, 111, 121, 224, 236, 240, 244, 246, 246, 290
strateji ilişkileri 80, 82
suç 26, 27, 41, 56, 60, 103, 107, 154, 155, 159, 191, 234, 272, 282, 283, 285
suça eğilimlilik 86, 155, 264, 285
suçluluk 155, 285
süreklilik 66, 171, 191, 195, 230
süreksizlik 181
sürü metaforu 28
Synesius 216
System einer vollständigen Medicinischen Polizei 108
şehvet 205, 209, 215
Şen Bilim 204
Şeylerin Düzeni 205
şeytan 215
şiddet 31, 45, 55, 56, 73, 74, 75, 90, 110, 236
şiir 32, 182, 183

T
tabi kılma kipi 206, 207, 208, 209
tabi kılma pratikleri 266
tahakküm 63, 64, 70, 71, 82, 93, 96, 145, 224, 229, 231, 236, 237, 240, 241, 244, 245, 246, 247, 274, 275, 276, 277, 285
tahayyül 68, 69, 177, 183, 198
Tanrı 28, 29, 35, 36, 38, 44, 45, 46, 110, 111, 196, 212, 217, 229, 264, 300
tarih 27, 28, 31, 32, 54, 61, 63, 66, 68, 82, 84, 85, 99, 100, 101, 103, 108, 112, 113, 115, 128, 136, 138, 147, 149, 153, 158, 162, 163, 164, 165, 166, 167, 169, 171, 171, 175, 177, 180, 181, 216, 218, 241, 249, 256, 258, 272, 291, 292, 294, 297
tarihdışı 256
tarihsel analiz 55, 138, 189, 203
tarihsel bilinç 59, 187
tarihsel eleştiri 127
tarihsel materyalizm 156, 157
tarihsel olay 67, 128, 184, 188
tarihsel olgu 85, 212
tarihsel ontoloji 204
tarihsel rasyonellik 109

tarihsel varlık 184
tarihsel yorumbilgisi 175
tarihsellik 171
tarikat 42
techne 201, 208, 211
teknik 45, 48, 63, 70, 72, 96, 107, 110, 114, 130, 145, 146, 147, 150, 151, 212, 213, 214, 215, 277, 285, 293
teknoloji 142, 149, 150, 151, 156, 159, 171, 190, 217, 240
teleoloji 163
ten 90, 206
Tenin İtirafı 195, 204
termodinamik 291
thanato-siyaset (ölüm siyaseti) 121
The Making of Late Antiquity (Geç Antikitenin Oluşumu) 251
Thomas, Aziz 45, 46, 110, 111, 112
Thrasymakhos 33
ticaret 49, 51, 52, 52, 67, 115, 118, 148
tinsel deneyim 213
tinsel egzersiz 216
tinsel pratikler 216
tinsellik 217, 238, 239
tıp 41, 66, 67, 94, 61, 62, 129, 159, 233, 283
tiyatro 52, 118, 280, 298
toplum 26, 27, 31, 32, 36, 40, 49, 51, 52, 53, 59, 60, 61, 64, 65, 71, 72, 77, 79, 81, 82, 99, 100, 103, 107, 114, 115, 117, 118, 119, 121, 122, 124, 125, 130, 138, 142, 143, 145, 149, 153, 154, 155, 158, 159, 160, 161, 168, 178, 184, 189, 190, 197, 199, 202, 203, 205, 208, 211, 212, 222, 223, 226, 235, 236, 242, 243, 244, 246, 272, 289, 295, 296, 297, 299
toplumbilim 122
toplumsal analiz 156
toplumsal dönüşüm 186
toplumsal gerçeklik 157
toplumsal ilişki 79
toplumsal kurum 103
toplumsal mücadele 63
toplumsal olay 98
toplumsal refah 108
toplumsal sınıf 235
toplumsal varlık 114, 118, 134, 177
toplumsal yapı 82

Toronto 133
töz 55, 69, 234
Traité de la police 117
Traité de la virginité (Bekâret Kitabı) 231
trajedi 91
Trieb 141
Tuke 287
Tunus 101, 125
tutku 102, 183, 184, 211, 226, 244, 294

U-Ü

ulus 107, 112
Uluslararası Af Örgütü 289
uygarlık 41, 105, 126, 131, 151, 295, 297, 300, 302
uzam 293, 296, 297, 301
üretim güçleri 64
üretim ilişkileri 58
üretim teknikleri 51
üstyapı 147, 148
ütopya 48, 49, 50, 54, 115, 116, 117, 244, 276, 295

V-W

varlık 30, 43, 45, 46, 54, 66, 76, 93, 99, 100, 109, 110, 114, 117, 122, 146, 148, 152, 164, 167, 171, 178, 184, 185, 189, 197, 204, 206, 207, 216, 222, 120, 121, 241, 258, 272, 273, 279, 298
Varlık ve Zaman 102, 257
varoluş 88, 128, 195, 211, 218, 223, 224, 232, 250, 251, 261, 265, 298
varoluş estetiği 196, 203, 206, 214, 215, 218, 262, 265
varoluş etiği 264
varoluş sanatı 88
varoluşçuluk 186, 204, 233
Varşova 273
Vaudois'lar 42
vergi 51, 117, 120, 138, 149, 178
vicdan 39, 40, 41, 63 65, 176, 178, 213, 238
Vico, Giambattista 175
Was heisst Aufklärung? 67, 68
Weber, Max 107, 172, 174, 222

Webern 135
Willebrand 52, 53
Winnicot 140

X-Y

Xenophon 91, 199, 210, 215, 237
XIV. Louis'nin Yönetiminde Bilim ve Rasyonalizm 48
yabancılaşma 256
Yahudi düşüncesi 29, 174
Yahudi kültürü 174
Yahwe 29, 30
Yalta 266
Yanardağın Altında 102
yanılsama 156, 166, 180, 300, 301
yapıbozum 287
yapısal analiz 127
yapısalcılık 292
yasa 30, 38, 41, 45, 46, 47, 48, 53, 67, 70, 88, 89, 97, 99, 110, 112, 119, 120, 141, 142, 143, 144, 152, 154, 156, 157, 158, 159, 160, 191, 196, 206, 209, 254, 268, 282
yasadışılık 61, 148
yasaklama 87, 88, 91, 120, 130, 141, 142, 143, 144, 146, 157, 159, 211
Yasalar 33
yasallık 61
yaşama sanatı 84, 85, 88, 201, 213
yazı 99, 212, 213, 215, 217
yorumbilgisi 209, 221
yönetim bilimi 50
yönetim teknikleri 37, 244, 245
yönetim teknolojileri 48, 115, 245
Yönetim ve Doğru Devlet Aklı Üzerine Söylev 45, 109
yönetimsellik 246
yönetme sanatı 35, 45, 46, 47, 53, 54, 55, 110, 111, 112, 229
yönetme teknikleri 109
yönetme teknolojileri 114
yöntembilim 57
Yunan ahlâkı 208, 255, 256
Yunan düşüncesi 32, 38, 41
Yunan felsefesi 39, 113, 219, 255, 256
Yunan kültürü 197, 198
Yunan siyasi düşüncesi 29
Yunan toplumu 202
Yunan ve Roma toplumları 132, 214
Yunan ve Roma uygarlıkları 40, 222
Yunanistan 91, 202
Yunan-Roma felsefesi 209
Yunan-Roma kültürü 210

Z

zaman 163, 164, 165, 167, 168, 172, 175, 180, 181, 182, 183, 192, 233, 292, 293, 294, 299, 300
zanaat 52, 67
Zeus 32
zevk 52, 84, 89, 102, 115, 118, 130, 131, 134, 137, 159, 160, 183, 194, 195, 197, 198, 199, 200, 200, 205, 209, 225, 259, 299
Zevklerin Kullanımı 84, 85, 86, 92, 93, 195, 204, 208
zorunluluk 100, 114, 124, 126, 147, 185, 200, 210, 211, 215, 230, 245, 270, 282

Michel Foucault
Entelektüelin Siyasi İşlevi

Seçme Yazılar-1 / Çev.: I. Ergüden-O. Akınhay-F. Keskin/336 sayfa/ISBN 975-539-283-1

Michel Foucault iktidar ilişkileri ve tekniklerinin hayatın en umulmadık alanlarına kadar nüfuz ettiğini göstererek yirminci yüzyılın en etkili düşünürleri arasına girdi. İktidar ilişkilerinin karşı çıkılmadan kabullenildiği günümüz dünyasına karşı Foucault'nun tahakküm karşıtı dünyasını bütün açıklığıyla çerçeveleyen altı ciltlik Seçme Yazılar'ın ilk cildini sunuyoruz: *Entelektüelin Siyasi İşlevi*.

Fransız Devrimi'nden Dreyfus Olayı'na, Ekim Devrimi'nden Mayıs 68'e Avrupa'nın yakın tarihinde dönüm noktası olmuş siyasi süreçlerde entelektüellerin oynadığı rol her zaman ciddi bir tartışma konusu oldu. "Entelektüelin siyasi işlevi nedir" sorusuna verilecek cevapsa kaçınılmaz olarak entelektüelin iktidarla, kitlelerle ve toplumsal hakikatle ilişkisine dair ayrıntılı bir analiz gerektiriyor. Foucault'ya göre, on sekizinci yüzyıldan beri Batılı entelektüel kendini hep evrensel bir hakikatin sözcüsü olarak görmüş ve iktidara karşı yapılan siyasi mücadelelerde bu hakikati bilmeyen kitlelerin bilinci, vicdanı ve öncüsü olmaya soyunmuştur. Oysa artık entelektüelin kendine biçtiği bu görevden vazgeçme vakti gelmiştir: Entelektüelin başkalarına ne yapmaları gerektiğini söylemeye hakkı yoktur, çünkü kitleler kendileri için neyin iyi olduğunun bilincindedir. Üstelik, geleneksel entelektüellerin çoğu zaman bilimsel bir söyleme dayanarak ortaya attıkları toplumsal, siyasi, ekonomik kehanetler gerçekleşmediği gibi, verdikleri sözler de yerine getirilmemiştir.

Ama Foucault'nun bu eleştirisi, entelektüelin önderliğinin tarihsel sonuçlarından duyulan bir hayal kırıklığından ibaret değil. İktidar, hakikat, bilimsellik gibi kavramların radikal bir biçimde yeniden düşünülmesine dayalı olan ve siyasi anlamda yepyeni bir entelektüel anlayışını getiren karmaşık bir teorik eleştiri.

Entelektüelin Siyasi İşlevi, Batı'da çok geniş kapsamlı tartışmalara neden olan bu yeni entelektüel anlayışının arkasındaki hakikat ve iktidar analizlerini bir araya getiriyor. Tüm toplumu kuşatan iktidar ilişkilerinin yeni tahakküm biçimleri yaratmadan nasıl değiştirilebileceğini düşünmek isteyenler için...

Michel Foucault
Büyük Kapatılma

Seçme Yazılar-3 / Çev.: I. Ergüden-F. Keskin/327 sayfa/ISBN 975-539-285-8

On yedinci yüzyıldan itibaren tüm Avrupa'yı etkisi altına alan büyük bir değişimin nedenlerini ve sonuçlarını tartışıyor *Büyük Kapatılma*. Foucault'ya göre bu süreç, kapitalizmin iktisadi işleyişinin doğrudan bir sonucudur. Çalışamayacak durumda olan veya çalışmak istemeyen, fabrikanın boğucu karanlığı yerine önceki dönemlerde olduğu gibi gün ışığı altında yaşamak isteyen, işsiz ve yertsiz yurtsuz bir kalabalık, ilk kez bu dönemde, Paris'te kurulan *Hôpital général* adlı bir mekâna kapatıldı. Hastalar, sakatlar, akıl hastaları, suçlular, ahlâksızlar, eşcinseller, kadın-erkek ayrımı yapılmadan aynı yere koyuldu. Diğer Avrupa ülkelerindeki benzer uygulamalarla paralellik gösteren bu süreç, on dokuzuncu yüzyılın başında modern hastane, akıl hastanesi, hapishane, okul gibi bir dizi kurumun ortaya çıkmasıyla sonuçlandı.

Görünürde hastalar, akıl hastaları, suçlular gibi norm dışı bireylerin insanca koşullarda tedavi veya ıslah edilmesini ya da normal bireylerin doğru biçimde eğitilmesini sağlayan bu kurumlar, esasen, modern kapitalist toplumun disiplinci tekniklerinin geliştirildiği mikro-iktidar mekanizmalarıydı. Bu kurumlarda geliştirilen teknikler, tüm topluma yayılarak kapitalizmin ihtiyaç duyduğu üretken ve itaatkâr bedenlerin üretilmesinde kullanılmıştır. Nitekim bu disiplinci teknikler, günümüzün polis devletlerinde, Büyük Kapatılma'nın ve Büyük Gözaltı'nın toplumun tüm hücrelerine nüfuz ettiği "güvenlik toplumları"nda en yetkin halini almıştır.

Bu tarihsel süreçten yola çıkan Foucault, çalışmalarını tamamen arkeolojik bir kazı biçiminde sürdürmüş, kurumların iç işleyişlerini, mekanizmalarını, tarihsel belgeler ışığında gözler önüne sererken, aynı zamanda da, bu kapatılma kurumlarının bugününe dair ciddi karşı çıkışların, protestoların da kaynağında, pratiğinde yer almıştır. İktidarın günümüzde insanları özneleştirme, bireyselleştirme ve böylece denetim altına alma tekniklerinin ayrıntılı bir analizini yapan Foucault'nun, gerek kliniklerdeki akıl hastalarıyla kişisel çalışmaları, gerekse de *Hapishaneler Üzerine Enformasyon Grubu*'nun kurucusu ve aktif elemanı olarak sürdürdüğü çalışmalar, özellikle hapishaneler konusunun sürekli gündemde olduğu Türkiye'nin tüm entelektüelleri ve aktivistleri için can alıcı çözümlemeler içermektedir.

Niçin ve nasıl kapatıldığımızı; kapatılmaya direnişin biçim ve içeriklerini düşünmek isteyenlerin tekrar tekrar okuyacağı metinler...

Michel Foucault
İktidarın Gözü

Seçme Yazılar-4 / Çev.: I. Ergüden/304 sayfa/ISBN 975-539-378-1

İktidarın Gözü, Foucault'nun *Seçme Yazılar* dizisinde daha önce yayımlanmış olan *Entelektüelin Siyasi İşlevi, Özne ve İktidar* ve *Büyük Kapatılma* ile tamamlayıcı bir bütünlük oluşturuyor. Bu ilk üç cilt iktidar ilişkilerininin modern Batı toplumlarında kullandığı özneleştirme teknikleri ile bu tekniklerin uygulanmasını mümkün kılan kurum ve pratikleri çözümlemek için Foucault tarafından geliştirilen modele dair ayrıntılı metinler içeriyor ve direniş, bilgi, entelektüel gibi bazı temel kavramların bu model çerçevesinde yüklendiği yeni anlamları tartışıyordu.

İktidarın Gözü ise özellikle iktidarın özneleştirme tekniklerinin analizlerinde öne çıkan öznel deneyim biçimleri ve onlara tekabül eden akıl hastalığı, suça eğilimlilik ve cinsellik gibi kimlikleri; bu deneyim ve kimliklerin kurulmasını belirleyen tıp, psikiyatri, sosyoloji, kriminoloji gibi bilgi biçimleri ile psikanaliz, müşahede, tecrit, ıslah, tedavi, cezalandırma gibi pratikleri ve nihayet hastane, akıl hastanesi, hapishane gibi bu pratiklerle karşılıklı bir belirlenim ilişkisi içinde olan kapatma kurumlarını konu alıyor. Foucault'nun siyasi etkinliklerinin yoğunlaştığı 1975 sonrası yıllarda verilmiş konferans ve söyleşileri kapsayan bu kitap, sadece Foucault'cu bir bakış açısından hareketle geliştirilebilecek direniş mekanizmalarını değil aynı zamanda bu bakış açısının diğer iktidar eleştirileri ve direniş modelleri ile benzerlik ya da farklılıklarını da tartışan ve özellikle Foucault'nun kimlik politikalarıyla ilgili tutumunu belirginleştiren bir bütün. 'Öz kimlik'ler arayan, bu kimlikleri insan davranışının yasası haline getirmeyi hedefleyen bir stratejinin geleneksel etiklere ve onlara özgü kısıtlamalara geri dönmek anlamına gelebileceğine dikkat çeken Foucault, yeni bir etiğin nerede temellendirilebileceğini tartışırken muhalif bir öznelliğin zorunlu olarak bir kimlik ve onun getirdiği aynılaştırıcı aidiyet ilişkileri üzerinden değil farklılaşma, yaratma ve yenilik üzerinden tesis edilebileceğini söylüyor.

Kelimeler ve Şeyler'in kapanış cümlelerinde 'insan'ın sahildeki kumlara çizilmiş bir suret gibi silinip gideceğini öngörerek büyük tartışmalara neden olan Foucault, burada da özcülükten arındırılmış bir varoluş biçiminin siyasi koşullarına işaret ediyor.

Bugün bütün gücüyle önemini koruyan bu tartışmalara vazgeçilmez bir katkı *İktidarın Gözü*.

Michel Foucault
Felsefe Sahnesi

Seçme Yazılar-5 / Çev.: I. Ergüden/384 sayfa/ISBN 975-539-419-2

Felsefe Sahnesi, daha çok Foucault'nun 1960'lar ile 1970'lerin başında kaleme aldığı yazılar ile yaptığı söyleşileri kapsıyor. Bu dönemde Foucault sadece Fransa'nın değil, aynı zamanda Batı entelektüel dünyasının gündemine de tam anlamıyla oturmuş ve özellikle incelemelerinde kullandığı araştırma ve kavramsallaştırma yöntemleri çevresinde hararetli bir tartışma yaratmıştı. Foucault'nun "arkeoloji" adını verdiği çalışmalarının aslında bir tür yapısalcılık olduğunu ve tarih boyutunu dışarıda bıraktığını öne süren bir eleştiri çizgisi, genel anlamda yapısalcılık eleştirileriyle bütünleşmişti. *Felsefe Sahnesi*'ni oluşturan metinlerin önemli bir kısmı bu tür eleştirilere kapsamlı bir cevap niteliği taşıyor. Yapısalcılık kavramının içeriğini, özellikle de tarih ile ilişkisini ayrıntılı olarak tartışan Foucault, bir yandan bu akımın başlangıçta sadece belli bir tür tarih anlayışını reddettiğini; bir yandan da tanımlamayı giderek güç kılacak bir biçimde genişleyen ve çeşitlenen bir düşünme ve analiz biçimine dönüştüğünü, tam da bu yüzden "yapısalcı" kavramı altında sınıflandırılan düşünürlerde pek az ortak yan bulunabileceğini vurguluyor. Benzeri bir tepkiyi daha sonraki yıllarda kendi düşüncesinin postmodern ya da postyapısalcı olarak tanımlanmasına karşı da gösteren Foucault, tıpkı yapısalcılık gibi bu kavramların da kesin olarak tanımlanabileceğine inanmadığını dile getiriyor ve bu tür sınıflandırmaları reddediyor.

Felsefe Sahnesi'ni önemli kılan nedenlerden biri de Foucault'nun düşünce çizgisinin izlediği yol ile ilgili birtakım kalıplaşmış yorumları kırabilecek ipuçları vermesi. Bu çizgide önemli kırılmalar olduğu ve her biri yeni bir dönem başlatan söz konusu kırılmaların sadece düşünürün kullandığı yöntemde değil, seçtiği araştırma alanları ile temel felsefi sorular karşısında benimsediği tutumda da belirginleştiği görüşü sıkça dile getirilir. Oysa Felsefe Sahnesi'nde yer alan ve Foucault'nun düşüncesindeki derin bir sürekliliğe işaret eden bazı metinler bu görüşü kuşkuyla karşılamayı gerektiriyor.

Felsefe Sahnesi sadece Foucault'yu değil, Foucault üzerinde etkili olmuş entelektüel isim ve akımları tartışmak için de zengin bir birikim sunuyor. Foucault'nun özellikle yorumbilgisi çerçevesinde Nietzsche, Freud ve Marx'ı; Jean Hyppolite üzerine yazarken Kant ve Hegel'i; soybilimi tarif ederken Nietzsche'yi; Georges Canguilhem'i tanıtırken yine Nietzsche'den Frankfurt Okulu'na uzanan yoğun bir geleneği; Cassirer üzerine yazısında yeni-Kantçılığı ve nihayet yirminci yüzyıla damgasını vuracak düşünür olarak gördüğü çağdaşı Deleuze'ü tartıştığı yazıları, felsefe pratiğine hem içeriden hem de dışarıdan bakabilen ve eleştirel geleneği büyük bir ustalıkla beklenmedik noktalara götüren metinler.

Michel Foucault
Sonsuza Giden Dil

Seçme Yazılar-6 / Çev.: I. Ergüden/386 sayfa/ISBN 975-539-489-3

Sonsuza Giden Dil, Foucault'nun kitapları ile Collège de France'ta verdiği derslerin dışındaki metinlerini bir araya getiren *Dits et écrits*'den Türkçeye yapılan altı ciltlik çeviri seçkisinin son cildini oluşturuyor. Daha önceki ciltler Foucault'nun çağdaş düşünce ve eylem dünyasına çok farklı alanlarda damgasını vurmuş ve kalıcılığı kuşku götürmeyen müdahalelerini kapsamlı bir biçimde ele alan yazılarından oluşuyordu: Entelektüelin günümüz Batı toplumlarında ve özellikle 68 olaylarından sonra edindiği yeni anlam ve işlev, modern felsefenin bir veri olarak aldığı öznenin aslında bilgi-iktidar tarafından nasıl kurulduğunun bilim tarihi ve siyaset teorisi üzerinden derinlikli bir analizi, iktidarın bu süreçte kullandığı kapatma ve gözetleme pratiklerine dair tarihsel gözlemler, birer rasyonalite biçimi olarak bilgi ile iktidarın hem ayrı ayrı hem de birbirleriyle karşılıklı ilişki içinde anlaşılabilmesini sağlayan analiz biçimleri olarak arkeoloji ve soybilimin ayrıntılı tartışmaları ve nihayet Foucault üzerinde çok önemli etkileri olmuş on dokuzuncu ve XX. yüzyıl düşünürlerine dair değerlendirmeler...

Sonsuza Giden Dil ise Foucault'nun, felsefe, tarih, siyaset alanlarının yanı sıra sanat teorisi üzerindeki etkisinde de çok önemli bir rol oynamış olan, ama Seçme Yazılar dizisinin daha önceki ciltlerinde çok fazla yer almayan çalışmalarını kapsıyor. Edebiyat, tiyatro, sinema, fotoğraf ve müzik üzerine kaleme alınmış bu metinler, Hölderlin, Flaubert, Roussel, Blanchot, Bataille, Klossowski, Robbe-Grillet, Duras gibi modern Avrupa edebiyatını yönlendirmiş yazarların yanı sıra Pasolini ve Schroeter gibi yönetmenler, Duane Michaels'ın fotoğrafları ve Pierre Boulez'in müziği üzerine beklenmedik perspektifler sunuyor. 1960'ların başlarından Foucault'nun öldüğü 1984 yılına kadar geniş bir zaman dilimine yayılan bu yazıların önemli bir kısmı sadece sanat eleştirisi veya teorisine yapılmış müdahaleler olmanın ötesinde, Foucault'yu kullandığı dilin inceliklerini göz kamaştırıcı bir ustalıkla dokuyan bir yazar olarak tanımayı sağlamasının yanı sıra öznenin felsefe sahnesinden çekilişini sanat üzerinden de örneklendirme özelliğine sahip.

XX. yüzyılın en önemli düşünürlerinden biri olan Michel Foucault'nun, giderek özelleşen araştırma alanlarında sıkışan entelektüel modelinin tersine, içinde yaşadığı çağı ve onun tarihsel arkaplanını her yönüyle kavrayan ve eleştiren bir bakış açısını büyük bir tutkuyla götürdüğü yeri örneklendiriyor *Sonsuza Giden Dil*.